学做工

工人阶级子弟为何继承父业

LEARNING TO LABOUR

How Working Class Kids Get Working Class Jobs

[英国] 保罗·威利斯 著
Paul Willis

秘舒　凌旻华　译

译林出版社

图书在版编目（CIP）数据

学做工：工人阶级子弟为何继承父业 /（英）保罗·威利斯（Paul Willis）著；秘舒，凌旻华译 .—南京：译林出版社，2022.2
（人文与社会译丛/刘东主编）
书名原文：Learning to Labour
ISBN 978-7-5447-9005-5

Ⅰ.①学… Ⅱ.①保… ②秘… ③凌… Ⅲ.①无产阶级－研究－英国 ②社会结构－研究－英国 Ⅳ.①D756.161

中国版本图书馆 CIP 数据核字（2021）第 268786 号

著作权合同登记号　图字：10-2015-375 号

学做工：工人阶级子弟为何继承父业 ［英国］保罗·威利斯 / 著　秘　舒　凌旻华 / 译

责任编辑　陆晨希
特约编辑　许　昆
装帧设计　韦　枫
校　　对　王　敏
责任印制　单　莉

原文出版　Ashgate Publishing, 1993
出版发行　译林出版社
地　　址　南京市湖南路 1 号 A 楼
邮　　箱　yilin@yilin.com
网　　址　www.yilin.com
市场热线　025-86633278
排　　版　南京展望文化发展有限公司
印　　刷　江苏凤凰新华印务集团有限公司
开　　本　880 毫米 × 1230 毫米　1/32
印　　张　13
版　　次　2022 年 2 月第 1 版
印　　次　2022 年 2 月第 1 次印刷
书　　号　ISBN 978-7-5447-9005-5
定　　价　78.00 元

主 编 的 话

刘 东

总算不负几年来的苦心——该为这套书写篇短序了。

此项翻译工程的缘起，先要追溯到自己内心的某些变化。虽说越来越惯于乡间的生活，每天只打一两通电话，但这种离群索居并不意味着我已修炼到了出家遁世的地步。毋宁说，坚守沉默少语的状态，倒是为了咬定问题不放，而且在当下的世道中，若还有哪路学说能引我出神，就不能只是玄妙得叫人着魔，还要有助于思入所属的社群。如此嘈嘈切切鼓荡难平的心气，或不免受了世事的恶刺激，不过也恰是这道底线，帮我部分摆脱了中西“精神分裂症”——至少我可以倚仗着中国文化的本根，去参验外缘的社会学说了，既然儒学作为一种本真的心向，正是要从对现世生活的终极肯定出发，把人间问题当成全部灵感的源头。

不宁惟是，这种从人文思入社会的诉求，还同国际学界的发展不期相合。擅长把捉非确定性问题的哲学，看来有点走出自我囿闭的低潮，而这又跟它把焦点对准了社会不无关系。现行通则的加速崩解和相互证伪，使得就算今后仍有普适的基准可言，也要有待于更加透辟的思力，正是在文明的此一根基处，批判的事业又有了用武之地。由此就决定了，尽管同在关注世俗的事务与规则，但跟既定框架内的策论不同，真正体现出人文关怀的社会学说，决不会是医头医脚式的小修小补，而必须以激进亢奋的姿态，去怀疑、颠覆和重估全部的价值预设。有意思的是，也许再没有哪个时代，会有这么多书生想要焕发制度智慧，这既凸显了文明的深层危机，又表达了超越的不竭潜力。

于是自然就想到翻译——把这些制度智慧引进汉语世界来。需要说明的是,尽管此类翻译向称严肃的学业,无论编者、译者还是读者,都会因其理论色彩和语言风格而备尝艰涩,但该工程却绝非寻常意义上的“纯学术”。此中辩谈的话题和学理,将会贴近我们的伦常日用,渗入我们的表象世界,改铸我们的公民文化,根本不容任何学院人垄断。同样,尽管这些选题大多分量厚重,且多为国外学府指定的必读书,也不必将其标榜为“新经典”。此类方生方成的思想实验,仍要应付尖刻的批判围攻,保持着知识创化时的紧张度,尚没有资格被当成享受保护的“老残遗产”。所以说白了:除非来此对话者早已功力尽失,这里就只有激活思想的马刺。

主持此类工程之烦难,足以让任何聪明人望而却步,大约也惟有愚钝如我者,才会在十年苦熬之余再作冯妇。然则晨钟暮鼓黄卷青灯中,毕竟尚有历代的高僧暗中相伴,他们和我声应气求,不甘心被宿命贬低为人类的亚种,遂把移译工作当成了日常功课,要以艰难的咀嚼咬穿文化的篱笆。师法着这些先烈,当初酝酿这套丛书时,我曾在哈佛费正清中心放胆讲道:“在作者、编者和读者间初步形成的这种‘良性循环’景象,作为整个社会多元分化进程的缩影,偏巧正跟我们的国运连在一起,如果我们至少眼下尚无理由否认,今后中国历史的主要变因之一,仍然在于大陆知识阶层的一念之中,那么我们就总还有权想象,在孔老夫子的故乡,中华民族其实就靠这么写着读着,而默默修持着自己的心念,而默默挑战着自身的极限!”惟愿认同此道者日众,则华夏一族虽历经劫难,终不致因我辈而沦为文化小国。

一九九九年六月于京郊溪翁庄

目 录

2022年中文版前言

生活体验

向中国读者介绍《学做工》中文版新版（2022年版）令我感到荣幸之至。《学做工》的第一版中文版（2013年版）获得了中国读者的热烈欢迎，这一点从它如此高的销售量便可见一斑！这次与读者见面的新版则是在第一版的基础上又增补了两篇我的论述文章，它们分别发表于《学做工》出版25周年和40周年。从很多方面来说，我现在想要通过这篇前言向读者和研究者传递的信息与鼓励，与2013年中文版前言的初衷是一致的。我要传达的简单信息就是：尊重、学习并尽你所能地实践批判性民族志和理论化的方法论技艺。这一方法在教育研究中至关重要，当然也与社会现象研究具有广泛的相关性，特别是对中国新兴的文化和社会现象的研究。鉴于我所了解的来自2013年中文版的读者反响，以及2014—2017年期间我在北京师范大学的教学经验，我依然要在这篇新前言中补充强调这一点。我希望这将有助于读者今后阅读和阐释我的书，有助于理解我的实践。

有一天，我在英格兰家中的厨房里听广播，听到一位英超联赛的英国球员辩称，评论员对他的评论忽略了他自己对各种事件的“生活体验”，以及他与主教练和其他队员的关系，这让我感到非常惊讶。发生了什么？足球运动员突然具有了“自反性”（self-reflexive），并且加入了西方“身份政治”的阵营？我心想，天呐，一个足球运动员一直在上民族志课程！他一直在读我的书！当然，如今在西方社会，求助于经历（experience）、个人经验（personal experience）、生活体验（lived experience）是非常普遍的，并且出现在学术界之外的各种地方。似乎每个人都在做这件事！它是流行文化的一个重要组成部分，也是真人秀、名人电视、纪录片以及各种流媒体服务的重要来源——只是品质各不相同。

更重要的是，同样强大的“体验”种子已经成为西方“我也是”（Me Too）、“黑人的命也是命”（Black Lives Matter）等运动以惊人速度兴起的根源。当然，这些运动后来有着不同的出发点和发展史，也有着不同但又相互重叠的支持者；但是，毫无疑问，他们绝对在“经历”“个人经验”“生活体验”等方面有着生动鲜活的共通之处：“我被性侵过”，“我无法呼吸”。如果中国也有的话，这些运动或与之相类似的运动将如何发展？尽管我对此一无所知，或者知之甚少，但是，当我坐下来撰写这篇前言、想到这位足球运动员的时候，我突然想到，为中国读者举一些在出人意料之处唤起生活体验的例子，也许是解释本书所使用的“文化”概念的另一种方式。

翻译的过程会产生诸多语义的流失，或许英汉两种语言的翻译更是如此。正如一篇评述本书在中国的反响的评论文章所指出的，最难让中国读者理解的就是西方文化概念的模糊性和多层次，尤其是我的文化概念。[①]当然，我仍然坚持自己在2013年中文版前言中提出的关于“意义创造”（meaning making）和文化生产（cultural production）的所有说法。本版收录的两篇新文章也进一步探讨了这些问题。但是在这里，我要为那些并未深陷学术争论的人提供一个理解我所说的“文化”概念的更为简单的基本出发点，我要提醒那些沉迷于争论的人或许应该返回的重要起点。我要说：从“生活体验”出发，并始终将其与文化争论和理论关联起来仔细思考。不要仅从争论和理论出发，轻率地采用并接受它们；要用人们的心声证实争论和理论。所以，首要的是感受人们的心声。克制先入之见，询问研究

① S. Moskowitz, X. She and C. Xiong, “Learning to Labour in China”, in *Ethnography* 19 (4), 2018, pp.513–530.

对象，仔细倾听。就本书而言，你对教育、教育机构和教育实践有何体验？你的实际经历是什么？当然，你在本书中所读到的我的提问，也可以拿来在比较的框架下问自己："根据这种对生活体验的强调，我在学校的经历是什么？"你可能会说，这仍然是西方对（虚假的）普世价值假定的另一种输入，它掩盖了西方看待世界的方式。你会告诉我，中国人是不一样的。但真的不一样吗？很显然，我是站在西方的立场上讲话，这一点毫无疑问，而我们都有自己的立场。我还能从何种立场上谈起呢？你正在花时间阅读这篇文章，所以请考虑在中国语境下，忽略其他权力、知识来源、主导定义，去提问、倾听和体谅，抱持着开放的心态而非预先的判断去询问一个人"你的体验是什么"，这可能意味着什么？

因此，我在此要强调的是：生活体验是民族志事业首要的且不可或缺的基本形式，也是其他形式的必要条件。"经历""个人经验""生活体验"——这是基本出发点，即使它们本身如此简单，但一旦遗漏也会带来意义深远的复杂性和混乱。当然，我和我与马茨·特朗德曼共同创办的学术期刊《民族志》（*Ethnography*）[①]所勾勒出的民族志任务也需要理论，这点在2013年中文版前言和本书的第二部分展露无遗。比照我在本篇前言里所说的话，尽管有时会存在某些矛盾和困难，但这一点是始终应该坚持做到的。禁止只为了理论本身而在遥远的安乐椅上进行的理论讨论！在你沉浸于生活文化的理念和实践之前，不要陷入理论之中。需要明确的是，这并不是要禁止理论。举例来说，很明显，我要求你们考虑的绝不仅仅是未经雕琢的经验，这种经验直接来自个体，是完全感官化的、原始的。但是，即使当你试图去理解经验通常如何通过话语和象征手段来表达和形成时，也要始终尝试去体验和感受它的心声，仿佛它就是质朴的。语言对于辨认和标记种族、阶级、性别和性征（sexuality）当然是至关重要的，但民间传统和大众形式同样重要。民间传统和大众形式常常调转方向或者自我审视，

① 关于本学术杂志的完整介绍，请参见Paul Willis and Mats Trondman, "Manifesto for Ethnography", in *Ethnography* 1(1), 2000。

以揭示塑造它们的权力关系——这是“我也是”和“黑人的命也是命”表现逆转的方式。经验的爆发可以重塑话语，以展现和揭示——用本书的术语来说就是“洞察”（penetration）——物质条件和权力关系的必不可少的新方面。而这些物质条件和权力关系正是通过社会结构和强大制度中有关阶级、种族和性别的既定秩序的正统观念发挥作用的。“我无法呼吸”从可怕的身体体验转变为对经济和文化窒息的象征性启示与批判。因此，生活体验必须尽可能保持原始状态，而且同时借由此，形成对文化理解的现有规则的挑战甚至修正。这两者无法分割开来。

在北京师范大学的课堂上与同事交谈时，我经常发现他们似乎对当代日常生活文化和“生活体验”几乎没有什么正式的兴趣。当然，我确信过去与现在都存在着某种真实的私人和非正式兴趣。许多学生都写日记或在社交媒体上交流，详细描述当前的教育体验和困难。也有一些已经出版的深刻自传，通过栩栩如生的历史时代和时刻来展现个人生命历程中的强烈感受。但是，公共领域和私人领域似乎大体上是完全分开的。“私人的”生活体验很少进入正式场合或受到系统关注。更加难得一见的是，私人的生活体验被视为关乎理论资源和发展的分析资料，或是为了迈向批判和挑战而用文化表达与象征意义的眼光加以考察。在习主席的多次讲话中，我越来越多地听到了孔子和传统文化的重要性，似乎儒家价值观现在正在步入社会主义核心价值观的舞台中央。而当我问及当代日常生活文化——学生、从属群体（subordinate）、属下阶层（subaltern）或工人阶级——我得到的通常是茫然的注视，或者是对被各类综艺、选秀节目所支配的空洞的流行音乐和乏味的电视节目的抱怨，或者是对我关于工人和学生的非正式生活文化的极大兴趣的不理解。如果它们真的存在，它们到底有什么有趣的?!对中国人来说，当代的日常文化似乎是单薄的、分裂的或无形的，甚至是根本不存在的，也许是某种西方对应该存在之物的投射。有时候，我会得到一份关于工人阶级文化和阶级实践的现成答案，可追溯到几十年前，然后对话便开始了。当时“工业生产单位”的产业工人领导阶层确实在生产现场发展出了与众不同的（现已不复存在的）集体表达文化的独特活动。因此，对很多人而言，过去的日常集体生活是工人们一起玩笑、工作的“美好旧时光”，我的对话者们在鉴定和描述他们今天的集体生活时却常常感到紧张。与其尝试进行定性评价，还不如求助于事实和数字——遵循完全占据优势地位、现成可用的美国实证主义“定量社会学”模型。我们完全可以理解，在如此庞大的人口和不可思议的急剧变化面前，使用抽象数据似乎确实成了试图把握整体的唯一办法。但是，用收入、教育参与、教育获得的增长率或统计比较数字——尽管它们好像是“理解”的相关测量指标——来回答“生活方式”“日常文化意义”“生活体验”等方面的问题，仍然令人感到沮丧。

在北京师范大学的课堂上，为了扭转这种趋势，我努力尝试鼓励学生回顾自己的学校教育经历（“生活体验”）——不仅包括他们的受教育经历和师生关系，还包括他们与和自己相似的学生、对自己心存不满的学生的关系体验。无论这项任务多么陌生，我都要求他们写下自己的经历，并把它们作为从文化层面理解学校教育的“数据”来认真对待。我还建议他们把我的书和其他学术著作用作将理论视角聚焦于理解和提升这些数据的透镜。这些著作中的许多内容都是我最近出版的关于中国文化和学校教育的著作《中国的现代化》（*Being Modern in China*）[①]的重要资料来源。现在，我邀请读者停下来思考“经历”，思考有关自己的日常生活，以及过去和现在的学校教育经历的体验。例如，通过对与之相关的更大、更重要的主题进行深化和分析，寻找到他们所特有的社会批判方式——这正是批判现状、探索其他出路的前景甚至希望所在。

综上所述，我仍然坚持对于“生活体验”的强调，认为“生活文化”的阴暗面常常导致最终的圈套。正如我在2013年中文版前言中所说：“如果

① Paul Willis, *Being Modern in China: A Western Cultural Analysis of Modernity, Tradition and Schooling in China Today*, Cambridge: Polity, 2020.

他们（'家伙们'[①]）的洞察确实是直率和真实的，那么，他们就不会被指责为是那讽刺的社会再生产的狭隘耻辱。" 但是，我不希望关于我的论点的必要理论和社会延伸，会导致一种假定的、无处不在的悲观主义，这种悲观主义——尤其和本前言的强调重点有关——可能会导致在通常情况下（特别是在学校中）的生活文化的贬值和进一步隐匿。你可能会说，即使承认"生活文化"的存在，如果它使人一事无成或者导致自我挫败，那么它的重要性和价值又在哪里呢？ 据我所知，中国读者对我的书最常见的反应是将各种反学校生活文化从本质上看作是病态的，并只与教育失败、未来可能陷入贫困的结局和职业关联起来。不满的文化和学生只能接受治疗和纠正。即使被赋予了任何生命力或内在意义，目标和结果也只会对任何承诺产生否定或矛盾。

很多次，我遇到一种乐观且特别强烈的信念，或者说是一种说法，即学校教育可以改变和重塑生活，这在中国人中表现得非常具体。人类实践的目标就在于使结果变得更好，这与学科化的马克思主义思想有着千丝万缕的联系。如果文化实践无法达成这一目标，那么它们最终必须被视为仅仅是假象，或者实际上完全被忽视——"那又怎样？"的争论。即使承认"威利斯（就是我）之前"的学者并未将各种文化实践视为完全没有意义的，但最终它们仍然是自相矛盾、自我抵消的。再说了，即使"威利斯"说了这么多，那又怎样？！我们为什么要关心他们的存在？我的回答依然是民族志式的。这些对我作品的悲观主义或边缘化解读，将整个过程压缩为结果，完全低估了阶段、过程和生活体验的重要性。一种文化形成过程（cultural formation）所蕴含的希望和潜能不应被简化为其最终的实践结

① lads是非正式英语词，意为"伙伴，小伙子"。本书中的lads是那些不愿学习、聚众玩耍、反抗权威的学生的自称。关于这个词的译法，中文译著中存在分歧，台湾学者何明修译为"小子们"，大陆学者李康译为"哥们儿"。为兼顾表达的口语性和语义在不同语境（采访自述、对话互称、理论分析）中的通顺，本书采用了"家伙（们）"这种译法。——译注

果。事实上，既然支配关系至少从上面看来一直平静地、明显未曾中断地存续着，那么，还原主义的和悲观主义的推论方式就会使所有文化现象无效，除了那些巩固作为自然秩序现状的文化现象。我的论点是，“洞察”有其生命力，就像“经历”有其生命力一样。我相信总有这样一个充满希望的时刻，替代性的知识嵌入其中，生活的文化形式被不断探索，而无论这些生活的文化形式在总体认知中显得多么卑贱或自甘堕落，或是最终达成了与社会再生产的合谋。有理论指出，社会再生产总是通过斗争进行的，而不是被动的社会传递或社会化。再仔细看看社会再生产。总有其他内容在暗示着其他可能的未来。坦率地说，这次可能已经有所不同，又或者也许是下一次会有所不同。生活体验毋庸置疑，而嵌入其中的洞察所包含的社会希望和潜在的社会转变，必须/应该/可以获得承认，就像它们对具有讽刺意味的社会再生产的最终贡献一样。

正如我所说的那样，许多中国人相信教育改变生活，改变现实。从官方的、实践的和公众的层面来看，中国的教育实践确实带来了令人叹为观止的社会和物质结果，这在普遍的、积极的、历史辩证的意义上是毋庸置疑的。在中国，这种将教育视为良性的、积极的力量的信念，正是通过教育体系来推动、表现和再生产自身的。但是，这种信念已经并很可能会受到更进一步的检验。也许只有当文化形式在不同的环境中（首次）敲响关注的钟声的时候，它才能为发展性变化提供方向或选择。总的来说，教育为中国创造了巨大的奇迹，这一切都归功于那些在严密的教育等级和严格的选拔标准下长期努力劳动的人们。我目睹了这种专注而残酷的训练——确实是很有特色的教育。但是在我看来，强烈的观念和理论，以及希望传统教育实践将继续产生全面发展和结构转型的社会辩证法，在本篇前言中强调的“生活经验”层面，不会对所有人（或者说大多数人）产生作用。当然，对于那些成功的高分获得者（我在最近的一本书中把他们的道路称为“高考之路”）来说，这种逻辑矛盾将改变现实。特别是那些来自农村的孩子，尽管他们中的许多人正懵懂地“体验”着这种成功，并且为之付出了沉重的文化代价。但是，在经济结构和国家机构中，并没有足够的“空间”，为所有在高考中取得优异成绩的人提供成功的位置。他们将进入大量排名中低等的大学，进入不确定的未来和职业——其中许多职业在不可避免的“文凭通胀”开始之前并不需要如此之高的学位。对于那些进入劳动力市场时只有较低水平，并不具备或只有较低职业资质的人来说，就更没有什么令人满意的位置提供给他们了，因为从前向他们开放的工作岗位现在已经被拥有学历（尽管可能并不高）的毕业生获取了。此外，有明显迹象表现出了代际阶级形成的结晶化。如果没有水平的地理流动、新的流行文化和城市文化转向提供的表面上的变化，那么很多人将会越发清晰地看到他们不会做得“比他们的父母更好”。中国教育的社会希望和价值的有效性最终要接受检验，这不仅要分析“努力墨守成规”的成功和移动的距离为那些出身低微的人带来的回报，还要分析他们在学校教育中的不满和“失败”及其相关反应。什么是接近和理解后者的最佳方法，同时使尊严和人的地位与所涉及的“经验”相一致？哪一种理论方法最适用于失利者、失败者、不满者及其随之而来的文化？于是，文化分析的“自我挫败”可能看起来也并不完全是自我挫败了，甚至可能指出前进的方向，以及承认生活体验和日常文化的重要性，尊重和关注他们自身。更重要的是，这能让我们看到，他们可能会告诉我们什么。

保罗·威利斯

2013年中文版前言

非常感谢译林出版社及秘舒、凌旻华两位译者把这本书带到中国读者面前。中国正经历着具有世界影响力的历史性跨纪元变化，文艺科学界正摩拳擦掌准备迎接全新的挑战，以试图理解“中国的重大转型”。我的书能在这个时机被译介到中国，真是我的荣幸。非常感谢！

我从未到过中国。[①]与其直接讨论令我神迷但又知之甚少的中国现状，还不如借这个前言来概述一下《学做工》的主题和重点，这可能对你们——我亲爱的中国读者——研究和理解自身正在经历的时刻更为有用。我没有从某一特定学科，如教育学、社会学、文化研究、人类学的角度来进行概述，而是秉着一种多学科或者后学科时代的精神。在我看来，这种精神对我所选择的方法论的活力和未来至关重要；《学做工》正是使用这种方法的例证，它是批判性民族志的实践。我和马茨·特朗德曼共同创办、编辑的《民族志》学术杂志也致力于打破并跨越学科的边界，尤其是社会学和人类学的边界。我希望鼓励中国的研究者，特别是博士研究生，能够跨越学科界限，并承担起重塑民族志这一艰巨而美好的任务，将大多数人接受国家公共学校教育时的经历和文化描绘出来，而这些经历和文化通常

① 本文写作于2013年。在《学做工》2013年中文版出版一年后，作者应邀到北京师范大学任教。——编注

是隐形的。

文化与民族志的敏感性

我希望中国的民族志学者能重新审视“文化”这一备受争议的术语和概念的重要性。文化指的是人类在特定环境中创造意义的各种实践，而不能被简化为对其他事物的反映，如个体心理、话语或经济。它自成一体。对文化实践和过程的重视，尤其是对社会底层空间的文化实践和过程的重视，引发了一系列简单但具有革命性的问题：“什么是我们正在研究的人群的文化，他们自己[①]的文化？”“他们如何理解自身的文化？”“这个世界在他们看来是什么样的？”“他们如何看待自身的处境、掌权者对他们所做与所说的？”“他们是如何引导我们对他们的看法的？”尝试回答这些问题最终将引向民族志的敏感性和方法论。若要复原底层被统治群体及他们的人性，学者必须和他们一起，在共处和互动的过程中以开放、人性的态度去理解他们。

这里我想强调的是，文化的特性在于社会能动者“意义创造”的积极过程，尤其是在理解自身生存处境，包括经济地位、社会关系以及为维护尊严、寻求发展和成为真正的人而构建的认同和策略的过程中。

意义创造的文化实践并非在抽象中运作，也不是无中生有地变出意义来。它们不是在个体大脑中或大脑间流动的电流。“意义创造”源于象征性的物质、过程和行为。就像劳动过程中的物质生产一样，文化层面也有生产过程，即*文化生产*，在这个过程中人们从事感官上的实践，用象征性的原始资料生产出新的或者更新的事物，以满足有用的人类目的。在这种情况下，“产品”是意义和表达，它们不仅自身具有价值，同时对人类理解自身所处的生存环境也多少有用。

① 本书英文版中，作者将部分关键字词标为斜体，表示强调。本版将这部分文字标为楷体。——编注

我认为，文化生产的文化实践，其功能在于洞察或“看透”他们的生存状态，从而从他们的角度决断出最有利的身份和行动，以及可提供的制约和条件。洞察这一概念试图在分析的某一时刻捕捉到文化生产的推动力，从而揭示文化所依赖的（以及定位文化的）结构元素。这些“洞见”嵌在他们的“民间”知识、实际“常识”和“将就”使用的意义之中。在这个意义上，现行的文化形式对于后学科批判性民族志学者来说格外重要，这并非因为它们保留了一套奇怪的习俗，或者实体化的自我具有值得行为学和历史学记录下来的价值，而是因为它们包含了对自身生存状态而言至关重要的、身体力行的洞见。它们是解决问题的实际、生动、就地的方法。如果对一个现存文化形式的民族志记录感兴趣，那么就必须在认识论上取得某种突破。如果你相信某种马克思主义或者后结构主义，那么你就不必烦心去做田野调查。如果你相信关于孩子们所作所为的制度性或意识形态上的解释，那么你也不必操心去做田野调查。进行田野调查就是为了努力理解特定研究对象是如何理解自身及自身处境的，而这些方式无法被预知，甚至还可能“令你惊讶”。这种文化是如何为自身处境建构意义的？你又如何理解那种意义建构？在这种情形下，我们是如何认识到有可能出现一种由行动者根据自身处境创造出的中断、差异、地方性知识的，这些对于外界而言，无论是在官方的或意识形态的层面上，还是在商业的层面上，都是不可理解的。例如，通过反学校文化的调解，《学做工》一书中研究的“家伙们”洞察了学校的个人主义和精英主义，他们的群体逻辑认为证书和考试永远不可能提高整个工人阶级的地位，相反只会造成资格泛滥，使中产阶级特权合理化。他们并不幻想“事业”发展，而是在使人疲倦的环境中付出自己的劳动力，判断出必需的最低限度，以免受到来自被支配地位的双重侮辱：一种是真实的，一种是意识形态上的。他们释放出的文化和心理能力在其他地方派上了用场：乐趣、娱乐、“找乐子”。

文化生产过程的“原材料”以及随之而来的洞察以各种形式出现：可塑的、口头的、文本的、音乐的；它们的来源亦纷繁复杂：历史的和当代的、本土的和舶来的、商品化的和非商品化的。我们不应低估历史文本中的“珍宝”、口述史的资源，以及老一代传下来的建议。意识形态的叙述和文本也发挥了一定作用。虽然很多文化生产中使用的象征性资源仍未被社会科学分类命名，但它们是对记录真实生活的民族志的补充。在性、性别、种族、民族、年龄等常见类别中，经由社会传承而形成的特定传统和延续至关重要。它们在把其他各种象征材料组织起来的同时，也提供了自身特有的象征意义。[①]由于它们服从于文化生产的作用，因此所有这些资源都可被塑造成新的形态，被放入产生新型混合形式的组合中。资源如何被组合，通过何种实践、出于何种目的被组合，对于这些问题的追问极具民族志意义。

关于文化层面更为关键的一点是，“理解”结构位置的过程不仅“揭示”了过程的方方面面，而且促成了过程的再生产，提供维护和再生产它们（依据权力组织起来的位置和关系）的日常生活中物化的形式。例如，在“家伙们”的案例中，具有讽刺意味的是，他们洞察的形式恰恰也为他们进入下层经济结构做好了准备。如果他们的洞察直截了当、真实无误，那么他们就不必承受那讽刺性的社会再生产的狭隘耻辱了。他们可能已被直接引向社会解放。

除了与对抗、洞察学校要求高度相关外，反学校文化中的反智态度也成

① 我知道这些类别不仅构建了整套可能的象征意义，而且也构建了关于它们自身象征利害关系和物质利益的地位与关系的资源。这些象征性资源的价值及它们的有效性随时间推移不断被再生产的方式，来自在特定时期和界限内就意义和身份进行的积极争论。我在讨论性别这部分时，就是要展示不同类型关系之间的复杂动态关系的“全景”。其实我完全可以采用一种女性主义的视角来解释结构地位和关系，这样阶级传统就会被看作为“理解”性别的意义提供了象征性原材料。那么，我为什么要强调阶级呢？在某种意义上，性别和种族这两个基本社会分类确实要比阶级类别更为重要，至少对一个人来说更具实证性。但是对我而言，它们比阶级类别更具“惰性”；后者对它们的改变要远远大于它们对后者的改变。资本主义世界体系的组织动力来自底层阶级组织，而阶级组织源于经济目的和组织。最终，为了更好地理解种族和性别（人类经验大部分落在这两个领域），或者说为了更准确地理解它们改变的方向和内部张力的来源，我们需要把它们放到更为动态的阶级关系中来看，因为阶级关系贯穿它们的始终。

了"家伙们"的第二天性，并在从学校过渡到工作以及之后的很长时期内，对他们的形体风格、态度和价值观起导向作用。这个模式驱使他们终其一生朝向某种经文化调解、经验感受形式的意义创造发展。危险的是，这种反智态度使得整个世界被分为两派：脑力的和体力的。对各个阶层的处境和政治做抽象的想象可能看起来无谓而遥远，这种想象不能用体力来触及、解决或理解。更为实际的是，所有需要动用脑力的工作，不论是在现在还是将来，看似都只是无聊的文书工作——"谁想整天被文件所包围？"这使得"再次"回到校园接受高等教育的希望变得更加困难和不可能。"家伙们"的反智主义使他们以及和他们相似的群体向体力工作妥协，一辈子在没有前途的工作之间换来换去——英国现在有很多长期失业甚至永久性失业的案例。

我们从民族志的视角来理解社会结构，正是由于旧事物的更新和变革具有连续性、波动的稳定性和辩证性。因此，民族志的关键问题不仅仅关乎文化实践到底在"理解"结构位置中有多大的作用，而且也关乎同样是这些实践活动，在多大程度上颇具讽刺性地维护了那些既有的权力关系和利益。这些问题也引发了一系列具有广泛意义的政治问题：在未来这些相互关联的关系循环中，这一平衡如何转变成被统治者的优势，在何种条件下对文化生产的洞察可能转化为政治意识和实践，并被动员起来中断社会再生产，而不是反过来强化它。

理论上的不确定性

民族志需要具有生成力的而不是简化还原的理论：彻底的不确定性对民族志观点很有必要，以了解允许产生主体创造力和选择的不确定主观因素。对于宏观理论家来说，这些可能仅仅是以一些范例来"解释"的幻觉，而这些范例只是证明了他们认为本该存在的事情，毫无"惊讶"可谈。一些简单、开放、具有生成力的机制（创造性、洞察、再生产）在结局各不相同的群体中反复出现，如果我们对此予以理论关注，那么就足以涵盖各种可察觉的结果——这些结果会激怒那些坐在摇椅上的理论家，使他们生产出更复杂的理论，也会让民族志学者心怀讶异地走进田野。

我主张对某些马克思主义者关于意识形态的概念进行严格限定，这些马克思主义者认为意义来自外界，是外界“添加”到他们的主观性之中的。我的看法基本和上述马克思主义观点截然相反。如果你愿意，意识形态也能反方向流动，被压制的主体和受压制的地位也能通过他们的文化形式享用认知上的资源，从而在意识形态上寻求异议，或者根据受压迫者的利益或视角、用某种不同的方式进行重新阐述。

我所主张的观点有悖于后结构主义的很多观点。尽管在某些方面，《学做工》与后结构主义都先见性地对象征性表达的生产和再生产感兴趣。但是，对我来说，这些象征性表达是以一种鲜活、主动的方式被创造出来的，而非以内在的、文本的方式。民族志就是要观察客体和人工制品的功能，以及话语的关联，并对它们新的表达抱以“好奇之心”——我们关注的不是表达的书面形式，而是在历史的世俗背景、在具体情境中，表达是如何通过实践，以一种生动的方式被有目的地建立、使用、动摇和扰乱的。交叉，颠倒，出人意料的组合，在不太可能的情形下重新定位，在不恰当的情境中做出不恰当的夸张，在两个极端间转变，监督他人发表特定话语的影响，以及在那种情形下的重组和重新排序——所有这些以实践为基础的对话语的使用都是民族志的题材，都能生产出不同的内容、意义和思想，这些都悬在空中，充分利用能指和所指之间常常难以把握、永远无法知晓的关系。这样制造出来的意义不能被统治关系或是任何处于支配地位的话语的内容和“主体位置”所同化。此处可能是“人本主义”民族志实践和“反人本主义”的后结构主义之间无法实现合作的领域。但是，民族志必须把具体情境中的文化生产实践视为最重要事物。实践使所有象征资源屈服，尽管这些资源可能正顽强地遵循内部“语法”来展现某种为了实现社会目的而使用的指示性，而非展现它们特有的内部脚本。孤立的话语被认为是抽象的，即使它们是在混合关系中被考虑的，也总是会有一个主导性的参照，并与脑体分工含蓄地勾连在一起。脑体分工描述了对脑力劳动的建构和表现，是与实践的关键结合，也正是这种实践，使被支配群体与众不同。归根结底，民族志就是要关注那些行动的主体及他们的“惊人之作”，如若不然，一切都可能是一种推论。没有民族志这个后盾，后结构主义就只能在人类主体缺席的情况下主张多样性和创造性。我绝对支持展示主体在形成象征体系方面的复杂性和变化性，但是尽管如此，我仍然假定某类社会主体在形塑它的特有文化时是足够成熟的。

这并非在为本质主义的人本主义辩护。意义的创造、自我的意义和自我认同并不能自动地、富于表现力地从人类自身之中生发出来。洞察亦非完全形成于先在的统一主体。当人们以某种既有的方式察看周遭，依自己的条件、按自己的潜能和目标而追求自身完全发展的时候，洞察便在世俗的、有形的、毫无预见性的文化形式的作用下随意发生了。“认同”并不先于此而存在，而是在实践中形成并重塑。在《学做工》一书中，“家伙们”洞察、探索和展示结构位置的方式，既不能构成反文化的直接目的和作用，也不是反文化得以发挥作用的话语参照。被支配的工人阶级文化形式往往“无意识地”展示了社会结构的各个层面。碍于他们从属的历史位置和关系，工人阶级和底层行动者无法产生自身所必需的、自决的、“纯粹”且“表现阶级”的文化。他们借助于各种话语和“已建立”的象征资源发挥作用，并通过实践那些令人惊讶的潜能、事先无法想象的“双重”意义来展示自我，但是这并不意味着那些意义早已存在，当然也没有留下“工人阶级文化”的烙印。

只有在充分利用强加的条件、挣扎求生的时候，现存的文化才能从根本上古怪地、间接地、近乎偶然地展示社会结构的各层面。例如，面对学校时，“家伙们”的直接目标不是继续搞阶级斗争，而是寻求乐趣、转变、“找乐子”，并向所有他们不喜欢的人或是学校具体制度中的种种限制提出挑战。他们不想成为课堂中的出色学生，而是想成为好“哥们儿”。在那样的追求中，对个人主义和精英主义的“生动洞察”与劳动力的本质、资本主义制度下的劳动过程得以实现。然而，这一切仍然只是文化启示，无法被口头表达出来，几乎只能作为文化所依赖的隐性前提来分析——这就是其成员就自身而言，对世界如何运作所做出的无意识假设。

无论通过何种隐蔽的逻辑过程，洞察一旦形成，就有助于确定文化的活力和生命力，而且只要你愿意，它们就会因与它们的因果关系的随意性截然不同的缘故，在实践中被扩展并不断地被“再选择”。它们“标志”着文化不仅产生社会有效性，也产生文化有效性，而且较之于那些特定社会条件的、可获得的文化选择或官方选择，它们也有助于人们做出更好的“理解”——通过认同和实践的可行性，营造心理和真实的空间。这种“标记”亦使他们更有可能被视作社会的对抗力量，形成负面的刻板印象和社会偏见，从而进一步强化他们独特文化实践的防御性，并且由于某种自我惩罚而更加封闭和自我压抑。

性 别

性别关系、男女分工与其他分工之间的关系，是《学做工》一书的核心。这可以被视为本书最主要的“科学”发现之一，即性别类别与资本主义类别——特别是脑体分工——的意义重合并改变了资本主义类别，而脑体分工反过来又限定了性别形式的意涵。本书所描述的工人阶级文化形式并不是必然的，而是以某种必要方式，形成于那些工人阶级子弟的“自然本性”之中。但是，确切地讲，这是一种建构的产物，一种与劳动力的独特分工、脑体分工、独特的国家构成相关的特殊形式的男性气概。对于“家伙们”来说，男性气概可以就他们认为自己所面临的紧迫问题发挥作用，因此男性气概在阶级的情景下被调动起来。男性气概的象征结构有助于体现“家伙们”对学校的反抗，并且为这种反抗注入额外的力量。男性气概赋予“家伙们”驾驭女性的轴心力，但是也给予他们某种感受的现实基础，至少是一种较之于其他明显更为成功的男性——如老师和“书呆子”[①]（循规生）——的模糊优越感。这种反应具有明确的逻辑，对反抗学校企图实施的控制极为有效，而且它也为自我评价提供了一种替代性的、非脑力的依据，以抵抗他人对自己的贬低。但是，特定情境中的实践先于性别和阶级的组合，因而真实的社会效应便随之而来。一旦形成，那“强硬”或“粗暴”的男性认同以及随之而来的定型化的社会关系，会被证明是极为不可改变、难以驾驭和持久的。自此以后，无论形势如何，男性气概及其反映都会有助于组织同一整套防御性/进攻性反应。此外，在学校中形成的反智主义和“家伙们”的男性气概与自我意识、特有的生命力交融在一起。对于“家伙们”而言，诉诸体力的行事方式就是一种男子汉的方式，而运用智力的方式则是女性化的。这些性别化的关联彼此强化又互相锁定，造就了一种性情和敏感，毫不夸张地说，这种性情和敏感可能持续一生。对于“家伙们”来说，在他们注定的从属命运中，脑力劳动不但只是毫无疑义的“爬格子”，而且还是“娘娘腔”的工作。依照“家伙们”的观点，即使是高薪的脑力工作，也不过就是“娘娘腔”的工作。相反，那些耗费体力、备受剥削、薪水极低的体力工作却被视为男性气概的表现，其野蛮本质也得以掩饰。

英国的情况仍然如此：学生被强制性地禁锢在学校这个非自然的环境中。在学校里，压力将不同的社会和象征关系拼凑在一起，全然不考虑个体在心理上如何挣扎求生，而这些个体历经苦难，将周围的象征性资源积聚在一起，以建立某种切实可行的文化认同，尤其是将性别作为像防弹衣一样的防御机制——这就为那些与可得到的工作不相匹配的工人阶级男性积累了一些特殊的麻烦。但是，这无一处于历史或经济诸神的掌控之中。在不同的环境中，所有这些组合都可以按不同顺序加以安排。这就开启了一种偶然性的文化政治。

---

① “ear’oles”可直译为“小耳朵”“软耳朵”，他们遵守规则，十分听话，与“家伙们”完全不同。为便于读者理解，本书采用了“书呆子”这一译法。北京师范大学学者康永久、程猛将这个词译为“应声虫”，亦十分贴切。——译注

中国的社会变化

中国的物质条件与社会条件正在发生着巨变。你将面临一个令人不知所措的崭新世界，这个世界充满对立影响，旧世界的深重危机与新世界的动荡不安交织在一起。在现在这种新形势下，这种必然性要通过何种文化中介才能与自发性联结在一起呢？尽管我对中国形势并无直接了解，但有一点我可以肯定。批判性民族志的研究实践为理解人类所展示的这幅历史巨卷提供了依据。在最低限度上，而且作为一种先决条件，批判性民族志强调能动性，并且一贯坚持从属群体在生产他们的特有文化和理解力的过程中所发挥的作用。民族志学者总是不加修饰地发问：什么是下层阶级创造的意义？翻天覆地的宏变往往被视为被动的过程，并被上层以动名词加以描述——没有人，没有行动主体真正为此承担责任。全球化？谁人使然？谁人为此遭受苦难？谁又理会那愚蠢的全球化呢？裁员——没有人在解雇谁，这仅仅是一个过程——没有人知晓它源于何处。重组？"哦，是的，这就是这个现代世界的现状。"那里没有能动性，它只是"发生"。这些都是自上而下的观点。危急而又紧迫的是，人们需要一种来自底层的"实践感"。

民族志进一步提醒我们：真正的社会能动者同时生活在上述那样的生存空间之中——"空间"中的错位与社会重组、经济转型，以及试图牢牢控制、指导社会变迁和经济变革的国家体制同时存在。民族志的工作必须囊括这些通常被分而视之、实际内部交织缠绕的事物，尤其是当它们构成能动者生存和行动的实践领域的时候。当新的关系正在酝酿、传统文化形式正被销蚀的时候，新的可能性即将来临，而突现的形式必将被审视，因为各种社会可能性会带来社会变化的端倪。大规模的工业化和城市化所带来的新型社会能动者，不会自诩为新型的社会主体，也不会在自己的前额贴上自制的标签。通常，人们只会借助于对他们卑下地位的侮辱性刻板印象来认识他们。不要错过下层群体创造意义的瞬间，这些瞬间在理论上无法避免，却通常未被人注意。不要错过那些看似不着边际、实际具有象征意义的资源，这些资源传统而现代并以市场为导向，正是文化生产和洞察使它们发挥效力。不要错过对那些“不可见的”或者“颇具代表性的固定”群体给予肯定和信心，正是他们进行了所有那些体现社会差异的自下而上的复杂变革。不要错过萌生新伦理、性别和阶级意涵的良机，因为对于社会能动者来说，平常的可能会改变他们的社会世界的象征秩序。

学校将成为新的社会和认同结构的专属地。我无法谈论中国的学校及其与文化的内在联系，也无法谈论受所有制度支配的底层群体的文化生产和洞察。不过，一如我在英国所做的那样，我可以就中国的不同情境提出一些有待回答的问题。无论是来自社会上层还是下层，在集体文化影响和个体抱负之间存在着怎样的矛盾？社会与制度背景、知识与智力技能的传播如何造就了反对自身的社会对抗性领域？从日常压迫和剥削这个熔炉中锻造出了更广泛的文化形式，校园文化是如何从中汲取灵感，并与之发生联系、对之产生影响的？为什么由于学校当前的教育安排，脑力工作的解放和机遇反而会成为这么多人生活的阻碍？关于在更广阔的制度背景下学校教育的作用，关于对社会公正的渴求，关于那些处于社会底层位置的社会能动者所表现出来的复杂的创造性和服从性，我们能从“倒退”“反社会”“反抗”的文化，或者是对于学校教育的回应中获得什么启示？在特定的情境下，洞察与再生产之间将出现怎样的错配与临界地带？

实际上，我要传递给大家的信息很简单：学校不只是教育工具，更是文化生产和洞察的领地。当文化生产和洞察似乎在拯救世人时，我们就很难解开它们如何促成社会再生产这一谜团了。我希望批判性民族志能够延续《学做工》的研究成果，在解释类似的中国谜题时发挥作用。

保罗·威利斯

“茂宁赛德”版前言

尽管保罗·威利斯的《学做工》一书讲的是发生在英国一所全日制中学的事，但是这本书对于我们了解美国教育亦有重大贡献。威利斯只身与在校学生相处，以人类学家敏锐的眼光捕捉社会底层生活，同时具备了一流社会理论家的远见卓识。在这篇简短的前言中，我想集中讨论威利斯对我们了解学校所做出的理论贡献，并阐述他在哪些方面有助于解释美国教育中的社会关系。

过去十年中，大家就教育在美国社会中的作用展开了辩论，专攻学校研究的激进派马克思主义学者成功地开辟了一个新的局面。这一新“学派”的主要贡献在于，他们在少数学者的带领下，成功地挑战了受约翰·杜威思想影响的对教育作用的传统理解。劳伦斯·克雷明的《学校的变革》（*Transformation of the School*）详细阐述了截至20世纪60年代的美国教育史；对他而言，学校是建立民主、公平社会的主要机制。自托马斯·杰斐逊以来，公共教育一直被视为民主国家的标志；始于19世纪末的免费义务教育为贫困社会阶层提供了实现社会流动和充分参与政治经济机构的机会。克雷明认为，全民教育是实现公平梦想的关键所在。

尽管克雷明对学校发展的阐释引起很多评论家的争论，其关于学校实现社会平等的作用却几乎从未受质疑。20世纪60年代，那些为学校改革奔走的大部分进步分子所考虑的问题，都是如何实现杰斐逊和杜威勾勒的蓝图，如何通过改善教育让底层社会成员，尤其是黑人和西班牙裔在竞争中获得更好的工作，提高生活水准。他们和克雷明一致假定：争取平等的关键在于教育系统，因为在工业秩序中晋升越来越取决于文凭。他们认为那些禁止就业歧视的法律条文是必要的，但是只要少数族裔缺乏应聘高科技新工种的资格和条件，雇佣过程的公平性就难以得到保证。对于教育改革者和克雷明来说，学校为缩小阶级差异提供了最大的希望；但是，改革者与克雷明的分歧在于为了达到这个目标，需要改革多少才行。激进的教育改革认为不但要改革课程设置，更要变革教室内外的权力关系，在技术学校和大学里建立公开录取机制。然而，那些坚持20世纪50至60年代民权运动所宣扬的信条的人，坚定地认为学校是消除黑人和白人、工人阶级和中产阶级、男人和女人之间日益拉大的经济、社会、政治差距的起点。

这种把学校放在民主变迁核心位置的意识基于一种广为传播的信念，即美国经济虽然有起有落，但是终究会无限扩张。自罗斯福新政以来，在美国经济生活中起引航作用的政府-商业合作伙伴关系不断创造机会。主要问题是美国人口中大部分少数族裔被排斥在“美国梦”之外，饱受贫困、饥饿和疾病的困扰。学校自身不能成为让整个社会分享中产阶级生活方式和消费的主要机制；但是学校对于实现全民中产阶级的宏远目标起了主要作用：虽然不能完全把经济剥削造成的收入差异从我们的政体中消除，但在很大程度上减少了这种差异。上述对美国教育的乐观信念受到激进马克思主义学者的抨击，其中最具影响力的著作也许是塞缪尔·鲍尔斯和赫伯特·金蒂斯合写的《资本主义美国的学校教育》(*Schooling in Capitalist America*)。这本书并没有局限在争辩如果学校管理更人性化或者民主化，学校是否就能实现所有的目标，而是从根本上挑战了自由派教育信念的基石。鲍尔斯和金蒂斯认为，与坚信学校确已或者可能创建民主的理论恰恰相反，学校从创立之初走的就是反方向路线。两位作者认为，学校是被资本赋予重任的机构，任务是为工业秩序再生产劳动力；在这个工业秩序中，工种有高低之分。学校不可能成为民主前哨，因为它们在结构上无法催生这些结果。公共教育的目标是为不同层次的资本主义劳动过程生产不同的工人。有些学校培养经理人；有些培养技师和专业人员；大多数则为工厂和大型企业提供产业工人和办公室文员。除少数例外，学校的课程设置、权力关系和教室生活其实都是在说服工人阶级与贫困人口，使他们相信他们注定要留在社会底层。即使有少数人“成功”跻身技术或管理层，能够获得高度政治和经济权力的人也是少之又少；学校这个系统的目的不是争取平等，而是恰恰相反：强化不平等。

鲍尔斯和金蒂斯因而成为美国教育“再生产”理论最著名的发言人。学校再生产社会中的主导生产关系，包括社会流动性的再生产意识，这种意识使人们相信，没能提升阶级地位的人应该责备自己，而不是其他人。毕竟，如果社会提供了晋升的机会，而个人没有获取打开这些机会大门的资格，或者在爬上权力和社会流动的阶梯后却没有达到要求的话，资本主义不应为此负责。在激进学者看来，学校的意识形态倾向于把不平等和贫困归罪于受害者，这种意识又通过全民公共教育得到进一步强化。

其他学者为上述将学校视作工业秩序下社会再生产工具的理论补充了证据，如迈克尔·阿普尔对意识形态和课程设置关系的研究挑战了学校教育的民主本质说；又如杰罗姆·卡拉贝尔对社区学院的研究发现，那些学院映射着工作场所和政治领域的统治关系。到20世纪70年代末，教育理论中的多元主义显然开始走下坡路。即使克雷明仍对他早期对教育怀有的期望深信不疑，无论是保守派还是自由派都已接受学校并没有从根本上改变社会不平等结构，但是他们仍坚持个人可以通过高效、更“相关”的教育系统获得资格，在工作和社会阶层中获得更好的职位和地位。于是，这场辩论又回到杜威早前就已提出的论点：传统课程和专制式教学手段的抽象本质可能中断，取而代之的是更新的、更具扶持性的教学理念，让学生相信学习的结果就是一份稳定的工作。正如现在美国工业界日益推崇改善的管理方式，并视它为提高工人生产力的最佳方案，右翼教育改革家认为学校管理可以采用“系统方案”，弱化社区大学和州立大学里的人文教育，代之以系统化、个人化的课程和机械化的教学方式。尽管20世纪80年代初，教育改革从左翼多元主义转向更为死板的“回归根本”的意识形态，再生产理论家已把他们的想法确立成一套新的体系，用来评判所有非马克思主义者的论调。然而，这些马克思主义者缺乏一套关于教室里具体社会关系的理论，因为他们假定教室在社会再生产结构中是一个变量；他们从根本上假定教室内发生的一切都附属于学校的再生产功能。因而，对那些研究师生关系和学生自身组织——保罗·威利斯称它们为学校的*文化层面*——的传统论著，这些马克思主义者几乎没有提出过批评。威利斯指出，丰富的田野调查方法可以和再生产理论结合起来，从而解释鲍尔斯、金蒂斯和阿普尔等人遗漏的问题，即工人阶级子弟继承父业的过程。威利斯关注的是劳动力再生产——对他而言这是学校无可争辩的功能——是如何在主观意识层面上被领会的。

威利斯批评了新激进主义学者过于简单的方法论和理论假设。通过强调那些教育控制对象中形成的“反文化”的重要性，他提出，正是那些“家伙们”自身的活动和意识发展把他们自己再生产为工人阶级。学校课程鼓励学生通过获取学历来实现社会流动，但学生们反抗权威，拒绝执行学校课程的要求，因此把自己变成了工人阶级。威利斯借助仔细的田野调查方法，用翔实的证据反驳了激进主义批评的控制论。他发现，工人阶级的“家伙们”创造了反抗学校知识的文化。更准确地说，逃课、反文化和抵抗学校课程的再生产，最终带来了具有反讽意味的结果：这些“家伙们”使自己丧失了从事中产阶级工作的资格。他们没有学到中产阶级的技能，这些技能需要忠实服从“三R”[①]原则（使他们适应工作的训练）方能掌握。恰恰相反，这些学生把自己变成叛逆的、“缺乏教养”的工人，他们的唯一出路就是从事没有技术含量或者技术含量很低的体力劳动。

威利斯取得了一个难得的综合。他坚持社会分析要考虑学校社会关系的文化、主观层次，观察那些日常生活中最微小的细节，因此而得出了一个更具说服力的学校再生产劳动力的理论。通过理论综合，他避免了那些对马克思主义再生产理论缺乏多元主义复杂性的批评，使得理论结论更为精准。当然，威利斯不是多元主义者。恰恰相反，他观察日常关系，研究工人阶级子弟在抵制教学目的和社会再生产机制的同时使自己成为工人阶级一分子的种种状况，从而展示了学校内对峙文化的结果，即把自己变成工人阶级的一分子。

威利斯的书给了我们什么样的启示呢？首先，我们不仅仅要分析课程设置如何让学生误以为他们可以通过教育获得更高的阶级地位，或者调查学校教学理念的哪些方面违背了追求平等、进步的“美国梦”。仅仅找到证据说明学校通过使学校知识服从于公司利益而再生产了不平等是不够的。威利斯认为，学校好比一个战场，在对劳动力进行社会分工和技术分工的过程中，学校是在对立和冲突中起作用的。但是，工人阶级子弟并不像鲍尔斯、金蒂斯和其他激进评论家所说的那样，完全是资本主义工厂的炮灰。这些孩子具有真正的反抗意识，但他们在制造政治社会对立者的同时也把自己再塑成产业工人。因此，这种辩证的理论有助于解释在教育领域内再生产和对抗是如何产生的，它标志着近期马克思主义理论的一个高度。

保罗·威利斯自己出身于工人阶级，在英格兰现已衰败的工业腹地长大。他的视角是一个选择了社会流动的工人阶级子弟的视角，同时他

① 作者在这里并没有详细阐释“三R”的具体所指，可能是指美国标准化基础教育中所谓的“Reading, wRiting and aRithmetic”（阅读、写作和数学）。——译注

又能把握住那群“家伙们”的心态，这样独特的背景成就了这项卓越的研究。那些不屑于研究具体事例的人们注定只会重复机械化的激进批评的方法。他则提供了学校知识的一个新范式，这个范式扎根于社会经验，表明阶级不是劳动统计局电脑上的数据，也不是阶级分析的一个前提假设，而是活生生地存在于学校日常运作、工厂、办公室，以及工人阶级群居的社区中。对威利斯而言，工人生产产品的同时也进行了自我生产。如果他们没有把再生产内化，那么再多的操控也不能成功再生产社会关系。在他看来，工人们在把自己变成政治社会对象、把自己定位成“中产阶级文化”的“外人”的过程中，再生产了自己。资本的历史转型早已见识了老工业基地的衰退，可能已经部分超越了生产已有工人阶级的阶段，只要社会关系还是以政治经济统治为主，那么对立的出现，即反文化的形成，终将不可避免。这就是《学做工》这本书长远的贡献：它帮助我们认识到，不能像给瓶子灌水一样对人灌输意识形态。人们会在与占主导地位的文化和意识形态实践相对立的关系中，进行自我再生产。不过，自决权并不意味着一个新社会就此诞生了；它只告诉我们：未来从未像制度上的权威设计的蓝图那样清晰可辨。

斯坦利·阿罗诺维茨

1981年5月于美国纽约

前　言

1972年至1975年，我受社会科学研究委员会资助，研究工人阶级子弟从技术学校到上岗工作的转变历程；本书即该项目的成果。项目采用的研究方法包括个案研究、访谈、小组讨论以及对几组工人阶级子弟在校最后两年及刚开始工作那几个月进行的参与观察。本书的第一部分展示该项目的实证数据和主要发现。这部分基本上是一部校园民族志，尤其是描述校园内对立性工人阶级文化形式的民族志，是对从学校过渡到工作的相关文献的实际补充。第二部分更理论化。它分析了第一部分所记载的那些文化过程的内在含义、缘由以及变化；同时也阐释了这些文化过程是如何一方面推动了工人阶级文化，另一方面又帮助维持并再生产社会秩序的。

为了让社会学者、相关从业者和普通读者都能了解书中的论点，专业术语和参考文献都已挪到注释部分。相关从业者可能对本书第一部分和结论更感兴趣，而社会学者则更关注第二部分。

值此书出版之际，社会科学研究委员会已经同意资助本书的一个衍生项目，该衍生项目旨在关注“青年工人和车间文化”。这一研究成果将成为本书的续篇。

致　谢

感谢斯图亚特·霍尔和理查德·霍加特的帮助、建议、鼓励和垂范。也感谢曾经阅读过本书草稿并提出实质性建议的人：托尼·杰弗逊、丹·芬恩、迈克尔·格林、艾伦·奥西，以及伯明翰大学当代文化研究中心教育组的成员。同时感谢打字员迪尔德丽·贝克、艾丽妮·霍尔和珀尔·纽。

我也要感谢当代文化研究中心及其所有成员，感谢汉默镇的学校和居民，尤其是汉默镇男校的那些“家伙们”。没有他们，我的研究就不可能实现。

笔录符号说明

[　　　]	背景信息
……	停顿
(……)	删除的内容
—	身份未确认的发言者
——	摘自不同讨论的笔录
*	来自田野笔记，而非笔录
PW	访谈笔录中作者（Paul Willis）的简称

个人在没有创造出他们自身的社会关系之前，根本无从驾驭这些关系。不过，倘若把这种关系看成单纯的客观关联，看成自然而然的、与个体本质（与他们有意识的认知和意愿相独立的个性）不可分割的，而且是个体固有的关联，那就大错特错了。它是个体的产物。它是历史的产物。它属于个体发展的特定阶段。它所表现出来的与个体对立的异己性和独立性，只是表明：个体仍在致力于为他们的社会生活创造条件，他们甚至还没从这些条件出发开始他们的社会生活……全面发展的个人……不是自然的产物，而是历史的产物。

卡尔 · 马克思，《政治经济学批判大纲》（1857年）
［企鹅出版社，第161—162页］

序　　言

要解释中产阶级子弟为何从事中产阶级工作，难点在于解释别人为什么成全他们。要解释工人阶级子弟为何从事工人阶级工作，难点却是解释他们为什么自甘如此。

单说他们别无选择，未免太过轻巧。在不同社会体制下，使人们进行体力劳动的方法有很多种：从以机关枪、子弹和卡车相威胁，到灌输集体意识、使之自愿加入产业工人大军。我们所在的自由民主社会可能正处于这两者之间：没有明显的武力威胁，在一定程度上是自我导向的结果。然而，体力劳动报酬低下，社会地位不高，体力劳动本身也日益单调无聊；简单说来，体力劳动者处于我们阶级社会的底层。[①]这本书的主要目的就是阐明这一令人惊讶的过程。

人们通常认为，工作能力和学习才能在不同人群中是逐步递减的，而工人阶级处于底层，从事着糟糕的工作，以至于他们认为："我知道我很蠢，所以我下半辈子就应该待在汽车厂里把螺母一个个拧到轮子上去，这公平合理。"当然，这种逐步递减的模型须假设其底层的读数为零或接近

① 许多数据都表明英国的工人阶级和中产阶级之间存在系统性差异。这些数据具有很高的可靠性，最近一期的《社会趋势》（*Social Trends*, no. 6, 1975, HMSO）对大部分官方数据进行了汇总。63%的家庭的男主人从事着某种体力劳动。社会阶层越低，收入越低，失业的可能性越大，工作的环境越糟糕，并且因病旷工的情况越多。参见财富和收入分配：A. Atkinson, *Unequal Shares*, Penguin, 1974; F. Field, *Unequal Britain*, Arrow, 1974。

于零。然而生活在底层的真实个体很少会给生活打分，更别说给人生打分。既然这些个体远非行尸走肉，而且使整个系统陷入危机，那么我们显然有必要重新审视这个模型。在资本主义社会里，工作的市场经济断然不会延伸到满意度的市场经济中去。

我要指出的是，那些“失败的”工人阶级子弟并不是随便捡个中产阶级及成功的工人阶级子弟不肯做的糟糕工作就去做的。我们不应当假设在职业、阶级结构中存在一条连续下滑的能力曲线，相反，我们应该看到不同文化形式衔接中显现的彻底断裂。我们应该观察工人阶级“失败”的文化模式和其他文化模式有何不同，以及两者是如何中断的。尽管处于既定的环境中，它对其他传统意义上被视为更成功的群体有自己的过程、自己的定义和自己的看法。这种阶级文化不是中立的范式，不是心理范畴，也不是一套外界灌输给学校的变量。它包含了各种经历、关系，以及关系的系统类型的总和，这些不仅设定了孩子们在特定时间的“选择”和“决定”，而且在实际和经验的范畴内设定了这些“选择”一开始是如何出现和被定义的。

1 本书另一相关的次要目的是通过具体研究工人阶级文化中最有启迪意义的一种表现形式，来探讨工人阶级文化的重要及核心方面。事实上，我最初的研究兴趣是整个的工人阶级文化，但我逐渐被引到那些无心向学、心怀不满的男青年身上，他们适应工作的过程正是工人阶级文化形式不断更新的关键时刻，而这些文化形式关涉劳动关系这一最基本的社会结构。

事实上，上述两组关注的话题均指向了劳动力这一重要概念，以及它在我们的社会中是如何被准备，以应用到体力劳动中的。劳动力是人类使用工具、改造自然、生产物品以满足需求和繁衍的能力。劳动不是一项普世、永恒、不变的人类活动。它在不同的社会具有特有的形式和意义。劳动力被主观理解、客观应用的过程，以及过程间的相互关系，对于所生成的社会的类型和该社会各阶级的身份及构成具有深远的意义。这些过程不仅在经济和结构的层面，而且在文化和象征的层面，都有助于建构特定主体的身份和鲜明的阶级形式。

只有当阶级身份在个体和群体中被传递、在个人和集体自主意识的情境中得以再现时，阶级身份才真正被再生产。当赋予人们之物被重塑、强化并应用于新的目标时，人们才真正活出（而不是借用）他们的阶级命运。劳动力是这一切的重要枢纽，因为它是人们主动联系这个世界的方式：用外部现实表达自我的最佳方式。这事实上就是通过现实世界，自我实现与自我的辩证。一旦达成这种与未来的基本契约，其他一切就能作为常识被接受。

我认为，对体力劳动力的某种主观意识，以及将体力劳动力应用到体力工作中的客观决定是在工人阶级反学校文化的特定背景中产生的。正是在这种背景下，工人阶级的主题在确定的环境中被调和到个人和群体中；也是在这种背景下，工人阶级子弟在自己的实践中创造性地发展、改变，并最终再生产了大文化环境的某些方面，以至于他们最后都被导向某类工作。这本书的第一部分是一部男性白人工人阶级反学校文化的民族志。为求简要明晰，我没有讨论诸如种族和性别等其他变量，但这不意味着它们不重要。

这里我们也许应该注明一下，这种反学校文化的存在照例已被媒体以夸大的形式披露，如教室暴力和无纪律。[①]英格兰于1972年9月开始实施的“提高离校年龄”计划（RSLA, Raising of the School Leaving Age）似乎也强调并进一步揭露了这种文化最具攻击性的方方面面。[②]主要教师工会委托

① 参见“Control Experiment”, in *The Guardian*, 18 March 1975; “They Turn Our Schools into a Jungle of Violence”, in *Sunday Express*, 9 June 1974（by Angus Maude MP）, “Discipline of Terror” “In Our Schools...Defiance, Gang War and Mugging”, in *Sunday People*, 16 June 1974; 还有安吉拉·波普导演的电影《黄金时代》（*The Best Years*）,1977年3月23日在英国广播公司的《全景》节目中播出。

② 相对于其他评论，对“提高离校年龄”计划第一年情况的官方报道以积极性著称，但它也承认“存在核心的异议”，并写道：“品行不端增加了，这给我们留下了深刻印象。”引自DES Reports on Education, *The First Year After RSLA*, April 1975。

撰写了特别报告[1]，寻求工会支持，以使将“闹事者”逐出课堂的做法正规
2 化。超过大半的英格兰和威尔士地方当局在学校里设立了专门的班级，甚至伦敦内城区也为这种闹事的孩子设立了独立的“净化所”。英国教育大臣下令对这个问题进行全国性的调查。[2]学校里的破坏和逃学行为俨然成为英国首相卡拉汉先生所呼吁的教育“大辩论”的重要议题。[3]

我认为，正是那些孩子自己的文化，使部分工人阶级子弟最为有效地为他们劳动力的体力支出做好准备，因此，在某种意义上，我们可以说西方资本主义社会的底层角色中存在一种自我诅咒。然而，矛盾的是，他们是以真正的学习、肯定、占有和反抗形式体验这种诅咒的。在本书的第二部分，我进一步分析了第一部分的民族志，指出这些主观感受和文化过程是有客观基础的，他们其实已部分洞察了真正决定工人阶级生存状态的先决条件，这些认识显然要比那些由学校和各种政府机构所提供的官方版本高明。只有在这种真实反映他们境遇的文化表达基础上，工人阶级子弟才走上了自我诅咒的道路。悲剧和矛盾在于，这些“洞察”往往在不经意间被一系列复杂过程限制、扭曲、拦阻，这些过程范围广泛：从普遍的意识形态和学校与指导机构的意识形态，到工人阶级文化中的男性家长统治和性别歧视的普遍影响。

我在第二部分最后想要论证的是，自我纳入劳动过程的过程是构成整个工人阶级文化更新的一个方面，也是反映这种文化如何与规范性国家制度产生千丝万缕关联的一个重要例证。他们对整个社会的再生产起了重要

---

① 参见National Association of School Masters, “Discipline in Schools”, 1975; NAS, “The Retreat from Authority”, 1976; National Union of Teachers, Executive Report, “Discipline in Schools”, in 1976 Conference Report。

② 报道见*The Guardian*, 27 June 1976。也参见J. Mack, “Disruptive Pupils”, in *New Society*, 5 August 1976。

③ 詹姆斯·卡拉汉于1976—1979年担任英国首相，他于1976年10月在牛津大学罗斯金学院做了重要演讲，呼吁人们展开“大辩论”，以讨论新教学法、父母的“忧虑”，以及“核心课程”和“通过用好6亿英镑的已有资源（……）以（教育）特权（……）保证高效率”。

作用，尤其是再生产了某一特定生产方式的社会基础。

以上是本书的主干。在达成上述目的的过程中，本书也对其他一些领域做出了贡献。本书探讨了我们学校教学关系的核心——教育范式，对职业指导提出了批评，并针对现有国家公办教育中一再的失误提出了一些建议，以期可以根本性地增加工人阶级子弟在生活中的机遇。[①]第二部分讨论与父权制及资本主义有关的性别模式化，并在理论层面对文化与意识形态的关系形式，及各自的地位进行讨论。

这项研究所采用的定性方法、参与观察法，以及以民族志呈现的方式均源自我对“文化”的兴趣。用这些技术记录这一层面的故事，能更敏感地捕捉各种意义和价值，也能更好地再现和阐释文化生产中的象征性表达、实践和形式。尤其是民族志这种形式，能够允许研究对象在不知道为什么的情况下主动叙述，展现自己的创造力和人类能动性，并在分析中传达给读者。这对我的研究意图至关重要，因为在我看来，文化不仅是一套被传 3
递的内部结构（如一般意义上的社会化），也不仅是主导性意识形态自上而下行动的消极结果（比如在某些马克思主义制度下），而至少在一定程度上是人类集体实践的产物。

汉默镇的个案研究

这本书所汇报的研究，包括一个实验研究和五个对比研究。实验研究关注的是一个镇上十二名受中等教育的工人阶级子弟，我们称这个镇为汉默镇，称他们的学校为汉默镇男子学校。我选择他们是因为他们和工人阶级学校反抗文化的关系——他们不是反抗文化的成员，就是成员的朋友。这所学校建于两次世界大战的间隙，地处那时所建的福利公屋当中，这些

① A.H.哈尔斯雷最近提出，即使经合组织关于“教育、不平等和生活改变”的研讨会很有帮助，“我们仍远未理解……［为什么学业］成绩和社会出身关系如此紧密”（“Would Chance Still Be a Fine Thing”, in *The Guardian*, 11 February 1975）。

公屋均按标准建造，维护良好，通常都有阳台，房子与房子之间由迷宫一般的马路、弯道和里弄连接在一起，社区里有很多大酒馆、成群的商店和小超市。

在我开展研究的那段时期，这所现代化、非选择性的中学只收男生，旁边还有一所同等级别的女校。调研结束后，作为当地中等教育重新规划的一部分，这所学校被重新设置成单一性别的综合中学。在我调研期间，学校预见到教学改革，同时为应对比赛及“提高离校年龄”计划的压力，扩建了校园，并引进或实验了一些新的方法。学校用混合分组取代了分流教学，建立了资源中心，尝试了小组教学和课程发展项目，并为“‘提高离校年龄’计划年”推出了一系列的新“选修”课程。我接触这个学生群体是在他们毕业前一年的第二个学期之初，我密切关注他们，一直到他们工作的前六个月（他们在校的最后一年正好是“提高离校年龄”计划实施的第一年）。学校共有约六百人，学生中有不少来自西印度群岛和亚洲的少数族裔。我选这所学校，是因为它位于一个典型的建于两战间隙的工人阶级公屋社区的中心，而这个社区正处于汉默镇中心。虽然这所学校的学生完全来自工人阶级，它却是所名声不错的“好”学校。这似乎意味着这所学校基本上代表了学生行为和穿着的“合理标准”，而这些标准由负责任、有能力的资深教职人员执行。我想尽可能确保所选的群体是工业区中典型的工人阶级，而他们享受的教育至少和同等环境下英国所能提供的教育一样好。选这所学校还有一个好处，就是它新建了一个设施齐全的青年活动中心，学生们经常光顾那里，这也就为我最初进入这所学校提供了非常开放而非正式的机会。

比较个案研究是在同一时期进行的。他们是：汉默镇男子学校同一年
4 级的一群“循规生”（conformist lads）；汉默镇附近一所现代男女混合中等学校的一群工人阶级出身的“循规生”，这所学校被视为一所“更野”的学校；汉默镇男子文法学校的一群“违规生”（non-conformist lads）；汉默镇所在城市市中心附近一所综合中学的一群相似学生；汉默镇所在城市最高

级住宅区的一所重点文法学校的一群各阶级男“违规生”。我尽可能保证所有群体都来自同一个年级，选择他们也是因为他们都很有可能在法定最低离校年龄十六岁终止求学。对于那所重点文法学校的学生，后一个原因决定了这组成员的组成和他们来自各阶级的特征——只有他们打算在十六岁读完第四学年的时候离校（那是我第一次接触他们时，他们的想法），事实上，只有两个学生在本文写作的时候离校。我选择这几个小组是为了就阶级、能力、学校制度和对学校的态度等方面进行对比。

在课堂、学校和课余活动中，我对实验组进行了密集的观察和参与观察；定期进行小组讨论并录音；同时还采取了非正式访问和日记形式。我（作为班级一员而非老师）参加了这群学生在不同时间上的所有主课和选修课，还参加了一轮职业培训课程，培训课由一名相当热忱、经验丰富、刚修完声誉很高的职业咨询课程的老师执教。我还长时间访谈了实验组成员的所有父母、所有副校长、和小组学生长期接触的低年级老师，以及来学校的职业指导官员，并进行了录音。

我对实验组的十二名男孩以及从对照组里挑出来的三名男孩进行工作跟踪调查。我和每个孩子都一起工作了一段时间，进行了参与观察，最后同他们进行了一对一的录音访谈，我也有选择地采访了领班、经理及商店管理员。

关于汉默镇的最早记载出现在《末日审判书》（*Doomsday Book*）中。它地处英格兰中心，是一座大都市的卫星城。和附近许多小镇一样，它的人口数量和重要性在工业革命时期激增。18世纪中期，博尔顿和瓦特为了向其他制造商供应金属铸品，在当地开通运河、建立铸造厂，从而改变了这个小镇的风貌。它是最早的工业化城镇之一，它的居民也成为第一批工业无产者。到1800年，它已拥有大量熔铁厂和铸铁厂，以及肥皂、铅和玻璃制造厂。最近，它成为设计和制造弹簧、自行车部件、玻璃、螺丝、螺母和螺钉的重要工业中心。它的的确确算得上英国中部地区的螺母螺钉镇，是工业革命的发源地之一。

汉默镇现在是中部地区大工业区的一部分。人们还是将它视为一个粗
5 野、肮脏的地方，尽管该镇在公共服务和住房补助上的市民记录要比该地区大部分地方要好。摇摇欲坠的村舍和维多利亚时期的贫民窟现在都已基本清除，取而代之的是现代化公屋和高层公寓楼。但是，当汉默镇的男孩和其他地方的女孩约会时，他们还是喜欢称他们来自紧邻汉默镇的大城市，恰好汉默镇也用那座大城市的邮编。

这个镇的人口在20世纪50年代初达到顶峰，此后虽然有很多黑人移民迁入，但人口数量一直在减少。现在的人口大约是6万，有趣的是，它还是英国"活跃率"①最高的市镇之一——尤其对妇女而言。汉默镇的年龄/性别结构和英格兰以及威尔士其他地方相似，但它的阶级构成有着显著不同。它基本上是座工人阶级的城镇。只有8%的居民从事专业类和管理类工作（这是全国比例的一半），绝大部分人口从事体力劳动。每天有约3000位中产阶级人士从南边和西边到汉默镇工作，但他们不住在那里。以下的事实亦反映了这个镇缺少中产阶级：只有不足2%的成年人接受全日制教育（这又是全国比例的一半）。

这里的就业结构显示了这个工人阶级社区特有的工业性质。这个镇共有约36 000名劳动力，而79%的人从事制造业，相比之下，全国的比例是35%，而整个城区的比例是55%。金属及金属部件的制造提供了大半的就业。其他主要就业来源是食品、饮料和烟草业，以及机械工程、机车、砖、陶器和玻璃制造以及分销。在汉默镇，就业前景总体不错，即使在经济衰退时期，它的失业率也总比全国平均水平低一个百分点。

尽管这个镇在两百多年前就已工业化，而且基本维持了原先的基础工业——特别是金属和金属加工，但是，它并不像许多类似的城镇一样拥有小公司或家族企业的基础结构。事实上，它的工业组织结构相当现代化。汉默镇大部分人在大工厂里工作，而这些工厂也常常是全国性或者跨国性

① 活跃率就是十五岁以上经济方面的活跃者在人群中的比率。这条以及下面的大部分信息都来自自治市的结构计划。大部分数据是1970年的。

公司的分支。60%的工人在雇工数超过1000人的大企业里就业。少于5%的制造业工人在雇工数少于25人的小工厂里工作。58%的工业车间集中在38家面积均超过10万平方英尺的工厂里。这座镇总面积的20%以上用于工业用途。

汉默镇总的来说是一座典型的工业镇。它具备所有典型的工业特质和现代垄断资本主义特征，并拥有可能是世界上历史最悠久的工人阶级。 6

第一部分
民族志

第一章

文化的元素

抵制权威，摈弃教条

反学校文化最基本、最明显、最明确的表现是对“权威”根深蒂固的个人化反抗。这种感觉很容易被“家伙们”（这是反学校文化分子的自称）表达出来。

[谈论教师的小组讨论会]

乔伊　(……)他们能惩罚我们。他们的个子比我们大，他们代表的机构比我们的大，我们就是小混混，而他们是大人物，你就是要拿回自己的东西。嗯，我想这就是憎恶权威吧。

艾迪　老师们觉得因为自己是老师所以就高人一等、厉害一些，但他们其实什么都不是，他们只是普通人，不是吗？

比尔　老师们认为他们就是一切。他们懂的更多，也比我们高一等，但他们只是自以为高人一等，其实不是。

斯潘克斯　我们希望可以直呼他们的名字……他们自以为是神。

彼特　要是那样就好多了。

PW　你们说他们高你们一等。那你们承认他们懂的比你们多吗？

乔伊　是，但不能仅仅因为他们稍微聪明点，就压着我们啊。

比尔　他们对待我们（的方式）就应该像他们希望我们对待他们（的方式）那样。

（……）

乔伊　（……）现在我们得听从他们的每一个奇思异想。他们想让我们做什么，我们就得做，因为，呃，呃，我们就是，我们就是在他们下边。我们这儿有个女老师就是这样，我们都戴戒指，有一两个还戴手镯什么的，就像他戴的那种，但是，她会毫无理由地说："都给我摘掉。"

PW　真的？

乔伊　是啊。我们说："这个摘不下来。"她说："把你的也摘下来。"我就说："那你得先把我的手指砍下来再说。"

PW　她为什么要你把戒指摘下来呢？

乔伊　就是作秀呗。老师们就爱干这些，比如他们突然就想让你把
11 领带系好之类的。你得应承他们所有的要求。如果他们想让你做件事，而你觉得这件事不对，你如果反对的话，就会被带到西蒙斯［校长］那儿，或者挨顿揍，或者晚上多干点活儿。

PW　你认为学校大部分职员都是敌人？

—　是。

—　是。

—　大部分是。

乔伊　这能给你的生活加点料，如果你以后想以其人之道还治其人之身的话。

这种反抗包括对权威所支持的常规价值观的明显反抗。勤奋、谦恭、尊敬——这些都可以用另一种方式解读。

[一次小组讨论]

PW　伊万斯[职业规划导师]说，你们很粗鲁(……)你们(在一次职业规划讲座中)很不礼貌，不好好听讲座。他说，为什么你们没意识到你们的成长正使世界变得粗野？当你们自己有孩子的时候，他们只会更糟。你们想过这个吗？

乔伊　他们不会。他们只会很直率。妈的，他们不会是言听计从的笨蛋。他们会是坦白正直的人。

斯潘克斯　如果我的小孩能像这儿的这些人一样，我会挺高兴的。

这种反抗主要表现为一种风格。这种风格体现在无数细节中，已经成为这些孩子日常生活中几乎仪式化的一部分，与学校制度格格不入，能够被老师们一眼识别出来。老师们不得不成为精明的阴谋理论家。这也部分解释了为什么他们热衷从“疑犯”中找出“真相”。他们生活在显而易见的阴谋中，尽管没有通过言语表达出来。这很容易使得很多老师整日提心吊胆。①

当“家伙们”走进教室或参加集会的时候，他们总是相互点头示意，似乎在说“过来坐，和我们一块儿找点乐子”，脸上带着笑，斜眼瞅着老师在哪儿。这些小动作可能因为老师的命令或注视而停止一会儿，然后“家伙们”又四处走动，脸上摆出一副“老师，我只是刚好走过”的表情。若再受阻止，他们总有一堆理由：“老师，我得把大衣脱了。”“谁谁谁让我去见他，老师。”集会开始后，被同伴落下的孩子会从椅背上爬过去或者从礼堂的窗帘里钻出来，一路上踢着别的孩子，或者试图把别人坐的椅子拆散。

“家伙们”擅于节制，会在激发正面冲突前收手。教室里，他们扎成 12
一堆，不断磨蹭着椅子，被问到最简单的问题时只会气呼呼地发出“咳

① 有报道指出，一些教师的日常生活被严重扰乱，这已成为日益严重的问题。参见J. Lawrence, “Control Experiment”, in *The Guardian*, 18 March 1975。

咳”声，并不断在椅子上摆出各种坐躺的姿势。自习时间，有些人把脑袋靠在课桌上，想以公开睡觉来显示他们的不屑；有些人则背靠着课桌呆呆地盯着窗外或是墙壁。教室里弥漫着一种漫无目的的桀骜不驯，满嘴托词和借口，让人难以抓住把柄。如果有人坐在暖气上，那是因为他的裤子被雨淋湿了；如果有人在教室里穿行，那是因为他要去拿纸写作业；如果有人离开教室，那是因为他要“像往常一样”去倒垃圾。半开的课桌里，连环画、报纸和色情图片混杂在课本中。教室里，窃窃私语声像不断拍打沙滩的海浪一样绵延不绝，滴溜打转的眼睛和夸张的口型间传递着鬼鬼祟祟的秘密。

课堂上，正式命令总是遭遇学生们暗地里的对抗：“不，我听不懂，你这个笨蛋。”“你说什么呢？”“操，才不可能呢。”“我现在能回家了吗？”要是不小心有任何关于性的双关语出现，后排就会发出咯咯傻笑和故作惊讶的“哇哦”声，同时某人抿着嘴唇色眯眯地在脑袋上边用双手做着夸张的手淫动作。如果这些阴谋遭到挑战，他们就在老师背后摆出胜利的“V”字手势，把指关节扳得“咔咔”响，而前排则装出一脸无辜的模样。学生都盯着领带、戒指、手指，或是桌上的污点——反正不会是老师的眼睛。

走廊里，校长经过时，拖着脚走路的人要么过分热情地打招呼，要么突然安静下来。有人走过时，会爆发出嘲笑或者疯笑，也许是针对过路人，也许不是。无论你停下来还是继续走，都会十分尴尬。你常常可以看到一排学生集体站在走廊两侧，形成“印第安人式夹道攻击”的队列，但你永远无法证实他们的企图——他们会说：“老师，我们只是在等斯潘克斯。”

当然，个体情况有所不同，而且不同的教学方式多多少少能控制或者压制住这种言行上的对峙。但是，学校规则的遵循者——“家伙们”眼中的“书呆子”——态度显然不一样。这并不是说他们支持老师，他们支持的是老师这个概念。他们认同教育的正式目标，支持学校制度，并从中获得自我认同——从某种意义上说，他们放弃了自己找“乐子”的权利——于是他们要求老师至少应该敬畏同样的权威。这与忠实信徒提醒牧师恪尽职责完全相同。

[和汉默镇男校“循规生”的一次集体讨论]

盖瑞　好吧，我不认为他们现在足够严厉（……）我是指格雷西先生还有其他一些老师，比如格劳乔，连一年级的学生都能要他（……）他们那些“家伙们”应当受罚，这样他们长大了才不至于厚脸皮 13
（……）其他一些老师还行，你能和他们处到一块儿去。我是说像彼得斯先生那样，一开始上课每个人就会保持安静，如果你没做作业，你就必须回来做完。但也有一些老师，从第一年开始，他们虽然布置作业，但是如果你不做，他们也从不过问，他们根本就不在乎。

实际上，正是对直接权威的热情，并成为直接权威的同谋使他们——“书呆子”或“软耳朵”——成为“家伙们”的第二大攻击对象。“书呆子”这个词本身就暗含着好学生在“家伙们”眼中的消极和荒诞。他们似乎总是听从，而从不行动：他们过得死气沉沉，顺从权威，毫无个性可言。耳朵是人体最不具备表达力的器官：它只接受他人的表达，苍白无力，易屈服于淫秽之语。这就是“家伙们”对那些遵循学校教育正规理念的学生的印象。

关键是，“家伙们”不仅排斥“书呆子”，而且自认为高人一等。这种优越感最明显的显示途径也正是“循规生”恰好放弃的乐趣、独立和刺激：找“乐子”。

[一次小组讨论]

PW　（……）为什么不像那些“书呆子”一样，为什么不试着参加并通过中学毕业考试(CSE)呢?

— 他们不开心，不是吗?

德瑞克 因为那些人是傻瓜，有个傻瓜，他现在的成绩单上有五个A，一个B。

— 谁?

德瑞克 博查尔。

斯潘克斯 我是说，他们的学校生活能记住的有什么呀?他们以后回顾现在，有什么东西可回顾呢?坐在教室里，坐到屁股冒汗，而我们可是……我是说看看我们能够回顾的东西，和巴基斯坦佬打架，和牙买加佬打架。还有我们对老师所做的恶作剧，我们以后回过头来看这些的时候可是乐事啊。

(……)

珀斯 你知道的，他没什么乐趣，你看斯潘克斯整天玩耍，找了不少乐子。班尼斯特就整天在那儿坐着，屁股直冒汗，而斯潘克斯无乐不做，而且开心得很。

斯潘克斯 第一、第二年，我学习真的很不错。你要知道我拿过两三个A呢。以前回到家，我常躺在床上想："啊，明天还要上学。"你理解吧，我还没做功课呢，对吧……"我还得把功课做完。"

— 对呀，就是这样。

14 **斯潘克斯** 但是现在我回家的时候，很安静。我不用想任何事。我就对自己说："噢，好极了，明天上学，会有乐子。" 你懂吧。

威尔 可你还没来过呢!

斯潘克斯 谁?

威尔 你。

[哄笑]

(……)

— 你没法想象……

— 你没法想象[听不清]进普劳酒吧说“给我上一品脱啤酒”。

弗雷德 你想象不出博克利泡妞回家,和她干上一场。

— 我能,我见过他。

— 他泡上妞了,哦,博克利这家伙!

— 就是。

弗雷德 但是我没法想象他泡她,你知道,像我们泡妞那样。

“家伙们”特别爱在性方面展现相较于“书呆子”的优越感。“钻出你的壳”,“丢掉你的羞涩”,这是成为“家伙们”一员的一部分,这也是“泡妞”的成功途径。这是一种对老师和“书呆子”之间关系的扭曲反映。“家伙们”觉得自己和老师一样在优越性和经验方面在权威结构中占据了相似的位置,但是以一种不同的、反社会化的方式。

[一次个人访谈]

乔伊 我们[家伙们]都泡过妞……有一天我们数来着,有多少人真正和女人有过一腿,我们认识的孩子中那些真正有过一腿的,在五年级一百多个孩子中,我们好像只数出二十四个来,这才四分之一。

PW 但是你总能知道这种事吗?

乔伊 是,我能(……)你要知道,这种事情总能在我们当中传来传去,还有我们认识的那些“半吊子书呆子”,他们和我们或者那些“书呆子”都不一样,他们是另一伙的,就像德福、西蒙斯和威利斯那几个。他们都在自己的圈子里混,但是他们走路、行事的那副德性,还是他妈的一股孩子气。他们没法让我们开心,我们却能逗他们乐,有时候他们看我们闹都能笑出眼泪来,但他们就没有那个能力让我们笑。这就是我们(……)他们[“半吊子书呆子”]当中一些人泡过妞,我们知道这种事。那些“书呆子”,他们就等着吧。我的意思是说,看看汤姆·布莱德利,你注意过他吗?我总是看着他,然后 15

> 想：好吧，我们经历了人生所有的痛快和烦恼，我们喝过酒，我们打过架，我们体验过挫折、性、憎恨和爱所有这些玩意儿，但是他对此一无所知。他从来没有过女人，他从没去过酒吧。我们不知道，但我们猜想是这样——我敢说，他如果干过肯定会来告诉我们——但是他从没有过女人，他从没喝高过。我从没听说他打过架。他对我们经历的那些情绪一无所知，这一切他慢慢等去吧。

乔伊是公认的小头头，时不时喜欢扮演饱经沧桑的年长角色。就像以上访谈及别处所显示的，他也是个相当有洞见和表达能力的家伙。从某种意义上说，这或许可能不足以使他成为典型的违反校规的工人阶级子弟。但是，尽管乔伊可能不是典型的工人阶级子弟，但他无疑是他们的代表。他住在一个工人阶级社区，来自一个以打架出名的大家庭，一家之长是个铸造工人。他离校时不会得到学历文凭，是老师们公认的惹是生非的学生——这更加深了"他有股那个劲"的印象。尽管可能有些夸张，但他着力表达的那些经历只可能来自他亲身经历的"反文化"。他所描述的文化系统具有代表性、核心性，即使他以一种独特方式与这种文化关联在一起。

值得注意的是，乔伊以自己的语言，并通过这个群体的调解，对本学年和本校的社会风景构建了完整的理解和看法。他认为信息会传到"家伙们"那里去，因为他们是这道社会风景的焦点。"公开反叛"的一个鲜明标志就是建立一套诸如此类的社会观点和评价系统。同时，应当注意的是，"家伙们"所建构的非主流标准，在一定程度上已被老师们认可——至少是私下里认可。在教师办公室里，你常能听到年轻老师褒奖某些男生的男性魅力："他实际上比我说的还要行。"

遵循学校价值的学生没有形成类似的社会图景，他们也没有发展出描述其他团体的暗语。他们对"家伙们"的反应通常是偶尔的畏惧、不安的嫉妒和普遍的焦虑，唯恐自己被牵扯进违纪的圈子，并对"家伙们"阻碍正常教学流程感到无可奈何。学校中的循规生接受了正式体制，放弃了其他人所享受的乐趣，这意味着他们期望学校体制承认的领导和教职员工能来处理学生的违规行为，而不是由自己出面阻止。

[与汉默镇男校循规生的小组讨论]

巴瑞 ……你知道，他[一个老师]总是说“每个人要……”我不喜欢那样，他们总说“每一个人……没有人喜欢这个，没有人喜欢那个。 16
你们都遇到麻烦了”。他们应该说“你们几个……”像彼得斯先生，他就这么说，他不会说“每个人”，他总是点那几个人的名字。这样更好，因为我们有些人还是感兴趣的(……)

奈杰尔 问题是当他们开始闹、要弄老师的时候(……)我们就不得不浪费宝贵的上课时间。这就意味着他们浪费了我的时间。有时候我真希望他们直接打包走人(……)

巴瑞 他们现在这样可能更好(……)他们把他们都放在一个班[CSE班级不是混合班，是按能力分班]。他们做不做作业都无所谓，你只要管好自己就行，[在自己班]管好自己就行，因为这儿如果有人讲话，他会让你闭嘴继续做功课。

PW (……)你有没有曾经觉得自己应该试着阻止他们？(……)

巴瑞 我从来都不管他们(……)现在是五年级了，他们应该……你知道，你不能在教室里走到某个同学面前大声嚷嚷，你知道，你得说话理智些。[老师们]应该更严格一点。

“家伙们”行为处事，总爱显示他们对教职人员的反抗，以及与“书呆子”的格格不入，这形成了他们特有的整体氛围；但是，我们有必要更具体地讨论一下这些工人阶级子弟如何使资本主义提供的三种消费商品——服饰、香烟和酒精——为其所用，从而形成了我们所说的某种“风格/象征的话语”。服饰作为反抗老师和胜过“书呆子”的最明显、最个人化，也是最显而易见的元素，对“家伙们”意义重大。一个“家伙”“公开亮相”的首要信号是服饰发型的迅速改变。这种另类服饰的特定风格受外界——尤其是更广泛的青年文化符号体系的流行趋势——影响。当前，一个“家伙”的装备包括：梳理整齐的长发、厚底鞋、宽领衬衫——领子翻到马甲外面、牛仔上衣，还有必不可少的喇叭裤。不管什么样式的衣服，他们有一样肯定不会穿——那就是校服，他们也很少系领结（如果没法强制学生穿校服，很多学校就会退而求其次，要求系领结），而且利用色彩来制造冲击力，与单调乏味的统一校服形成鲜明反差。他们对制服有深深的成见——比如，斯派克描绘制服领子的形状时说：“你知道的，那个就跟老师的一样！”

我们也许会注意到，外界整个商业化的青年文化系统为这些孩子提供了一套关于时尚的词汇，这些词汇早有内涵，能被这些“家伙们”用来表达他们自己更个人化的含义，尽管这些服饰以及相关音乐可能纯粹是商业产物，并不能代表其追捧者的真正渴望，但我们应该意识到，这些年轻人崇尚和使用时尚的方式具有个性表达的真实性和直接性，而这在最初
17 的商业生产中是缺失的。

教师和学生之间就服饰问题而产生冲突并非偶然。对一个局外人而言，这种冲突可能很傻。但是，焦虑的老师和牵涉其中的学生都明白：服饰是他们争夺权威的阵地之一。这是文化冲突的一种现代形式。归根结底，这是关于学校作为机构的合法性的问题。

与服饰紧密相关的当然是“家伙们”的个人魅力问题。穿着时髦是他们向学校竖中指的一种挑衅，也是将自己和“书呆子”区分开来的方式，这为他们制造了机会，使他们在异性面前显得更有吸引力。客观事实的确如此，和同龄学生相比，“家伙们”约会女孩的数量确实要多得多；而且我们也已看到，他们中大部分都有过性经验。性吸引力以及其隐含的成熟，加之学校禁止性行为，这些都使得服饰穿着不仅仅是肤浅的炫耀，而是表达制度/文化认同的一种机制。这种双重的表达是反学校文化的特征

之一。

如果说着装方式是教师和学生发生争执的主要明显原因，那么吸烟仅居其后。我们能再次从中看到“家伙们”与“书呆子”的区别性特征。他们大部分都抽烟，而且更为重要的是，他们都被人看到在抽烟。男生抽烟的要点是在校门口抽。“家伙们”的很多时间都用来商量下一次怎样抽烟，或者如何“翘课”去“抽一口”。如果“家伙们”抽得扬扬自得，并炫耀自己的鲁莽行径，那么资深教师至少不能视而不见。一般来说，学校会经常颁布严格的禁烟规定。正因为如此，如果“家伙们”继续在公共场所吸烟而且视之为荣耀的话，学校领导就会觉得这是对他们权威的挑战，因而恼羞成怒。如果和另外一个挑战——撒谎——同时发生，那就更是如此了。

[就最近和教师发生的小冲突进行的小组讨论]

斯派克　我们就进去了。我说：“我们没抽烟。”他说（……）然后就变得特别生气。我以为他会揍我一拳什么的。

斯潘克斯　“竟说我是骗子。”“我不是骗子。”“那回来。”我们最后承认了；我们确实吸烟了（……）他气急败坏，说：“还说我是骗子啊。”我们说我们没抽烟，想扛到底。但是西蒙斯大发脾气。

斯派克　他确实看到我们点烟了。

对学校领导而言，对抽烟的惩罚是不可避免的，那些孩子自然明白。

斯潘克斯　好吧，他［副校长］没法怎么样，他不得不打了我三下。我挺喜欢这个家伙的，我觉得他工作干得不错。但是我在校门口抽烟，
博特从我后面过来。我一转身就被抓住了，然后我就直接去见了 18
他，挨了板子。星期一早上一到学校，我就挨了三下……你知道他不

能放过我。

鉴于上述事实，在学校这种持续发生“游击战”的环境中，对于“家伙们”而言，发现同情者或者敌对阵营中薄弱和“愚笨”对手的最有效方法就是看哪些老师——通常是年轻老师——会在看到一支点燃的香烟后不采取措施。

法兹 我是说阿彻，他几乎每天早上都看到我在帕德洛克那里抽烟，因为我在等我泡的马子，他每天早上都看到我。可他一句话都没说过。

威尔 他在注册的时候跟我说过。

PW（插话） 这个阿彻是谁？

威尔 阿彻啊，他说：“别在吃晚饭的时候上那儿去。”他问道：“你去那儿干什么呀？”“在那上边，就在那上边，周围。”我说：“哦，去小灌木丛。”哦，但是他就这样算了，我们都乐了一回。

同样，当学校和外界意义相结合时，对“家伙们”而言，抽烟象征着成人世界的价值观和言行，因此，抽烟就好比公然在学校前作乱。成人世界，尤其是成年男性工人阶级的世界，成为他们反抗和排外的重要材料来源。

除了能产生“好的”效果，“家伙们”公开喝酒也是因为这对教师和“书呆子”们而言是最具决定性的信号，以此宣称个人已经从校园中独立出来，加入了一种更另类、高级、成熟的社会生存方式。他们兴奋地复述着被老师目击出入酒吧的故事，这比谈抽烟还要有滋有味；要是哪位老师看到他们“连夜酗酒”却没有作为的话，那么学校阵营里谁是“背叛者/同情者/弱者”就更加显而易见了，而且要比对“抽烟”无动于衷更甚。他们对这种特殊意义的领悟力令一些进步的年轻教师身处困境。有些老师采取了奇怪的解决办法，搞得“家伙们”不明所以。以下这个例子就涉及一位充满担忧的、进步的年轻老师。

[关于老师的小组讨论]

德瑞克　然后阿尔夫就说，哦，“老师好”［在一家公共酒吧里遇见老师时］，但老师没有回应，然后他继续说：“老师好？”于是老师转过身，就那样看着他，哦……还是不回应。第二天，老师说：“我找你，阿尔夫。”阿尔夫走到跟前，老师问：“昨天晚上是你在那儿吗？”阿尔夫说：“我在参加一个足球聚会。”老师说：“好吧，你难道不觉得你那样做就像在侮辱某人？”阿尔夫说：“不会啊。”老师就问：“那如果我羞辱你，你会感觉如何？”“你这是什 19
么意思？”老师说：“在那种地方跟我打招呼，你觉得我应该怎么回应你？”老师继续说：“好吧，下次不要跟我讲话，除非我先跟你说话。”“好的，老师，我以后不会再打招呼了，”阿尔夫说，“哪怕走路时碰见，我也不打了。”

“家伙们”当然很清楚喝酒所具有的重要象征意义，即加入成年人行列、反抗学校。对他们来说，最后一个学期的最后一顿晚餐应该在酒吧里吃，而且必须喝到尽兴。正是在这一刻，他们终于摆脱了学校，在未来的日子里他们会将这一刻铭记于心。

[工作中的个人访谈]

PW　为什么在最后一天喝醉那么重要？

斯潘克斯　这很特殊。一生只有一次，不是吗？我是说，前一天我还在学校，是学校的学生，但第二天我就上班了，你知道我的意思吗？

PW　当然，你第二天就去上班了。

斯潘克斯　是啊，我喝醉了，睡一觉，然后我就去上班（……）如果我们

> 没喝醉，你知道的，我们就不会记得那一天了；我们也可以留在学校（而不是去酒吧），但那只不过又是一天。不过我们那样做了，我们的最后一天就有东西可以回忆了，我们离开学校的那刻就有回忆了。

这些汉默镇的“家伙们”确实在酒吧里制造了很特殊的气氛。斯派克总是解释说，尽管他有时候看起来像个“可恶的笨蛋”，但他真的很喜欢他的同伴，以后会想他们的。艾迪下定决心要保持“纪录”，喝掉八品脱酒——按照校长的话说，艾迪在学校被抓时“烂醉如泥”，很不体面地被他开车送回了家。法兹解释说他那天早上如何差点把桑普森（一位老师）弄疯，结果被送去见校长，“但是他没怎么样，就是开了点玩笑”。更重要的是，酒吧老板和成年顾客都接受了他们，还买酒给他们喝，询问他们今后的工作。即将离校的时候，他们会像大人一样许诺帮别人修理管道、砌砖，但他们还没有意识到这些承诺并不可信。

这些“家伙们”到校迟到，浑身酒气，甚至有时微露醉态，但是他们并没有完全肆意胡闹，学校老师也强调了这点。为了表明学校的权力有法律和国家强制手段为后盾，校长叫来了警察。校长和一名警察等在校门口。这个架势吓到了“家伙们”，当他们试图避开警察的时候，奇怪的一
20 幕发生了。

> [之后的小组讨论]
>
> 威尔　我正走在［去学校的］路上，当时我拽着斯派克和斯潘克斯（……）你知道吧，我是想保证他们俩能走。乔伊看见警察走过来（……）我走到小泥塘边［路尽头，后边只有围墙］。我看见了警察，“如果他没看到我，我就能从围墙那儿跳过去，免受惩罚，因为要是没人看见我，我就没事”。但那时我想：“如果他过来了，

> 我要尽量看上去没怎么样。”所以我就脱了裤子假装撒尿，好像我只是上学迟到了。然后比尔跑过来，我想“天啊”，就翻过后面的围墙，爬出去了(……)西蒙斯看见比尔了，他说：“啊，我想我看到了你们俩。”他说：“你们俩。”我不知道，你要知道，我只是在走路。

最后，“家伙们”被赶拢到一起，送到校长办公室，在那儿，警察数落了他们一顿；但后来斯派克说：“他把我提起来摔到了墙上。”(我没有目睹这件事。)接下来，校长写信通知他们的父母，说如果不来道歉，学校就会扣留他们最后的学历证明。对斯派克，他是这么写的：

> ……你的儿子显然喝醉了，随后的行为也非常不配合，很无礼，甚至是挑衅。他似乎坚持为自己的行为辩解，还说学校像第二次世界大战时德国的集中营科尔迪茨城堡……作为校长，在最终决定该采取何种措施之前，我希望给家长一个与我沟通的机会。①

即使是同情学生的年轻教师也觉得这次事件“令人吃惊”，纳闷为什么这些“家伙们”就不能等到傍晚再出去喝酒，这样才“真正合宜”。当然，关键就在于必须在午饭时间去喝酒，这样才是反抗学校的行为。这么做不仅仅是为了标志某种中立的转变——一种仪式。这是一种决定性的摒弃和隔绝。在某种意义上，他们最终用一种“书呆子”和老师们都不能理解的方式击败了学校。这对他们而言是脱离在校备受压迫(在他们眼中，“书呆子”和老师们的行为就是压抑的象征)的青春期而进入成熟、

① 斯派克的道歉信措辞小心，以保证既能拿到结业证明，又能维护自己的尊严：“我希望您能接受我诚意的道歉……学校本身和‘科尔迪茨集中营’毫无相似之处……现在，我认识到我的所作所为有些愚蠢，但是在当时我并不这么觉得，所以，我现在已经准备好接受您认为合适的处理结果。”

真实生活的一次跨越。

有些"家伙们"的父母对这个情形的看法和他们的孩子一样。当然，没有一个家长应邀去见了校长。

[一次小组讨论]

威尔　我妈把所有的信都收起来了，就像西蒙斯写的［关于喝酒的］那封。我说："你留这些干什么？"她说："哦，以后回过头读读挺好的，不是吗？""哦，给你孩子看啊，你以前多可怕。"我会保留这
21 些信的，我会。

[工作中的个人访谈]

PW　你老爸知道你在学期最后一天喝酒的事吗？

斯潘克斯　哦，啊（……）他笑了，说："亏他们想得出还要写信。"乔伊的爸爸来我家时，也拿这取笑了一通。

尽管受到威胁，担心法律制裁，这整个插曲对"家伙们"来说"很值"。在之后的工作环境中，这件事是他们最常提起并添油加醋的校园插曲。这很快成了一种个人化的传说。随着学校制度日益开明，拒穿校服和抽烟不再是校园冲突最主要的原因；因此，我们也可以预见，喝酒将成为今后校园对抗战中的主要焦点。

非正式群体

某夜我们出门
上街
滋扰他人，
我想我们是反社会的，

但我们很享受。

年长的一代
他们不喜欢我们的发型，
或者我们穿的衣服
他们好像就喜欢
把我们说扁，
如果没有交这一帮朋友
我不知道我会干什么。

——摘录自德瑞克在一堂英文课上写的诗

从很多方面来看，我们看到的上述种种对峙可以理解成正式与非正式之间对立的经典案例。学校是正式的领域。它具有明确的结构：学校的建筑、学校的规则、教学实践、国家认可的教职工权力等级——我们已于细微之处见识到了这种权力、法律的威严，以及作为国家镇压机器的警察。“书呆子”接受了这种正式结构，并希望通过牺牲部分自主权以换得官方监护人对神圣法规的维护，但这通常超越了他们的职责范围。信徒心甘情愿的牺牲必然被不忠者所利用。

反学校文化则属于非正式领域。在此，正式制度的入侵要求遭到反学校文化的拒绝——哪怕代价仅仅是在时尚、微观互动和非公共话语中
表达出的对抗。在工人阶级文化中，对抗通常以撤退到非正式领域为标 22
志，进而超越规则范围以其典型模式显现。

即使反学校文化中没有公共规则、实体结构、认可的层级或制度化约束，它也不是空谈。它必须拥有自己的实体基础和自己的基础结构。当然，这是一个社会群体。非正式群体是这个文化的基本单位和抗争的基本来源。这也是该文化其他要素存在和成为可能的基础，同时，它的存在也使得“家伙们”和“书呆子”泾渭分明。

反学校文化的成员对这个群体的重要性了然于心。

[一次小组讨论]

威尔　(……)我们每天在学校都见面，不是吗(……)

乔伊　就是，我们已经形成一套说话、做事的方式，我们对那些巴基斯坦佬、牙买加佬以及所有别的学生都很不屑……那些小人物，和他妈的书呆子们……我们学会了钻空子，比如怎么逃课之类的，我们知道去哪儿抽烟可以显摆又不会惹上麻烦。你可以来青年中心玩，对吧……你所有的朋友都在这儿，你知道吗，感觉就像现在这样，明年还会如此，对吧，然后你知道你今天不得不上学，如果你感觉不爽，你那些哥们儿很快就能让你兴奋起来，因为你在这儿上学，要是十分钟内找不出什么东西开个玩笑、找点乐子，你就上不下去了。

PW　现在，你在学校的哥们儿真的那么重要吗？

—　是。

—　是。

—　是。

乔伊　他们真的是最棒的。

成为“家伙们中的一员”的关键在于这个圈子。人不可能自己形成一种独特的文化。没法一个人制造乐趣、气氛以及社会身份。加入反学校文化意味着加入一个群体，享受这种文化则意味着能够在群体中打成一片。

[就如何成为“家伙们”的一员而展开的讨论]

乔伊　(……)你自己一个人打盹，没意思，但是你和你的哥们儿一起打盹，你们就是一块儿的，一起找乐子，这才是打盹。

比尔　如果你不做别人做的事，你就会感觉离群。

弗雷德　你觉得脱节了，没错，对啊。就像，你感觉别人在做什么……

威尔 在第二年……

斯潘克斯 我能想象……当我一天没来学校，但第二天回来的时候，你不在的那一天发生了什么事，你就会觉得“为什么我那天没来学校呢”。你知道吧，“我本来可以过得挺开心的”。你知道我说的是什么意思吗？你回来了，但是他们说：“哦哦，你昨天应该过来的。”你知道吧。

威尔 （……）就像在第一、第二年，你可以说，哦……你那时有点书呆子。然后你想试试看，变成他们那个样子……就是说，作为一个男孩，你想尝尝他们那种滋味，而不是当书呆子，然后你很喜欢那种感觉。

尽管并不正式，但这样的群体也有一些规则——不过这些规则照例与一般意义上的“规则”相对立。

PW （……）你们之间有什么规则吗？

彼特 我们不过是破坏其他的规则。

法兹 我们之间没有规则，是吧？

（……）

彼特 常常变的。

威尔 我们没有规则，但是我们之间有些共识，我们这儿，你知道，哦，就像，我不会去泡别的哥们儿比如乔伊的“马子”，他们也不会对我这么干，你知道我说什么吗？情况是这样的，哦……你要是给他一个苦差事，你就要料到他会以牙还牙，就是这样。

弗雷德 这不是什么规则，只不过是一种协议。

威尔 不，这就是规则。

PW （……）这些协议包括哪些？

威尔 哦……我想想……我自己不是，但我想我们当中大部分人第一、第二年的时候都没怎么玩尽兴，就是这样，但是你要知道，比如说弗雷德来看我，说："我刚刚在那儿和那个二年级的搞了两回。"我就会想"多骚的娘们儿"，你知道吧。

(……)

弗雷德　我们可亲了，就像他们说的，总黏在一块儿。

在非正式群体中，将牵连到其他成员的信息向正式权力告密是一个普遍禁忌。①告密违反了非正式群体的核心本质：为了抵制"规则"的渗透而维护对抗性的意义。汉默镇的"家伙们"称之为"告发"，教职工则称之为"说真话"。"真话"是官方对"告发"的正式补充。只有找到人"告发"——强迫他们打破这个最神圣的禁忌——正式组织的地位才能得以维护。因此，难怪整个学校可能因为对一次重大事件的突然打击
24 以及之后的整肃而变得人心惶惶。这是一场争夺权力和权力合法性的斗争。学校必须在这场斗争中获胜，而某个人最后必须"告发"：这是学校自身得以再生产、"书呆子"的信念得以修复的途径之一。但是，不管"告密者"是谁，他都会成为特殊、软弱和受人瞩目的人。"家伙们"常回顾这些事情，不断重新评估自己性格中的致命弱点，这些弱点普遍存在，但直到关键的当口才真正暴露出来。

[有关臭名昭著的"消防栓事件"的小组讨论。在那次事件中，"家伙们"从学校偷出了一个消防栓，并拖到当地的小公园里玩]

PW　这件事一发生就成了今年最大的一件事，是不是？

乔伊　这事被搞大了，有点可怕。当时不过就像这么一下［他打了个响指］，在我看来，我们干的不过是一桩小事，就好比在街角抽烟，或者跑到商店买点薯条。

① 最近一篇研究英格兰西部进步私立学校达廷顿私校的报告指出，该学校的孩子对告密不存在禁忌。这相当不同寻常。（报告）解释说，这是因为非正式群体和反学校文化受到了这所学校的一致性、开放和民主制度的抑制（详见*The Guardian*, 1 January 1976）。

PW 发生了什么事(……)?

— 威毕[处于反学校文化边缘的人物]告发了。

乔伊 西蒙斯单独找到我,他说:“你们中的一个供了,想把所有责任都推给法兹。”但是那会儿只有威毕在那儿。

斯潘克斯 我们当时在抽烟。

斯派克 他就那样。你抽过烟,是吧?[对法兹说]

斯潘克斯 威毕想跟着抽会儿烟,所以法兹就给了威毕一根烟。罗杰斯[一位老师]走进门来,他就像我学的这样走着[模仿],威毕就说:“老师,这不是我的,我只是替法兹拿着而已。”

威尔 之前在那个公园(……)这个没用的家伙和我,还有艾迪把消防栓打开了,是吧?看守公园的人走过来了,他撒腿就跑,随后我和艾迪朝另一个方向跑了,我们坐在那儿,像两只猴子一样。然后威毕就站在那儿,看守公园的人走过去,对他说:“行了,出去。滚出这个公园,我禁止你来。”他走过我和艾迪两人的时候,说:“我知道你们不在那儿,你们当时正坐在这儿呢。”然后威毕就说:“不是我,是……”他就要说出来了,对吧?

艾迪 就是,我当时说“嘘”,他才记起来不能告发我们。

加入这个非正式群体让每个成员对生活中看不见的非正式领域都变得相当敏感。在官方定义之外,一个新的领域被打开了。他们发展出一种双重的能力,一方面领会公共的说法和目标,另一方面识破这一切,考量其暗含之意,然后再去弄懂实际情况。这种阐释能力通常被看成一种成熟的标志,显示他们开始“精于世故”,知道“事情来的时候该怎么处 25
理”。这种能力让真正的“局内人”掌握知识,帮你顺利度过每一天。

PW 你觉得你在学校学到东西了吗?你学到的东西改变或者塑造了你的价值观吗?

> *乔伊*　我不觉得学校对我有他妈的什么用（……）学校对谁都没什么影响，我觉得你也就学到点基础知识。我觉得学校每天的四小时真够受的。塑造你的不是老师，而是你遇到的那些孩子。你和老师相处的时间不过是你在学校时间的30%，另外那三分之二的时间都花在他妈的聊天、争论和胡闹上了。

这个群体也为他们提供了不少与外界的联系，使每个人都建立起了有关社会现实的另一种认知，获得了信息，以了解事情发生的原因。基本上只有通过这个群体，其他群体才得以相互接触并维持连续性。学校的各种群体相互联合，并和社区内其他群体彼此联系，形成一个网络，传递某些独特的知识和观点，从而逐渐将学校在工业城市的工人阶级青少年成长过程中的地位推向边缘。正是这种非正式群体的基础结构，使一种区别于主流的、独特的阶级联系或者阶级文化成为可能。

以"哄骗""欺诈""局外人"为基础，反学校文化形成了一种非正式的物物交换的交易方式——当然，这种方式在成年工人阶级世界里更为明显。

> *法兹*　如果谁说"我想搞盘便宜的磁带"，好吧，他说了，我们中有一个人知道怎么去搞便宜的磁带，对吧，所以我们就达成了一个交易，然后说"啊，我去给你搞磁带"。

和商品交换一样，文化价值和阐释就这样非正式地"暗地"流传。

打盹、哄骗和逃学

对抗学校主要表现为与学校制度和规则争夺象征空间和物理空间，并击败学校公认的主要目标：让你"工作"。作为自我导向（self-

direction）的形式，获胜和奖励发展出了非正式的文化意涵和实践。关于教师/学生的力量关系，后文将进行探讨。当反学校文化发展成形时，其成员已经很善于对付学校这个正式系统，能把学校要求限定在最低限度。他们利用现代制度包容不同能力人群的复杂性，阻碍学校执行课程 26
表和"提高离校年龄"计划提供的各种选择；在很多情况下，底线仅仅是上学注册而已。[①]

[关于学校课程的小组讨论]

乔伊 （……）周一下午我们没课，是吧？基本上没有什么和学校功课有关的；周二下午我们有游泳课，其余时间他们就把你们集中在教室里；周三下午是游戏；只有周四和周五下午我们要做功课——如果那个算功课的话。周五下午最后一节课，我们常常就是去打盹，我们一半人摇摇摆摆地开溜，另一半进教室坐下，然后直接睡觉（……）

斯潘克斯 躲过这节课，到河堤上走走，抽根烟，然后再去上下一节课，因为那个老师会点名（……）

比尔 其实要回家也很容易，像他［艾迪］……上周三下午，他被点到

---

① 大多数人认为，按学生成绩分班、传统的以学科为基础的课程安排、考试以及综合成绩测评容易导致反学校或者类似小流氓的群体出现。

在汉默镇男校，对抗性群体是在第三学年末成绩分流时出现的。但是，第四学年初引进混合班之后，反学校文化群体与之前按成绩分流时一样，而且愈演愈烈。此外，并非只有学习能力最差的学生会加入这样的反学校群体。群体中一些核心人物能言善辩、精明自信，参与各项活动。对于他们那个年龄阶段而言，"家伙们"的生活比传统方式要丰富得多。尽管继续按成绩分班可能对学习能力差的学生有强化作用，正如我们预期的那样，但是我们应当认识到，取消按成绩分班能够带来一个富有创造性的社会混合体，这不仅能促进整个学校的社会系统的发展，同样也能够促进非正式的激进对抗势力的发展。新型的成绩混合班、以问题和学生为导向的教学方式、一天中多次换班造成的混乱，尤其是加上"提高离校年龄"计划为学生提供的多种选择，这些都是好事。参见D. H. Hargreaves, *Social Relations in the Secondary School*, RKP, 1967; M. D. Shipman, *Sociology of the School*, Longman, 1968; R. King, *School Organisation and Pupil Involvement*, RKP, 1973。

名之后就回家了（……）

艾迪　今天下午我本不该在学校待着，我应该在社区学院［按要求，学生每周要花一天时间在学院内上相关课程，接受职业指导］。

——

PW　你最后一次写东西是什么时候？

威尔　我们最后一次写东西？

法兹　哦，我最后一次是在职业指导课上，因为我在一张纸上写了“是”，当时我的心都碎了。

PW　这为什么让你心碎？

法兹　因为我本来打算什么都不写就过完这个学期的。自从回来之后，我就什么都没干过。［现在已经过了半个学期］

用旷课来衡量是否摒弃学校非常不准确，甚至没有意义。这不仅是因为他们在“逃学”（这已发展成为“家伙们”得心应手的一种技艺）之前还是得到学校注册，而且这只能用来衡量非正式学生流动性的一个方面。一些“家伙们”自由出入学校的能力简直令人叹为观止。实际上，他们把学校提供的日程表变成了自己的安排。相对而言，旷课只是一种不怎么重要、相当粗糙的自主表现，自主性有多种体现，表现在各种活动中：随意离开课堂、待在教室里却什么事都不做、走错教室、在走廊里闲逛四处寻求刺激、偷偷睡觉等。体现这些的核心技术是能够自由离开任何一堂
27 课：保留个人机动性。

［一次小组讨论］

PW　你们不在教室里，难道没人担心吗？

法兹　我从厨子那儿搞了张条子，证明我在给他们帮厨（……）

约翰　你只要走到他［老师］跟前，说：“我能出去干点活儿吗？”他会

说：“当然，怎样都行。”因为他们也想摆脱你。

法兹 尤其是我问他们的时候。

——

皮特 你知道走廊里有些洞吧，我不想去运动会，他让我替他取钥匙，我就把钥匙放进走廊的洞里，他只好去找电筒来掏钥匙。

对于那些成功叛逆的人来说，屡屡得手也可能是种困扰。一天内，频频在自主的道路上做取舍并非易事。

威尔 （……）我们一直在这间房里打牌是因为我们能锁住这扇门。

PW 现在这间房做什么用？

威尔 资源中心，我们本来要在这儿搭架子的［为副校长做新舞台］。

PW 哦！你们还在做那些架子！

威尔 我们早该做好了，但我们整天就躺在那个架子上打牌或者睡觉（……）不过，我们开始觉得无聊了，我宁愿到教室里待着。

PW 你想去哪堂课啊？

威尔 哦，我想大概是科学课，因为那课有时候还挺好玩的。

这种自我导向和阻碍正式组织目标实现的行为也是一种对官方时间观念的攻击。副校长最艰巨的任务就是制定时间表。在大型学校里，有若干课程供五年级学生选择，因此，每个细节都必须考虑周到。刚开学的几个星期会不断地修改时间表，因为有些年轻老师抱怨，有些安排难以实现。时间好比金钱，非常宝贵，不能浪费。每项安排都必须与学校的方便大多数人的目标相吻合。各个科目被分成时间块，并保证相互之间搭配合理。就像学校建筑的布局，课程表是学校制度对于时间的安排。校长办公室的墙上悬挂的复杂图表展示了课程的运作机制。理论上，检查一天中每个人在特定时间所在的位置是可行的。不过，这些对“家伙们”而言可不管用。如果想找他们，你应该知道和掌握他们自成一套的行动节奏和模式。这种节奏摒弃了官方时间表所含的明显意图和时间观念。教师和“书呆子”对“家伙们”抱怨最多的就是他们“浪费宝贵时间”。然而，时间对于“家伙们”而言不需要小
28 心节约，那不是为实现设定的目标而谨慎使用的东西。对“家伙们”来说，时间是他们想标榜为直接认同和自我导向的一部分的东西。时间是用来维持“家伙”这种状态的，而不是用来实现某种目标或者获得文凭的。

当然，他们有时也会有紧迫感，尤其是当他们看到学期即将结束而需要找工作的时候。但是，就他们的文化而言，时间的重要性仅仅来自不受制度时间的约束。在这个文化的时间观里，时间以相同单位均匀流逝。时间没有计划，不存在浪费或者可预期的兑换。

“找乐子”

连共产主义者都会找乐子。

——乔伊

非正式群体从学校及其规程中赢得了属于自己的空间，并在其中形成和发展了专门用来“找乐子”的独特文化技巧。“乐子”是反学校文化中一个多元性工具，格外重要。我们之前也已看到，能逗乐是成为“家伙”的重要标志之一——“我们可以逗他们乐，但他们就没法逗我们乐”。但是，“乐子”也用于很多其他情境：打发无聊和恐惧、克服困难和问题——总之是可以解决几乎所有问题的法子。在很多方面，“乐子”是非正式群体特有的工具，而命令则是正式机构特有的工具。“家伙们”自然知道“乐子”的特殊重要性。

[一次个人访谈]

乔伊　我觉得他妈的乐子是所有事情里头最重要的。什么都不能阻止我笑(……)我记得有一次，我和约翰还有另一个家伙在一起，有两个小子不知为了他妈的什么事情过来猛揍了我一顿。约翰和另外一个家伙在远处(……)我想还击，但没有成功，所以我就跑了，跑着跑着，我握起他妈的一手雪，摁在自己脸上，当时我就笑死了。他们一直说："他妈的你不能笑。"我本应该吓得半死，但是我他妈的在笑(……)

PW　笑有什么好(……)为什么那么重要？

乔伊　(……)我不知道我为什么想笑，我不知道笑为什么这么重要。只是(……)我觉得这是不错的天赋，就是这样，因为你能化解任何情况。如果你能笑，如果你能让自己笑，我是说如果你能笑得非常令人信服，那你就能摆脱无数的麻烦(……)如果你不能时不时地笑笑，你会他妈的发疯的。 29

一般而言，学校是产生"乐子"的沃土。学校是"家伙们"形成、塑造其特有幽默的重要环境。在后续章节中，我们将探讨那些充当他们搞笑和文化发展素材的教学方式。但是，现在我们需要关注的是他们的幽默是如何测探、玩弄和利用学校权威的某些特定主题的。他们的很多恶作剧和玩笑在其他场合并不具有同样的意味，而且根本不好笑。当一位老师走进教室的时候，他被告知："好吧，先生，副校长会来代我们的课，你可以走了。他说这段时间你可以休息。"在学校，"家伙们"把二年级和三年级的学生拦下来，说："阿盖尔先生想见你，我想你遇到麻烦了。"很快，阿盖尔先生的房间就挤满了忧心忡忡的学生。一位新老师会被拦住并听到这样的话："我是学校新来的，校长问你能否带我参观一下校园。"新老师刚要开始这么做，那"家伙"转过脸去的窃笑暴露了这个把戏。有谣传说，校长为了找出是谁污损了新街区的石膏像，正在核对每个人的字体。法兹就吹牛说：“那个笨蛋不会来核对我的，我什么也没做。”通过告密这个神圣的禁忌，他们幽默地测探着权威与非正式准则相遇时的情境。关于假装告密的故事有一大堆，他们是要以此刺激老师更有效地去扮演他们的正式角色：“老师老师，乔伊在讲话/在拧罗盘/在抠鼻子/要杀死珀西瓦尔/在手淫/在放你车轮胎的气。”

从更宽泛的意义上来看，“乐子”是一种不逊的、抢劫式的不端行为。犹如一支从事秘密、非正式活动的军队，“家伙们”满乡下寻找可以用来消遣、搞破坏和煽动的事件。即使在像礼堂集会这样严肃、巡逻严密的正式场合，他们也能制造出很多类似的事情。集会中，斯潘克斯把坐在自己前面的人的夹克衫侧兜掏空，然后故意问：“这些东西是谁的啊？”乔伊把夹克衫钉在座椅上，而其他家伙则在合唱中捣乱：

乔伊　当我们聚集在这间礼堂的时候，我们的主要消遣就是玩弄那些固定椅子的小夹子。你把它们弄下来，然后把某人的外套夹在他的椅子上，然后就等着看他站起来……你永远不会认真听……你必须很小心，这样克拉克［副校长］才不会看见而把你叫出去，其他老师就无所谓了。

(……)

乔伊　即使是唱圣歌的时候……他们强迫你唱。

PW　但是他们真的强迫你唱了吗？我没看见你们有多少人在唱啊。

—　我就站在那儿，动动嘴。

—　我们整个班只有一本圣歌。我们二十五个人才有一本……

—　我们即使真唱，也要弄个笑话出来。

法兹　比如唱错段落……假设应该唱第一节，你就唱第三节。

30 ［大笑］

在礼堂里看电影时，他们把投影仪的线绕成死结，用手在荧幕上比划动物影像或者下流姿势，无缘无故地戳坐在他们前面的“书呆子”的后背。

午餐时间，他们在学校旁边的公园里闲荡，把公园看门人自行车上的发电机打开，因为“这样可以让那笨蛋慢下来”。他们只要看到任何松动或者可以移动的东西，就会推搡一下，把垃圾桶倒空，污损各类标志。要是没人看管，私人财产也是他们的对象。

[一次关于蓄意破坏的小组讨论]

皮特　门！

乔伊　门是最新的破坏对象。从门上跳过去。从这里搞个门下来，然后安到别人家去。

比尔　我们尽干这些。我们准备去布朗普顿路那边打十柱保龄球，突然我们看到路上有幢房子正在出售。我们就把“出售”的标志牌拿了出来，放到隔壁家，然后把这家的牛奶箱搬到隔壁家(……)我们把花箱从门廊上弄下来，然后塞进隔壁家。我们这样交换了好多东西。

斯潘克斯　还有垃圾桶！[笑]……每天晚上，我们就溜进花园，搞一个小矮人雕塑出来，到最后，有一家的花园里放满了东西：小矮人雕塑、日晷、小桥，还有一个矮人钓鱼的小雕像。然后，路尽头有一个很大的日晷。他就抬着日晷的一头，我抬着另一头，两个人一路把它抬到(……)

对教师而言，组织校外参观堪比噩梦。例如，去参观博物馆。大巴后排的座位毫无意外地空着，留给迟到的“家伙们”。很快，大巴后座会笼上一层蓝色烟雾，尽管从来看不到燃着的红色烟头。当大巴返回车队时，车队经理发现后座那些椅子上满是用永久性墨水涂写的名字和涂鸦。第二天，校长只好把肇事者送到车库，让他们“为了学校的名声”把大巴清理干净。

在博物馆里，这些“家伙们”就如同成群的蝗虫把壮观和庄严一扫而尽。在一个仿维多利亚风格的药剂师商店里，清楚、显眼地写着“请勿触摸”，但只要是看得见的东西，“家伙们”就会东摸西碰，这里拉一下，那里试一下。他们从柜台上拿走了好些装在大广口瓶里的老式止咳糖；还坐在高背椅上，把椅子前面两条腿翘起来，说是“要看看这些椅子到底有多牢靠”。

十五个人在一个村庄模型四周挤成一团，貌似看得很认真。斯潘克斯用手使劲地摇晃车模型，口里模仿着警报：“哦，注意，一辆有轨电车撞上了。”同时，乔伊拿起了一个精心摆设的小人模型：“看，我绑架了一个村民。”

他们只要能躲开老师，就跑到街上抽烟。乔伊正在解剖那个小人，要“看看里面是什么东西”，而斯潘克斯担心那些止咳糖会把他吃死。他们聚在一起，指着天说“看啊，就在这幢楼上面”，或者目不转睛地盯着
31 地板，当别人也聚过来的时候，大家就笑成一团。他们在一家电视机商店前停下，盯着正在装饰橱窗的女士，说：“我们一起盯着那个女的，看到她不好意思。”他们达到目的后才会离开。最后，那些有点闲钱的“家伙们”就脱离其他人，到酒吧里去喝一杯，大声谈论他们的学校，要是有人看他们，就怀疑地窃笑。回到大巴时，他们又是迟到的一拨，后座还是空着，他们就假惺惺地向年轻老师“相互告状”：“老师，斯潘克斯有点问题，他的嘴里有股味。”“艾迪的嘴着火了，老师，你能把它灭了吗？”

第二天回到学校，他们被叫到校长办公室，因为巴士公司刚打来电话，但是在校长办公室门口他们不确定“这次犯了什么事”：“可能是那些止咳糖”，“可能是在大巴上唱歌”，“可能是喝酒”，“可能是在公园的草地上放火”，“可能是叫那些巴基斯坦佬滚”，“可能是我们破坏了村庄模型”。当发现原来是车座上墨水涂鸦的问题时，他们颇为惊讶，也舒了一

口气。“家伙们”中无论哪个人被叫去见校长，第一件事都是在脑子里列一张可能被问及的事件清单，第二件事就是如何给每件事编个听得过去的故事。当正式权威与非正式力量对峙时，他脑中的愧疚和混乱要比校长脑中认定的罪恶感强烈得多。他们常常惊讶地发现“所有引起小题大作”的罪责其实都很琐碎、微小——尤其是与他们那个可能被发现的隐秘国度相比。

当然，这些“家伙们”不总是从外界刺激或受害者身上找“乐子”。群体内的互动和谈话经常以“嘲弄”的形式出现。他们之间经常相互动粗，对某一个人踢一脚，抡一拳，空手道对打，扭胳膊，长时间的推推搡搡，直到那人快要流出眼泪来才罢手。这种玩笑或“嘲弄”颇为粗暴，常常为同样的缘由针对几个人。通常这是因为有些人被认为比较蠢。鉴于“家伙们”通常摈弃了学校功课，这种行为颇具嘲讽意味，显示了传统价值观阴魂不散，即使这些“家伙们”急于否认这一点。尽管“家伙们”通常拒绝用传统方式来展示他们的能力，但毫无疑问，那些最能干的会被视为“聪明机灵”。某些文化价值，如谈吐聪明、幽默风趣，还是会在文化课上表现出来。比如说乔伊，他在英语这门课上就小心地平衡着：和“家伙们”一起“逗乐”，同时偶尔写篇“才气出众”的散文。在某些方面，“家伙们”对愚钝同伴的惩罚要比那些“不抱希望”的教师来得更为严苛。尽管什么都可以嘲弄，但充满性暗示的嘲弄最常见：越个人化、越尖锐贴切越好。风趣的精髓在于贬损得恰到好处：不断找出对方的弱点。提升这种攻击力需要一定的技巧和文化诀窍；若要抵挡这样的攻击，那要求就更高了。

［一群“家伙们”在课间休息时的对话］

艾迪　X撒尿的时候让他的“马子”给他拿着鸡巴。［哄笑］

威尔　问问他，谁给他擦屁股。［哄笑］ 32

斯派克　这恶心的混蛋……我打赌他给她换他妈的破布。

斯潘克斯　对，用他的牙！［更多哄笑］

［X来了］

斯潘克斯　你是不是刚刚撒尿爽呆了。

比尔　还是拉屎啊。

斯潘克斯　你这恶心的小屁孩……我可干不了那个。

比尔　等一下，我待会儿撒尿的时候想让你帮我拿鸡巴。

X　谁？［哄笑，打岔］

—　你啊。

X　谁？

—　你。

X　什么时候？

斯派克　你干的，你告诉乔伊，乔伊告诉我的。

他们不断计划着如何拿那些不在场的人开涮："他来的时候我们别理他"，"他说什么我们都笑话他"，"我们假装我们什么都不懂，然后一直说'你是什么意思'"。有些人会因为"脏""笨极了"，甚至总是穿"同一件破夹克"而出名，而遭嘲弄。这个群体所使用的语言，尤其是嘲讽和"欺负"，比"书呆子"所用的要粗暴得多，充斥着随口而出的咒骂，用起本地方言和隐语时亦力道十足。对于"家伙们"而言，至少在他们自己的圈子里，这般说话是自然而然的事情：

［一次关于走神的小组讨论］

乔伊　（……）［走神的时候］你总是会注意某个人，然后你总是能就某事说些……什么。

PW　是什么事让你不再感到无聊？

乔伊　聊天，我们可以一直聊下去，当我们聚到一起的时候，我们就聊啊，聊啊，聊个没完。

无聊与刺激

PW 与无聊相反的是什么啊?

乔伊 刺激。

PW 但什么是刺激呢?

乔伊 违纪违规,就好比犯法、喝酒什么的。

斯派克 偷东西。 33

斯潘克斯 在街上晃荡。

乔伊 破坏公物(……)这些就是无聊的反义词——刺激,违反法规,去普劳酒吧时和领班讲话,站在领班旁边买酒喝,尽管他知道你才十四或者十五岁,而你应该十八岁才能进去。

"乐子"、聊天,还有劫掠,这些不良行为通常都能有效,虽然并非完全地打发无聊——有时虽然"捉弄这个系统"成功了,但无聊感反而会增强。

成为"家伙们"一员的刺激和荣誉更多来自反社会的实践,而非上述活动。那些更为极端的行为才是把他们与"书呆子"以及学校完全区分开来的标志。打架、通过威胁挑起争端、谈论打架和打架中的策略,这些都带给他们绝对的乐趣。很多重要的文化价值都是通过打架来表达的。他们反复强调男子气的傲慢,戏剧化的表演,群体的团结,以及头脑反应的快捷、清晰、不过于道德化。通过身体上的侵犯,他们也明确、精准地表达了他们对"书呆子"的态度。就好比知识之于老师,暴力以及对暴力的判断是"家伙们"凌驾于校园循规生之上的核心。

"家伙们"通过暴力最完全地表现出他们对盲目或扭曲的反抗的热衷,即使这种热衷并不明确。暴力打破了传统专制的"规则"。他们以男性气概来对抗专制。这是破坏一系列令人不满、自上而下或者环境强加的意义的最终方式。这是一种让平凡事物突然变得重要起来的方式。从过去到未来的有关自我的一般假设被中断：时间的辩证性被破坏。打架，以及其他事故或危机将你痛苦地截留在“当下”。无聊和琐事因此而消失。如何度过接下来那几秒钟变得分外重要。而且一旦经历，对打架的恐惧，以及之后安然无恙继续前行所带来的兴奋会让人上瘾。这些都成为消解无聊的永久可能方式，亦成为阳刚风格和存在的基础要素。

乔伊　没有什么骑士精神或者别的，不是你所想的那样。打架不过是……你去打架，怎么说都是野蛮的争斗，所以你也就得用尽办法去打，不管你想到什么办法，叫别人帮你也好，用你能想到的最卑鄙的手段也好，抠他眼珠啊，或者咬他耳朵啊，反正获胜就行。

(……)

PW　你是怎么看学校里不打架的学生的？

斯派克　那样会把我搞疯的，就像你打了人家一下，可是他们却不还手。

34 PW　为什么？

艾迪　我讨厌这种人。

斯潘克斯　是啊，“我不会揍你的，你是我的朋友”。

PW　好吧，你怎么看这种态度呢？

乔伊　那就全看你和他有什么过节，如果只是很小的事，比如他踢了你一下，那你要是打他头的话，他就不会跟你打；但是如果他……真是有什么和你过不去，不管他还不还手，你都要扁他。

PW　你在打架的时候感觉怎么样？

乔伊　(……)很爽，很害怕……不过那是后来才有的感觉……我知道自己打架的时候是什么感觉……就是觉得我要杀了他，要用尽力气把他干掉。

PW 但是你在打架的时候真的觉得害怕吗?

乔伊 是啊,刚开始打架的时候我会发抖,我真的是害怕,但是一旦你站在那儿,你就开始集中精神,就会打得越来越好,如果你状态够好,你能把那家伙给打扁。你把他摁在地上,然后在他的头上乱踩。

我们应当注意,尽管暴力具有破坏性和反社会性,并充斥着非理性,但是暴力并不是完全随机的,也不是对社会秩序的彻底摈弃。甚至在针对外群体(当然这有助于定义"内群体")时,暴力最重要的一个方面恰恰是它在"家伙们"的文化中所具有的社会意义。它标志着正式进入这个非正式系统并得到最终承认。它决定了某种"荣誉",哪怕这种荣誉是错位或者扭曲的。打架的时候也是你在另类文化中接受考验的时候。如果你拒绝打架或者做得非常外行,那你的非正式成员地位和男性声望就会严重受损。虽然成为"家伙们"的一员并不一定要能主动挑起争斗——这往往是"重磅人物"做的事,他受人尊敬,虽然未必招人喜欢,不太可能成为别人的"乐子"——但是同伴们至少可以期望他在受羞辱或威胁的时候能够主动出击,能够"照顾好自己",不是一副"没精打采的熊样",能阻止别人对他"作威作福"。

在领军人物和最具影响力的几个头头中——未必是那些"重磅人物",打架的能力决定了他们最终的权力等级。正是这种不常受考验的打架能力决定了他们的地位;有趣的是,这种地位常常建立在诸如男性化外貌、"有名"的家庭背景、风趣幽默、擅长哄骗、广泛的非正式社交网络等的基础上。

但是,暴力被认为是危险的、不可预测的最终裁决,同龄人之间不允许出现暴力失控。他们倾向于使用言语或者象征性的暴力,而且即使一场真正的恶斗在所难免,他们也希望尽快恢复正常的社会控制和既定的地位声望体系。

PW （……）乔伊，你最后一次打架是什么时候？

35 *乔伊* 两个星期前……大概一个星期前，星期一晚上，这个愚蠢的传言不胫而走。这其实真的很傻，不知怎的传到了这个家伙的耳朵里，说我要猛揍他一顿，其实不是我说的，他听了不想让步，放话说他要搞定我，于是我们打了一架，然后就被阻止了。我把他的脸打花了，他把我的嘴唇打肿了，他拿头撞我的鼻子，伤了我的鼻子，就伤在这儿。但我用拇指挖他的眼睛，把他的头给敲破了。后来，他们把我们俩拉开，我抓住他，把他拉到角落里，告诉他：他知道我不害怕他，我知道我不害怕他，他也不害怕我。然后就这么完了。不是什么……他家和我家一样都是大家庭，他们都是疯子，他们是很能打的琼斯一家，而且……哦……我不想和他们挑起什么事端，所以我就是抓着他告诉他啥叫力量。

宽泛地说，整个反学校文化都弥漫着暴力的气氛及其男性气概的内涵。交往的肉体性——不管是假的推搡斗殴、在女孩面前的炫耀、贬低奚落校园循规生，还是展示自己的优越感，所有这些都是从真正的打架场景中借用过来的语法。要是没有经历过真正的暴力，很难模仿这种风格。打架这一主题经常出现在正式的学校作业中，尤其是在现在这个崇尚革新和关联的时代。比尔在一篇英语作文的开头写道“如果只有四个人，我们就不会去揍巴基斯坦佬”；接着写道“我看见他的脚抬到腹股沟那儿”，然后“踢到了那个家伙的头上”；最后写道“天都黑了”（作者自己则“玩得差不多了”）。在“提高离校年龄”计划设置的电影选修课中，学生可以自己拍小电影，这些“家伙们”总是拍些关于抢银行、打劫和暴力追打的故事。当乔伊导演一个打架场景的时候，他在课上的表现要比这一年其他任何时候都积极，而斯潘克斯不会真的挑战他的攻击者，“适当地挑衅他，要想适当地挑衅他，你得说‘我受够你了，你这个混蛋’，而不是说‘来啊，我们来打呀’”。后来，当艾迪跳到一个人的身上结束殴斗时，乔伊厌恶地说："你不应该这么做，你只要踢他就行了，免得把你自己的衣服弄脏。"

象征性的和实际的暴力、粗野的举止、显示着某种男性气概的压力，这些永恒的主题一旦到了夜晚的街头就弥散开去，这些"家伙们"也表达得更为明确，尤其是在商业舞厅里。尽管这些商业舞厅相对来说比较贵，和青年俱乐部里提供的内容没有很大差别，而价格是俱乐部的十倍，"家伙们"还是偏爱商业舞厅里的娱乐。这主要是因为青年俱乐部没有商业舞厅里那种充斥着危险与竞争的氛围和社会关系。我们可以在诸多层面，尤其是价格和对客户所采取的工具主义方面来批判商业供给。但是，它至少满足了客户的欲望——正如他们所感觉的那样，而不是对他们的诉求进行道德上的限制。在某种意义上，"家伙们"在商业舞厅确实享有某种自由。舞厅里那种疏离、利用的形式，至少让他们摆脱了正规娱乐机构里那种不相关的或者压迫性的道德戒条，脱离了那种禁闭场所的恐 36
惧和压抑。在舞厅里，本土文化形式才有可能浮出水面，相互作用，而不受上层的指挥。

斯派克　如果舞厅里有吧台就好了。

威尔　是啊，我觉得如果那儿有吧台，你就会变得更……注意自己的行为，不能太嚣张，因为有些人喝了点啤酒（……）他们瞧见那儿有些妞，他们就想"我要卖弄一下自己"，就会到处走，就像那些"重磅人物"一样（……）他们在哪里都能挑起架来。

斯派克　像比利·艾维瑞特这样的家伙，他到处晃荡，别人要是多看他两眼，他就会用皮带打那个人（……）

PW　你怎么挑起架呢？就看某人一眼？

斯派克　不，是别人看你。

威尔　就是这样，你四处走走，就会有人看你。

斯派克　或者如果你从某个人身边走过时，故意撞他，然后你咬定说是他碰你的。

PW　所以如果你在舞厅，你想避免打架，你就得随时留意你的脚，是吗？

—　不是。

—　不真是这样。

斯派克　（……）看着他们，然后退开。

法兹　如果你在那儿认识很多人，你可以跟他们聊天，你就会觉得安全点，如果你认识很多人的话。

威尔　如果你在那儿认识很多人就没问题。

斯派克　如果你去什么人都不认识的舞厅，那就比较困难。

（……）

斯派克　［学校的青年活动中心］那里没有气氛，那里没有吧台。你只能喝他妈的汽水，整晚吃玛氏巧克力棒。

威尔　我觉得……这个俱乐部好像来了些新人，我们以前从来没见过。

斯派克　那时候才叫棒呢。

威尔　那时候才叫棒，因为那里有种气氛，你知道吗，你会看着对方，然后你退回来，说："我不喜欢那个混球，看他看我们那样儿。"之后可能到外面去干点什么……但是在这儿，你总是看到朱尔斯［青年指导员］走来走去，你知道吧。

在傍晚和周末的活动中，服饰、音乐和动作风格突显出了学校内各个群体之间的差异——有时候这些分别相当模糊，尤其是牵涉阶级差异
37 的时候。在学校里，作为"家伙"，他们就得晚上"出去"，并发展出一套对学校、社区、城镇以及街道的社会认知。

威尔　分类很多，像那些穿着时髦的孩子，你知道吧。还有"重磅人物"，然后是那些安静的分子（……）但是他们能照顾自己，学着穿

时髦衣服，跟“重磅人物”混。还有那些撒钱的人，你从他们那儿能哄骗点钱出来，因为他们想花钱买友谊。然后你能碰到那帮娘娘腔，基佬（……）

PW　你说的娘娘腔不是同性恋吧。

威尔　不是，娘娘腔是指那些“书呆子”、社会改良空想家，他们从来没听说过邪恶，也没见识过邪恶（……）我觉得“重磅人物”和雷鬼，你知道我说的是什么意思吗？雷鬼和灵魂乐，他们不听这种畸形的东西。那些娘娘腔、基佬喜欢……像美国奥斯蒙音乐家族、搞迷惑摇滚的盖瑞·格里特这种。

PW　（……）古怪、畸形、嬉皮这些类型（……）威尔，他们是怎么对号入座的呢？

威尔　啊，好吧，我也不知道（……）你会发现这些怪胎很多都挺聪明的。

斯派克　他们和我们的兴趣不一样。

法兹　举个例子吧，你到普劳酒吧，那儿迪斯科开着（……）在放那些重金属音乐的时候，你会看到那些留长发、穿着邋遢衣服和牛仔裤的孩子都在那儿；如果你在放灵魂乐的那个晚上去，你就会看到穿肥腿裤和宽领衬衫的孩子，对吧，你就能看出区别来了。

（……）

威尔　我想你也能感觉出来这种区别，因为我去过会合点酒吧，在城北边，那是个重金属的地方，毒品之类的东西那儿都有，每个人都穿得很奇怪（……）我觉得自己在那儿格格不入，就好像，你知道吗，我觉得就是处在那个圈子外头，你知道我说什么吧，我觉得自己比其他人都要聪明，就好像我去参加婚礼，或者我在一个婚礼上，但他们都在农场干活儿。

黑夜比（在学校的）白天具有更广阔的活动空间，更多的自由和寻求刺激的机会，“家伙们”自然更喜欢黑夜。从某些方面来看，学校是夹在各种机会——在街头寻求刺激、和哥们儿一起去舞厅，或者试图泡妞——之间的空隙。在“家伙们”保存的日记里，提及学校的也就“我去上学”这一句话（威尔只用硕大的括号表示），尽管这些日记的本意是让学生记下“一天中发生的主要事件”，但他们记下的大部分细节都是放学后的事，包括非常重要的“回家，换行头，出去玩”。不过，虽然学校被很
38 多“家伙”排除在生活之外，但我们不应该误以为这种“隐形”意味着学校在他们的经验中就毫不重要了（详见下一章）。

这些“家伙们”晚上出去，到商业舞厅而非青年俱乐部玩，去酒吧耗着而不是待一会儿，还要买时髦的衣服，买烟抽，带女孩出去玩，所有这些都被视为“生活真正的意义”，同时也给“家伙们”带来了巨大的经济压力。他们放学之后的生活中最大的压力恐怕就是缺钱花。

［一次个人访谈］

乔伊　（……）毕竟，没有面包，你就没法生活，这是必须面对的事实，他妈的钱是生活的调料，钱就是生活。没有钱，你就得死。我是说你就没吃的，你总不能吃树、啃树皮去吧。

他们利用所有可能的资源：亲朋好友，泛泛之交；他们亦遍寻社区里所有能干的活儿：做小买卖，给商店打工，送牛奶，打扫卫生，配钥匙，卖冰激凌，在超市里堆货。有时他们同时兼几份工。一个星期工作十个小时以上并不为奇。从四年级起，斯派克觉得他在床单批发店里的工作比功课重要得多。他乐得向学校请几天甚至几周的假，好去打工。他为自己赚来和花掉的钱感到自豪：他甚至帮他父母“在情况不妙的一星期里”付了煤气账单。夏天的时候，乔伊和他的哥哥当油漆工。他认为这才是“真正的”工作，而上学是一种强迫性的假期。毫无疑问，在“真实世界”里“自食其力”、处理大笔现金（斯派克一星期经常能挣二十多英镑，虽然其他

人平均只能赚不到五英镑)、和成人平等交流的能力大大增强了“家伙们”的自信心,他们觉得至少在这点上他们要比学校“懂的多”。

他们甚至觉得自己比老师优越。老师们不知道“现实中的规矩”,因为他们一辈子就待在中学或者大学里——“告诉我们,他们知道什么?”正如下一章将要显示的,反学校文化和工人车间文化之间有很多根本上的相似之处。“家伙们”将工人阶级世界的工作视为唯一真正的世俗来源,这直接哺育和强化了不断彰显的反学校文化。

但是,这种与工作世界的接触并不是为了文化熏陶。这种接触发生在因现金需求而生成的特殊网络中,在这个网络中这种接触既有回报,也被利用。在这个阶段,接触工作世界的方式再生产了这种接触的特色之一:现金统治。例如,“家伙们”几乎都“欺诈”和“骗鬼佬”,这是出于紧迫的需要而不是什么继承传统:因为他们需要现金。正如斯潘克斯说的,“你出门,要是口袋里有钱,哪怕是刚够买一品脱啤酒的钱,你就会感觉不同”,要挣钱,只有兼职打工,还有要要“欺诈”,这在他们的世界里也算一种额外的能力。从小接触工作有助于他们形成一些参照系,从而 39
决定他们今后对劳动和报酬、权威及其平衡的认知,也培养了他们对那些管理、指挥他们的人的怨恨。

[关于兼职的小组讨论]

斯派克 (……)大概早上八点的样子,他[屠夫]有一部电话,他有一个装着十个先令的大包,他从电话上抽出了两根电线,要是我碰包,电线就会掉下来,你知道。我打开那个包,把那十先令拿了出来,把包拉上,然后就把包放在那儿。他说:“他妈的你动了那个包,电线本来在电话上面的。”好吧,我也不能多说什么(……)所以他就叫我滚(……)

威尔 (……)对了,[他曾工作过的一家蔬菜水果店]外面有个厕所,但是厕所里堵满了发臭的蔬菜和乱七八糟的东西,我过去常把

> 它们［花椰菜］放在水箱上，对吧（……）他说，我看见他在数那些菜，他说："哦……少了一棵。"我说："我不知道。"（……）他说："少了一棵。"我说："没有啊。"他说："就是少了。"我说："我肯定在那儿放了一棵，那儿有一棵。"然后他又数了一下，我是对的。我觉得他是想找我的茬，我想那是周五晚上的事。第二天（……）我在后边点火把那些垃圾什么的给烧了，结果我把什么都给烧了，所有的堤坝。那有点像铁路边上的堤，就在后院，特别干，干得一塌糊涂，所以我拿了块厚纸板，像那么大的纸板箱上的一片，我把它点着扔过去，把后院全给烧了，算是报复他。后来我走进去，说："堤岸也要烧掉吗？"［笑］他气疯了。他说："是你干的吗？"我说："不是我，肯定是那个屠夫，因为他们刚点过火。"然后消防车就来了。

有时候他们从晚饭开支中省点钱，也会从"书呆子"和年纪小点的男孩身上搜刮点东西，不过"哄骗"一二年级的新生不怎么光彩。最后"把钱搞到口袋里"的手段往往是偷窃。我们不可低估现金短缺给偷窃带来的物质动力。但是，在解释偷窃背后的复杂动机时，他们把"做贼"看成和打架一样的刺激源头。偷窃让你冒风险，打破对自我的管束。偷窃破坏了"规则"和正式制度的日常控制与限制。在某种形式上，偷窃挑战并击败了权威。反抗成规并从中获得好处给他们带来了奇怪的自由，尽管这种自由只有自己知道。如果你"被瞄上"了，那得动用"瞎编一通、蒙混过
40 去"的技巧，如果你"蒙混过关"，会备感兴奋和满足。当然，有时候你没法"蒙混过关"。在我调研期间，两个汉默镇的"家伙"因为偷汽车上的收音机而被判缓刑。这种情形很糟糕。父母被牵涉进来，官方出具报告，还有各种对法庭程序和官僚冗长诉讼的担心，以上种种都将刺激化为郁结。这一刻，正式在与非正式的对峙中再次赢得了决定性、不可反驳的胜利。当然，鉴于"家伙们"中偷窃行为普遍，被定罪的可以说少之又

少。还有不少勉强脱罪的案例，害怕“被抓”给“家伙们”增加了刺激感，当你“蒙混过关”后更是自觉机敏熟练。

[一次小组讨论]

比尔 这儿就是毫无生趣，什么事都没得做。当你有钱的时候，对吧，你就可以去酒吧喝杯酒；但是，当你没钱的时候，你只好到那儿逗留一会儿，或者在街上闲荡，但这两样实际上都不好玩。所以你就四处闲逛，找点乐子。

乔伊 这不只有趣，你在那儿，你觉得你能混过去……你从不考虑风险。你就去做了。如果有机会，如果仓库的门开着，你就进去，看看能偷点什么出来，然后当你出来时，如果你没有立即被抓，你出来的时候就会特高兴。

比尔 因为你要让人看到你做得到，这是一个原因。

乔伊 因为你又违犯法律了。法律可是非常强硬的权力啊，而我们只不过是小人物罢了，但是我们就是能蒙混过去。

(……)

法兹 (……)我们都[因为在一家体育用品商店偷东西]去了警察局，他先叫了我们的父母来。然后他让我们和自己的父母站在一起，他，这个警察说，当时我们都站得笔挺，他四处望了望，说：“你！你口袋里有多少零花钱？”他问：“你希望有人偷你的吗？”他喊道：“不！”他接着说：“你们谁有话要说吗？”他说：“是，混蛋，让我走。”[低声]“你应该说‘对不起’。”“如果有东西没还回来的话，哪怕一个飞镖不见了，你们就有罪受了。”班尼·博内斯家里有两杆气步枪，史蒂夫有一只弹弩和一把刀，我家里有两把刀，他说：“要是有东西丢了！”

(……) 41

乔伊 整个晚上我都在干这个[扒皮包]，然后我就去喝酒花钱，我没好好坐在那儿，乖乖把手放在背后。我把椅子举起来，然后跪在下边，把钱拿出来，这时一个小妞走过来，说："你在那下面干什么？"我说："哦，我刚掉了两先令。"然后她还在那儿问钱的事，我就跑到舞厅的另一边。她去告诉了警察，警察守在厕所外头。我出去的时候，他们正好把我堵到这间小清洁室里，他们把我摁在那儿，把我所有的钱都搜出来。她说被偷了四英镑，这明显是谎话，因为我只偷了三英镑，而且我已经花了近一半的钱，身上还剩一英镑。如果我身上有四英镑——即使钱不是她的，他们就能惩治我。但我身上没有足够的钱，所以他们就没法拿我怎么样。

当偷窃对象是学校时，刺激感变得格外强烈，更突显出他们挑战权威、敢于冒险又深思熟虑的气魄，当然能弄点钱也是成就之一。这种偷窃不但是对教师的直接羞辱，也能把你同"书呆子"完全分开。那些"书呆子"既不需要多余的钱，也没有那种要践踏传统道德的想象力，更没有那种蒙混过关的机敏。闯入学校行窃包含了很多关键的主题：对立、刺激、排他、金钱的驱使：

X　我没法想象我们［前几天闯入学校行窃时］怎么会被抓住。如果，你知道的，我能想象［最近学校刚被强行闯入后］其他人是怎么被抓的，他竟然就把门打碎，走了进去。这里到处都是他的脚印，他砸碎了一扇窗户，到处拉屎，还把书扔得满地都是……

Y　我的意思是说，我们都戴手套，我们离开他家前，我们甚至清空了口袋，以确保不会在那儿留下任何可以暴露身份的东西。我把所有的东西都留在他家，他也这么干了，我们就那样走了进去，我穿着一件褐色的高领衫，牛仔裤，手套，对吧，他浑身都是黑的。

X　一身黑，脸也上了彩。［哄笑］

Y　不。我们本来打算这么着的。不是吗？我们到你家去涂脸，我们本来是这么打算的，但是我们后来一想不好。

PW　你们做那事的时候紧张吗？

Y　嗯，紧张。

X　哦，啊。你知道的［发抖］。因为你知道的，我总是……哦，我扒过别人的口袋，对吧，我看见两个先令在地上就拿走了，但是我以前从来没做过这样的事。我喜欢。

Y　我也做了，真的很享受！ 42

X　之后走在路上，我们就是感觉很爽，不是吗？我们是，对吧，就这么干成了。

Y　然后我们把钱都花在那家泉水酒吧了，是吧？在老船酒吧撒野。

X　哦，呀……我省下十个先令去溜冰场，记得吗？

—　记得。

PW　为什么你们不想干点别的，而要闯进学校行窃？

Y　他妈的没钱啊（……）

X　我们对学校很熟悉，如果你闯入别的房子，不能确定里面有没有人，这有点冒险，你知道我说的是什么意思吧，但是你知道没有人晚上睡在学校，你知道几乎没有可能被抓住。

性别歧视

“家伙们”的排他性意味着另外两个人群也被排除在外，而且“家伙们”自视优越于他们：女孩，以及少数族裔。

他们对异性的态度是最微妙复杂的。他们对女性的看法充满矛盾：女性既是性交对象，也是居家良人。本质上，这意味着女性必须具有吸引力，但又不能有性经验。

当然，“家伙们”的性欲显而易见。谈话中，性是常见话题，他们用充满色情意味的故事和玩笑来谈论女人的被动性，或者讨论男人特有的性欲。故事的中心通常是他们自己的感受，而不是女孩的感受或者他们之间的关系。他们讨论女孩时只关注女孩们的性吸引力，她们的身份则微不足道：

X　这个派对上，我在亲这个小妞，正要往她上身摸，突然感到有只手放在我鸡鸡上，逗我……我想："操，我们还在这里呢。"然后我试着把手伸到她的短裤里，但是她阻止了我……我想："这倒好玩了，她逗我鸡鸡，却不让我把手伸进她的短裤。"反正后来我们走回家的时候，乔伊问我："你和那个小妞玩得爽不爽，她是不是在挑逗你？"我问："呀，你怎么知道的？"他说："那不是她的手，是我躲在你后面，是我把手伸到你两腿中间去的！"［笑］

Y　我可不操那心［使用避孕用品］，我想我一定不能生育，我也来回射过好多次了。你知道，我可不操那心……我不想把那玩意儿抽出来，尽管之前有几次我抽出来过。你那时和她纠缠着，打架似的干
43 那事，你已经把她的短裤脱了，你刚把它拿出来［他做了个演示：两腿分开，在拉链上来回比划］，然后"噗"地射了［停止不动地演示］，你射得到处都是，糟糕透了。

尽管女性是性欲对象，但是她们不允许有直接、明确的性欲。这里的情绪很复杂。一方面，她作为性的对象和商品，实际上因为性而遭受贬损；毫不夸张地说，她们一文不值；她们在一定程度上就是浪漫或者物质的消费品。享受这种贬损被视为自毁行为。另一方面，他们也意识到女性被压抑的性欲，所以担心女孩一旦有过性经验，体会过性的乐趣，她的性欲闸门就会打开，从此变得淫荡。

Y　好吧，你要是和一个玩过之后，就像你干过那事之后，她们就跟妓女似的，跟谁都能上。我想，她们一旦有过那个之后，就总想要，不

管是跟谁一起干。

当然，“随便”的名声——不管是真是假——传得很快。“家伙们”在舞厅里的目标就是那些“随便就能上的女孩”，虽然他们不怎么愿意被看到和她们“出去约会”。

和“随便就能上的女孩”相比，“女朋友”属于截然不同的范畴。女朋友代表着未被淫荡辱没的人类价值。她是忠诚的居家配偶。她不能有性经验——至少不能和别人有过。“老婆们”的风流韵事一旦流传开去，就会对男性气概和自尊带来极大的挑战。他们必须用男性化的方式应对：

［一次个人访谈］

X 他总是说三道四的，之前他就跟我的“老婆”出去玩过，然后他总是说些我不想听的话，然后你知道的，事情就传出去了……他还不他妈的吸取教训，他做了什么，他说了什么，好吧，我因为这些狠狠揍了他一顿，他都不带还手的，他这色鬼跑了，然后他又说了点别的（……）他从周五就没来过学校（……）我要是抓到他，就要把他杀了，如果我把他摁到地上，他必死无疑。

求爱是很严肃的事。“家伙们”常把女朋友叫“老婆”，这可不是随意为之的结果。郑重的求爱过程涉及一系列新的意义和内涵。它们所指的对象是家：可靠，居家——与场面上那种“性感小猫”截然相反。如果最初的吸引发自于性，那最终敲定则是靠否定性——当然，这主要是否定女孩对别人的性欲，同时也否定性是他们之间关系的主要内容。居家规范严禁了淫荡的可能性。

［一次个人访谈］

斯派克 （……）我找对了妞儿，到现在为止，我和她好了十八个月。她 44

很乖。她不会看其他男生一眼。她做得不错，也很干净。她爱做家务。我昨天买的裤子拿过去，她今天就帮我弄好了（……）她好极了，我想尽早把她娶回来。

女朋友的模范自然是母亲，本质上就是限制的模范。尽管“妈妈”很受敬爱，但她无疑扮演着低等的角色：“她有点笨，比如她从来不知道我在想什么”，“她不懂这些玩意儿，只有我爸懂”。在家里，很明显，男人认为自己有权被母亲伺候。

［一次个人访谈］

斯潘克斯　（……）你不该那么做，你在家不应该帮你妈干活儿。当然，你应该把鞋子放整齐，把你的大衣挂起来，但是，你要知道，你不该去打扫卫生，为她铺床，干这类的家务活。

既要具有性吸引力，又不能有性经验，夹在其中的工人阶级女孩只能顺服，这继而增强了“家伙们”的优越感。女孩的出路是走青年杂志宣扬的浪漫主义。在非正式的女性群体中，她们说的是“迷恋”，把性欲升华为聊天、谣言和互传信息。[①]这不是说她们从来没有过性经历——很显然很大一部分人一定有过，但是她们与男孩关系的主要社会形式是小女孩式的性感，现代的求爱方式，不存在真正的求欢。这样一来，最初吸引男孩的性刺激就能转化为体面的居家价值观和一夫一妻式的服从。可既然他自己能够“干上”，为什么别人就不能干呢？即使男孩突发奇想遇到这样的问题，他也能平静地想：“她可不是那样的人，她内心温柔。”这样，浪漫主义在父权社会中中和了性欲。这使得女孩可以展示性感但不允

① 在主要个案研究的田野调查中，我关注的是男校里的男孩。但是，这所学校隔壁就是一所女校，“家伙们”常常在午饭时间到公园和女生们聊天。安吉拉·麦克卢比第一个提醒了我浪漫主义在工人阶级女孩的经历中的重要性。

诺性交，变得性感但不肉欲。

但是，“家伙们”把女孩这种浪漫行为看成社会关系中简单、驯服、柔弱、愚蠢和迂回的表现，用他们的话说就是“整天像乡下丫头一样傻笑”。女孩们一旦放弃了自信、肉欲的角色，这场游戏就任由男孩们摆布了。男孩们上演性冲动的戏剧，掌握主动权，展现男性气概。他们对自己的意图毫不保留，也毫不羞于展示他们的色欲。但是，他们认为，他们之所以对于自己的欲望这么坦率直接、不忸怩作态，是因为这是他们男性天生优越感的一部分。女孩们扭曲、奇怪的仪式被看作女孩气的一部分，是女性天生软弱、糊涂的表现。他们之所以容忍女孩的浪漫主义，是因为他们自认有男性气概，对这个世界了解更多。这种男性自尊亦延伸到“家伙 45
们”反学校文化的其他方面，彰显其自信。这给他们平添了乐趣，无论是在语言、形体、相互之间的暴力关系上，还是在羞辱“书呆子”，甚至是在动用暴力时。

以上各种因素的综合给两性之间的交往奠定了特殊的基调。“家伙们”通常开始对话，提出建议。女孩们则报以痴笑，在自己的圈子里聊天。如果女孩做出评论，也都是很严肃、充满关爱或者十分人性的评论。她们任由“家伙们”开玩笑，做出苛刻的评论，进行粗暴的总结，或者制造一场闹剧供女孩们欣赏。女孩们显然处于被支配的地位，但是她们参与了共谋：

[晚饭时一群男女“在车棚边上”讨论]

琼　今天下午我们都要哭了，这是最后一星期了。

比尔　你只有两个星期了吗？我们走的时候都要大笑一通(……)

琼　我喜欢你的毛衣。

比尔　你要喜欢你可以钻进来！

威尔　你看到那些老太婆脚踝上绑着绷带，不觉得糟糕吗？

玛丽　我又没绑，而且我不胖。

威尔　我没说你绑着，我说那挺糟糕的。

比尔　我要把玛丽的香烟都给偷来，抽光它。［咯咯笑］

（……）

艾迪　你们该回学校了，走吧。［女孩们咯咯笑，悄声谈论着某个“暗恋”艾迪的人］这些娘们儿就在你背后叨你闲话，我的耳朵都红了。［“家伙们”中有一个打了个饱嗝］

玛琪　哦，你这猪头，闭嘴。

比尔　［四处递烟］给你。

玛琪　不用，谢谢，我过会儿会抽根大的。

比尔　哦，她喜欢大的！他的那个很大，你找他，他会让你看看他的家伙。

其他人　［哼唱］他有个大鸡鸡，他有个大鸡鸡……［比尔把大衣脱了下来］

艾迪　乱搞。

比尔　［对玛丽说］你有没有乱搞过？

威尔　今天我已经乱搞过两次了。［笑］你喜欢乱搞吗？［对玛丽说］

玛琪　你这个不要脸的家伙。

威尔　我说的是你的外套。①

有趣的是，这种打趣可以用在母亲身上，但从不用在父亲身上。他们跟母亲打趣时，语气更为和善，往往是谈家务事而非性话题，但仍旧由他们挑起玩笑，开玩笑的那股劲头和口吻依旧：

［一次关于家庭的小组讨论］

① 原文中艾迪用了“have it off”，俚语中有“乱搞男女关系”的意思。比尔接了这个茬说：“Have you ever had it off?”而之后威尔的辩解用的是“have off（the coat）”的正式含义：脱下（外套）。——译注

威尔 (……)我就这样逗逗她，比如，起床以后，我会躺在那儿。她什么话都不说，我就说“闭嘴”，就这样，“闭嘴，别说话”(……)她有一次对我说：“我觉得你疯疯癫癫。”比如还有一次我把我家的煤气烤箱给点着了。她在厨房，我把烤箱的门拉下来，确保煤气没被点着，她进来看到了，问：“你究竟在干什么？”我说：“我在找我的香烟。”[笑](……)好吧，我就会躺在那儿说，我把收音机打开了，要是放好的音乐，我就会到处跳，拼命制造噪声。 46

PW 你妈怎么看？

威尔 她就坐在那儿，我不会在我爸面前这么做。

PW 为什么呢？

威尔 他就是，他不会看到……其实，他会觉得出了什么问题，你知道，然后，哦，我回家看到我妈，我会说：“亲我一下，亲我一下！”……她会把我推开，说：“走开，你这个傻瓜。”(……)让她真正生气的是，对了，是我进来把外套挂上，然后把她推到墙角，她试图出去，但她往哪儿走，我就堵到哪儿，然后我们就好比在走廊里玩躲避游戏，不到两分钟，她就真的气疯了。

种族歧视

在大部分学校里，我们都能看到三个鲜明的族群：高加索人、亚洲人和西印度群岛人。尽管学生中有个体接触，尤其是在青年活动中心里，但到了四年级，不同族群明显分开了。在非正式场合，这种区分更为明显。有一段时期，高级中学的校长让五年级学生在放假期间用活动室进行“小组联谊”。尽管这项举措具有防备性和容纳性，但这仍是为了阻止对抗而进行的又一种坚持不懈的微妙挣扎。其结果清楚地显示了种族歧视文化的非正式模式，尽管这些模式有时被学校的官方结构所掩盖。

高级中学校长 我们把马丁斯（比尔）、克罗夫特（乔伊）、拉斯廷、罗伯茨（威尔）、彼得森（艾迪）、杰夫斯（法兹）和巴恩斯（斯派克）放在“欧洲”室；巴克诺、格兰特、塞缪尔斯和斯宾斯放在“西印度群岛”室；辛格和哈吉德放在“亚洲”室。那么多种族混在一块儿！有三间各具特色的活动室。你到那间白色房间，可以坐下享受一杯
47 茶；你去“印度”室，他们都在打牌，叽叽喳喳聊天；然后你走到“西印度群岛”室，他们都跟着音乐节奏跳舞转圈。

在“家伙们”看来，隔离当然是对别人的排斥。他们经常对“中东佬”或者“狗娘养的巴基斯坦佬”实施言语暴力。肤色不同这一事实就足以为他们的攻击或恐吓辩护。不同群体之间界限分明，对其他种族的鄙视被简单地视为种种言行的根据：这是知识运用的一种日常形式。

斯潘克斯 我们尝试攻击那些牙买加佬，因为你知道，我们人数比他们多。他们聚在一起的时候，我们不想和他们打架。我们在数量上超过他们。

斯派克 但是他们总凑在一块儿。

斯潘克斯 他们都在那儿，但他们一半人都走了，不是吗，只留下几个人。我们大概四个人扁了这个人。

乔伊 我们没一个人身上有被打的痕迹……那次真是超爽。

对“家伙们”而言，种族身份取代了个人身份，以至于他们在给朋友讲故事的时候不说“这个孩子”，而是说“这个中东佬”。在汉默镇男子学校，族群之间的紧张关系日益加剧，令人忧虑，尤其是在高加索人和亚裔之间，他们有时会陷入暴力冲突。副校长当时把每个人都叫到大礼堂进行教训，但是这只能一时抑制住相互厌恶的情绪表达，仅此而已。

[就学校最近发生的骚乱进行的小组讨论]

乔伊　他[副校长，事件发生后在大礼堂里]甚至一度说起以色列战争，说什么"这就是为什么战争爆发……要停止"。

PW　(……)他有没有说服你一点？

乔伊　他就是说说，我们也就是听听，心想："好吧，你这个黑鬼，下次你开始讲，我们就把你了结了。"——我们真的会。

无论公众声明怎么说，"家伙们"还是认为教师有共谋的倾向，这加剧了他们随时表达厌恶情绪并采取行动的自以为是。这甚至可能是一种无意识的结果，当然，如果教师中存在种族歧视，那也要比反学校文化中的种族歧视温和得多。但是，总的来说，教师（大部分都是白人）和少数族群学生之间的同情与关系要比教师和白人学生之间的弱很多。在几乎是自发的文化反映中，少数族裔被视为陌生、不文明的人——不"喝茶"，总是"相互间叽叽喳喳含糊不清地说话"，"四处乱窜"。当然，许多年长的教师显然把20世纪60年代大规模移民涌入和20世纪50年代那种"社 48
会秩序和安静"被打破联系在一起，认为这对当初看来平静、成功的学校是一种颠覆。因此，"家伙们"和教师对打乱秩序的入侵者确实都怀有一种怨恨之情，只是方式不同。这对"家伙们"中的种族歧视予以了双重支持，鼓励了充满敌意的态度。这一次，非正式群体至少得到了来自正式组织幽灵般的支持。

反学校文化中的种族歧视正是由这种具体且有差异的偏见建构的。亚裔处境最糟糕，经常是被欺负的对象，"家伙们"最擅长对他们进行小规模恐吓、纠缠不清的攻击，以及对他们薄弱或未防卫的地方进行实际的和象征性的攻击。亚裔学生被看作"臭烘烘"，可能"不干净"的外星人，并具有一些最遭人厌的"书呆子"特征。他们在对待作为标准的英语文化模式时，一方面显得很亲近，另一方面却显得很疏远，因此更遭厌恶。他们是不知道自己的位置、却想要获得他们不该拥有之物的入侵者，哪怕那些东西在其他时候备受厌恨和不足称道。

在“家伙们”手下，西印度群岛裔学生的处境略微好点。尽管他们显而易见是“外国人”，有时候“臭烘烘的”，可能“很脏”，但他们至少更适合当地的文化地形。他们不像循规生那样成绩好，这被看作符合他们的低等地位；同时，他们自身的对抗性、男性化和激进的文化在某些方面与“家伙们”的文化相一致。各年级男生之间有限的互动，是以他们共享的文化兴趣为基础的，比如“出去玩”、注重名声、舞厅、灵魂乐、节奏布鲁斯及雷鬼音乐。但是，当种族厌恨与一些共同的文化兴趣相结合时，在性关系方面，“家伙们”感到了直接的性竞争和嫉妒，总是怀疑西印度群岛裔的男学生的性欲意图和行为，然而，具有讽刺意味的是，他们自己对性的手段和利用女性的态度异常坦率。当然，“家伙们”很少意识到自己在潜移默化中，至少在“求爱”这一严肃阶段被一些不成文的、去性欲的、一夫一妻的规则所束缚，而这些在西印度群岛文化中并不为人所顾及。

典型的西印度群岛裔的学生对待女性的方式令人艳羡和怀疑，但他们也被认为很愚蠢。“家伙们”自有一套什么算“机敏”、什么是“常识”的定义，他们嘲讽和公开指责“蠢笨”的对象一般都是西印度群岛裔的学生。对“书呆子”开这样的玩笑还有一些模棱两可之处，但拿“中东佬”开涮，说他们“愚蠢”“像蠢驴和笨蛋”，这就有些肆无忌惮了。这一系列偏见真实存在，充满敌意，尤其在涉及性时往往能引爆冲突，从某种
49 意义上说，比起对亚裔的偏见，这些偏见使“家伙们”更舒服。

第二章

文化的阶级形式和制度形式

阶级形式

到目前为止，本书的重点还是在于学校中自发自创的对抗形式和文化风格。本章将把反学校文化情境化。反学校文化与工人阶级文化的联系并非偶然，它的风格不是独立的，它的文化技巧亦非独特。尽管反学校文化所取得的成就很明确，但我们必须在更大的工人阶级文化背景下来理解它真正的本质和意义。这部分以我在“家伙们”离校进厂上班后进行的田野调查以及在他们家中采访他们父母所获得的资料为基础。

特别值得一提的是，反学校文化与工人阶级的车间文化有很多根本的相似之处——大部分反学校文化成员注定成为工人阶级的一分子。尽管我们必须考虑地区和职业的差异，但工人阶级车间文化的核心是：无论条件多么艰苦，上级指导多么苛刻，人们总是在寻求意义，并为之搭建参照体系。他们运用自己的才能，即使在最受他人控制的活动中也能寻求到乐趣。矛盾的是，他们能从死板的工作经历中活出一种生动的文化，这绝不是对失败的简单反映。在反学校文化中，我们亦能看到这种在令人疏离的环境中立足的根本理念，同时，他们都试图在枯燥的制度下编织出属于自己的兴趣和娱乐。这些文化不只是人类与不快之间层层叠叠的填充物。这些文化自有其逻辑，使用各种技巧、动作和行为，以达到特定目的。

就如同加入反学校文化一样，仅仅拥有失败者的资格是远远不够加入车间文化的。加入车间文化，需要有一技之长、反应机敏、充满自信，最重要的是能增强，而不是减弱现存的社会力量。正式命名的机构所支持、建构和组织的不是这种进行中的力量，因为那些机构要求按书面规则行事。

反学校文化所推崇的男性气概和强硬风格反映了车间文化的一个中心主题：男性沙文主义。贴在坚硬、油腻机械上的爆乳封面女郎是赤裸裸的性别歧视的一个例子，车间里更是普遍充满了象征性的男性气概。下文是乔伊的父亲，一位铸造工，在谈论自己的工作。他不善言辞，但这可能更说明问题，他证实了做好艰巨工作所带来的自尊以及名声——在
52 我们的文化里，这基本上就是男性自尊：

> 我在铸造厂工作……你知道吗，落锤锻造……你懂不懂这个……好吧……厂子就在贝斯纳街上，很吵……你走在街上就能听到……我在大锤子上干活儿……是个载重六吨的落锤。到现在为止，我在那儿已经干了二十四年。那儿吵极了，但我现在已经习惯了……那儿很热……我不觉得无聊……总是有新的流水线进来，你必须想法子把它做好……你总得不停地干……活儿很重，那些经理们都干不了这个，没几个强壮到能一直提着这个金属疙瘩……我一星期赚八九十英镑，不坏吧？……这活儿不容易……你绝对可以说我赚的每一分钱都是实实在在的血汗钱……你要知道，你必须跟上机器。总经理，你知道我会对他说“你好”，还有跟进度经理打招呼……他们会来看看，我会说“没问题”［竖起大拇指］……他们都认得你，你知道……一帮人站在那儿看你……工作……我喜欢那样……是那么回事……看着你……干活儿……我喜

欢……你必须不停地干才能有足够的产量。*

车间里综合了沙文主义、强硬态度和男性气概，这种独特的综合并不落伍，也不会随着产业生产模式的变化必然消失。和这些态度密切相关的是那些艰巨、令人不快、吃力的工作，这些工作目前仍有很多。从建筑工到煤炉工到深海捕鱼工，这一系列工种依旧要求面对相当艰巨的体力任务。现在，与这些工种最相关的基本态度和价值观仍旧活跃在工人阶级文化，尤其是车间文化中。这种态度的普遍性和力度与真正从事繁重工作的人数其实不成正比。即使在所谓的轻工业，或者高度机械化、体力劳动强度大大降低的工厂中，象征力量、男性气概和名誉的人物形象依旧潜伏在车间文化更为多样、可见的形式中。尽管工厂雇用了越来越多的女工，其根本风貌依旧是男性化的。

车间文化的另一个主题——至少就我在英国中部地区加工制造业所观察记录到的而言——是为了获得对生产过程的非正式控制所进行的大量尝试。从管理的特定角度来看，自泰勒[1]以来，限制产量或者“系统性怠工”以及“逃避工作”时有发生，但现在有证据显示，出现了更为统一协调，尽管仍旧是非正式的获得控制的尝试。出于种种意图和目的，这些工人实际上有时已经至少控制了人员配备和生产速度。我们可以再次从工人阶级子弟的种种尝试中看到反映：那些孩子借助他们的文化资源，试图控制课堂，用自己的非正式时间表替代学校的正式时间表，并控制自己的日常起居和生活空间。当然，这种相似之处有一定局限，那就是“家
伙们”可以完全摆脱学校，但“活儿”必须在工厂里干完，至少要为基本 53
生活费而工作，一定量的工作被视为是必须而且正当的。下面是一个“家伙”的父亲在家接受访谈时谈及的内容，他在一家工厂操控一条生产汽车引擎的生产线。

① F. Taylor, *Scientific Management*, Greenwood Press, 1972.

> 事实上，工头和领班他们管不了这里，是我们工人在管理这个地方。好吧，我是说，你对某个小伙子说："这样吧，今天你干这个那个。"你不能和他争。领班并不分配工作，工人自己相互交换，轮流着干。啊，但我的意思是说，活儿还是都得干完的。如果领班给你活儿，你就得干……他们想要一个早上干完，你知道吧，把活儿交给一个小伙子，但他一直在干这个，你要知道，我想他整个星期都在干这个，他们刚磨过工具（……）这条生产线上有四个难活儿，还有一打那种……你知道的，老实说五岁小孩都能干的活儿，但是每个人都能轮到。这都是我们工人自己组织的。

车间文化和反学校文化一样，基于相同的组织性团体。非正式群体奠定了所有其他可能的文化要素。正是这个团体生成并传播着那些与官方权威争夺符号控制和真实空间的策略。这个非正式组织无处不在，并将车间文化与中产阶级工作文化区分开来。

在工人当中，非正式群体也是物物交换、搞定"外人"，以及"哄骗"的基础。这些都是"家伙们"在校行径的衍生和扩展。

车间里的非正式群体对循规者和告密者的态度与"家伙们"如出一辙。车间里盛行"赢来"东西，这就好比"家伙们"的偷摸行为，而且都得到了模棱两可的非正式赞同。对那些没能维护、保全这个世界的人，他们给予的惩罚是放逐，这样他们才能免受正式制度的不断侵扰。以下是另一个"家伙"的父亲谈论工厂生活：

> 工头嘛，你知道我是什么意思，他们想要成功，想要升迁。他们要把每个人都逼急了自己才能成功。工厂里就有这种人。当然，他们都被工人们弄得很惨，他们会在光天化日之下耍很多把戏。你知道我是什么意思吧，他们不喜欢看到任何人卑躬屈膝（……）就好比，本应该［从仓库里］拿一副眼镜，但吉姆拿了两副，你看吧，他还拿了一对面罩，大概六

> 副手套。因为那个马丁看见了，事实上两天以后我们发现他跟工头说他看见了。工头把吉姆叫到办公室问这事，然后（……）好吧，我的意思是，他不值得活下去了，对吧？哦，没人再跟他讲过话，他们不会给他点烟，没人会给他点烟——好吧，他再也不会干那事了，他再也不会做了。我是说，有一天早上他把他的水壶放在炉子上，他们就把它踢飞了，你要知道，他们把水倒出来，放沙子进去，尽搞这些玩意儿（……）如果他去领班那儿说“有人把我的水打翻了”，或者“他们在我杯子里放沙子” 54
> 之类的。“那是谁干的？”“我不知道是谁干的。”他永远都找不出是谁干的。

车间里独特的语言形式和高度发达、具有威胁性的笑话也和反学校文化极为相似。车间里很多言语交谈都很不严肃，也与工作无关。他们说笑话、“嘲弄”、“开玩笑”或者“找刺激”。要流利运用这种语言需要真正的技巧：你要能辨认出什么时候你被“涮”了，还得及时给出合适的反应，以免上当被嘲弄。

这种打趣很难靠录音机来再现，但是它给车间谈话交流带来了独特的气氛，车间里的成员也充分意识到这一点，有时候他们在描述车间情形的时候也会重现这种气氛。以下是另一个铸造工，也是汉默镇一个“家伙”的父亲，他在家里聊他所在车间的气氛：

> 哦，我们有各式各样、成千上万种[笑话]。“想听听他是怎么说你的吗？”其实他什么都没说过，你要知道。在那些地方工作，你当然要知道这些话。“你刚才说我什么来着？”“我什么都没说。”“哦，你这个骗人的家伙。”诸如此类。

与这种具体、极富表达性的口头幽默相配合的是发展成熟的肢体幽默：基本上就是恶作剧。这些玩笑带劲、尖锐，有时候甚至残酷，而且恶作剧经常围绕车间文化的基本信条展开，比如中断生产、颠覆老板的权威和地位。下面这位在一家汽车引擎工厂做工：

> 他们开你的玩笑，把箱子上的螺丝拧下来，他们在他的锤子下边涂糨糊，软糊糊的小玩意儿，他们把他的锤子放下去，捡起来，沾了很多糨糊，你知道的，诸如此类的事。所以他过来拿了个注射器扔进装糨糊的大桶里，桶就那么深，恰好落在桶底部，你不得不伸手进去把注射器拿出来……这个把戏够恶心，但是他们照做（……）他们说：领班叫X去泡茶。好吧，他已经在那儿工作十五年了，可他们还总是让他“去泡茶”。他去厕所，尿在茶壶里，然后用它泡茶。我是说，这是你得知道的事。他说，对吧，“如果我泡茶，我就把尿撒在里边，如果他们让我去泡茶的话”（……）所以他起身，往茶壶里撒尿，然后把茶叶包放进去，然后他再把热水倒进去（……）Y，一个领班，第二天感觉不舒服，“我的胃今天早上不舒服”。之后他告诉他们，他们就把他做的所有事讲了，“你再也不需要给我们泡茶了”。他说：“我知道我现在再也不需要了。”

有趣的是，在反学校文化中，很多玩笑也围绕权威这个概念本身及
55 其非正式补充：告密。还是上面那个男人，他说道：

> 他［约翰］说：“托尼［一个新来的工人］，给我拿几块面包布丁来，今天我们喝下午茶的时候吃。”那个女的给他在包里装了一些，他说：“把它们放在你的口袋里，你出去的时候不用付钱。”（……）托尼把面包放进口袋，带着他的晚饭走了（……）我们从餐厅回来后，约翰告诉了每个人，说他［托尼］偷了两块面包布丁（……）他跟一个工头弗雷德说了，因为弗雷德知道了，我是说……约翰说：“我必须告诉你，弗雷德，”他说，“托尼偷了两块面包布丁。”真的，你能想象现在他们看你的样子（……）他盘问约翰托尼所做的一切，弗雷德绷着脸说：“二十分钟

后到我办公室见我。”哦，约翰，他几乎要哭出来了（……）我们说：“这回闹大了，你有麻烦了，你会被开除的。”就这么回事（……）他们没有笑。他说：“你觉得接下来会怎么样？”“好吧，会发生的嘛，你可能得拿回你的工作卡。”（……）“哦，那我该怎么办？上头有该死的史密斯，他这回把我搞惨了，我下次要回敬他。”“啊呀，托尼，”我说，“那不行，如果别人偷东西要受处置，那你为什么就能不受处置？”“噢。”不管怎么样，弗雷德来敲窗户，说：“告诉托尼我要见他。”他说：“我不知道我该怎么办。”（……）他们出来以后就笑了，我问：“他对你说了什么，托尼？”他说：“他问我是否真的偷了两块面包布丁。我也不好抵赖，我就说是。他说，我想要知道的是为什么你不给我和其他人也带两块回来呢。”

“家伙们”拒绝完成学校功课，总感觉自己知道得更多，这种情绪也能在车间里找到；工人阶级文化普遍认为实践比理论更重要。一个工人从火柴盒背面抄来一句话，写成很大的标语放在车间里：“一盎司的敏锐直觉可以媲美整座图书馆的学位证书。”车间里充斥着关于纯粹理论知识愚昧不堪的虚构故事。实践能力才是首要的，是其他知识的基础。在中产阶级文化里，知识和文凭被视为个人在各种实践中实现提升的途径；然而在工人阶级眼中，理论是附属在特定生产实践上的。理论如果不能维持其相关性，就会遭丢弃。下面是斯潘克斯的父亲在家里所做的评论。他讲的故事正突出了工人文化看待“理论”时的不偏不倚、习以为常。

在托安德路上有一个车行，我曾经在那里兼过职……那儿有个老头，一辈子都是机械工，他那时一定有七十岁了。他是汉默镇的老专业工，以前曾经做过职业拳击手，是个老家伙，他很实际，他是实际的人，对吧？……是他给我讲的这个故事（……）我正在和他说话呢，在说什么事，然后他就说到了这个（……）“这个小子光知道理论，什么都要靠书

56 解决，”“你知道吗，”他说，“他有一次订了一本书，书寄来的时候是装在一个木箱里的，书到现在还是在那个箱子里，因为他打不开那个箱子。”好吧，这不是真的故事，对吧？但是讲的道理是真的。故事不是真的，那没发生过，但是意思是对的。他没法拿出箱子里的东西，因为他不知道怎么打开那个箱子！那还有什么用处？

这可以看作知识的阶级功能，明确但通常不被注意。如果不是处在阶级社会，工人阶级的观点可能才是理性的看法，即理论只有在真正能帮助做事、完成实际任务、改变自然时才是有用的。理论必须与物质世界形成紧密的辩证关系。然而，对于更在乎自身在阶级社会中所处位置的中产阶级来说，理论作为社会性的掩护，是攀登社会阶梯的力量。在这个意义上，理论即使从未被应用到自然中，它还是值得拥有。理论的目的在于明确判定要把理论应用到哪里，或者哪里根本不需要理论。矛盾的是，工人阶级对理论的反感和排斥，在一定程度上来源于一种认识，即理论在社会伪装下空洞无物，即使是在这种认识被压制的时刻。

甚至那些在大城市中最排外地区的高级文法学校上学的违规生，也认同理论在社会实践中所表现出的社会本质。对他们来说，文凭是阶级社会的一种选择和社会流动性。它不仅仅是把工作做得更好的能力。事实上，正是这种核心认识抑制了他们的反学校情绪：

拉里　……我想做的啊，我想上高中高级课程［他才刚刚完成普通课程考试，决定继续读高级课程］，然后环游世界，那就好啦，过几年苦日子，就是随便找个地方睡，然后再继续，但是至少那时我可以选择到底我是想继续，还是想回去找份体面的工作。如果你有各种文凭，那你就可以选择你想做什么：是想放弃，或者是想继续待在这个系统里。但是如果你没有文凭，你知道的——如果我没有这些文凭，我不知道我能做什么，只有获得这些文凭我才能做些什么，但是如果我得到文凭了，至少我会知道我的选择，到底是找份稳定的工作、享受养老计划、买车、养两个孩子、讨老婆、按揭房贷这些东西，还是我就是想周游世界。

当然，更广泛的阶级性在风格和对抗力量上赋予工人阶级反学校文化以独特的气场与共鸣，并作为重要经历使他们为从事工人阶级工作做好准备。尽管所有形式的制度都可能产生自己的非正式补充，尽管无论 57
什么阶层的学校里都会产生对峙性文化，但是，恰恰是制度性对立与工人阶级背景和模式的关键结合，使“家伙们”的文化具备了独特的个性和意义。制度性对立因其阶级处境和表达而具有不同的意义。尽管重点文法学校里的违规生对学校的态度和“家伙们”的相似，但他们知道自己和汉默镇的“家伙们”不一样。他们不能光靠制度手段来超越自己的阶级地位。最终，他们不仅对文凭的看法不同，而且势必也具有不同的社会地位认知。

拉里　和你［在汉默镇］聊天的那些孩子，他们很多人都把我们看成娘娘腔，因为我们上文法学校。不仅因为我们上文法学校，也因为一开始我们就来自这个被看作很势利的小区。

事实上，文法学校里的违规生群体中有一些成员来自工人阶级家庭。尽管他们出身工人阶级，抱有反学校态度，但是他们的学校文化中缺乏工人阶级氛围，因此他们的经历也与“家伙们”极为不同。这也可能导致他们刻意试图在街上和其他人展示团结。对抗学校的工人阶级文化形式具有创造性和独特性，并由特定的个人和团体在特定的环境里再生产——虽然这些形式具有阶级性，但是突显了这群孩子文化上的笨拙和孤立。即使有工人阶级背景和反抗倾向，由于缺乏集体的、以学校为据点生成的阶级文化形式，他们的工人阶级认同还是受到严重削弱。

约翰　那些小孩（……）随意地把我定义成那种［势利鬼］（……）我住在一所叫“灵克斯”的学校旁边，那里有很多小孩，“哦，他上文法学校呢，哦”。好吧，我的态度是，我永远不想被那样叫，我觉得实在是太糟糕了，所以，我从一开始就没有努力提高过我的英语。我有一些做事的基本原则。这只是为了确保每个人都知道我不是个典型的珀西瓦尔·琼斯（……）他的口音可漂亮了，“老克勒”那种，是拜伦·雷恩夫人［指中产阶级口音］那种人，你知道的，不是我们这种，是特为学校自豪的那种（……）我曾对那些实在让我心烦的小孩说，“我知道我比你们好”，你知道吧，但是当我故意糟蹋自己的时候，我是要确保大家知道我不是那种人。

或许可以说，中产阶级学校里违规生——不管他们各自出身如何——所为之努力的就是把制度性对抗转换成一种更能引起共鸣的工人
58 阶级形式。一旦他们成功，受到本书后续部分提及的种种过程的影响，他们的未来就要“受罪”。如果他们失败，或者假设工人阶级出身、循规的男孩不受工人阶级文化影响，不经历成为工人阶级的过程，那么他们就更可能“成功”。文化定位，尤其是在不同模式间转换的文化定位，是解释社会流动性更为有效的模型，比机械的、缺乏辩证的“智力”观念更为有效。

制度形式

无论反学校文化的形成、自我奋斗、赢得胜利是多么艰难，这种文化必须放在工人阶级文化的大模式中去理解。但是，这不应该使我们误以为这种文化是一个整体，没有内部差异，并由可以无性繁殖般进行自我复制的标准文化模块所构成。

各种阶级文化是在一定环境中从特定的对峙中被创造出来的。它们

在与其他群体、制度和趋势进行长期斗争的过程中得以产生。一种文化的独特表现受特定环境的影响，并在某些熟知的主题上有其特有的编排和发展形式。这些主题共存于某些特定表现中，因为在阶级社会中处于同一层级位置的人共享着相同的结构特质，工人阶级面临相同的问题，都处在相似的意识形态中。除此之外，阶级文化得到了诸多非正式群体网络以及无数相似的经验的支持，因此其中心主题和思想都能在实践中得以发展并产生影响，哪怕它们的直接逻辑可能并不是最合适的。一整套风格、意义和可能性被不断地再生产，当有人拒绝被格式化、被官方限定地位而试图寻求对统治更为实际的解释或关联的时候，他们总能从中获得自己要找的东西。当这些主题被采纳并在具体环境中被再创造时，他们就被再生产、被强化，进而作为一种资源被其他处于相同结构位置的人所使用。

但是，这些在特定社会区域内借用、再生和归还的过程通常并不被相关的人承认是阶级过程。无论是结构性不平等产生支配关系的各种制度化、约定俗成和习惯性的形式，还是它们被突破、遭到反抗和被改造的地域性形式，本质均未被真正认识。这部分是因为各个社会区域及其制度性支持以及社会关系确实在一定程度上是彼此分离和自主的，并独立于社会系统的其余部门。它们有自己的程序、规则和与众不同的意识形态平衡。它们有自己特有的正当信念以及自己特定的反叛、非正式的圈子。

因此，尽管它们有相似之处，但是如果我们草率地把特定社会形式
和社会区域简化为明显的、控制与反抗之间的阶级力量对比，那我们就 59
错了。它们既有地方性或者制度性的逻辑，同时也有更宽泛的阶级逻辑。如果没有这些区域性抗争，广义的阶级逻辑就不可能得以发展和表达；但是，如果这些区域性的抗争脱离了广义的阶级逻辑，就不可能出现内部分化和系统的结构化，整个系统也不可能被再生产。

发达资本主义国家的公立学校，以及学校中对抗性工人阶级文化最

鲜明的表达，向我们提供了一个资本主义秩序下阶级冲突和阶级再生产的重要案例。尤为重要的是，这个案例向我们展示了一个意外后果的循环，最后不但再生产出一种区域性文化，而且还再生产了阶级文化及社会结构本身。

对峙的出现

即使初级中学中存在社会分化，但每个人在初中头几年看上去都像"书呆子"。即使是少数几个进校时就已有不良行为、熟悉社会环境的学生，因为没有群体给予帮衬支持，他们的表现也相当循规。

[一次小组讨论]

斯派克　第一年的时候……我能看出哪些是"书呆子"。第一天到学校我就知道谁是高年级男生，因为看他们在操场走路的样子就知道（……）我头两个星期挺安静的，我就一个人待着，因为我谁也不认识，我花了两年时间才交了几个哥们儿。但是，呃……后来，第三年才是正当时候的一年，我们打架，总被老师叫去训话……

但是，有些人在四年级第二学期脱离了这种循规模式。从学生的角度来看，这种脱离是学校生活的一道显著分界线，所以他们对此记忆犹新、兴致勃勃。"公开"成为"家伙"是一种个人成就。

[一次个人访谈]

乔伊　第二年的时候，我想，"真是该死的损失"，因为我一个哥们儿都没有，我看其他孩子互相打闹，我就想，"真是该死的损失，你得有个互相打闹的伴儿"。所以我就去找诺亚和班森开玩笑，他们两个现在都不是我们一伙的了。他妈的班森，发生了一些事，一些糟糕的事，他现在确确实实成了个“书呆子”，不过我还是喜欢他，他还能让我开心。他发不准“r”这个音（……）但是我记着呢……我以前跟他俩见面是因为我妈当时还在工作，我爸晚上经常出去，所以我就抓上他们俩：“今天晚上你们想来我家玩吗？”当时光头党刚刚开始流行，我觉得班森他们是最早有李维斯牛仔裤和猴靴那种 60
大头军靴的人。然后我就开始跟他们一起玩闹了，他们第一天晚上来我家，我们喝了很多威士忌，然后我假装喝醉了，其实我没有，我们就是这样开始的。后来我们不怎么在一起玩了（……）我们以前总是坐在一起，我们曾经一起疯玩，那时候玩就是用尺子互相打对方，老是聊天，就是这么开始的。后来比尔开始跟着我们玩，然后是弗雷德，接着是斯派克……从那会儿开始我们的队伍就壮大了，也变得越来越散。我们以前总是在晚上出去，老是用尺子打对方，我们还用瓶子扔对方，我们主要干的就是在大街上晃荡，四处找瓶子来扔对方。从那以后，我们开始搞破坏，这里搞一点，那里搞一点。

［一次小组讨论］

弗雷德　我是在第二年开始变野的。我和斯派克最先开始，第一年还是第二年的时候，我的成绩还是第十二名呢，然后我遇到了比尔他们（……）有一天晚上我们和他们出去，我们捡了一大箱空瓶子，比尔他们捡的。我觉得如果我不照着做，他们会觉得我是个傻逼……我就收集了一箱瓶子，朝他们扔，你要知道，我和斯派克当时挺怕的，他们还没开始跑的时候我们就跑到了马路尽头，然后比尔开始扔砖头，然后就什么都干，刮汽车上的油漆，可带劲了。

“家伙们”说起这些变化时有声有色，但自己很少思考其后的深层原因。显然，对他们来说，这就是一个寻求友谊的问题，甚至有点随机性——恰巧在一个班上，坐在谁的旁边，晚上碰巧遇上一帮“家伙”，或是意外“受到邀请”。当然，这些讲述证实了群体对个人转变的重要性。

老师们也注意到了这些巨大变化，对此有不少解释。学生们开始“变得倨傲”，形成“坏的态度”，是因为他们受了“坏的影响”。首先，“坏的影响”来自个人性格导致的行为：“他是橡胶做的，脑子里什么都没有”，“如果你想知道真相，那就把他说的话反过来听吧”，“他是个头脑不清的家伙，我都不知道他会发展成什么样”，“他尽让我操心，他的性格有缺陷”。反学校文化源自这些性格缺陷的排列组合，相比之下其他“易受影响”的人则没有这种缺陷。我们在这里看到的是一个经典模式：少数“麻烦制造者”身后跟着被误导的多数。

> 副校长　就我们校长担心的来说，乔伊是最突出的一个（……）斯派克像是军师，什么都会帮他，就他们两个能闹事（……）威尔容易
> 61 跟风。

有趣的是，老师们在观察这些孩子时一般都将其表现归结于个人性格的具体特征，评价很个人化，忽略了社会化过程和阶级过程。做口头评论时，他们一般以“我喜欢”或者“我没时间谈”开始，说的时候常常插入“……其实是个好孩子”或者“……一家子都不行，你看见过他爸吗”这样的话，这些话其实颇具意味。书面的离校报告或者其他报告清楚地表明了校方如何运用病理学概念建构了一个领导者与跟随者的基本社会模式：

> [乔伊]证明自己是个聪明、能干的年轻人，他本可以在大部分科目中都考出好成绩，但是，他不想发挥自己的天赋，除英语以外，其他科目成绩均下降了，而且出勤率和行为表现也每况愈下（……）他的领导才能总是用错地方，没有在学校里好好表现。

[斯潘克斯]前三年里他本是学校里最合作、最积极的学生。他参加了学校理事会，参加学校话剧演出和合唱团，并代表学校参加曲棍球、足球和越野长跑比赛。
但不幸的是，这个好的开始并没有持续下去，他整个举止和态度都变了。他放弃了发展自己学术和实践能力的努力（……）他以前愉悦、快乐的态度不见了，他成了学校里最不合作的学生之一（……）他的发展受阻于他的消极态度。

[艾迪]的品性和行为前后很不一致，有时候表现是学校完全不能接受的。他显然无法自律，跟从群体行为的倾向明显。

用随机的因果性或者病理学来解释，可能有一定的事实依据，也可能没有。当然，老师需要这些解释来维持学校的日常运作，及时做出相应决断；但是，这些解释并不能很好地从社会角度解释反学校文化的发展。

分化和教学范式

工人阶级文化创造性地把自己表现为特定制度的具体形式，并把自己与影响自己的这个特定制度区分开来，我称这种特定过程为分化。工人阶级根据自己的利益、感受和意义对正式的制度范式中所预期的交换进行重新阐释、区分和差别对待，这就是分化。分化的动力来自与制度的对抗，这种对抗被阶级文化的主旨和问题所接纳并做出回应。同化是 62
分化的反面，是阶级对抗和阶级意图在一系列正当的制度关系和交换中被重新定义、删节和重塑的过程。如果说分化是非正式向正式制度的入侵，那么同化就是逐步把非正式纳入正式或者官方范式中的过程。可以说，所有制度都保持了分化与同化的平衡，而且分化绝不是功能衰竭或者失败的同义词。事实上，我在后文中将会说明，正是在制度建构中分化的某些作用，以及分化对某些特定社会领域的影响使分化在社会再生产中发挥富有成效而令人惊奇的作用。一方面，经历分化的人将分化视为学习的集体过程，由此将自我及其未来从制度性界定中分离出来；另一方面，在制度代理人看来，分化意味着莫名其妙的崩溃、反抗和对立。一方面，分化产生的是工人阶级主题和活动被不断再作用与再生产到特定的制度形式中；另一方面，分化产生的是正式制度范式的萎缩、硬化或软化——这些都是对丧失合法性的种种反应。在学校这个制度里，基本官方范式关注的是教学，而这种教学的分化产生了反学校文化的各种形式。

老师和学生之间的关系有很多种可能性。最近几年，在卡拉汉首相的教育"大辩论"的推动下，英国学校进行了一系列实验和开拓，对教学也进行了缩减和自我反省。[①]在此，我想概述一下基本教学范式的含义，我认为这个范式给其他所有问题提供了基础，即使它们企图超越这个范式，我认为这个范式在我们的学校中仍然占主导地位。无论修饰与否，无论从表面还是透过表面来看，其结构在各种课堂教学形式中很常见。

教师们清楚地知道，教学在本质上是潜在竞争者之间争夺霸权地位的关系。所以他们谈及"输和赢"时，不但讲得通，而且也是真实的感受：

副校长　有趣的是（……）你会遇到这样的情形，你面对一个班或者一个男孩，你想的是"上帝啊，他把我打败了"，但这只是一线之差，你要是稍微强硬一点你就越界了，你就站在那儿（……）那些被视

① 1976年10月，在牛津大学罗斯金学院的演讲中，工党首相对当前教育实践中的问题和忧虑发表了意见。他号召就教育问题展开"大辩论"，这一号召得到了教育职业部(DES)的响应，该部组织了一些地区性会议，撰写了一份背景调查报告，列举了四大主要问题：学校课程设置、标准考核、对老师的教育和培训、学校和工作生活。参见DES, *Educating Our Children*, January 1977。

为愚钝的学生令人吃惊。他们和其他任何学生一样，能迅速发现老师的弱点。

然而在现代社会中，老师真正能够直接使用强制手段的权力十分有限。学生们在人数上远远超过老师，处罚是稍纵即逝的事。年轻老师经常想靠强硬手段来帮助自己；但经验丰富的老师知道重力火炮只能射击一次： 63

副校长　你看我们能用的约束和惩罚少之又少。事实上几乎没有。所以，问题是怎么把他们分隔开，尽量给他们压力。现在我们和教师有一个通报系统，消息最后能传到我这里，校长是最后一关，我们范围内的最后一关（……）你不能每时每刻都给停学处分。就像现在的足球裁判一样，我说他们日渐式微，是因为他们出示终极裁判太快了（……）黄牌先出，一旦出了黄牌，他们就只能把球员罚下场或者忽略他在比赛中干的所有事（……）

校长　如果很多学生向我们挑衅……如果明天我们学校里所有的男孩都决定犯点事，我还能有什么机会？

因此，老师必须用道德而非威胁的手段赢得并维持其权威。他们必须得到学生的认可。但是，这场旷日持久的、争夺个人道德高地的战争令人疲惫，从长远看并不是真正的解决策略。有时需要技巧。技巧标志着老师经验丰富。这也是一种对相对自主的教学范式的学习：他们逐渐认识到理想的教学方式并非一成不变，且与特定个体相关。具有合法性、要求学生顺从的是老师这个概念，而非老师个人。

老师这一概念认为教学是一种公平交换——用知识获得尊敬，用指导换取控制。因为知识是稀有商品，所以老师具有道德优越性。这种主导的教学范式独立于个体老师之外，但使得老师能够合法地对学生施加控制。这之所以具有普遍合法性，是因为它为后续的交换提供了等价物，而这些交换又有利于个体。当然，其中最重要的交换链是用知识换取文凭，用需要文凭的工作换取高报酬，用报酬换取商品和服务。因此，教育交换是许多其他交换的关键所在。

所有这些交换都受到结构的支持，这些结构有助于定义这一特定转变，且在一定程度上也是由这个转变创造并维持的。教育交换保持在一个定义性的框架中，这个框架以特定方式建构了老师的优势的轴心。交换及其“公正性”公开可见，亦是双方达成共识的基础，但是支持和界定这些交换条款的框架相对模糊，却更强有力。我们必须把它看作构成我们对教学范式的基本看法所必需的部分。这种交换如同银行的转账制度，在这个框架下流转，并帮助稳固这个框架。但这个框架也必须借助其他方式得以稳固。它必须既能强化这种交换的定义——在某种程度上，
64 交换本身无法生成定义（当然，对“家伙们”而言就是如此），又能通过保证其他交换、具体指示物、外界符号和可见支持行之有效地强化这种交换。

学校借助各种物质基础，包括教学楼、组织、课程表和等级关系，掌握着这个框架或者轴心。（正常情况下）该框架受到主导文化和社会价值观的约束，有广义上的国家机器作为后盾。廷代尔[①]的最终崩溃、公众调查和七位老师的停职，这些都向我们显示了其他学校继续开放所依赖的根本基础。在学校里，“优秀教学”只有靠恰当建立并再生产这个轴心才能得以维持。含蓄的结构轴心对明确的教学范式来说必不可少，通常在

① 伦敦威廉·廷代尔初级中学在1975年的夏秋季遭到一些教师和家长投诉，他们埋怨学校缺乏纪律、新教学方法低效，随后教师进行了罢工，调查报告出来之后学校停止正常运行。参见R. Auld, *William Tyndale Report*, 1976; J. Gretton and M. Jackson, *William Tyndale: Collapse of a School – or a System*, Allen & Unwin, London, 1976; T. Ellis, J. McWhirter, D. McColgan, and B. Haddow, *William Tyndale: the Teachers' Story*, Writer and Readers Publishing Co-operative, London, 1976。

缺乏任何直接强力的情况下，轴心建立在“滴水穿石”的潜移默化之上，抑制其他或者私人意义，因为这些私人意义可能会扭曲这个轴心，使老师的知识贬值，使学生对老师不敬。

副校长　在斥责他们的时候，你得让他们感觉自己非常渺小，要他们觉得“哦，我很抱歉，我没意识到”。如果你能让他们感觉如此，不是说让他们畏手畏脚或者让他们哭，而是你要有法子让他们意识到你对发生的事情感到心烦，或是我感到心烦，然后好好告诉他们你心烦的原因，你知道的，如果你愿意，到了这个时候，你要让他们确信他们很可恶，我是说啊，这才是斥责他们的办法。如果你骂一个孩子“狗屁”“蠢蛋”，就达不到你要的效果，因为他会骂回来。

学校是最卓越的实施面对面控制的机构。老师询问时严厉的表情；把对“真相”的不懈探究置于良好行为之上；作为常用武器的讽刺手段；渐渐掌握的能让个别闹事者“窘到哭出来”的技巧；副校长泰然自若、脑袋低垂、手指戳着犯事者的模样；校长意外地出现在走廊里，向一群学生逼近的景象——这些都是暴露、破坏或者阻止私人意图的策略。所谓成功的传统教学，不能容忍学生有个人意见，事实上，大部分学生一开始都自愿服从。那些第一个举手发言、抢着回答问题的孩子都是为了在这个特定的制度形式中寻求上级权威的认可。在为获得承认而进行的个体竞争中，如果学生之中有任何个人意见，并在共享中形成对这个制度的对抗性定义，那么学校必然采取控制措施。

这一范式相对独立于个别教师，这种分离的重要性在老师刻意转变老师/学生关系时已明显显现出来。这些老师是在测试教育范式被学生内化的程度——至少是教育范式合法性的程度。 65

校长　真要惩罚一个五年级学生……你要试着避免采取任何举措，

因为你得把他们放在那个位置上，然后你……我认为你能让他们从你的角度看问题。我经常对这些孩子说："我对这件事该怎么办呢？你说你已经够懂事了，那我们该怎么处理这件事呢？你来坐在我的位置上，现在我站到那边去，现在你来告诉我你会怎么做。"

纪律不再是《旧约》意义上对犯下的错误进行惩罚，而是维持制度轴心，是再生产学校内的社会关系，是使人尊重基础框架，以达成其他交换。

副校长　如果你当场抓住他们了，你惩罚他们，你要抓住这个时机。当然，这只是想让他们记住一辈子不能随心所欲，不能破坏规则（……）每次你让他们认清有些事做错了，那么这就会在别的地方产生好的效果。

我们同时应当注意到，这个基本框架和教学范式也在向上延伸。教师如果背离这个框架，也会被视为病理问题。所有老师，尤其是年轻老师，既要学习成为抽象教学范式的化身，又要维持和再生产使这种框架成为可能之物，还要处理好与其他教师的关系，实在是相当吃力的工作。

副校长　你必须看起来是个很正直的人，一个诚实的人，一个公正的人……现在，如果你在同事面前做到这些，你就可以撕人衣服但依然受尊重（……）他们非常清楚如果他们做错了什么事，他们是真的做错了什么事。他们知道如果他们做错了，如果他们受到斥责，他们不会有立足的可能，所以……他们中有些人当然会争辩，纯粹是出于辩护，这都是性格缺陷使然，但是事实是他们内心深处知道，你不能在打高尔夫的时候作弊，你在这场游戏中也不能作弊。

为了维护这个轴心，试图排除或遏制与日常生活矛盾、逆行的暗流，教师们必须具有强烈的道德意识，而正是这种意识在学校里制造了一种青春期被抑制的厌腻、幽闭和恐惧的感觉。每件事最终都以公平交换为主题，并维护了使之成为可能的轴心。在这个意义上，学校是一种极权主义制度。学校里几乎没有直接的强制或压迫，但对道德可能性的范围进行了极大的限制。每件事都紧凑有序，每个故事都有相同的结尾，每个类比都用相同的类比物。“合作”这个词——在常见用法中指的是“对等 66
物”——无处不在。在一个人被惩罚时，合作是不会发生的。合作发生在获得奖励之时，具有讽刺意味的是，这种奖励往往意味着早日从他擅长的系统中被释放出来。

或许学校制度中仍被广泛视为仪式基础的晨会最能说明这种公平交换的本质、支持这一交换的轴心特质以及试图维护这种交换的本质。以下是有人闯入校长办公室并在校长椅子下边拉屎之后，校长对学校全体学生的讲话：

> 我尊重你们，我尊重你们的能力。在某些领域，你们的能力比我强。我接受这个事实（……）上周五，当我发现这事的时候，情绪颇为低落，我想，这没什么可尊重的……但是我周六去看足球，好几个学生和老师在那边，他们都奋力踢球，为学校荣誉放弃了自己的时间，然后我想：“也许毕竟不是那么糟糕。”……我确实尊重你们的天才和能力……但是，我期望你们也尊重我作为一个老师的才能，接受我说的话……如今很难分辨出哪些是真实的，哪些是假的……最容易吞咽的东西不见得是最好吃的。包装最漂亮的并不总是最好吃的。我们真的是想帮助你们，做到最好，而不是给你们一条轻松的出路……*

非常重要的是，我们必须理解，从其自身逻辑来讲，教育范式中的交换关系并不是社会阶级之间的关系，或是老师们有意识地试图支配、压迫工人阶级个体或工人阶级文化。教师，尤其是汉默镇男校的资深教师，都很专注、诚实和坦率，他们满怀耐心和仁慈地做一份很吃力的工作。把任何恶毒动机，诸如教坏、压迫工人阶级孩子归于他们身上都是非常错误的。国家赋予教师对自己的学生进行正式控制的权力，但他是通过教学范式，而不是阶级范式来施加其社会控制的。

因此，我们必须认识到，我们社会中的物质结构、组织和学校的实践是如何通过无数微小，当然也有庞大的建筑方式，为教学范式，尤其是使教学范式成为可能的控制和定义的轴心提供联系、支持和保障的。

从简单的物理意义来看，学校学生对教学环境的看法受限于他们所占据的狭小、低劣的空间。他们坐在排列紧密的课桌旁，前面是老师的大书桌；他们被剥夺了私人空间，进入教师和校长办公室前必须小心敲门、等待许可；他们被大门紧锁或禁止入内的房间、健身房和器材橱柜包围着；课间休息期间，他们必须离开学校，连学校公用厕所都不能用；他们与老师开的车保持至少两英尺的距离——所有这些都给学校
67 的物理环境以及某种社会组织定下了基调。这些也说明了学生所处的位置。[①]

学校的社会组织强化了这种关系。铃声准时按时间表响起；在教师办公室门口，学生必须遵循一套繁复的仪式来表示耐心和尊敬，哪怕他们说些放肆的话都要以“先生”开头；强制的出勤和显见的人员等级——所有这些都强调了教师和教师世界的优势。当然，归根结底，即使出现了所谓的各种“资源中心”，教师才是知识这一稀有、珍贵商品的控制者。在教学范式中，用于交换的知识所具有的价值，不仅仅源于它能换取资格、实现向上流动，还源于其保护制度的作用：知识是有权人的特权。教师发

① 乔伊在一次整肃活动中说：“我们也许得戴上狗脖套，我们也许得系上狗皮带，被绳牵着从操场跑到沼泽。”

课本时，他们俨然是书的主人，书要是被弄丢、破损或者污损，教师就会像财物被破坏的房东一样恼羞成怒；教师们保管橱柜、图书馆和办公桌的钥匙并掌管其使用许可；他们备课、带领讨论，上课和下课都是他们决定的。

当然，这些事例很多都显而易见，也常常是出于“必需”。我们可能很难想象学校会出于其他“必需”而以不同方式运作。但是，我们对于社会中学校制度的熟悉不应该模糊我们的视野，其被默许的物质基础和组织形式决定了对特定教学方法的选择，并严格限定了可能改变的范围。此处“显而易见”的事例不能在彼处被遗忘。

尤为重要的是，如果要讨论“基本教学范式”能够在何种程度上被实践所修改，我们必须牢记上述物质限制。当然，很多老师否认他们的教学关系是如此简单或结构化，而且确实有很多自下和自上的要求变革的压力。在学校中，排除个人化的、坚忍克己的或是英雄式的解决办法，主要有两套（相关联的）基本范式的变体：那些“自下”的和那些“自上”的。我要说的是，本质上这两套都是对分化的回应或是对分化的恐惧，不管这是对对抗的直接反应还是学校整体政策的一个方面。这两者都没能对学校的物质基础和组织形式做出任何有意义的调整。我认为，无论是出于何种内部意识形态或理由，它们都是在尝试用不同方式重新整合相同的基本范式。

许多在工人阶级学校任教的资深教师感觉到，在“不怎么能干”、兴趣不大、躁动不满的学生身上使用基本范式存在潜在缺点，所以他们试图用某种方式修正该范式。也许此处经典的、在老式中学里绝对典型、在工人阶级综合学校里相当常见的做法就是从用客观基础改为用教师天 68
赋的道德基础来换取学生的服从、礼貌和尊敬。这是在后资本主义社会的不平等领域之间的许多文化和社会交换中的关键转变与神秘化过程：“对等”的客观本质被转化成道德约束、人道主义和社会责任的迷雾。真正的交换成了理想的交换。当然，所有这些之所以重要，不是因为其中的价值和态度令人赞赏或厌恶，正确或错误，或者别的什么。关键的原因是正式的问题：不同于客观标准，道德标准能够无限延伸、阐释，因为除了自身，它并非真实存在。真实的世界无法对它进行仲裁诉讼。道德阐释自有其动力。就基本教学范式而言，值得学生努力争取的不再是知识和资格的承诺，而是顺从和礼貌本身——这些和学业以及其他方面的成功有联系，但事实上只是成功的代价和前提。这个转变意味着礼貌、顺从这样的品质自身就令人赞赏，已经脱离了特定项目，在工作和社会尊重的市场中成了可谈判的品质。

“态度”，尤其是“正确态度”这个关键概念应运而生。这个概念的存在应当一直提醒我们，基本交换关系被神秘化成虚幻的、理想化的交换关系。如果某人用“正确态度”对待学校和学校权威，那么他也会用“正确态度”对待雇主和工作，这样他就能获得社会和经济上的改善——所有这些都不需要依靠出色的学业。当然，这一关键转变导致基本范式具有循环性和重复性，因为在交换关系中双方都用同样的东西交换，关系的循环没有任何断裂或改变。学生兜来兜去就是对权威的顺从和服从。他可以学会这些。围绕着这个未经审视的同义反复，“正确态度”不必然会破坏基本范式，只要其本质仍被掩盖或神秘化。事实上，只要它保持看似公平交换的节奏，强化在制度上被定义的轴心，阻止其他趋势的发展，这种修正就能强化基本范式，让交换继续下去。

老师通常颇为认同对这些教学范式的修正以及对生活机会和回报本质的看法，这并不是马基雅维利主义。当然，这些修正之所以有效是有原因的。一般而言，人们强烈信守的关于有机、和谐社会的伦理道德将所有人整合在一起。

汉默镇男校的一位资深教师　树林里总得有伐木工，海上总得有制图员。这是不可否认的事实，人们总是看不起“家伙们”，“好吧，当然他每天送牛奶”。但是你想想给你自己送牛奶的人。他在社区里

> 工作得好吗？他是个友善的人吗？他给你好建议了吗？如果所有这些问题的答案都是“是”，那他到底有什么错，我们为什么要看不起他呢？我觉得这很可怕，我不是社会主义者，但是我觉得这很可 69
> 怕。我们大多数送奶工都是年轻力壮、迷人的小伙子。“早上好，先生”，我这么跟他打招呼，为什么不呢？通常他也会用同样的话回应你，这也增强你的自尊。但事实是，你还是可以对送奶工说“先生，早上好”，为什么不？我是说，你尊敬他这个人和他做的工作，你向上帝祈祷希望他也同样对你（……）说到纯粹的学术能力（……）小吉米的脑瓜笨得像两块厚木板似的，（但是）他可以做个很不错的送奶工或者面包师。而且你知道的，有人这么认为：“好吧，他以后不得不做送奶工，不是吗？”而不是说：“这个工作适合你，你的个性合适，你在钱上很诚实，你喜欢跟人打交道，这个工作很理想。”哎，那样这个孩子就会这么想：“我找到了合适的工作，我会获得成功。”为什么他们不该这么想呢？他们确实不错，现在不是挣钱比别人少的问题，因为他们挣的钱不少。

基本范式的另一个草根变体也是长期学校经验的产物。这牵涉到对预期交换中另一件事物的修正：学生应该表现出的尊敬和礼貌。简单来说，老师没有太多的期望，如果学生没有做到也不会导致特别的道德愤慨。与之相关的是，老师常对在可能的情况下提供有用信息很感兴趣，而且这种兴趣不是有计划的。尽管这表明他们对教学关系不抱幻想，而且提供了用来判断如何对待叛逆学生的要素，但是这依旧处于基本范式之内，因为制度控制仍然是关键，并没有真正改变学校的物质安排和组织形式。对学生以及他们的定义和兴趣做出一些让步，是因为想要确保更为基本的控制。为了维护教学关系的基本轴心，必须在某些对峙中甘拜下风——并确保真正重要的战役永远不会打响。可以说，这样的教育观点经常可与工人阶级实用主义、不过度乐观、勉强维持的团结关联在一起——这种团结是他们对压迫的不安却又宿命的感知。

> **汉默镇男校的一位资深教师**　我从来不觉得我是教那帮家伙的人（……）即使他们在学校外边进行反抗，他们照样经历，照样成长，而我们的工作是倾听，在他们身边，让他们相互争论（……）我们在一边还能很快达到些目的（……）在第五年，我认为遏制政策是很谨慎的，你要知道我们对他们的控制很少，要让他们觉得自己已经是强壮的男人了，可以为所欲为，但是在大方向上他们还是按
> 70 你期望的做……你要知道，不要和他们对峙，要让他们觉得他们是在按自己的想法做。*

在学校，另一种有迹可循的教学范式的基本变体可以说是来自“上头”的。它们的源头更为公开、更有影响力，但我认为它们依靠的仍是交换关系的宽泛定义，依靠人们对略有修改、但本质相同的学校物质基础和组织形式的接受。在这种情况下，至少这种变体关注的是如何重新整合遭分化或受威胁的教学范式。

对于那些教无心学业的工人阶级子弟的老师而言，“有意义”的教育应该是从孩子的兴趣出发，而不是从学科的要求出发。对男孩来说，他们学习的课程应该包括社区、工作、税收等事务，还有怎么和官员以及社区居民打交道；对女孩来说，她们则要学习做家务、管理家庭生活、养育孩子；另外，男孩女孩都应该学点流行音乐、艺术和大众媒体的相关课程。“进步主义者”建议鼓励而不是强迫学生们参加这些活动；要采用“以孩子为中心”而不是“以科目为中心”的方法；通过“个性化”项目让孩子决定自己的学习进度；“小组化教学”使得学生享受尽可能多的资源。在英国，这些技术在小学教育阶段推广最甚，并开始逐渐向高年级延伸。至少在非学术学校，进步主义和强调学生相关性的措施通常齐头并进，代表了那些最初从专家研究中心、大学和学院发展出来的新的、有针对性的自由主义技术。

这些想法和技巧经历了一场彻底的政治理论讨论。[①]这也和第二次世界大战以来社会民主思想的转变有关，以此为课题的研究亦产出了大量文献并支出了大量经费。这些是特定的决定因素，长期以来也形成了一系列清晰明确、相对独立的理论，并由此在那个层次上发展出了具体的方法和教学目标。当然，整个辩论和学术研究成果可能为教育改革提供一定的形式和限制，但我认为，他们并没有真正在“向下”的新型教学实践中起决定作用。在实际的学校运作中，两种主要的方式总是和我所说的“自下”方式有着“选择性的密切关系”。尽管它们是相互关联的，但相关性主要在于教师能贡献什么，进步主义的核心也是孩子应该如何回应。老师们从一套现成的解决问题的教学风格和发展模式中挑出自己能用的。这些仍旧以维护基本教学范式为宗旨——这个范式看似是唯一的可能性，那些只是稍作改动的物质基础依旧时刻支持着这个范式。“新”技术或许有过激进的起始（当然，激进主义的起始可以说就是这样），但是它们依据的是非常不同、更为古老的基础。如果这些新技术看上去具有革命性，那么本质上它们是对前革命（pre-revolutionary）问题的后革命（post-revolutionary）解决方案。在现实情形下，这些方案常常被用来 71
达到控制的目的，或者为现存趋势进行辩护，使其合理化。有人担心采用

① 部分讨论可见于一系列官方报告。参见R. H. Tawney, *Secondary Education for All*, Allen and Unwin, 1922; Hadow Report, *Report of the Consultative Committee on the Education of Adolescent*, HMSO, 1926; Spens Report, *Report of the Consultative Committee on Secondary Education with Special Reference to Grammar School and Technical High Schools*, HMSO, 1938; Norwood Report*, Curriculum and Examinations in Secondary Schools: Report of the Committee of the Secondary School Examination Council*, HMSO, 1943; Central Advisory Council for Education （England）, *Early Leaving*, HMSO, 1954; G. Crowther (Chairman), *Fifteen to Eighteen, Report of the Central Advisory Council for Education (England)*, HMSO, 1959—1960; Newsom Report, *Half Our Future: A Report of the Central Advisory Council for Education (England)*, HMSO, 1963; Robbins Report, *Higher Education*, HMSO, 1963; Plowden Report, *Children and Their Primary Schools: A Report of the Central Advisory Council for Education (England)*, HMSO, 1967。

“新”技术会导致学校出现“放任”“崩溃”的问题，那他可能会觉得我上述的论断很奇怪，即这些技术事实上是用来重新整合失败了的或受威胁的传统模式的。某些学校在大辩论的压力下迅速整顿了环境，回到了一种更为独裁主义的氛围，这进一步把教学范式整合或试图把教学范式整合成和原来模式极为相似的模样，这使他们确信无论在其他层面如何显现，根本问题总是同一个。其实，“修正”“阻止”“疏导”“新的放任”通常要比设想的容易。从根本上说，“大辩论”是一个骗局，不可能触动牵涉教学范式和其物质支持的真正问题。

在分化过程中，基本范式（无论做了何种修改）的合法地位在某种程度上被削弱。教师的优势遭到否认，因为其依附的轴心已被部分移除。这个框架的建立曾经确保了教学交换的有效性，但因为教师所能提供的东西少了，所以如今遭到怀疑，越来越明显地被视为压抑的模式。“家伙们”对自我以及其他可能的交换形式自有一套评估方法。教师的权威越来越像是监狱看守的随意的权威，而不是教育系统所必需的支柱。“私人空间”被渗透、被控制，现在成了共享的、强有力的对抗。在一个将知识交换和教学范式作为社会控制形式的系统中，对知识的否定、对“尊敬”这一教育“等价物”的拒绝可以成为抵挡控制的屏障。“家伙们”变得“无知”“笨拙”“不逊”。应当注意的是，一般而言，智力测试和考试成绩更多是基于学生在知识的社会结构中所处的位置，而不是其“天生”的能力。此外，学生的“个人性格”也应该从社会意义而不是个体意义去理解。

至少，对正式范式的挑战、对自己和群体的重估都来自那些“私人”领域，它们以前受到约束，现在则是共享的、可见的。当然，这些私人领域正是工人阶级子弟的阶级经验，从根本上源于校外。基本范式把阶级从教育领域排除出去，但其分化过程又把阶级请了回来。

追溯个人最初是如何加入“家伙们”这个群体的，描绘个体及其文化在学校里是如何发展成“家伙”，又是如何逐渐走向街头和社区、吸取越来越多的工人阶级价值观、态度和实践的，这些都是有趣的话题。很显然，正是这个日益扩张的领域为学校教学范式的分化提供了非正式、非官方的材料。如果学校的文化不定位于工人阶级，那么情形当然不同，教育范式相应也就没有那么多可以被分化的地方，因此这个范式更可能长期稳固。72

不过，在工人阶级领域，一旦对学校的信任被抽离，那么学生的诉求可以从阶级情绪中得以满足。社区、街道和更多象征工人阶级青年文化的表达为反学校文化提供了主题，同时又在反学校文化中得到了巩固。当然，父母和家庭也是极为重要、有影响力的工人阶级文化的承载者。家里谈的都是有关车间文化的事，以及车间发生的事和那儿的主导态度，尤其是对待权威的态度。家中使用的语言再生产了（除去那些脏话）劳工文化的语言。在家里，同样存在典型的劳动分工和男性至上的形式。男人挣钱养家，负责一些房前屋后的实际工作；妻子则赚点“额外”零钱，照料整个家的需求。在家庭中，反学校文化与工人阶级文化的另一个共通之处在于，父亲可以偶尔向儿子“使眼色”，教他在打架争执中该做什么（“打败他，然后再问问题”），或者如何看待偷窃（“儿子，小钱挺好使的”）。

父母虽然重要，但他们只能被看作工人阶级文化的众多承载者之一。不是所有的父母表现都一样，都拥有相同的价值观。父母和阶级主题之间自有复杂、创造性的关系，他们绝不会用一种简单、标准化的工人阶级模式要求自己的孩子。父母与孩子之间有一定的相对独立性。一些非常循规蹈矩、“受人尊敬”的父母，如果自己的孩子“学坏了”、混迹于“家伙们”中间，那么他们会走访学校，试图支持学校的措施。其他一些认为学校并不重要，甚至对学校怀有敌意的父母，如果自己的孩子是“书呆子”，他们有时就会感到不安和反感。我们对任何一种基于特定变量，如“家长态度”得出的机械分析都应保持警惕。

然而，工人阶级的价值观和情绪——父母往往是重要的媒介，但并非总是如此——与学校对立，并为分化提供了具体的原料，这不容置疑。

例如，斯潘克斯的父亲从工人阶级角度出发，指出了他对正式制度及其工作模式根深蒂固的怀疑。最终他也不愿意承认教师的权威。他觉得这种权威虽然吓人，但从本质上来说是虚伪的。下面是他对自己最近参加的学校开放日的评价：

父亲　我特烦那个校长，现在我说不出来那种感觉……因为我能看出来……我，我能感到，我是他，我是他，我站在那儿，然后我是他。我想："哎呀，哎呀，他在自言自语呢。"你要知道，他没在跟我说话（……）他让我觉得很不爽（……）然后还有一个人，对了，一家子，或者也是个父亲，他没站出来，却问了老师一个他知道他会问的问题，他也知道他想要什么样的答案，你看吧，我不知道该怎么解释
73 这回事。我就是想："哥们儿，你问这个问题只不过是要让别人知道你在这个房间。"你知道我说的是什么意思吗，因为他没有听那个家伙回答，不管那个家伙说的是对还是错，他都会接受，你知道我什么意思吧，我该怎么解释这个呢？我不知道该怎么解释……这么说吧，我不能跑到房间里去和老师们争辩吧，就像我不会和你争辩，因为我会很惊讶，我会"嗯啊""啊哈"，说不清，我会担心变得很呆板，你知道吧（……）我不知道该怎么说，因为我看看四周，心里想："反正这些人也不想知道"（……）如果我和他［校长］在一个房间，就他一个人，要是没有人能听见我们说话，我会说……

PW　会说什么？

父亲　你说的都是无稽之谈。

母亲　他们说，这是"孩子之夜"，得了吧，事实上他们对你要说什么根本没兴趣，不是吗？他们不想知道。

PW　那这是要做什么呢？

母亲　我不知道。

父亲　我想是为了秀给你看他们对你的孩子都做了哪些好事（……）他

> 们不会说他们对孩子做的错事，只会告诉你他们如何为孩子着想，做了什么好事。

学校开放日的邀请信上有一栏可以撕下来，上面写道：除非家长填好表格并交还给学校，否则校长就认为家长不来参加。信上还写道，家长必须把问题写在纸上提前交给学校，而且学校只会选择性地回答部分问题。连教师都在信息单的一段话上画了线、标了感叹号："来学校走走，亲眼看看学校的日常工作究竟是如何开展的。"这种傲慢、含糊的句式也用在通知家长孩子行为不端的信件中（斯潘克斯的父亲收到过一封这样开头的信："我希望能和您讨论一下您的儿子在这个学校的可能出路。"），可见工人阶级对学校的这种不信任是出自对某种真实存在的反应。这不一定是对学校的批评。学校在自己的职责内做得很好。但是，为学校奠定和把握风格的道德权威轴心与工人阶级文化那种世俗的混乱、妥协和隐含的反抗精神大相径庭。一旦工人阶级子弟开始把自己从学校权威中分化出来，他身后就有强有力的文化推动力促使他完成这个过程：

> [一次个人访谈]
>
> 斯潘克斯　他[父亲]不想让我顶撞老师，但是他也不想让我成为一个讨厌鬼，坐在那儿做功课，你知道吧……我那老头子有一次叫我"书呆子"，就是第二年的时候，当时我踢足球，准时上学。这让我
> 很郁闷，我很惊讶（……）我想变成他那样的人，你知道吧，他受不 74
> 了无稽之谈，如果有人跟他胡说八道，他会恨死的。我也是这样，我想我会变得像他一样又矮又胖，我挺想这样的。我想变成他那样，他是个很棒的老头子。

这并不是说父母在分化和再生产工人阶级主题的过程中变得更具

影响力。严格来说，他们的世界变得越重要，他们的父母就变得越不重要。男孩的成长和他日益增长的文化信心，通常把他置于同父亲竞争、试图在一定程度上支配母亲的位置上。他变得不再喜欢自己的父亲，而是要和父亲处于同一个世界：那是崇尚独立、身材健硕和象征性威胁——而且也要勇敢面对这些挑战——的男性工人阶级世界。男孩成了需要被这个世界认可的一股力量。尽管父子情深，家庭气氛中还是存在一定的张力，"像老爸那样"意味着能够"胜他一筹"。父母常说，"他有他自己的想法，他们就是这样"，或是"你不能差使他做任何事"，或者宿命论似的承认一些深层次的文化过程早已就绪，尤其因金钱需求而被强化。

斯潘克斯的父亲　这可能是你想不到的一个因素……人们现在可能不觉得钱很重要。这儿有一帮小伙子，他们每天都出去（……）然后这个小家伙［他的儿子］，因为他上学，他必须得靠我给他一英镑。我没能力给他更多的钱，但是他在那一伙中会怎么想呢。教育现在都已落空了，他们都出去玩，不是吗。总有去的地方，迪斯科舞厅或者别的，他们去买三明治、冰激凌、蛋糕什么的……但他不行，他没法买，他和他们一样的岁数，可能比他们小几个月，你知道吧（……）你看吧，教育被他们抛在脑后。他们的口袋才是他们脑子里想的东西。

从男孩的角度看，这种宿命论可以表现为漠不关心。这突出了自己找寻出路的艰巨性和重要性。

［一次个人访谈］

乔伊　我问我老妈……"你难道不操心我以后会变成什么样吗？你难道不担心这些事吗？"她从来不问："你想成为什么样的人？"我的

> 老头子也从来不说这些事。但她简单地回我几句。她说："就算我说了，又会有什么区别呢？"她说："你还是会成为你想要成为的那种人。"所以我对自己说："哦，好吧。"

中产阶级的模式截然不同。尽管有时他们会对学校产生幻灭感，或和某些非正式群体结帮，但这些与某种独特的外部文化相关。权威没有因为阶级的力量变化产生分化。新兴的文化没有得益于工人阶级主题的力量。因此，占支配地位的教育轴心完全有恢复其早先统治地位的有利 75
条件。产生制度分化的第二个必要条件基本上是缺失的。

当中产阶级的孩子被拽回其固有文化时，他找到的不是强化、证实对抗性的主题，而是与之前相同的文化。向心力将他推回制度的怀抱。

中产阶级孩子与父母的关系不是竞争性的，而是依赖性的。家中的轴心与学校里的轴心如出一辙。在上/下层的关系中，知识和指导用来交换期冀中的尊敬。因为父母具有支持孩子的经济能力，这个关系尤其稳固。因此，不管有何危机，父母总抱有应该对被监护者负责的观念，而不是像工人阶级那样对独立自主的孩子采取漠不关心的态度。这在一定程度上再生产了学校中的关系。有关知识的重要性和价值的观点尤其得到了强化，虽然这些看法在某些方面还是不同于学校中更为理想化的范式。事实上，中产阶级父母比老师更强调学校的重要性，在他们看来，学校不是具体实践应用的理论源泉，而是文凭的源泉，从而确保在我们社会特有的交换链中实现流动。

在高级文法学校中，尽管那些被老师视为反学校群体（"学校里所有问题都是他们搞的"）中的十个学生在四年级的时候均表示他们会尽早离开学校，但事实上，只有两个人在五年级末的时候真的这么做了：其中一个去当了高尔夫助理教练，但也通过函授课程上高中高级课程。[①]他们

---

① 这个"家伙"很有意思。他是工人阶级子弟，拒绝上学，但是在选择高尔夫这项运动时也流露出他热心获得向上流动性的心理。（转下页）

最终意识到了文凭的重要性，因此更容易接受理性的职业指导，并能够出于纯粹实际考虑，回归到主流的制度范式中去。

［五年级期末的一次小组讨论］

PW　给我描绘一下"家伙们"的前景吧。

（接上页）

［讨论工作的一次个人访谈］

男孩　让自己成为一个更高阶层的人使我感到很纠结（……）你看那么多和我爸岁数差不多的人干得都比他好，比他好很多，他们都有好工作，你事实上是羡慕他们的，也羡慕他们能给家里挣回那么多东西，所以你就得出去试着成为那样。

PW　［什么算］更好的人？

男孩　就是能受到别人的尊敬，我是说我爸作为一个工厂工人很少受到尊敬，然后你也知道，一般来说你发现中产阶级获得的尊敬更多。

虽然他属于那种典型的想要实现向上流动的工人阶级子弟，但他对自己文化的摒弃不等于他全盘接受了中产阶级文化：

PW　他们［中产阶级的人］仍旧是"他们"，还是你早就觉得自己是……

男孩　不，我还是当他们是"他们"（……）你要知道，我跟他们说话的时候（……）我自己这么想："烦，我的天啊，你才是正常的那个，不是吗？"诸如此类，你知道吧。他们有些人进来的时候，像你刚才看到的那个家伙，就是那个带着新高尔夫球杆的花白头发的家伙，你知道吧，趾高气扬的那个，我是说，我真的很看不起他。在我看来，他意味着高人一等的傲气。

运动是他向上流动的途径。从真正的意义上说，所谓"杀手本能"就是阶级本能：

我想要证明，人要是没有他们那种所谓的智力或者经济能力，会被比他年轻、愚笨、缺少背景的人打败（……）你必须要有一种杀手本能（……）在打球的时候，我根本不在乎我是跟谁比，我就是要打败他们，如果他们出钱和我打，并且只是想要打一场友好的比赛，我也不在乎，我就是要打败他们（……）要赢的那股劲就好比饥饿，可能是种原始本能，就好比对食物的饥渴。你伸手去抓食物，别人也会伸手抓，他们会不停地试，不停地练习，直到他们赢了为止（……）中产阶级的人没有这种杀手本能，他们不具备那种天生的进取心，也不会在大冷天里出来练习。

> 奈杰尔 繁荣与忧郁（……）头两年，我们都在大学的时候，离开学校的人都会过得很不错，如果你看到他们，他们都有足够的钱。我想差别是在你大学毕业之后才开始显现的（……）我觉得，一般来说，我们会有更好的工作可选（……）我可以看到我们自己向上爬，而那些“家伙们”，如果他们不喜欢他们的工作，他们就只能四处换工作（……）我和他谈了四十五分钟［与职业指导老师的个人访谈］，他说的对我来说都是信息。整个谈话没有停的时候，完全没有停的时候，就是不停地说啊说，他跟我讲的都是我想知道的。他总结了我的个性，告诉我为什么某些工作不适合我，为什么我更适合一些别的工作。我真的觉得这很有用。你要知道我进去谈的时候（……）心里三心二意的，一半是想去工作，一半是想继续上学，谈完出来的时候我对自己继续上学的决定很满意。 76

出身工人阶级的“家伙们”对自己未来的决定则不会那么容易被转变。

分化后的关系

我们不能低估分化后学校环境中可能发展出来的敌对状态。正因为我们已经了解这些“家伙们”的文化反应是多么“丰富”，我们不应该忘记这种反应的指向。当知识被贬低，甚至变得一文不值时，被剥夺了教育合法性的权威会显得非常严苛和赤裸裸。这是权威遭到反抗的原因。教学范式看起来越发具有强迫性。整个学校经历成了“家伙们”最想逃离的对象。

最具压迫性的力量之一就是一些老师贬低、讽刺人的态度。这种态度源自阶级和制度的结合，随着分化的出现逐渐暴露出来。我们可以称之为“阶级侮辱”：虽然发生在教室，但是指向了社会阶层。可以理解的是，当既定的教育范式崩溃时，很多老师相当愤怒。他们把这种崩溃看作一种冒犯：他们希望学生遵守的习惯被破坏了。正如我们在上文中看到的，教育交换中的基本等价物是尊敬。因此，“家伙们”在分化之后有充分的理由不再对教师表示尊敬——至少这成了师生关系的基本模式，这种改变根植于其文化的总体风格中。当然，某些教师看到的只是他们的无礼和粗鲁，却没有意识到这是师生关系改变后的必然逻辑。他们的挫折感和愤怒表现为从“知识”——尊敬的交换物中退出，或者更确切地说，他们重估了知识的本质，这使得“家伙们”无论交换什么都无法获得“知识”。虽然这种做法自有其逻辑，也可能在分化还未完全实现时成功恢复之前的师生关系，但是其根本的制度动力被“家伙们”视为阶级原动力。这种对含义的双重表达是阶级社会中的典型制度。我们面对的是一种神秘的、日益恶化的转化和再转化过程：从制度含义到阶级含义，再从阶级含义到制度含义。在这段改变后的师生关系中，老师备感挫折，试图重新定位自己，并转变了他对“知识”的看法——这种看法对维系师生关系至关重要。虽然这些转变都发生在学校这个制度中，却被“家伙们”看作对其整个阶级身份而非制度身份的侮辱——“家伙们”在摒弃学校制度后，转向其工人阶级身份并对它进行重写。这些阶级侮辱因其表达的途径而多了份杀伤力。老师依旧掌握正式的词汇和表达。这个领域正日益被“家伙们”放弃。类似嘲讽的例子相当普遍：

不同老师对全班学生说 “《被诅咒之村》(*The Midwich Cuckoos*)讲的是一群具有可怕意志力的孩子——不过不会影响到我们这儿。”

“X刚刚问我这道考试题目：‘如果这里只有我们其中一人，老师该怎么
77 讨论？’”

“Y刚问我：‘两个部分都必须做吗？’第一部分是说明。”

“Y，你真幸运不需要学习怎么呼吸，不然你现在也不会在这儿。”*

“家伙们”对这种方法非常敏感。当然，要是这个方法失败，或者使用不当（比如“你和我讲话的时候闭上你的嘴”），他们就会发出“嗨”的嘲弄声。但是，这种方法确实常常击中要害。他们日渐把那些最刻薄的话看成学校权威专制本质的体现。

斯潘克斯　那些老师最让我厌烦的[是]他们总想在课堂上让你难堪，比如，就像[他们对待]法兹。

比尔　在你所有的同学面前。

斯潘克斯　他们对他说，你知道吧，“下星期我给你弄个沙坑”，是吧？[笑]他们开始大声读我的作文，那篇真是狗屎不如。

德瑞克　让文章听上去比实际更糟。

“家伙们”试图用任何方法来还击对其文化的打压，这构成了一个日益严重的恶性循环：

乔伊　任何这儿能用上的，你知道吧，你都能用来跟他们对抗。好吧，我是说，你破坏书本。

斯派克　对，你砸碎椅子，把螺丝拧出来……

乔伊　真的，事后你想，“好吧，这些玩意儿，我老妈付了钱的，很多都是从税里来的”，但是在你做这事的时候你不会这么想，你也不会真的在乎。

PW　但是你觉得这和砸碎酒瓶或者偷窃一样吗？

乔伊　你要是挨了板子或者别的，这是你报复老师的机会。如果你认为，如果你能报复他，你就会什么事都干得出来（……）报复，就是这么回事，要报复。

随着压力的增大，反抗权威、破坏公物、利用部分老师的弱点或错误等不端行为也在增多。尤其是在学期末的时候，他们威胁要压倒教师。但是，任何一所“好”学校及其信念的标志就是拒绝让步：

> *一位资深教师*　你不得不面对这个趋势，你无法阻止它，我们试图阻止它……在有些地方，他们屈服于这个趋势。*

在教职工等级的最高层，类似旧范式的东西得以维持，尽管强迫和共识之间的平衡略有改动，可能倾向于对交换关系持“正确态度”。高年
78 级班主任、副校长、校长与日常课堂生活的距离逐层递增，这意味着他们享有一定的敬畏。学校的物质结构和组织形式，正式、压迫性权力所依赖的“知识”，这些通常能使“家伙们”在他们面前屈服，如果不是驯服的话。对于真正关键的问题，资深教师必须维持现状。只有作为对他人的训诫、对制度合法性的保护，基本范式才能得以强化。在最后一次午餐时间，“家伙们”从酒吧返校时酩酊大醉，资深教师决心不能让他们“免受惩罚”：

> *高年级班主任*　他们没有意识到，最后一个中午他们还在上学，我们还是能管他们的。我们可以去找他们的家长，我们这么做的时候他们非常吃惊，“你不能来这儿，我已经离开学校了”；我们可以把这件事写进他们的成绩单，或者干脆不发成绩单。

在消防栓事件之后，高年级班主任用“家伙们”最后的“招供”对全校其他学生表明自己的立场。他后来解释说，他压制乔伊的异议正是维持范式现状的关键点。“家伙们”也知道这一点，他们不能越过这道界线。

［一次小组讨论］

乔伊　彼得斯一直试着暗示什么，我觉得非常生气，彼得斯把我们一网

打尽，他说什么“大男孩们”，他不想让任何一个学生认为自己可以免受惩罚，每个孩子都是大男孩了，所以当他知道所有一年级学生都在场，知道惩罚能对他们产生影响时，他就想让我们每个人都哭哭啼啼。什么事都没发生［指“招供”期间］（……）他［校长］说：“学校的名声怎么办？”我说：“你这又不是普劳酒吧，你又不需要声望排名（……）不管你丢了多少消防栓，你要管的是怎么教育孩子。”我本打算告诉他［大礼堂里的高年级班主任］那是一帮笨手笨脚的工人干的，我举手想告诉他。“哦，”他说，“有谁想少扣掉几分？”我把手举起来。“对，我想我们可以少扣一分，”我说，“我们都没有哭，我们都没有抽泣。”

德瑞克　“马上闭嘴。”他说。

乔伊　他制止了这一切。

资深教师给“家伙们”所在的班级上课，还能大致维持他们的权威，很少有学生搞破坏。“家伙们”的文化在这种情况下受到抑制，传统范式的具体形式得到加强。

当原来的教育范式无法维持，但年轻教师还抱着不放的时候，课堂纪律反倒受破坏最严重，因为教育交换的道德基础已经消失不见。没有什 79
么比强权陷落更能显示出工人阶级文化特质中的恶意。没有什么比学生搞破坏更让教师恼火。

在这些课上，“家伙们”齐声高唱广告歌，像电视节目那样预告课间休息时间。常见的“新闻闪播”都是些想要激怒老师的恶意瞎掰。有一次，老师再也不准“家伙们”骑学校的那辆机动自行车，因为他们一直缠着他，想让他准许他们骑；也不准再提毕加索，因为他在一次不知情的情况下被骗形容了半天毕加索。刺耳的广告歌《Davenports——在家畅饮啤酒》中会插进一段“重要通知”：“有人目击毕加索正骑着学校被盗的机动自行车穿过校门。”这次老师花了二十分钟时间才把这五个肇事者送到校长办公室，因为当老师把他们拉到门边站齐后，他们就不断跑回自己的座位。

还有一次，“家伙们”正在读一个剧本，这算是象征性地顺从了教育范式，但是他们慢慢开始用自己的话篡改剧本。他们先是替换个别词语，用“杂种”替换“炸毁”，把“毛巾”换成“卫生巾”，然后就开始篡改整句台词，“我妈妈从超市买了个洗涤槽”，加进很多笑话，比如“熊爸爸说‘谁吃了我的粥’，熊宝宝说‘谁吃了我的粥’，然后熊妈妈说‘你们都闭嘴，我还没做粥呢’”，最后再乒乒乓乓地大声敲打课桌，奋力跺脚，搞了一出混乱的战斗模拟场面作为高潮结尾。

在这场持久的游击战中，“家伙们”绝不放过弱势对手。他们特有的文化提供了一套常识系统，以此判断他们的所作所为有没有成功挫败权威。

[一次小组讨论]

艾迪　现在谁要是总是容忍，他们就会一辈子被欺负。如果有人开始找你的茬，而你不立即显示你的权威，那他们就会一直欺负你，如果他们知道有些孩子可以欺负，那只要他们认识他，他们就会一辈子欺负他，他们会一直耍弄他。你得秀给他看，从一开始就让他知道你不是那样的人。

斯派克　这在我们身上发生过，就在第一、第二年，斯普拉特就是这样，我过去挺蠢的。我见每个人都怕得要死，我就是个胆小怕事的蠢蛋，尤其怕他，斯潘克斯，他过去总到处欺负我，斯潘克斯四处欺负我（……）然后有一天，我受够了，因为当时斯普拉特是强硬的大家伙之一，你知道吧，他有点毛毛躁躁，我们当时在上科学课，
80 他搞得我很烦，他踢我的背，哪儿都踢，所以我就追着他跑，真是搞了他一顿，真的搞了他，他整张脸都被打花了，从那以后他再也没欺负过我，你要知道，如果你显出点权威，要告诉他们你不怕

他们。

基本范式发生变化时，很多教师看待学生就像看待精神分裂症患者似的。他们或多或少地意识到“家伙们”从制度身份到阶级身份的转化，于是，他们把“家伙们”看作同时具有两种身份的人。这导致“家伙们”陷入两难。典型的评语是这样的：“你开始帮助自己的时候，我就开始帮助你”，“你是自己最大的敌人”，“你能否对我有点礼貌，你甚至不听我讲话，那么你凭什么要享受人的待遇？”仿佛学生由两个自我组成，其中一个自我可以拯救另一个自我。他们不断被告诫，行为举止要符合那些他们不可能遵循的方式。在“家伙们”看来，这种唠叨就是一种侮辱，其试图重建旧式权威的努力进一步削弱了学校的权威。

最“成功”、没被“家伙们”折磨、不用拉上资深教师来解决问题的老师，多少采用了基本范式，哪怕这不是他们通常的风格，只要足以将反学校文化控制住，一方面不激发学生肇事，另一方面保证制度不崩溃就行。用策略性的退让换取战略性的控制，这种方式经常被进步主义和“关联式教学”所褒扬。理由包括“个性化学习”“探索”“自我引导”“相关性”，但其真正逻辑关注的是控制。虽然这种课堂可能显得有点吵闹、漫无目的和缺乏纪律，但是不会退化成一片混乱或者发生针对老师的象征性或真正的暴力。

对“家伙们”而言，这种课就是“驾驭”正式制度来扩展、运用和颂扬他们自己所推崇的独立、找“乐子”和对峙的价值观，但又不会因过度激怒老师、导致冲突而受罚。如果事情变得很糟糕，那就可能重回旧的范式。不过，一旦避免了冲突爆发的威胁，最初的问题或突发的兴致就了无踪影了。他们遵从指令也是心不在焉、只按字面意思来，老师不得不限定，甚至反驳自己的话。“家伙们”比教师更了解非正式世界的本质，尤其深谙如何用非正式的技巧来对抗正式机构及其弱点。“家伙们”一直在试着戏弄并遏制权威。下面的例子来自科学课上对下学期教学大纲草案进行的讨论：

法兹 老师，乔伊在和比尔说话。

老师 你为什么要告诉我？

法兹 哦，我就是想给您泄露点秘密。

艾迪 让我们来量量足球场，然后再量量女子篮球场……然后量女校
81 的礼堂。

老师 是，好吧，这挺容易的……那你之后打算做什么，你用这些量出的结果干什么呢？

斯潘克斯 ［讽刺性地］好吧，就好比，老师，我们会拿一张大纸——如果你喜欢可以拿绿纸——然后在上面画球场、半圆什么的，［笑］然后我们在上面放上足球运动员的小模型，开始玩桌上模拟足球游戏。［更多笑声］

法兹 不，老师，我们可以找到那些半圆的区域，以及球场上的不同区域。

老师 那你的远期目标是什么……你们打算做什么？

斯潘克斯 我们可以在学校里转悠，量量距离什么的。

老师 现在［对斯潘克斯说］我不希望你用愚蠢或者是毫不在乎的态度对待这事，这个大纲应该是有用的。

法兹 会的，老师，我们必须找出所有区域的大小，然后再到女校去测量。［笑］

乔伊 老师，我宁愿待在教室里。我认为，无论我们待在里面享受暖气还是出去受冻，可能都是在浪费时间。

(……)

老师 好吧，如果你们要做测量，就需要一些仪器……也许我能给你们几样。如果你们真的要做这个，我可以给你们提供仪器。

法兹 老师，我现在就去拿胶带。［大步走向门口］

老师　这是干什么，你要去哪儿？

法兹　去拿胶带，老师，去做测量。

老师　从哪儿拿？

法兹　从青年活动中心，老师，我知道那儿有一卷。

老师　但是你不能想站起来就站起来，想出去就出去（……）

法兹　［还是站着］但是你刚才说了我们需要一些仪器，老师。而我知道胶带在哪儿。

斯潘克斯　老师，我们想做点事，做完决定后就采取行动，而不是整天讨论这个决定。

老师　我知道你们只是想走出教室。

法兹　老师，我们不是，我们只是想去测量，把所有测量都做了。

老师　请你坐下来，我会组织拿仪器。

法兹　这没用，我只不过想开个头。*

以下是"家伙们"对这类课程的讨论：

PW　（……）你们能摆布老师到什么程度而不受责难？

乔伊　真的，这是天生的本事。实际上你总是知道（……）阿彻先生，你就不能捉弄他，你可以和他开玩笑，但不能找他麻烦。伯德先生有种影响力，如果你找他麻烦，他会大叫……我们上他课的时候总是 82
说话，就是坐在那儿和比尔说话，只要你不打扰课堂上的其他人，他就不会介意（……）

PW　你能判断出什么时候算是玩过火了？

乔伊　你只要看他们的脸就能知道，只要根据他们对你说了什么，你就知道可以回什么话。

斯潘克斯　当他们开始发怒时，你可以从脸上看出来。［绷起脸］

乔伊　塞缪尔斯先生的脖子会变得通红，你看他的脖子。

法兹　看他的脖子，而不是他的脸，就到这儿。[指着他脖子上的一个位置]

(……)

PW　我是说，当你们说你们可以跟某人“说”时，你们是当真的还是只是假装合作一下？

—　是假装合作。

—　假装合作，试着得点好处。

那些试图接近“家伙们”的技巧完全遭到排斥，因为这些技巧出自“老师们”之手，而且饱含“教学”在制度中所代表的含义。

斯潘克斯　有些老师试图跟你套近乎，试着变成，你知道吧……像卓别林似的，他把我们都叫到健身房。

斯派克　他叫他艾迪。

艾迪　呀，我受不了这个，一个老师叫我艾迪。

斯潘克斯　他跟我们讲话，他用很粗鲁的“忒”这个字眼，你要知道，他管校长西蒙斯叫“老板”。

PW　你对此怎么看？

斯潘克斯　我们那时候觉得还不错，你要知道，现在我们意识到他只不过是想让我们跟他走近点，听他的话，你知道我说的意思吧？把我们搞得四分五裂。

弗雷德　里根过去会过来坐在我旁边，他过去会跟我们讲话。有一次我实在是受不了了，我就叫他滚开。他说：“你去见校长。”我因此挨了四下[鞭打]，是吧？

尽管传统方式和现代方式有诸多不同之处，但在现实情况中，两者基本上都是为了尽可能控制轴心并获得学生的认同。正如我们所见，那种认为传统范式就是单纯压制学生的看法是错误的。事实上，即使是在传统模式中，过于遵从老师的命令也被看作“娘娘腔”和“没骨气”。教育交换的核心还是在于学生赞同参与交换——心甘情愿地用自己的资源来交换。在这个意义上，通常采用的进步主义可以看作传统主义的延续，因为它也试图维护传统方法中至关重要的学生认同。针对具体情况，进 83
步主义面对现实并对其措辞进行了扩展，但没有摈弃传统主义。

这些“新”方法的主要影响之一是使反学校文化及其发起人在一定程度上被合法化、常规化。尽管这些方法阻止了这种文化的完全对抗或爆发，但是事实上，不停地妥协和策略性退让所带来的阻碍过程，从长远来看使其存在更加广泛，且更具合法性。不仅如此，课堂交流中旷日持久的小冲突也不断赋予反学校文化广泛的物质基础，逐渐形成一些可以随时化解冲突的方式。

在这个意义上，我们可以看到进步主义在构成学校与工人阶级文化的关联中发挥着独特的作用。例如，学校和工厂的真正差别就在于前者具有受保护，甚至被纵容的本质。“提高离校年龄”计划和教育家们真诚的自由主义理想一并在学校制造出了比在工厂更受保护的空间。我并不是要为“去除学校教育”辩护。从一个层面上来看，学校是为了帮助这些孩子的。但是，这种“帮助”的本质并不清晰，而且看似产生了一些意外结果。学校这种利他的、安慰的性质没有把这些孩子带到安全的循规生阵营并促使他们以主流方式取得进步，而是被阶级文化以特定方式进行了重新阐释。我们很难相信现在的工人阶级子弟没有获得进一步的发展，也难以相信“提高离校年龄”计划（在最初的剧烈波动后）和那些更为自由派的学校体制反而产生了更成熟、更自信、要离开学校的年轻人。但是，这种成熟的方向和意义远没有稳定下来。这些变化很可能会朝强化对立性阶级文化的方向发展，而不是注入在传统上被认可的素质和感情中。例如，本研究中的“家伙们”很大程度上在学校里采纳并发展了反抗文化中的工人阶级主题：对抗、破坏权威、对正式制度的缺陷和虚妄之处的非正式洞察，以及独立创造消遣和乐趣的能力。

当然，每一学年都是囊括了从“家伙们”到“书呆子”的各种学生的复杂总合。违规生还是少数——尽管他们没有报道的那么少——而且还有一些未被提及的师生关系模式和线索，尤其是在运动场上的师生关系。[①]大型的工人阶级综合中学里，情形可能更复杂多样，很多仍旧和“家伙们”保持往来的工人阶级子弟也完成了学业目标。而且，学校里有不少的工人阶级子弟实现了向上流动，进入了大学，在这种情况下，他们对“书呆子”的看法也可能有所改观。所有这些都可以很好地削弱我们
84 在汉默镇男校发现的存在于循规生和违规生之间的完全对立，使得我们的社会认知图式变得更为复杂。另外，在那些社会阶级高度混合的学校里——当然要比公布的少很多，中产阶级和工人阶级“书呆子”的价值观之间，以及工人阶级和中产阶级“家伙们”的价值观之间出现了一些有趣的趋同。

此外，随着很多学校成为多种族机构，我们可以想见，学校里西印度群岛裔、亚裔和白人群体之间会有更进一步的对峙和相互影响。尤为重要的是，最近内城区的学校中迅速涌现出一种源于西印度群岛裔学生、比“家伙们”更甚的文化。他们与反学校文化中的白人学生的主要区别在于，制度分化与从西印度群岛借用过来的主题有关。在这种情况下，很清楚，新文化不只是对旧文化的再生产，而是在特定环境下对一些旧有主题

① 体育是区分“书呆子”和“家伙们”的一个非常重要的领域；在这个领域内，教师能够通过操控既包含传统教学要素又包含对抗文化要素的范式，来掌控深植在“家伙们”文化中的独立性，这其中的要素有：严格的纪律、男性气概、身体灵巧。下文出自一位公认的学校运动员之口：

如果真是那样，我不会介意承认自己是个“书呆子”，但是我想我介于两者之间……我想一年级时候的我有点像“书呆子”，你知道吧，那时候更像点，我和体育老师们处得很不错，因为我喜欢体育，而且我进步很快，因为我不介意开玩笑。我不怎么把这当回事，他们也看到这其中有趣的一面。他们看上去和“书呆子”没有这样的关系。他们教他们，教那些好孩子。他们好像把我当成一个可以说得来的人。

的改写，针对的是特定制度的特定问题（当然，之后是西印度群岛裔学生面临的就业处境）。尽管这些新的对抗性文化形式具有明显的西印度群岛特色，但与其母文化相比，这些文化形式更为尖锐、发达和英国化，因此常常让他们的父母紧张担心。比起那些对应的白人文化形式，这些新文化对于劳动力储备和工作态度的影响甚至更为深远。特别是在欠发达环境中挪用过来的没有薪水、没有工作亦勉强维生的问题，很可能被转化成在发达环境中拒绝工作的问题。在这个社会里，我们第一次要面对这种摒弃现代工作形式和结构的可能，至少在第二代移民中有很多少数族裔有这样的倾向。①

虽然我们无法在此一一讨论每种学生文化和教学关系，但是这并不意味着基于对白人男性工人阶级违规要素的关注，我们就可以假定在学校中真的存在严格、排他性的分隔。违规生的文化为思考其他立场的性质提供了重要的考量工具。任何课堂环境都是一个复杂的组合：接受、对立、合法性、老师们行使教育范式的特定方式。本书的目的就是要从制度生活那隐晦、费解的日常模式中分离出一些核心、强势的模式。我认为读者的目的（尤其是教育实践者）应当恰恰相反：用我所列举的概念去验证事实；把问题置于具体环境中；分辨不同过程以不同力度，在不同时间、不同情况下所发挥的作用。写作目的和读者目的其实并不矛盾。 85

① 请参见法鲁赫·东迪（Farrukh Dhonely）于1974年6月4日在《今日种族》（*Race Today*）上发表的文章。这个话题亟待依照本书提出的一些线索展开研究。

第三章

劳动力、文化、阶级和制度

考察完在学校这一国家制度中心怀不满的工人阶级子弟的背景和经历之后，我们现在可以更仔细地来观察劳动力的主观准备过程，这一过程导致了他们反学校文化中最为深远和独特的结果，也是其文化的核心逻辑和动力。

官方准备

按法令规定，英格兰和威尔士所有地方政府必须为接受全日制教育的在校生提供职业指导服务，并为毕业离校生提供就业服务。[①]

传统上，职业指导主要是为学生排除从学业向职业转变的过程中的困难。这需要把学生个体的能力和天赋与可供选择的工作进行匹配。职业指导老师和官员们一般会将这个过程标准化，使用心理测试[②]“客

① 参见1973年的《就业和培训法案》。在之后的章节中，我指的主要是学校职业指导老师和就业指导官员。这两者的主要区别是老师更关心让学生做好就业准备，而就业指导官员关心的是就业安置（DES, *Careers Education in Secondary Schools*, Education Survey 18, HMSO, 1973, p.25）。但是这两者用的基本职业指导技术是一样的。

② 直到20世纪60年代中期，由伦敦大学贝伯克学院职业心理学系亚历克·罗杰发展出来的“七点计划”仍被广泛应用。这七点是：身体状况，包括外貌、语言或体格（转下页）

观”测试学生的能力和资质，并依此提出建议，或上或下相应调整他的期望。

最近几年，尤其是在美国专家[1]的巨大影响下，职业指导发生了变化。这一变化是对缺乏人性的传统学业成绩排名及其对职业选择的影响做出的反应。新一轮职业指导的基础是在这个模式上增加一个横坐标。该观点认为，学校和职业环境中的人类潜能无法用学业成绩排名说清楚。在传统学业成绩排名之外还应关注多样性、丰富性和兴趣。[2]

这种做法具有两面性。人们对工作世界的探索和研究是为了展示工作的多样性，足以满足人们各种性格的关注和需求。这种方式赋予个人从工作中获得满足感的机会，即使他们在成绩排名中“垫底”。毕竟“青

（接上页）上的任何缺陷；学业成绩；智力；才能；兴趣；性情；家庭背景。

① 特别参见E. Ginzberg *et al.*, *Occupational Choice, An Approach to a General Theory*, Columbia University Press, 1951; D. Super, *The Psychology of Careers*, Harper and Row, 1957; E. Ginzberg, *Career Guidance: Who Needs It, Who Provides It, Who Can Improve It?*, McGraw-Hill, 1971。

② 在增加了兴趣这个横向范围之后，通常的升降率范式被修改，具体启发性的阐述请参见DES, *Careers Guidance in Schools*, Education Pamphlet No.48, HMSO, 1965，尤其是第42页和第43页：“……正如每个青年就业指导官员知道的，所有就业的男女青年中有很大一部分都找了不需要特别教育文凭、目前也不需要任何培训的工作。他们需要知道的是，开始工作时会意识到，要学的东西惊人地少，就连这点东西也很容易掌握（……）很多工作看起来非常相似，不需要多少甚至根本不需要学习能力，几乎每个人都能做，这种印象也因为很多成年人换工作时毫无困难而被强化。此外，随便看一看，很多中下资质的年轻人看上去很相似，没有什么出众的特质，对学校事务也没有什么兴趣，而且很乐意尽早离开学校。如果工作和学生都没有明显特征，那么职业建议还有用吗？这当然是很肤浅的看法，因为事实是每一个孩子都是一个独立个体，并且即使每种工作都可能有很多个职位，但工作不同、工种有别。那些资质不高的学生也应当享有平等的机会过令人满意的生活，而那些资质高的学生应当受到鼓励，充分发挥他们的才能，这两者都很重要。”

我认为，这和前一章讨论的对基本教学范式自下而上的修正有明显的关联，修正之处就是用“正确态度”替换了教师的等值物“知识”。但是职业指导的方法确实试图找出、罗列各种工作间的真正区别，而非强调态度的重要性，至少在文献中是这样。

菜萝卜，各有所爱”。[①]

值得赞赏的是，这种做法亦把学生看作具有多种兴趣和能力的完整个体，而不仅仅是知识的容器——看起来工人阶级子弟就像是破损的容器。个体“观念”的发展不仅和工作有关，更和与工作相关的整个“生活方式”联系在一起。[②]

现在的学术范式在本质上大多属于社会心理学范畴。测试依旧是发
89 现、定义个体差异和特殊性格能力的首选方式。但是，至少在书面文件中，官方对心理测试相当坦率，并建议应该让学生自己测试，使测试成为他们“自我观念”发展的一部分，而不是由“专家”用传统、排他和神秘的方式进行。此外，改编自美国心理治疗学，特别是卡尔·罗杰斯的著作的“以顾客为中心”的“辅导”技术强化了这种民主方式。[③]

或许新式职业指导浪潮中最为惊人、诚恳的善意之举是强调——至少在公认的文件中——职业教育不应该将整个经济及其人力需求纳入考虑。职业指导的明确责任是服务客户。[④]最值得注意的是，一些评论员建议，职业指导不应该为行业需求服务，而是可以（通过其对未来工人及他们对工作成就感的需求的影响）对行业提出挑战，并迫使行业进行改

---

① 引自对职业与就业信息中心的介绍，*Publications and Services*, Manpower Services Commission, 1976。这个中心代表了对职业的新的进步看法。这篇介绍还说道：“我们的关注点之一是要加强考察各工作的决定性特征，并需要用更具想象力的方法传达我们发现的信息。”

② 现已成为英国经典著作的《职业指导》（J. Hayes and B. Hopson, *Careers Guidance*, Heinemann, 1971）一书对此有清晰的概述。

③ 参见 C. Rogers, *On Becoming a Person, Constable*, 1961; C. Rogers, *Freedom to Learn*, Chas. E. Merrill, 1969; C. Rogers, *Encounter Groups*, Penguin Books, 1970; C. Rogers, *Becoming Partners*, Constable, 1973; C. Rogers, B. Stevens *et al.*, *Person to Person: The Problem of Being Human*, Souvenir Press, 1967。

④ 例如，Hayes and Hopson，同前引文，在第234页写道：

> ……指导者不应当用这些［人力数据］信息把年轻人引导到几个紧缺的特定科目或工种上。指导者的工作不是确保社区未来的人力需求得到满足。他的责任是面向学生。

变。[1]这无疑逆转了其他领域那些坚信教育和职业指导只应服务于行业需求的观念。

应当注意的是，职业教育就自身而言是失败的，因为它并未有效触及大部分工人阶级子弟。最近的一份官方调查[2]发现，近三分之一的学校没有在职业培训上花时间，而且只有14%的学校把职业指导老师任命为部门主管。更有甚者，75%的三年级学生、28%的四年级学生和52%的五年级学生根本没有接受过职业指导教育。调查总结说，作为“为生计所做的准备”的职业指导教育，“除了在少数学校，普遍未被接受或实施”。[3]因此，在大部分学校，若纯粹从数量上看，有关职业指导教育的进步想法与现实之间还有很大的差距。[4]

但是在汉默镇男校，职业教育是很严肃、认真的事。职业指导老师都是全职教师，经验丰富，近来都取得了“顾问”资格。他可能是学校里最努力工作的老师；尽管人手不够——这意味着他经常不得不一次接待整个五年级的学生，他还是努力使用现代方式的语言：以孩子为中心的教学；为学生的人生所做的准备；工作经验，鼓励发展与工作相关的“自我观念”。

汉默镇的职业服务对英才模式进行修正，从而有助于强化这种方式。职业指导办公室的布告栏上贴着画有两个人物的图片。一个是邋遢的学生，另一个是洗漱干净的传统工人阶级子弟。图片说明上写着：“谁

---

① 参见M. P. Carter, “Teenage workers: a second chance at 18?”, in P. Brannen ed., *Entering the World of Work: Some Sociological Perspectives*, HMSO, 1975。

② DES, *Careers Education in Secondary Schools*.

③ 同上，第61页。

④ 也可参见Training Services Agency, *Vocational Preparation for Young People*, Manpower Services Commission, September 1975; Social Evaluation Unit, “All Their Future”, Department of Social and Administrative Studies, Oxford University, September 1975, p.25; K. Roberts, *From School to Work: A Study of the Youth Employment Service*, David and Charles, 1972, 其中有一句这样评论职业指导的话：“提供得太少，仅有的那点也提供得太晚。”

能获得工作？”两个人像的周围贴着一些用对句方式书写的评语：“肮脏、颓废的草窝/精短、梳理整齐的头发；二十四小时胡子拉碴/刚刮过脸的健康表情；‘少跟我啰嗦的表情’/面带微笑、坦诚（好小伙）；抠鼻孔/目光清澈的直视；没精打采地坐着/双手紧握（表明坚毅决心）；短小不整的T恤衫/稳重的套装，干净的衬衫（尊重英国传统标准），带折缝、笔直
90 的西裤；破旧邋遢的棒球靴/擦得锃亮的黑皮鞋。”这里的意思很明确。如果无法掌控智力，那你至少可以掌控外貌；能力不是一切。

老式的按能力分配工作的英才模式当然依旧持续，尤其是校外来的演讲人讲座时还是这个论调。下面这位谈论建筑行业的演讲人就很典型：

> 我们招各式各样的孩子，那些有中等教育证书（CSE）的和没有的我们都招，当然，如果你有中等教育证书更好。如果你参加工作时是工艺级别的，可以进学院念书，去拿城市行会证书（……）这是第一个等级。如果你现在已经拿到了工艺证书，你就能继续往上升（……）如果你到达最高一级，你就能成为工艺技师（……）如果你真愿意，你可以继续，你有机会上阿斯东大学，拿一个学位（……）所以只要你愿意，你就能升上去，你应该能升上去（……）［回应乔伊的一个问题］“上漆”，你问“上漆”是什么意思？你可以在二十四小时内学会漆墙，那是你想要干的吗？为什么不想做点别的，走得远一点，比如当个室内装修工，那你就不得不考虑你的颜色设计，计划好，有个留给你干的工作，而不是光站在那儿把油漆泼上去（……）如果你真的很想干这个，我们当然不会阻止你。*

学校中主要的教学范式早已在工人阶级价值观方面产生分化，“家伙们”的反抗——或者常被记录为“粗鲁无礼”——也显而易见，因此这种职业指导/建议的方式会让位于一种更为生硬粗暴的方式。若是学生

不断喝倒彩、拆台哄闹、明显缺乏兴趣，学校就会以自下而上的方式重新复习未经修正的英才模式，迅速重新评估老师所代表的含义。以下评语虽然使用了"相关的"个人类比，但仍带有很老式的嘲讽。

给五年级提供职业指导的老师 你们有些人认为你们只要走进来，凭你们的水平就能当上学徒。你们的水平！你们有些人都不怎么会写字、读书、做算术吧。可你们认为你们有权利当学徒……让我告诉你们吧，你根本没有权利，简直差远了，你根本没有权利做什么，越早意识到这一点，你就会做得越好。我自己也没有权利期望得到一份好工作，尽管我受过所有的培训，我没有要求升职的权利……我必须辛苦干活儿，干活儿才能得到。*

老师经常会诉诸相关性/进步主义中片面、强有力，甚至低劣的形式来维护控制和教学保障的轴心。因为相关性主张的是回归工人阶级主题，而工人阶级的主题是以工作为中心，所以老师显然倾向于通过回顾自己在学校文化中的工作生活，而对工作态度和工作条件发表意见。虽然 91
违规生可以逃脱学校之网，但是他们无法逃脱行业内严苛的要求。工作的价值观被带回学校，用来斥责违规生的行为。这经常以胁迫的形式出现，老师一方面说"如果现在你不树立正确的态度，你就不会在工作中成功"，另一方面又更为实际地说"如果你现在不合作，你就拿不到好的离校评定报告"。因此，这种让学生为上岗做好准备的主题经常与备受争议的"合作"主题联系在一起，使得第五年的气氛充满了道德愤慨的火药味。"家伙们"做的每件事看上去都像是自私、粗鲁和不合作的表现，最终很不利于他们未来的工作生活。

给五年级提供职业指导的老师 我刚听说一件事，一个"家伙"在三个星期后被炒了，就在复活节那天。他厌恶权威，不守规则。他的态

> 度是错误的，经理刚炒了他鱿鱼，他说“滚出去”，他不准备继续忍受下去，他为什么要忍受呢？我之前就告诉过你，在学校养成的坏习惯很难改掉。如果你在这儿不满权威，对纪律抱着坏的态度，那这些都会被带到工作中去，工作时会显现出来，而他们没有时间来处理这些。现在是开始做出努力的时候了，让别人看看你现在怎么样了(……)（当你开始工作时）你会用一堆问题换回一堆更糟糕的问题，这些都是由你自己的态度决定的，你现在在学校的态度会让你的工作变得更难。*

然而，不管是用新的、进步的、修正过的，还是用传统的模式，“家伙们”总是排斥、忽略、颠倒、取笑或改变他们在职业指导课上学的东西。那些表征[①]层面的直截了当的训诫，包括认真对待找工作这回事、仔细准备面试、在工作中争取成就，甚至包括了解不同工种的简要信息——除了那些他们早就决定想干的事，都受到严格过滤。

> [关于职业指导课程的小组讨论]
>
> **斯潘克斯**　过一会儿你就不会注意他了，他不断重复同样的东西，你知道我说的是什么意思吗？
>
> **乔伊**　我们总是太忙了，抠鼻子，或者弹纸片，我们就是不听他的。
>
> (……)
>
> **斯潘克斯**　他总是说同样的东西。
>
> **法兹**　他总是说如果你去找工作，你就必须做这个，你就必须做那个。我找过工作。你根本不需要做那些玩意儿。就是去一个地方，问问主管的人，根本不像他说的那样。

① 若要详细解释这个概念及其与“含蓄”训诫之间的关联，请参见R. Barthes, *Mythologies*, Paladin, 1977; R. Barthes, *Elements of Semiology*, Cape, 1967。我会在本书的第二部分讨论职业指导信息的“含蓄”层面。

乔伊　真是荒诞可笑。

PW　你指的是什么，你需要什么样的文凭呢？ 92

法兹　文凭这些玩意儿，你不需要，你就是去找活儿干，然后他们就给你活儿干了。

(……)

PW　(……)他们强调努力工作、积极进取有多好(……)

威尔　那是你老的时候，对吧，如果你没有办法干这个活儿了，但是……就像，对你来说太难了，你想坐下来歇口气，那就让其他伙计替你……当你还年轻的时候……有些工作一旦你老了，你的工资就减少了。

PW　那个从教育学院来的演讲者怎么样？

弗雷德　他们就是想让你去工作……乔伊，他对乔伊说："你想做个油漆工和室内装修工？"给墙上漆，你随便找个傻子也能给你漆墙！或是说："你想做装修，或者写标语。"

斯潘克斯　好像还得当个什么社会人物才能去给墙上漆……我想站起来对他说："随便哪个傻子就能给墙上漆。"

新的信息当然不会被注入自我评估的理性系统，或是正在形成的、与"生活方式"和"工作概况"有关的"自我观念"中去。即使"家伙们"记住了一些信息，那也是根据他们文化中高度选择性的准则筛选过的，并根据自己的目的——其目的往往具有颠覆性、嘲讽意味和对抗性——重新阐释过：

［一次讨论求职指导影片的小组讨论］

珀斯　我纳闷为什么电影里从来不拍我们这样的孩子，看他们对这个的态度都是什么。他们什么样，我们什么样。

PW　好吧，电影里都是些什么样的孩子呢？

法兹　都是些好学生。

威尔　是啊，你可以看得出来他们都是按照教的说。你要知道，他们可能来自什么艺校，给其他孩子拍职业指导电影是个工作机会，你得等他说完他的台词，你才能说这句话。

PW　我是说，你怎么知道的？

威尔　啊，他们就是站在那儿，而且就是在等着他说那句话，然后再接着上……

——

法兹　你在那儿看过所有电影了，对吧！他们都会拍些傻学生，"哦，是的，我想做这个活儿"，"哦，轮到我了，是我出去赚钱的时候了"。

93 斯派克　你看不到一个捣乱的学生（……）没一个是那样的。

当然，他们的态度必须和他们对学校其他方面的排斥联系在一起来看待。如果职业指导老师能力挽狂澜，做到其他老师做不到的，那才会令人吃惊。显然，整个反学校文化的大规模爆发可能引发更为咄咄逼人的职业指导方式，但这也使"家伙们"对学校整齐划一的道德观更加疏远，单在职业指导领域是无法控制的。对职业指导的排斥是对抗学校这一中心主题的一部分。[①]

① 尽管就业指导官员不是很有影响力（当然决策达成之后发布信息是他们的工作），但他们似乎不用面对"家伙们"的敌意，因为他们没有陷入同样的恶性循环——至少他们不用致力于维持基本教学范式，而且甚至可能对分化后"家伙们"的文化有几分同情。有趣的是，这有时会导致对个体出现完全相反的评价。

汉默镇男校的就业指导官员　我同情这些孩子的时候，我可能就是笑笑，但是我会想："哦，还是不要牵扯进去比较好。"是吧，所以他们可以从我的脸上看出来我同情他们。有时候，他们对老师的总结评论很准确（……）我觉得他（"家伙们"中的一员）挺友好的，有点个性，有点魅力（……）我实际上写了"有魅力"。他在我面前这么展示自己（……），但是他的报告糟得一塌糊涂，他们是怎么受不了（转下页）

“家伙们”也从根本上排斥文凭这个概念。对他们而言，正如制度界定的那样，“文凭”就是知识权力的爪牙。因为他们反抗知识，所以他们也必然抵制和怀疑文凭并使其失去信用。正如其他情况那样，使正式标准失去信用的主要方式是用非正式的模式“看透这些标准，了解它是如何发挥作用的”。他们靠经验，至少是听来的经验与正式定义周旋。在一定程度上，他们真的认为自己懂的更多。不做功课、没有文凭照样能过活，因为真正有用的是“了解点世界”“脑子清楚”、必要的时候“撒手”。当然，成人工人阶级世界中，英国车间里盛行的实用氛围及对理论的不信任都大大强化了他们的这种观点。这一基本文化资源在学校的分化过程中被磨炼得更为坚固。

“家伙们”从心底里认为肯定有更简单的方法。文凭对他们来说似乎是对直接行动的偏离或替换。他们觉得他们总能“在岗位上”展示必要的能力，而且做一件事总比描述它或在考试中陈述它容易，或者比正式说明它容易。

[一次个人访谈]

乔伊 我光靠这个[学徒]工资根本没法活，第一年或头两年每周大概十英镑，每过一个生日就涨点工资，我可没法干下去。我属于精力旺盛的那种，我总是想：如果某个地方能够跳过，为什么要绕远路呢。我总是跳围墙（……）我现在对自己不拿任何离校资格证明很满意，如果我足够聪明，早晚会表现出来（……）或者我可以让他们明白我是块料。我会让他们看到我值得投资，然后可能送我去上什么课（……）我是说，面对现实吧，这很容易，真的太容易

（接上页）他，他是多么讨厌（……）。比起一般的（……）孩子，我觉得我更喜欢你这个研究小组里的所有孩子。如果我找人来面试，跟我面谈，那我立即会偏向他，你知道吧，我喜欢那些能反驳我的人。我挺喜欢那样的，但是如果我必须从孩子身上弄点信息出来，我就不会喜欢这种面试。

> 了，因为你要做的就是学会怎么开车床，一旦你会做了，所有的测
> 94 量和别的就都是例行公事了（……）任何人都能当学徒。

他们通常觉得这种洞察力是不为“书呆子”所知的。那些循规生不得不“苦干”。因为他们没有使用想象力或机智，才需要文凭：

> ［一次个人访谈］
>
> PW　你觉得什么是你有而“书呆子”没有的？
>
> 斯派克　胆量、决心，不光是胆量，还有狂妄（……）我们比他们更了解生活。他们可能更懂点数学和科学，但那些都不重要。这些对谁都不重要。他们得去试，然后才意识到……他们二十岁的时候，可能才和我们现在懂的一样多。因为他们还得经历那些事。好吧，我是说我现在就已经经历过生活的不少阶段了，我已经有过得意失意，也尝过失望的滋味。我已经接受这些事，我已坦然处之。就是这样，对吧，但是“书呆子”们，当他们找到工作，他们，我该怎么形容呢……他们只不过是遵守规则，把工作做到最好（……）有些方面他们很聪明，他们在数学、科学和英语上很聪明，但是在生活方面不怎么聪明。在我看来他们是输家。

连续性

尽管“家伙们”排斥老师对于学校与工作之间存在连续性的看法，另一种连续性对他们却很重要。在实际选择工作方面，是“家伙们”的文化，而不是官方职业指导资料，为未来提供了最具影响力的指引。因为个体加入违规生群体之后会经历一整套态度和观点上的变化，这些变化亦会或多或少提供一些稳定的看法：想和什么样的人一起工作，什么样的情形能使正在发展中的文化技巧得以充分发挥。我们已经了解，车间文化

与反学校文化具有一些相同的决定因素和明显的相似之处，而且车间文化在以多种方式影响着“家伙们”——尤其是通过父母在工人阶级家庭中传承。事实上，在“家伙们”和家长的想法中，学校和工作之间经常有直接联系。这确立了不同环境间经验的延续。我们可以把这看作经历和反应的连续底线，工人阶级文化整体受其哺育，才得以长期应对敌对环境，并在工作中发展出特定的社会关系：

［一次个人访谈］

乔伊　他［他父亲］把它说得就像个大学校，他把它说得就像这个地方。有一天他跟我说，因为我们实际上在讨论消防栓事件，我想对话是从这里开始的。我们正在讨论怎么胡闹，然后老妈就说：“得了，你不应该胡闹。”老爸就说：“我们就是这么干的。”（……）他告诉我们，有个家伙找了一个巴基斯坦佬，把他的裤子扒了下来，揪着他的鸡巴拉着他在车间走，就那么揪着他的鸡巴，拽着他绕着车间走，诸如此类的蠢事。你可以拉他一下，他可能掉进炉子了，或者摔到一个锤子底下了。他说你到下边去，然后你就拿着一个铲子的把手那头，然后你把铲子放在他们腿下边，把他们举起来，就在那个地方（指阴茎处）举着他们……他们下不来。他认为他们总是搞这些事，我觉得这一定就像是学校的延伸，在工厂里工作，和一样的人，每天和一样的人，你就每天胡闹，你来这儿，每天都是同样的人。 95

作为阶级文化的一部分，“家伙们”的文化提供了一套“非官方”标准，以此判断通常哪种工作环境和个体最匹配。在匹配的工作中，他必须能坦陈有关欲望、性意识、喜欢豪饮和尽可能偷懒的想法。在这种工作中，人们必须可以相互信任，不会有人“爬到”老板那儿告“外人”或“偷东西”的状——这实际上也是“书呆子”最少的地方。事实上，这种工作场所肯定有老板以及“他们和我们”对立的局面，这样就总会出现告密者背信弃义的危险。未来的工作环境必须张扬男性气概。人们在这里不能“娘娘腔”，要“自己搞定”，瞧不起“笔头工作”而崇尚真正“干事”的人。在这种环境中，你可以发表个人意见，不需要表现顺从。首要的直观标准是这份工作必须很快发高工资，可以搞点“诈取”和“额外津贴”好维持他们早已养成的抽烟喝酒的习惯，滋长那种“占优势”“了解现实是怎么回事”的优越感。基本上，工作必须是同事都“不赖”、相互之间能共享一种文化身份的地方。

不仅非正式文化建立了这些标准，而且以非正式文化为基础的非正式群体也强化了这些标准。之前所有讨论过的过程——“开玩笑”“找乐子”“嘲弄”——为当前的学校环境、也为未来的工作环境设定了规范：

[一次关于未来工作的小组讨论]

艾迪　我想当宝石匠。

PW　当什么？[笑]

96 艾迪　宝石匠。

PW　我不明白有什么可笑的。当宝石匠有什么可笑的。[笑]

——　他是个傻逼。

——　他是个捣蛋鬼。

——　他，他会把一半的珠宝偷走，他会。

斯派克　他想在六个月内成为一名钻石镶嵌工。

德瑞克　他会把一颗宝石镶在戒指上，把六颗揣进自己兜里。

PW　你对宝石匠这行了解吗？

艾迪　不了解。[笑]

自我评估的技巧和心理测试只是深刻地揭示了文化层面的差异，而没有如预期的那样揭示个体内在品质的差异。校外演讲者没有如期到场时，职业指导老师分发了“自我评估”问卷：可以用“大部分时间/一半时间/几乎从不”来评价诸如“诚实/善良/慷慨/勤奋/干净/顺从/聪敏”等项目。调查问卷完成后，他让学生自告奋勇地读出答案。“家伙们”的肢体动作一如往常，象征性地推推搡搡：他们碰对方的胳膊肘，转头相互看，在各自的卷子上改答案，对照笔记，拿彼此的答案开玩笑，然后大致上对这个测试达成共识。当志愿者读他们的答案时，“家伙们”就表明了自己的分化标准。他们嘲弄讥笑“大部分时间”“顺从”这样的答案。比尔对一个被“家伙们”认为邋遢不整的“书呆子”喊道：“先生，他‘干净’和‘机敏’这两项的答案是什么？”听到答案是“大部分时间”时他们报以哄笑。比尔也自告奋勇读自己的答案。当他回答说自己“大部分时间”“体贴”时，老师让他解释这一点，“因为我没在你的功课和对待老师的态度中看出这点”。但在课后解释时，比尔当然还是认为他对“真正重要的事，比如我的哥们儿”还是很“体贴”。

“家伙们”在文化上为某些工作所做的系统的自我准备，使他们不仅在学校功课方面，也在预期上与“书呆子”区别开来。循规生和违规生之间的区分就是不同前程、不同满足感以及相关的不同工种之间的区分。这些差异不是随机或者毫无关联的。一方面，他们系统性地源自校内群体间的对立，另一方面，这也和离校后明显不同的工种分类相关。“书呆子”/“家伙们”之间的区别被看作未来熟练工/非熟练工或者白领/蓝领间的区别。“家伙们”欣然地将学校内部文化景象中的区别移用到未来的工作区别中，尽管他们不一定接受对各工种的传统评价：

［一次小组讨论］

乔伊　（……）我们想活在当下，在我们年轻的时候活得痛快，希望有 97
钱出去玩，想现在出去泡妞，想现在就有车，然后想想，这些都成真得五年、十年、十五年；但是其他人，像“书呆子”那些人，他们

考试，他们工作，他们没有社交生活，没有乐趣，他们要等十五年才结婚，诸如此类。我觉得这就是不同。我们想的是眼前，现在就要找乐子，而他们考虑的是未来，将来对他们来说才是最好的时光（……）他们是遵守规则的人。他们是公务员那种类型，他们会比我们先买房子和其他东西（……）他们会是有钱人，我说他们会成为公务员，有钱人，而我们会是砖瓦匠那种。

斯潘克斯 我觉得我们……多多少少我们是干苦活儿的那种，但他们不是，他们会是办公室人员（……）我没什么野心，我不需要有……我只想拿不错的工资，那就够我活了。

（……）

乔伊 我不认为这是明智之举，我认为对我们来说，对我们这种人来说，这更好，因为我们尝到了，我们尝到的不是好的生活，我们尝到的，你要知道，是你老了以后就不能过的特殊生活。我觉得我们就是太喜欢这种生活了，我知道我还是会这么做。我不觉得你现在可以把自己和这种生活割断，去当个学徒好好干……只是维生。

对于循规生而言，他们更认同老师的权威；他们对职业指导电影和预期目标有强烈的兴趣；他们甚至有时候对于老师采用的严厉的、胁迫性的方法表示赞同，因为这些方法在一定程度上维护了他们的利益。

［一次关于职业指导电影的小组讨论］

托尼 它们使你大开眼界。比如当送奶工是怎么回事，早上五点起床，起来，出去，天不亮时就得起床。

奈杰尔 邮局的那份工作，我觉得不错。他们帮助人，干那行的人（……）

PW （……）当他［职业指导老师］对五年级学生不停地说的时候，你有没有觉得被羞辱？

奈杰尔 不,真的没有,因为我知道大部分时候,你知道的呀,大部分时候他说的确实是对的,因为那儿很多人根本就不在乎,你要知道,他说话的时候他们根本就没在听,对吧,他就挺生气的。 98

出于自身考虑,循规生基本上接受从学校到工作是连续统一体的说法。尽力完成学校的官方目标是值得的。这是为工作做的最好准备。但是顺便说一句,应该注意到,虽然这是传统反应,但是如果工作不努力、缺乏理性和执着,那也无法实现或"赢得"成功。

[和汉默镇男校循规生的小组讨论]

托尼 首先是你的态度。比如,如果你在学校表现得好,你离校时就能拿到好的报告(……)这有利于我们,因为我们必须面对现实:我们必须上学。我们也必须工作,不然你没法活下去。所以你多多少少要把自己培养成那样的人。但是我觉得那些没做到的人,你要知道,那些不在乎这些的人,他们工作时会想:"哦,我不喜欢干这个,我不干了。"而不是坚持下去。他们在工作上进展不会好。

奈杰尔 你要知道,我觉得事情就是这样发展下去的,如果你一辈子享受做某件事,你就一直做下去;但是如果你不喜欢上学,那你就干不好工作。我觉得这种态度会延续到工作中去,你不会干得很好(……)[工作]就像上学,你离开学校之后,比如,我会去当个学徒,你当你的学徒,你够资格了,那接下来的一辈子就继续不断学习,我是这么想的(……)正如你知道的,他们有些人实际上不需要上学,因为他们只是去当送奶工或者干类似的工作。

职 业

总的来说,对于学校内发生的基本文化转移,"家伙们"发展出一套完整的非主流的生活期望态度，因此，他们并不怎么在乎对特定工作的选择。事实上，我们也许可以看出，就其文化所摈弃的标准以及这种文化意味的连续性形式而言，体力工作和半技术性工作确实没有差别，用既定标准寻找两者的物质差异只是浪费时间而已。因此，从他们在校的最后几个月来看，个人的工作选择确实看似很随机，不受任何理性技术或者手段/目的的影响。但是，把叛逆的工人阶级子弟上岗工作硬说成是特定的工作选择其实是很迷惑人、神秘化的说法，特定的工作选择本质上是非常具有中产阶级色彩的构想。我们已经说过他们反对其他更为循规的对待工作的看法，也探讨过他们群体的团结性，所有这些都把工作选择变成
99 了另一个层面的问题："家伙们"并不是选择职业或特定工作，他们热衷的是一般劳动。大部分人工作——或者是面对他们接受的"苦活儿"——是因为他们急需用钱，他们认为所有工作都令人讨厌，真正重要的是这些工作的环境能够让他们表达自我，尤其是他们的男性气概，允许他们干活儿时能搞点从反学校文化里学来的消遣和"乐子"。这些需求与任何工作的性质都没有什么关系。

"家伙们"明确拒绝了职业指导项目所假定的工作多样性（以及这些工作所需的品质才能）——至少就他们自己的未来而言：

［一次个人访谈］

乔伊 工作就是个……挣钱的途径。挣钱有很多法子（……）各种工作最后的结果都一样，就是让你挣到钱，没人找工作是因为热爱那个工作（……）你不会白干活儿。我不觉得有谁会白干，你需要面包活下去（……）你干活儿的时候有一些区别，但是不大，最后这些达到的目的都一样，它们都能挣钱，它们其实都一样。

［另一次访谈］

斯派克 每种工作都是一样的。不，我这个可能说得有点过了，不是每

> 种工作都一样，因为你的工作不同，医生的工作不同，律师的工作不同。都一样的工作是那些你必须苦干的活儿，当你就是个苦工的时候，所有的工作都一样（……）没有什么多样性，都是一样的工作。就是分室内和室外两种。

这种观点并不和他们目前期待工作的强烈情绪相矛盾。我们不应当低估“家伙们”想要摆脱学校的程度——更应该把“过渡”到工作称为“翻身”出学校，同时，他们自己文化中流露出的对挣钱的向往，以及成为“真男人”文化一分子的诱惑也很大。

文化庆典过后，广义上的阶级文化会借父母之口向工人阶级子弟不断证明，期望工作能带来真正满足的念头是愚蠢的，也不断会有揭示工作真相的灰暗而未经验证的提醒。但就目前而言，阶级文化的校园形式所产生的对未来的承诺抵消了广义阶级文化所传递的信息，尽管校园形式是阶级文化的一部分，而且最终还会再生产广义的阶级文化：

> ［同一次访谈］
>
> PW 你期待开始工作吗？
>
> 乔伊 是啊，如果人们还没有让我失去兴趣的话。我们的老妈今天早上叫醒我时，说的第一件事就是这个，她说：“哦，我不想去上班。”我就回她：“我想去，我不介意，我想开始工作。”然后她就 100
> 说：“你会讨厌工作的，你会讨厌干的。”

这种认为所有工作环境都基本一样的观点在“家伙们”真正找工作时表现得最具戏剧性。对具体工作的特定选择真的颇为随机。下面对如何选择工作的描述相当典型。对“家伙们”而言，所有的工作都意味着劳动，选择付出劳动的地点并不重要：

[一次关于工作的小组讨论]

珀斯　我和我的哥们儿，约翰的哥哥，一块儿去的，我和他去的，呃……他想找个工作。啊，约翰姐姐的男朋友在这个地方找了个工作，他就对艾伦说："到那儿去，他们能在那儿给你找份活儿干。"他就去了，然后他们说："你岁数太大，接受培训太迟了。"因为他现在二十岁了，他对艾伦说："站在那儿的是谁？"他回答说："我的一个哥们儿。"他问："他想要找工作吗？"他说："我不知道。"他就说："问问他。"他出来，我进去，他把这件事跟我讲了，他说："如果你想要这个工作，你离开之前回这儿一趟。"

PW　你在那儿干什么？

珀斯　木工，接缝。一个月前我回那儿去，哦，好吧，其实不是一个月前，是几个星期前，我去找他了。

PW　啊，那纯属巧合。我是说，你曾考虑过做细木工这一行吗？

珀斯　好吧，你得去那儿看看我的木匠活儿，我干够了，我不会干几年木匠的。

[一次个人访谈]

斯潘克斯　你知道的，我不过就是把栓放进去，我干这个不是因为我一直想干管道工。起初我想做油漆装修工，然后想过砖瓦匠、电工、管道工（……）那是个星期五——我去学校，我老妈对我说："你为什么不自己去委员会找个工作？"好吧，当我，当我去学校的时候，我想："那我就去当个管道工吧，就这么着吧。"所以我就去了职业指导办公室，我说："我能去委员会找个工作吗？"（……）我就打了通电话，骑自行车去那儿，他们说："你得到这份工作了。"然后告诉我什么时候去上班（……）我就在去学校的两个小时内搞定了工作。

自 我

主观地意识到现代劳动的普遍性，对劳动的具体表现无动于衷，这是"家伙们"以学校未察觉的方式从其反学校文化核心学到的基本东西之一。反学校文化允许这种意识以这种或那种形式浮出表面，因为除了 101
在工作中寻求（或需要寻求）满足感和特定意义之外，这种意识也为他们提供了另一条出路。它能引发外在的、以群体为基础的满足感，从而给予自我支持和价值。这种能力反之又取决于某种根本的、相关的、完全被反学校文化主观挪用和确认的东西。这要求对劳动有一定的主观认识，了解如何恰当地、以男性化方式付出劳动。

从根本上说，这需要在经验上把内在自我与工作区分开来。劳动力是对现世要求的一种障碍，而不是一种内在关联。不要期望在工作中获得满足感。他们拒绝为了在工作中求得内在满足感而动用一部分自我。这就好像剥离一部分自我，以更好地把握自我的其他部分。工作和对工作的期望被抑制、限制和最小化，而在文化和象征层面上附属于它的东西均得到了维持、发展并尽可能被变得有意义。缩减工作的内在要求意味着可以用独立的、世俗的方法去发展、颂扬自己的能力，而不用受制于责任和新教伦理。随着反学校文化在学校内逐渐成形，他们以非正式的方式使用工人阶级文化的资源，尤其是那种强调男性气概和强硬的文化，在群体中树立起自己的地位和身份——这个社会领域使他们的部分自我变得非常活跃并具成就感——这些都不是从具体从事的工作中获得的。正如我们已经看到的，反学校文化就是要发展并维护不同于官方的文化态度和实践。

影响个体未来的关键问题不是工作的内在本质或技术属性，而是工作中的感觉，这在学校中已有非正式的准备（尽管是以一种特殊方式）。他们最终认识到是文化消遣使所有工作变得可以忍受：

［对工作的近期展望的讨论］

威尔　第一天我就是特别害怕。你知道的，担心和谁结伴啊，谁是“书呆子”啊，谁会向领班告状。

乔伊　（……）你总得把工作变得有趣些。是你自己把工作变成不高兴的事……我是说，如果你在通下水道，那阵子你可能会觉得不高兴。不是每份工作都是愉快的，我应该这么想。没人能找到自己喜欢的工作，除非他们是喜剧演员或者别的，但是，呃……没有一份工作是愉快的，因为早上你必须起来，原本你可以躺在床上，但你必须出门。我觉得每一份工作都有一定程度的不愉快，但关键还是看你……能不能把其中的不愉快变得尽可能愉快。

对“家伙们”而言，在现代社会中劳动抑制而非发展自己的主观意
102 识。这是通过把劳动定义为强调体力而非脑力的过程而实现的。当工人阶级的主题被提出、分享和形塑的时候，劳动的恰当使用形式和意义也直接从反学校文化中生成了。

是学校增进了对脑力劳动的某种反抗和对体力劳动的倾向。至少体力劳动处于学校范畴之外，并带有一种——虽然不是内在的——真实成人世界的光环。脑力劳动的要求太高，并且会侵占太多——就像学校一样——私人的、独立的领域。“家伙们”深知，脑力劳动的特定社会形式是在交换中换取他们想要的自由的不平等“等价物”。因此，以一种奇怪但未言明的方式，脑力劳动总带有强求服从和循规的威胁。他们在学校里习得的对脑力劳动的反抗成了对权威的反抗。在当代资本主义社会，阶级对抗和教育范式的结合把教育变成了控制，把（社会）阶级反抗变成了对教育的摒弃，把个人差异变成了阶级区分。正如比尔形容自己和“书呆子”之间在前途上的差别：“其实就是笔头工作和干苦活儿之间的差别。”这是有关阶级分化的知识，虽然这是在学校里学到的。虽然这是学校教育的产物，但其影响是社会性的。

矛盾的是（本书第二部分将会具体阐释这一矛盾），虽然在“家伙们”对劳动的理解中，自我是与在工作中获得内在满足的期望分离的，劳动是体力活动，但是他们的优越感并未因此减少，他们并不觉得自己的洞察力和个人学识受到任何损伤。这也没有减弱“家伙们”的乐观期望。正如我们已经看到的，这些期望在一定程度上是他们一心急于脱离学校的结果。但是，这些也是“家伙们”主观认为自己已通过经验看透、学会并懂得很多“书呆子”不懂的事情的结果。当然，正是这种经验的诱惑——对传统逻辑明确、非计划和出人意料的逆转——将这些工人阶级子弟绑在了体力工作的前程上。只有揭示这种主观上的认同，我们才能理解他们那些显示自己权力的行为，并领会在自由民主国家中对他们（以及其他人）而言至关重要的那种充满矛盾而半真实的自由观念。“家伙们”对劳动力的定义是独立的、体力的，我们在此只能对他们最小化的劳动力给予明确的限定。

尽管劳作与工作的满足感没有内在关联，但是劳作确实具有某种意义。劳动力是其他事物（除劳动力的直接作用对象外）的重要性得以表达的物质途径。尽管劳动力切断了工作的经验反射，但它扩大了其他经验。毕竟尽管体力劳动代表了与学校和脑力活动的隔绝，它也意味着对“书呆子”更为积极主动的排斥。“家伙们”觉得他们能在真实的成人世界中工作，而“书呆子”没有这个能力。因此，如果要稳定其价格，劳作——其本身毫无意义——必须反映出其周边文化的方方面面（自相矛盾的是，一 103
种文化之所以可能，正是因其对自身的限制）。

最为重要的是，体力劳作是代表、表达男性气概和反抗权威的途径——至少像在学校里习得的那样。体力劳作传递的是好胜、机智、无法用言语表达的不敬和显而易见的团结。它为成年人的喜好埋单，展现了对女性的吸引力和潜在控制力，即一种男性气概。

“真正干事”，身体活跃，以某种方法出卖劳动力，以上这些的本质在“家伙们”看来不是一种防御手段或消极反应，而是对先前创造性地学到的手段的一种确认和表达。它显示了一种独特的成熟，一种能力和观点的实践，而这些都是其他人所不具备的。尽管体力劳动本身没有意义，但至少在他们生活的这个阶段，体力劳动对汉默镇的“家伙们”来说是声张自由、显示某种力量的途径。

[一次个人访谈]

斯派克　(……)看到那些孩子在一个办公室里干活儿，我就特恼火。老实说，我就是没法了解他们怎么能干这活儿。我有自由，我有……我能挣到钱，很难解释……

[一次个人访谈]

威尔　户外工作、体力活儿和……写东西这些事，把笔拿出来……你要知道，还有自由。

[一次个人访谈]

乔伊　我不会当老师(……)除非我去教足球队，但我不会踢足球。你看，我精力充沛，我得不停地走动，使劲……不是消耗我的意志力……妈的……我得不停走动，精力太充沛，没办法做办公室工作。但是大概十年、十五年之后，当我变得肥肥胖胖的时候，也许我会去做办公室的活儿。

当然，在主观上有多种不同的出让劳动力的方式。汉默镇学校的循规生更可能相信他们能在工作中找到满足感，通过工作构建他们的前程，借工作活动的内在本质来表达自己的价值和成就。他们被官方连续性的趋势带着走，期待这些连续性能给他们带来十分恰当的回报。对他们而言，劳作表达的是劳动力本身的性质，而不是其他间接的文化价值：

［与汉默镇男校循规生的小组讨论］ 104

托尼［最近获得了去工具制造厂当学徒的机会］　你必须工作，所以现在就得努力，找个好工作，做点你想做的事，不是制造汽车或者整天安装车轮这种事。你知道你能挣到钱，但那种活儿不值得干。你的生活将毫无生趣。如果你……比如说我吧，我会成为一个工具制造工，你看得到最终成品，哪怕是些螺丝，但你知道是你给这些东西做的铸模。我会喜欢干那种活儿，看到成品。

奈杰尔［最近获得了去英国铁路公司当学徒的机会］　（……）直到你真正立足的时候，哪怕用手背干活儿都行的时候（……）你才不会担心，比方说，你可能会想着明天早上会怎么样（……）如果你要成为一个火车司机，一开始总是先开普通的小机车——每次培训都是不同阶段。你可能从小机车换到大火车头。你可以在你熟悉的每辆车上开，你是个司机。我想我能看到自己慢慢升上去，你知道吧，升上去。我有盼头。

在另一极端，对“家伙们”中的一些人来说，工作可以成为他们的爱好。对他们而言，出卖劳动力直接表达了他们甚至最私人的生活。这就形成了一个鲜明的对照，一方面“家伙们”将工作中的个人含义删减到最少，另一方面他们可能完全沉迷于工作，视之为私人感情生活的轴心。“家伙们”非常小心地在自己的文化里学习削弱、打倒这种轴心。他们自有其轴心。

这里提到的还是那位在高级文法学校念书、十六岁离校去当高尔夫助理教练的工人阶级子弟。这名男孩完全将高尔夫看作上进和表达的媒介。作为“家伙们”的一员，他的发展轨迹有点奇怪，他排斥学校，将工作而非一种文化作为提升、自我表达和肯定的方式。

［一次个人访谈］

两个月前我打得很差（……）我的比赛一塌糊涂。我没办法把球从开球处打出去。我不会用铁头球棒击打，根本不会打低飞球，也不会推杆。我真的觉得特别沮丧，差不多有一个月的时间我晚上都没出过门。就是那么简单，你坐在家里，整天想“该死”。你感觉好像你的世界跌到了谷底。你想着：“下一次我要怎么做？把我的握杆稍微移动一下，改换我的站姿？”你就坐在家里，想着你的比赛（……）你要是打得好，你就变得特别高兴，好像除了高尔夫，世界上其他事都是次要的，你知道吧（……）大概隔了两个月的时间，我才开始打得很好很好，你知道吧，我能向任何人挑战，我赢了很多钱，我真的觉得自己幸福到了极点。我几乎就像在一个茧里，每个人看上去都有点模糊不清，你简直就是在梦幻世
105 界里。

上岗

他们就像那边的孩子，在那儿干了大概十年，其中一个人竟然在那儿待了三十九年。他们大部分人走动的时候都发出轻微的声音并无缘无故地叫喊。他们相互破口大骂，他们互相辱骂，给彼此取绰号。这就像是学校的延伸——他们都在那里胡闹。

——乔伊评论车间

“家伙们”从事的工作包括装配轮胎、铺设地毯、家具厂机器操作实习工、管道工和砖瓦匠助手①、汽车座椅公司装饰工、铬金属板材厂棒料装

① 这两份工作（斯潘克斯和威尔获得的工作）采用的是正式学徒制，找工作时没有任何测试，对文凭也没有任何要求。斯潘克斯和威尔很高兴他们这么快、这么容易就能找到工作，因为循规生拼命想要这样的工作。这进一步使他们确信，他们“一直就懂得更多”。

卸工，以及油漆装修工。在1975年复活节和夏天，他们都相当容易地找到了工作。大约一年以后，也就是1976年9月，他们中有一半人辞掉了第一份工作。两个人已经换了两份工作，两个人当时还没找到工作。[①]上岗和换工作的经验对“家伙们”而言不是大挫折。他们为工作所做的非官方、非正式的自我准备不仅引导他们，而且使得通向某些工作的道路变得通畅无阻，使他们比其他群体的处境要好得多。

这不是说他们没有适应问题，也不是说职业和区域差异不会影响他们的文化形式，更不是说现在工作很好找，或是说他们在校后期和工作早期的文化表现早已预示了他们与工作的长期关系。这里没有足够的空间来讨论从长远来看他们对车间文化的物质和文化本质所做的自我准备到底有多充分。知识的社会强化具有不同的形式，与不同规章交换关系的权威联系也不同。循规和反抗之间有着不同的平衡和含义，男性气概和控制也有不同的优势。未来相关研究的核心问题是车间外劳动力的再生产在何种程度上匹配、改变或者反驳了早已存在的文化形式，到底是充分满足、超出还是背离了生产过程在客观体力、脑力和情感上所需的条件。

在以某种方式储备劳动力时，学校的非正式和正式过程起了关键作用，但是总的来说，家人、家庭、社区、媒体和工人阶级的非生产性经验对劳动过程的持续再生产与日常再应用同样重要。反之，车间的客观层面和它释放出的反抗性非正式文化在多大程度上反作用于劳动力再生产的非生产方面，如何以某种方式影响它们，从而产生如我们在反学校文化中所看到的那种意义和方向的不可见的、意外的循环，最终保存并维 106

① 尽管本项研究不涉及青年失业问题，这里还是可以加注几条评论。正如“提高离校年龄”计划使原先更为隐蔽的反学校文化的对抗性暴露出来那样，我们同样可以预测，大量或长期的结构性失业以及遍布街头的散漫和结队活动将进一步助长与暴露这种高对抗性的文化形式——尤其是以挑衅的方式呈现。这就是说，大量失业可能进一步激化青少年的不满情绪，加剧潜在的社会分化。这样的发展会给职业指导和就业服务的传统“问题”增加新的维度。

持一种特定的社会关系构型——也许再次背离了官方政策的意图，这些都值得我们评估。

到1976年9月，虽然汉默镇的“家伙们”对工作挣钱还是感到很兴奋，并深感自己是文化选择的结果，但是，我们可以斗胆猜测他们离幻想破灭不远了。他们所从属的工人阶级文化并不是一个值得赞赏、具有优势的文化。从根本上来说，工人阶级文化是一个充满妥协与和解的文化：一种尽力利用艰苦而残酷的条件的创造性努力。我们看到“家伙们”的文化不是铁板一块，这个文化既有强势环节，也有长期充满绝望、脆弱和赤裸裸控制的低谷。在他们生活中的特定阶段，“家伙们”相信他们住在与悲伤隔绝的高楼之上。在坚不可摧的信心背后，他们为生活所做的主要决定都不利于他们，这正是工人阶级文化和社会再生产的核心矛盾之一，公立学校和校内过程在这个矛盾中牵涉很深。

不管工人阶级文化的广泛形式及其持续再生产的循环如何，不管“家伙们”长大后幻想破灭的严重程度如何，他们的人生旅程不可逆转。在生产车间里当完文化学徒之后，他们就得在糟糕的环境中为他人辛勤劳作，当这一事实愈加清晰时，他们看待车间的态度就如同以前看待学校，仿佛陷入了双重困境。具有讽刺意味的是，当车间变成监狱时，回过头来教育又被视为唯一的出路。

首先，年轻工人很可能早早结婚成家，背负经济压力，这样一来，他们就无法重返学校。从广义上看，虽然体力劳动对他们而言可能早已失去了吸引力，但他们至少还对它保留着特定的经验性依恋，体力劳动仍是他们与整个群体保持非正式关系的独特方式，这使得他们除了干体力活儿之外没有什么资格干别的。鉴于对待工作任务的态度，他们通过工作获得发展的可能性微乎其微，哪怕之前他们视这种态度为自我绝缘的方式并趋之若鹜。当工人阶级子弟发现自己之前的自信其实徒有其名时，很可能为时已晚。反学校文化中的胜利色彩在把工人阶级子弟送进紧闭的工厂大门时就戛然而止。事实上，可以这么说，正是对这些矛盾（好运与不幸、知识和无知）的认可最终定格了工人阶级的宿命论和固步自封：反学校文化与真正的工人阶级文化之间存在某种纯真性上的差别。等他们知晓答案时已经太迟了。表象之下，明显的诱惑之后，结局恰恰相反。这些是工人阶级文化的常见主题，预示着车间里成年工人的命运：他们来工厂工作的时候无一不是想积攒点钱，偿还一点债务，或者计划“有一天” 107
开始自己做生意，但他们就这么日复一日地工作了三十年。他们错失良机，抓住的机会又靠不住，这些都成了进厂工作前的集体迷思。但是蹊跷之处在于，这些活在其中、有机会改变的人却不清楚迷思的意义。下面是工程机械厂的一位中年车间工人的自述：

> 我那时大概是十三岁吧，正是易受影响的年纪，我想是吧，有件我永远不会忘记的事。我和我老爸在动物园里，我们看到小山上有一群人，人们拍着手，都围在一个大猩猩笼子边上。我们挤到了前头，我老爸比我更好奇，他挤到前排，看到这只大猩猩在拍手跺脚，四处张望，玩得很欢。所有的人都在拍手煽动大猩猩。然后，它突然走到笼子的前边，朝我老爸吐了一大口水。它又走到笼子的后边，吸了一大口水，走上前，拍着手，然后把水吐向别人。
>
> 我老爸退后一步，十分震惊……然后他回到人群中，等着其他笨蛋冲到前头去。我那时没意识到这到底是什么意思，我只是个孩子……但是我现在知道了。我们都不是一下子长大的，看吧，这就是生活，我们不是在同一个时间长大的，当你学会的时候已经太晚了。每一次这些进厂的孩子也是这样，他们都觉得工作棒极了。“哦，这是什么，我想到那儿去”，你知道我说的意思吧。你永远改变不了，每件事都是这样，来工作，结婚，任何事——凡是你说得出的。*

但是，这里的重点是，短期到中期内，“家伙们”在反学校文化中的经历很大程度上使得他们顺利上岗，培养出的欲望也恰能从体力工作中得到满足。收入突然猛增，他们得以每天晚上都出去玩，买新衣服，随时买酒喝。能够和年长、强硬的人在艰苦环境中一起工作，在他人潦倒的时候得以生存并被接受，这些都给他们带来兴奋感。

这不是说“家伙们”就不需要“文化”学徒期，或者他们在所有方面都被快速接受了。车间里总是有人试图对年轻工人进行身体上的恫吓，找他们的茬，这很快就能成为其他工人的消遣，不许帮助这些年轻工人是工厂里一个不成文的规矩。恶意的大男子主义，比反学校文化有过之而无不及，总是挑年轻“家伙”当牺牲品，这让“家伙们”很不安：

［工作中的一次个人访谈］

斯潘克斯　你不想在他们［同事］面前看上去像个小娃娃似的，你想显
108 得懂点什么，懂点生活，知道吧（……）我在工作中就遇到了这种情况，你看这些家伙们，他们讨论性，然后就说：“我打赌你从来没干过。”我就这样子笑笑，然后他们就说：“看他呀，还笑呢。”好像我对性一窍不通似的，你知道我的意思吧。

不过“家伙们”至少从他们自己的文化经验中知道了最重要的考验来自文化而不是技术，他们也知道生存的规则。他们早已知道成年人真的会骂人、像孩子一样胡闹、讲粗俗的黄段子。他们知道一些颠覆权威、规避正规体制、从枯燥环境中挤出一些乐趣、私下里弄点外快的方法。他们知道一切不是都像书里写的那样。

他们在刚开始工作的六个月中至少有这种感觉，认为不是所有人都能做他们的工作，或能在艰苦的工作中坚持下来，这种感觉正来自他们对反学校文化资源和技巧的发扬光大：

［工作中的一次个人访谈］

威尔　这么说吧，如果我以前没有出去喝过酒，没有当过“家伙们”中

的一分子，或者我没有练出幽默感，或者别的，那到建筑工地上工作，你根本不可能适应（……）在建筑工地上干活儿需要有幽默感。必须开得起玩笑，你知道吧（……）幽默感我天生就有，但也得培养，这听起来可能挺搞笑的，但是这玩意儿就是越用越行。

［工作中的一次个人访谈］

比尔［在一家大型家具厂当实习机械技师］ 当你认识每个人之后，你知道那就和学校一样，找个乐子，说个笑话（……）你活络了不少，当你是“家伙们”一分子的时候你就变得大胆放肆了，你认识所有的人，你知道吧（……）如果你总是安安静静、羞羞答答，你就不会跟任何人说话，除非他们先开口。

作为“家伙们”，工人阶级子弟之所以对某些特定工厂工作感兴趣、对自己的选择深信不疑，还有另一个可能更为隐蔽的原因。这就是新雇主和老板们对他们所了解的、早在学校就已形成的“家伙们”的文化所给出的回应。“家伙们”在非正式过程中形成的“他们和我们”的态度，其反面是对既有权力关系的接受：在这个框架中“他们”和“我们”同时存在。尽管“家伙们”的文化试图直接在不愉快环境中获得文化兴趣和资本，但是，他们的文化同时也完成了对权力和等级的承认与适应。在他们建立文化对峙的一瞬间，他们也放弃了提出直接或半政治化挑战的希望。“他们和我们”这种见解既是对直接、人际与社会关系的营救和确认，同时也是在意识层面上对控制这些事物的真正权力关系的放弃。[①] 109

“技术工作”青睐招聘循规生，当他们在毫无文化支持、缺乏消遣和习惯性阐释模式的情况下开始乏味的工作时，他们被那些掌握大权的人视为更不愿意接受现状、更具威胁性的群体。因为这些男孩还如同以前

① 关于这一逻辑的详尽、有趣讨论，请参见Richard Hoggart, *Uses of Literacy*, Chatto & Windus, 1957。

一样，习惯于学校或多或少地传讲给他们的那些平等、任人唯贤和个人主义的观念。因此，尽管表面上没有对峙，没有大胆无礼的举动触怒传统意义上的旁观者，但是，在关于对立形式的反思中所缔结的秘密协约并不会接受永久的权威结构——永久的“我们与他们”。因此，这些孩子更希望从工作中获取真正的满足和晋升的机会。他们期望权力关系最终反映出的只是能力上的差别。所有这些期望，加上社会娱乐丝毫没有减轻个体的苦恼，使得循规生招人讨厌、“难以对付”。就体力工作和半技术工作而言，当权者经常倾向于招聘“家伙们”，而不是“书呆子”。“家伙们”的“粗鲁”背后，是他们对自身位置很现实的评价，是他们与人相处、打发一天生产的能力，是他们对工作和未来的得过且过。最终“家伙们”更讨人喜欢，因为他们“能为自己找借口”，“维护自己的利益”，当然这也有底线，就是不能从“我们”的战壕倒戈到“他们”的阵营中去。对“家伙们”的成员来说，不仅车间文化要比他们想象的更熟悉，而且新上司也很欢迎、认可他们，他们可以尽情表现自己的个性，而之前学校恰恰禁止这些——这种最初的肯定更使得从学校到工作的转型成为一种对学校的逃离。

当然，车间文化在一定程度上强化了生产活动和男性崇拜。这两者在学校是不存在的，因此标志着从反学校文化到车间文化转型中的几个最重要因素。这两者结构相似，但在具体情境下的差异则源于反学校文化中已有的因素，从而保证工作中相对平稳的生产：

［工作中的一次个人访谈］

威尔［砖瓦匠助手］　你会被炒鱿鱼，你知道我是什么意思吧，这和学校不一样。你在学校不会真正被炒鱿鱼，除非你被开除，况且你也不介意被开除。

PW　那老板们有什么不同？

威尔　他们对待你的方式不一样，不是吗？他们知道如果他们对你说了什么，说了你不喜欢听的话，那你会回几句（……）但是在学校，那些老师，他们对你什么都说，什么泄气话都讲（……）或多或少，当你工作的时候，规矩对两边都有制约性。但是在学校，你要是顶撞了哪个讨厌的老师，那你知道的，后果是他们会拿规矩压你。就好像老师们有特权似的，他们可以对你粗声粗气，打你耳光，揪你头发。 110

刚开始工作的几个月，从事自己选择的工作、对晋升抱有憧憬的循规生也比较满足。他们遵循官方定义的连续性，并从中获得指引和报酬。工作刚开始的几个月被看作学校的延伸，尽管和上学相比时间更长，工作之后晚上更容易觉得疲劳。在许多情况下，他们在镀金般的学徒期中需要在工厂接受全职培训，所以和学校确实有直接的相似之处。当托尼离开汉默镇男校时，他去了一家知名的大型国际机械制造公司当工艺学徒，还有可能转为技师学徒。他要在实习生培训室待上一年，培训室墙上挂满了大幅流程图表，展示整个课程的不同阶段和时期，底下嵌有很多空白框，留待记录每个实习生一年中的个人评估。这里要比在学校更具竞争性——至少在工作四个月之后：

［工作中的一次个人访谈］

托尼　（……）如果有什么事被拖延了，你等你的指导员来，开始十分钟你这么等没问题，你什么事都没做，但是当你等了一个小时之后，你要知道，你会意识到你原本可以在那一个小时干很多活儿（……）他们的确会胡闹，但他们一直工作也不假，你要知道他们不会偷懒（……）我的意思是每个人都会努力把工作做好。如果手头有工作，他们会一直做下去（……）比方说，有人担心自己做的产品不行，他说："好吧，我不能把这个拿给吉姆［指导员］看。"所以他们就拿他做的与别人做的进行对比，然后他们会让他按别人做的样子做。他们就把那些产品拿回工作台，给产品做记录，或者对它进行修改。

那些介于上述两类之间的学生在短期或中期所经历的问题可能最为严重。循规生、边缘人或者处于反学校文化边缘的成员，他们会发现自己承担着某类体力工作——那里的车间文化特别容易发展出根本性的文化冲突，而非“转型期”的困扰，他们很容易因从事不愉快的工作而备受折磨。他们是最不介意公开嘲讽、讽刺和威胁的一群人，但是他们缺乏合适的方式保护自己。他们很容易成为受害者。下面这个孩子处于反学校文化边缘，在一家家具厂做装订、剪裁工作，毫无技术可言，但他并没有受到
111 反学校文化逻辑的保护：

［工作中的一次个人访谈］

我对他们没什么兴趣，他们就像孩子似的。在我后面的那个孩子汤姆，他是个傻大头，他对剪裁一窍不通，但是他觉得我们有问题，因为我们不知道，是吧，叫我们白痴，他尽干这种事（……）那个负责打扫的家伙，他们用刀［从泡沫上］切了一块下来，把它粘在他背后……你知道我总是很小心，当他们开始切东西的时候，我就会留意谁在我身边（……）有一次他们想在我身上放一根尾巴，但是我感到他们在我身上放东西（……）他们玩得太过了，我的意思是说他们这么搞一次还算是乐子；但他们不停地搞，这就让你心烦，然后他们还继续……他们有一次把缝合车间的一个女工搞哭了（……）你知道吗，他们不停地吹口哨，我不会吹，但是他们一直吹，一遍又一遍，搞得她很心烦，就开始哭起来。他们不得不把工会的人叫过来处理这事（……）他是我的哥们儿［在同一个地方工作、来自同一个地方的朋友］。如果他们那些人不和我说话，我也不介意，因为我只要有人能说上话就行了，我指的是和亚历克，我们的想法一样。我们不介意，我们不和别人打交道也自得其乐

> (……)我会向他们其中一两个人问好："你怎么样啊？"但很多人就是玩玩的。

不仅在处理社会关系中存在这样的困难，而且文化参与的缺失也消除了自我与工作之间的调解机制。当工作基本上不用动脑筋、高度重复的时候，工作也更加无情地折磨、扭曲着人类毫无庇护的感性认知：乏味、无聊和灰色让人觉得每天都永无止境，每周都单调重复，娱乐也成了虚伪的承诺。以下是上面那个孩子的说法：

> [工作中的一次个人访谈]
>
> 一天中最糟的时候是早上八点三刻，那实在是烂极了，你一想到还有那么长时间才能把这一天打发完，尤其是这才过去了四十五分钟而已(……)我开始工作，然后我就看那个钟，如果是九点之前，我就觉得应该是九点半左右了，这真是让你心烦的时间，"天啊，时间过得真慢啊，我希望我不是在这儿，我希望我能待在家里，躺在床上"(……)你知道吗，工作时，比如说装订东西，你到那儿就会想："天啊，我在这儿到底是干什么呀？"就是类似的事情。我想象着十年以后我还做同样的事，我就受不了，你知道吧……要是一直、一辈子干这个的话，我想我会疯掉的。我想生活得好一点(……)一周的亮点就是周五晚饭领工资的时候……他们把工资放在托盘上。不过挺滑稽的，整个星期我一直在想："周五快来吧，周六我们就能去市中心了。"然后你就一直期盼这一天。当你周六去城里的时候，你想的却是："我的盼头是什么呀？"但是我每个星期照旧还是期盼周五。

如果认为"家伙们"从来不会感到这些压力，或者他们不会因文化保
护膜日益薄弱而逐渐感受到这些压力，那就大错特错了；但是，他们确实 112
在一开始就对劳动力抱着幻灭的态度，这阻碍并减慢了上述主观感受的

形成。不仅如此，他们还采取了更为积极、乐观的方式，通过在工作中加入非正式群体，而不是充当被嘲弄的对象，来获得一些外在的满足感。尽管存在破坏——这些破坏目前还相当受限制，但他们依旧认为体力劳动代表了某种东西，有助于形成并维系一种生活观念，让他们能够批评、嘲讽和贬低他人，同时使自己置身游戏之外。这些感觉恰恰来自他们对劳动力的认识，源自反学校文化，并被作为一种洞察力和自我提升，从而在制度环境中发展成为特定的阶级形式。很难想象这种看待力量和非正式及个人正当性的态度能以其他方式出现。正是反学校文化中的这些态度，而不是正式学校教育，把“家伙们”带到生产过程中去。因此，从某种意义上说，在接受在西方资本主义中的从属地位的过程中仍然存在着自我支配要素。但矛盾的是，这种前途的葬送是以学习、侵占和反抗的形式
113 被经历的。我们该如何理解这一点？

第二部分
分 析

第四章
洞　察

尽管通过个案研究，我们已对于男性、白种人、工人阶级、肄业生、叛逆者有所了解，亦对其步入当代资本主义体力劳动者大军的经历与文化过程做了较为详尽的考察，然而在这其中，仍存疑惑之处有待解释。从某种意义上讲，一组随机性的因果关系，即个体病理学和文化剥夺似乎已然被另一组因果关系，即文化的创造力和持续性所替代。我们已经解释了这些来自工人阶级家庭的“家伙们”是如何将自身与制度分化开来的。然而因何使然呢？我们已知他们对自身在文化选择中所持的观点、洞见和所怀的情感坚信不疑，但是这种主观提升的基础又是什么呢？这些“家伙们”对于职业结构的态度显而易见，然而我们又该对他们逆转传统价值判断的现象做何解释呢？我们深知他们所笃信不疑的洞见和信仰最终如何将其带入某种客观实在的工作环境——这种工作环境与其说是一种解放，不如说是一个陷阱。而这又是怎样发生的呢？我们已考察了这些文化形式的诸方面——张力、逆转、持续性以及最终结果，然而其基本决定因素又是什么呢？

分析之要素

为了对上述问题和矛盾做出解释，我们必须以一种更具阐释性的方式来挖掘民族志表面之下的深层内涵。我认为，我们可以借助于“洞察”（penetration）和“局限”（limitation）这两个概念，对已考察的文化做出更为深入的理解。

“洞察”是指一种文化形式中的各种念头，这些念头有助于洞察该文化形式所属群体的生存状态及其在社会整体中的位置，而这种洞察的方式不是中立的、本质主义的或个体主义的。“局限”是指混淆和妨碍这些“念头”全面发展和表达的那些阻碍、偏离和意识形态影响。另一个相当笨拙、但又极其精确的术语“部分洞察”，是指“洞察”与“局限”两个概念在一个具体文化范畴内的相互作用。民族志所要描述的活动领域，就是这些“念头”与“局限”拥有交集、但又无法在理论上将它们分隔开来或单独展示的地方。

洞察不仅遭受了极大的扭曲，被剥夺了自身的独立性，甚至由于内在和外在的局限，而最终反过来被限制在其正在以诸多复杂方法探索的结构之中。从根本上说，洞察中存在着一种错误的、尚未被承认的关联，或者准确地说是一种“部分”关联。正是这种文化“洞见”和偏见的特定
119 结合，将个人合法性和认同的力量直接注入个体行为，而该行为最终使人陷入困境。诚然，从某种层面上来说，对于那些似乎完全不合理和倒退性的结果，确实存在着某种合理的、潜在发展的基础。因此，我可以断言，唯有这种矛盾的双重整合体，才得以使阶级社会以自由、民主的形式存在：有制约条件地自由进入。更具体地讲，我们已考察的劳动力在特定文化和主观方面的自我准备，都涉及一种更趋理性选择的潜在进步，而这种进步由于某些关键性的局限，抑或停滞，抑或失衡，抑或失去保护。最终，那些劳动力既没有在传统上下注，也未将宝押在其他选择上——而

是对体力劳动力的具体定义做出个体主观性的理解与定位，从而加速了进步。这是一种以被阻碍和扭曲了的文化洞察为基础，（同时又）具有确定性和选择性的沉降。本书试图呈现的那令人惊讶之处在于：当劳动力的体力支出不只代表着自由、选择和超越，还代表着工人阶级嵌入剥削与压迫的制度之中的时候，工人阶级文化中就出现了一个重要时刻——在这一时刻，所有通向未来的大门都关闭了。前者向人们允诺未来；后者向人们揭示现在。正是这个蕴含于当下的未来，将自由楔入了当代资本主义制度的不平等。

本章的其余篇幅将概述反学校文化中（所蕴含的）一些洞察念头。接下来的两章将对那些内在的和外在的局限加以讨论，这些局限阻碍并扭曲了他们对文化形式的整体情境和决定条件的洞察。此后的很大篇幅大体上与工人阶级文化相关。但是，在此之前，我们有必要对涉及“洞察”这个概念的一些要素给予更为密切的关注：在世界上真正的作用形式、作用范围，以及在人类能动性中的基础。我们特别需要界定在何种意义上，对社会类别和主要社会关系的文化洞察是理性的，抑或是具有创造力的。

反学校文化的产生及其演变过程，是在特定的历史关系中由特定的环境所引发的，并非偶然。但是，承认决定作用并不意味着排斥创造力。而且，我们还必须坚持以下两点主张：第一，创造力并非蕴藏在个体行为之中，并非存在于某个人的头脑之中，也并非是有意识图谋的产物，如我后文所论，创造力唯有在群体层面上才能合理存在；第二，创造力不能被描绘为一种独特的能力，或是被界定为一种能生产无限结果的能力，更不能被视为对未来或现在的主宰。事实恰恰相反，主观确定性的闪念越强，由创造力所导致的迷障就越深不可探。

虽然上述两项内容已提请读者注意，但是我们还要强调一点：这种文化形式的形成，并不是简单地由外界因素所决定，它也产生于新一代人的活动与斗争之中。现在，我们来处理集体意志与活动的问题。如果集体意志和活动未被有意识地引导，那么此二者将彼此重叠、相互作用，富有创造力，并最终再生产出我们所称的“外部决定因素”。正是这些文化的
120 主体性过程和行动本身，真正生产和再生产出了我们称之为结构的方方面面。只有顺利通过这一时刻，各种决定因素才能从根本上在社会世界中发挥效力。个体才能在社会世界中“自由地”做出决定，并获得赞同。此时，任何形式的外部指导均不会出现。如果即将步入工作的工人阶级子弟对其自身行动的合理性存疑，那么外界的任何人、任何事都无法使他们——特别是从传统评价的角度来看——坚信其所作所为和未来选择是合理的。因为文化为个体活动和行为提供了基本准则。

然而，在文化层面上，工人阶级以某种创造力（我仍希望这样指称它）所生产出来的洞察绝不是开放式的。洞察依循着特定的路线，其根本决定因素存在于个体、群体或阶层之外。例如，并非偶然的是：不同学校的不同群体会提出相似的洞见。尽管这些洞见均为群体各自单独努力的结果，它们却结合成不同阶级内部的联系纽带。所有的群体均在洞察着相同的决定条件，正是这些决定条件把握着它们现在和未来的可能性。因此，创造力的客体应是那些将被发现的事物，而不是想象出来的事物。对将被发现的事物的限定，及这些事物的内在关系是既定的。但在另一个社会里，“家伙们”的未来道路可能早有安排，而不必自己去探索。

当然，讨论至此可知，文化层面的全部特性就在于，这种洞见不仅是其所学过的那些必修课程，也不仅是其吸收的消极信息。洞见经过实践，是具体且不确定探索的产物。唯有以向纵深发展的洞见为基础，那些其他形式的行为、活动和享乐才具有意义，即赋予文化最灿烂的外观和最明显的创造性生活。

从某种意义上讲，上文涉及的最为核心的观点就是一种文化华丽外表之下缺席的，或至少是无声的中心。人们无法证明其合理性，也无法通过直接询问从文化参与者那里获得答案。文化形式的多样性和对文化表层的各种质疑，使人们迷惑：这些形式和质疑或许有一个共同的起因。这

就是为什么民族志的可见形式非常有限的原因所在。对于那些外在的、更显而易见地富有创造性的、变化的、有时具有随意性的特征，我们必须抓住其核心本质来理解。如果要了解某一文化的社会创造力，那么我们就必须在其概念关系的核心中去探寻生存的逻辑。在某种层面上来说，这通常会涉及要在一个确定的社会结构内部，承认其地位的独特性，并以此为基础行动。

为什么这种社会的创造性不能在该文化的表层得到合理表述呢？其中最主要的原因之一就是它只是故事的一部分。如果以特定文化为核心，以纯粹的表述为目的，那么对该文化的社会创造性的研究就无法进行下去。我们必须假定洞察是一种纯粹的、连贯的真知灼见，这样我们才能解释其为何物。但是，正如民族志一直提醒我们的那样，各种形式的文化并不承认唯一的纯粹动因，因为在其形成的过程中，这些“真知灼见”被扭曲、转向、积淀成了其他形式——如对体力劳动的主观肯定。这使得人们难以相信曾经或可能存在一个“理性核心”的概念，也从不在意其是否应该易于表述。这 121
就意味着，当包括其他诸多事物在内的时候，我们必须在关于创造性和理性的详细叙述中，对文化层面和实践意识层面加以区别。

日常话语可能以一种可变的、自相矛盾的，或是无意识的方式对洞见的产生带来启发性，纵然如此，洞见也并不是在任何一个人的头脑中，或随着时间的流逝在同一个人或一群人的头脑中有意识地形成的。从某种意义上来讲，我们的那些直接且明确的意识，可能是最缺乏理性引导的。这种直接且明确的意识，或许只能折射出文化过程的最终阶段，以及各种神秘而又矛盾的文化形式——这些文化形式正是基于洞见的实践方式。此外，在不同时期，意识可能代表着它之下的文化冲突和过程的各种矛盾时刻。就此而论，口头提问导致言语矛盾就不足为奇了。不仅如此，实践意识也是最可能导致困惑和瞬时影响的。不断重复指定行为模式，努力取悦他人，表面模仿，严格遵循各种抽象规范，如礼貌待人、老成持重或智者之道等，这些行为都可能被人们与真正引发文化共鸣的那些评论和回答混为一谈。各种调查方法，以及主要依靠口头和书面作答的所有形式的方法，无论多么复杂，都始终无法辨别这些类属。[①]

从任何意义上说，这都不意味着要摒弃意识。在适当的情境下，意识是信息与意义的首要来源，也是最终决定意义的最佳手段。意识作为文化准则的直接表达，也是文化层面的一部分，并在最根本上与文化层面相关。意识的一贯性、有效性、直接发展作用均与文化的复杂性有关，意识与文化紧密地缠绕在一起。只有在脱离了可变的文化情境，并被要求回答问题的时候，意识才能在可想象的意义上被视为"虚假的"。

因此，反学校文化的创造力和理性念头，既不是想象力的理想主义的或脱离实际的产物，也不是以行动着的个体及其意识为中心的，更不可能如其所愿地随意发展变化，或是最终以某种方式预想未来。[②]在各种

① 对我而言，这是那些讨论阶级意识的英文文献的根本缺陷。牵涉政治倾向的口头回答的水平、关于意识的常识性种类的判断，以及对政治体制的取向，这些通常都会在调查整理所得的论据中有所体现，并可能掩盖文化的真实动力。因为文化可能带来反作用，具有对立的潜能，或是就文化形式的真实意涵而言，代表着相对武断的观点。举例来说，"私有化"工人是工人阶级中一致性较高的一类，但我宁可将其视为最先进的和潜在激进的工人阶级类别之一，而不是最能结合在一起的那一类。我的分析与常见的有关"传统工人阶级"的评价截然相反。参见J.H.Goldthorpe and D.Lockwood, "Affluence and the British class structure", in *Sociological Review*, vol.11, no.2, 1963; J.H.Goldthorpe, *et al.*, *The Affluent Worker: Industrial Attitudes and Behaviour*, Cambridge University Press, 1968; M.Bulmer ed., *Working Class Images of Society*, Routledge and Kegan Paul, 1975。

帕金的阶级分类更为合理，因为他所划分的类别与国家阶级文化有关，而非实践意识层面上的经验回答。但是，如果按照我的观点来看，这些类别的范畴非常接近，提出的问题也是相似的。那么，"激进型价值体系"的真实的文化和社会基础是什么呢？在"协商型价值体系"中，阶级合作背后又隐藏着何种形式的洞察和进步呢？参见F. Parkin, *Class Inequality and the Political Order*, McGibbon and Kee, 1971。

② 这是卢卡奇有关工人阶级意识的观点中的主要弱点，也是在历史主义层面上对其著作进行批判的依据。我认为，在与当前著作观点一致的其他诸方面，这也使葛兰西关于工人阶级文化、群众党派和文化霸权的论述出现瑕疵。当然，针对历史主义和人本主义的最尖锐、最有益的告诫来自结构主义者。参见G. Lukacs, *History and Class Consciousness*, Merlin, 1971; A. Gramsci, *Prison Notebooks*, Penguin, 1974; Althusser and Balibar, *Reading Capital*, New Left Books, 1970; Althusser, *For Marx*, Penguin, 1969。

工人阶级文化形式中，存在着一种浪漫主义观点，该观点坚称工人阶级文化正在以某种方式实验未来。这意味着，当资本主义被推翻的时候，工人阶级文化将为人类生活提供具体的蓝图。然而，此类设想根本不可能向人们做出承诺或兑现承诺。如果乐观地将工人阶级文化或意识视为实现理性和社会主义的先锋，那么就大错特错了。本书的核心个案就是要说明，正是工人阶级文化——特别是学校中的工人阶级文化——所蕴含的这些理性因素和未来因素，最终以其当前的社会形式和复杂的、非预期的方式，阻碍了理性和社会主义的实现。正是显而易见的工人阶级的文化提升，使其现实生活陷入地狱。①

对于上述否定性观点的讨论就到此为止。但是，我们必须指出，工人阶级的文化创造力和洞察力确实具有某种独特且常不为人所认可的潜 122
能。这种潜能是嵌在工人阶级中的，该阶级是资本主义社会形成的过程中唯一一个不借助结构性基础的既得利益来实现自我神圣化的阶级。虽然要真正理解这一点还有很多障碍，还存在着许多意识形态方面的颠倒和扭曲，也常常缺少分析工具，但不争的事实是：工人阶级是唯一一个未被复杂的资本主义体系的意识形态关系从内部结构化的阶级。因此，工人阶级没有掌握、也不需要掌握文化和社会的“主动权”。只有这样，工人阶级才可能不受意识形态约束而更加自由。

工人阶级无须相信主导意识形态，主导意识形态也无须用民主的面具来掩饰其压迫的真面目。中产阶级的真实存在及其意义，已与那个赋予自身绝对优势的结构深深地融为一体。没有人会像那些压迫者一样，对此深信不疑。又有哪一类资产阶级会在某种程度上怀疑自身存在的合理性呢？那就是自我否定。如果自身既是难题，又是难题的解决办法，那

① 遗憾的是，结构主义者们在有理由对人本主义意识形态那简单的乐观主义持质疑态度的同时，也应该破除人性本身。问题的关键不在于将主体性作为洞察和客观分析的可信力量抛弃，而是要摒弃特定类型的马克思主义所描画的那种过于中心化的、非辩证的、预期性的本质。

么按照逻辑推理，下一步将是自我毁灭。在资本主义社会中，唯有工人阶级无须将资本主义合法性作为自身生存的条件来信奉。

然而，我们仍须划出明晰的界限。由于缺少预想其他形式的能力，去神秘化的可能性也大大降低。人们必须等待一次根本的结构性转变，才能反思性地决定自己的文化实践、模式的稳定形式，以及预期和非预期的循环。我们唯一能说的就是：对资本主义的意识形态、合法性和自我欺骗的去神秘化，是真正的社会主义社会诞生的先决条件。然而，我们至今也没有这方面的范例可引证。目前，特别是从我们的直接研究对象来看，在现实的社会形式下，文化洞察这种更为强大的能力，已使资本主义秩序中产生了一个更深、更错综复杂的陷阱。无论这种能力以何种方式被加以运用，人们都无法说清楚这究竟是一件幸事，还是一个祸根。[①]

---

① 有关资产阶级和工人阶级对各自结构位置的意识的含义是由卢卡奇提出的。但是，这个含义是完全嵌在历史主义的问题域之中的（参见卢卡奇，前引文，尤其是第53—54页）。

在马克思主义理论中，经济基础与上层建筑之间的联系，是围绕着商品和商品交换的核心作用来阐明的（正如其提供了被具体化和分离成“自由”“平等”“独立”的司法-政治神圣性的基本形式）。我认为，我们应该将与马克思主义理论的这种特性，作为有关资产阶级意识及其存在关系的一种基本理论加以理解。但是，并不存在任何内在依据，可以判定工人阶级卷入了存在与意识相互转换的独特且复杂的过程之中。“劳动力”作为商品的交换，保证了平等和独立，这一信念充其量也只是在工人处于市场之中这样的情况下得以维持。当然，也只有在资本主义制度下，工人的劳动力才归个人所有，个人才有权出卖劳动力，并能够通过订立契约，以免受偷窃的侵害或各种形式的道德依赖，而将劳动力出卖给出价最高的人。但是，一旦工人订立了劳动力契约，他就没有理由再相信自己仍保有这些特性了：

> 在那里［劳动力市场］，唯有自由、平等、财产和利益发号施令。
>
> （……）商品流通与交换为“庸俗的自由贸易论者”提供见解和信念，提供对以资本和工资为基础的社会做出判断的标准，一旦离开了商品流通和交换这一领域，我们认为，我们会在剧中人物的容貌中察觉出一种变化。从前的货币持有者，现在作为资本家阔步向前；而具有劳动能力的人，则作为劳力尾随其后。这一个，摆出一副重要人物的模样，面带得意的笑容，精于生意；那一个，胆怯、畏缩不前，就好像那些要把自己藏匿于市场之外的人一样，除了躲藏起来，没有任何期望（参见马克思《资本论》）。 （转下页）

因此，这就意味着，我们必须为某种创造力提供证明。然而，除非我

（接上页）

请注意，正是资产阶级，实践着由商品形式衍生出来的意识的各种形式和意识形态。这无疑是主导形式。而且，可以肯定地说，劳动者要比在封建制度下更为自由，但是仍没有自由到可以相信自己与资产阶级平起平坐。主导意识形态确实在从属行为中得到了强化，而且尽管工人阶级拥有自己的群众运动和独特的文化，其实际行为还是在可接受的范围内涉及这种主导意识形态。但是，我们却没有一种理论可以用来解释这是怎样发生的；相反，我们却有一套令人满意的理论，在各个层面上将剩余价值、商品形式、意识和资产阶级相互联系起来。结构主义者将商品、司法政治形式、国家形式及其发起者、劳动力理论——有关价值和被资产阶级隐藏起来的剩余价值——视为马克思主义作为一种"科学"的唯一基础，却全然没有考虑到工人阶级的文化和意识。此类问题广泛见于有关主导意识形态的次级再生产和较早的关于社会关系的论述之中（参见Poulantzas, "Political Power and Social Classes", NLB, 1973, pp.223–224）。

在我看来，阶级斗争理论和无产阶级推翻资本主义的既定目标，实在是一件不同寻常的事情，特别是在今天的情况下——目前，关于发达资本主义制度中的工人阶级所特有的意识和文化的理论尚未成形。因而，我认为，这样一个有关工人阶级意识和文化的理论，在说明存在和意识间的相互转化与协调，工人阶级在现实关系、公民社会和国家层面上受到的束缚等问题的过程中，应该能够像传统理论那样对同类的复杂性加以说明。

如我所断言，上述形式（主导意识形态在从属行为中得到了强化）一定是相对独立的工人阶级尝试"理解"和适应其实现再生产的真实生存条件的矛盾的和非预期性的结果。需要补充强调的是，尽管这些生存条件在某种程度上发生了变化，但是，这些条件仍然和先前一样，处于一个颠倒的辩证逻辑关系中。显而易见的是，诸如此类的叙述偏离了中心，并且与资产阶级理论中有关商品形式的观念毫无稳定的联系。但是它却可以在相对稳定的资本主义秩序范围内，准确地指出体现工人阶级文化的不稳定、不断变化和不可预见特性的各种要素。毫无疑问，这不能证明资产阶级的意识就是一种已定型化的意识，尽管其提出了自己的物质和司法政治秩序。人们应该去探究，一个相对独立的系统是如何发生变化，如何存续下来，又是如何最终适应——以某种变动了的形式，在最低限度内复制——那个压迫自己的制度的。然而，这并非要构想未来的社会形态。与资本主义制度替代封建制度不同，已经做好准备替代资本主义的、明晰的核心制度尚不存在，这也是获得共识的。当代工人阶级的文化与意识缺少一个核心，因此我们不得不假定商品的内核即为其属性；而且，该文化与意识并不是对称的，故而不能像在纯粹的资本主义模型中那样，表现为一个在各个层面上相互束缚且统一的、精确的构型。另一方面，工人阶级的文化和意识与资本主义共处于一个精密、复杂且极具张力的整合体之中，并且不断变化，构成资本主义体系的一部分。它的动力就是在再生产资本主义生存条件的同时，对资本主义制度进行部分洞察。

们可以明确说明产生这种创造力的人类基础，以及这种创造力作用于世界的独特形式和实践形式，否则这种创造力就仍是不确定的。

我认为，作为文化洞察的基础而发挥作用的最小独立单位，是非正式群体。这一群体非常独特，总体大于各部分个体之和。它尤其具有一种相对独立于问题和定位、先入之见和偏见的社会动力。我们可能会将这种社会力量简单地称为“忠诚”，但是这种做法在对待该群体存在的具体条件和先前的态度方面，显得过于武断。这点在美国的微观社会学中已有体现，如领袖、领袖目标、群体的维系和个人意见的集中，都是群体的（至少在西方资本主义中）长期性特征。[①]群体得以存续下去的必要条件就是坚持群体意见和目的。社会心理学称之为“高昂的士气”。因而，产
123 生于群体之中的力量和非特定的开放特性，构成了一种重要的社会力量。更为广泛的象征性文化接合产生的部分根源正在于此。

因此，在非正式群体中，个人利益会相对受到限制，同时，个人要为群体现状和群体目标承担义务，但是这些都不会在成员履历或群体定位中被明确地说出来。群体拥有属于自己的权利，在这个意义上讲，群体可以被视作一个主体。群体具有一种寻找与自身水平相适应的目标的内在本能，而这种寻找不囿于个体成员早前的知识、经历或意识形态。[②]我想说

① 在美国的社会学、工业社会学和工业社会心理学中，学者们对群体问题进行了大规模的研究。请特别参见R. Lickert, *New Patterns of Management,* McGraw-Hill, 1961; E. Mayo, *The Human Problems of an Industrial Civilization*, Macmillan, New York, 1933; K. Lewin, “Group Decision and Social Change”, in G. E. Swanson, *et al.* eds., *Readings in Social Psychology*, Holt, 1952; D. Katz and R. L. Kahn, *The Social Psychology of Organizations*, Wiley, 1966。

② 毫无疑问，经典的弗洛伊德理论诠释了群体的社会心理特征。虽然弗洛伊德在《图腾与禁忌》一书中主要论述了超我的个体类别，但是也提及了原始游牧部落的特定成员对某一社会制度的基本要素的内化。在弑父和将故去的父亲内化的过程中，为了群体团结和权力，所有个体都要部分地让渡个人主权。这就需要从霍布斯主义有关“人”都相互为敌的工具性自私论，过渡到群体利益与命运的观念。准确地说，对已故父亲的内化是为了控制和取代那些被群体所接纳的个人意见，从而形成一种以群体为单位的逻辑体系。由于缺少直接的早期资料，所以在弑父规则的发展中包含了一种真正的创造力——（转下页）

明的是，工人阶级的反学校文化受到了来自非正式群体和各群体间的一系列联系的支持。而且，在阶级社会中，该文化以其成员的现实状况和未来潜力为独有方式，表现出了一种内生的、开放的力量，而这种表现至少在一定程度上是借助于去神秘化实现的。但是，这并不意味着人们可以断言，任何像这样的意图或理解的最终内容，实际上就存在于任何一个人的头脑中，是个体主观意愿的产物，或者甚至表现为个体理性的形式。我们的讨论以群体为单位，牵涉文化“洞见”的特定层面。正是在这个层面上，洞察的偏见阻碍了其自身完全理性的发展和表达——这是我们应该记住的。[①]

我们已经对创造力的基础、力量和范围做了说明。下面，我们还要讨论创造力作用于世界的特有方式——实践，正是实践引发了我所谓的文化洞察。我认为，这一力量作用于世界的独特表现就是某种产品。文化洞察不能简单、机械地标示出社会矛盾，也不能在某种简单的意义上实践社会矛盾。它依靠自有资源作用于社会矛盾，从而实现部分解决、重新结合和有限转变。所有这些都是不确定的，但是相对于文化洞察自身的水平，以及对更广泛的社会秩序来说极为重要的行动和决策基础，这些又是具体而确切的。

为了说明此类作用和产品，我们也不必然从外部获取相关材料。事实

（接上页）无疑，真实的父亲永远是一个神话。

① 我此处的观点曾被指责带有某种“激进的霍桑主义”的破坏性价值。事实上，我并不是要暗示，我们可以寄希望于真正的非正式群体来挑战权威，或者非正式群体的团结常常甚至总是显而易见的。正如我们在民族志部分已经看到的那样，非正式群体的成员可能会受到其他成员的过分责备，而且该群体在遭遇危机的时候，也并不总是团结一心的。此外，非正式群体的创造力可能总是指向一系列客体，而不是其自身的社会地位，或者转而对其地位做出反动的或法西斯主义的解释。工厂并不像学校那样受到很好的保护和监管，因此工厂会更加频繁地认识到其他可能的存在。在此，我们并不是要将非正式群体理想化，或者将其作为一种对抗结构权力或官方强制力的具体力量（正如民族志所指出的那样，无论与谁对抗，通常都要失败），而是要提出文化创造力的理论形态及其可能性，以避免那种飘忽不定的、武断的浪漫主义。

上，我所指的实践，在可用形式的约束下，部分地生产了自身斗争活动所需的经验材料。① 正如本书第一部分所研究的那样，从意义表达的主导模式——语言——逐渐转向对抗性行为的、可视的、文体性的多种表达形式，这一重大转向带来了从群体力量到具体形式的文化洞察的转变。洞察以文化为模式，产生于群体这个基础结构单元，但是洞察的材料并不能完全被常用词汇所利用和表达。因为词汇是在资产阶级统治的特定条件下被创造出来的，所以它不能表达超出其范围的那些事物。部分对学校制度的反对，至少是对词汇的摈弃，并且将语言视为对精神世界的表达。因此，这些极具创造性的洞见赖以表达的方式，就是对语言——属于资产阶级的意义的支配性模式——表示反抗。诚然，对于工人阶级而言，文化生产就是与语言战斗。但是，这并不意味着将其简化成反抽象行为。在某种程度上，我们可以假定文化洞察是一种表达抽象精神生活的对抗性方式，而这个抽象精神生活不是以个体为中心，而是以群体为中心；不强
124 调既有语言，更关注生动的证明、直接的参与和实际的控制。

我并非意在否定个体意识和语言在它们与阶级实践间的辩证关系中的作用，而是意在指出：在阶级社会中，这两者之间存在着一种不对称的、相互保持一定距离的关系形态的可能性。反学校文化的语言一点也不比正统文化的语言逊色——甚至可以说，反学校文化的语言更加犀利、更加生动，只是反学校文化的语言不是按照正统文化方式来表达，因而人们也不按照那种方式来使用它；但无论如何，比起人们普遍接受的语言，精神的洞见拥有太多的含义。批判性意涵源自非正式群体的创造力，转而又回归到该群体及其文化洞察之中，从而形成了很多其他类型的

① 此处，巴黎的两位学者——巴特和克里斯蒂娃——关于原样团体的马克思主义精神分析的著作，给予我极大的启示。我认为，他们过快地从结构研究转向主体研究，而完全忽略了国家、制度、阶级文化和人类群体的调节作用。尽管如此，克里斯蒂娃的“实践”和“拒绝”两个概念，还是有助于我形成自己的观点。参见Kristeva, *La Revolution du Language Poetique*, Seuil, 1974；以及一篇综述，J. Ellis, “Ideology and Subjectivity”, in *Working Papers in Cultural Studies 9*, CCS, 1976。

物质和语体风格层面的实践。相对而言，自主的文化实践，诸如衣着、习惯、行为方式、个人外表和群体互动等方面的转变，皆可在这一更宽泛的实践活动中被觉察。

与其他事物相比，这一层面的文化活动利用自身特有的材料和实践，“表达”、传递或宣布了一个世界的概念。在这个世界里，栖居着各类社会群体，社会群体构成了该世界的领地范围。由于这种社会地位、具备的资格和前文所论及的自我神秘化，基本洞见的各种要素——或许是扭曲的，或许是错误的——就可能会存在；而且，这种洞见会隐藏在独特的文化活动之中。这类活动通过作用于特定情境下的真实材料，获得令人惊讶的、意想不到的，或是变化了的结果，并使更广泛的意识形态、制度，甚至整个社会的结构关系的运转能力受到质疑。[①]实现上述结果无须任何指责、意向或目的。它就像副产品一样，几乎只是在对每日文化的关注中，顺便被生产出来。尽管如此，它仍然会起到巩固文化的作用，可能还会改变文化的基础，并强化其信心，扩展其作用范围。另外，文化洞察也提高了成员间的相互理解和肯定，并为其文化活动、行为方式和态度提供了更全面、更细致合理的基础，而这种基础，实际上比我们的直接解释更中肯，更能引起共鸣。根据经验，这只是文化对其成员发挥作用的一种方式。但是，这两类文化成果（意识与语言）的结合及互动，有助于激发我所谓的文化洞察，特别是在与重大人生决策和转型有关的时刻。

阐释性分析使得对这一层面的探究成为可能。人们可以对文化洞察背后所隐藏的那些不言而喻的假设提出疑问。使这一态度合情合理的基础是什么？使那一行为合理的情境是什么？通过何种移置或投射，客体、艺术品或象征性情结又在表达什么意涵？正是通过提出这样的问题，我们才可能对反学校文化中引发理性念头——最终形成洞察——的各种情

① 如果希望将文化实践及其产物作为群体社会地位、身份和存在的一种相似项加以详细分析，并进一步列举有关“实践是如何从其直接目的出发、不合常规地揭示社会关系的方方面面”的范例，请参见P. Willis, *Profane Culture*, Routledge and Kegan Paul, 1978。

境和条件做出解释。当然，我们现在处理的是分析范畴的问题。但是，我们所说的“洞察”绝不会出自社会行动者之口，因为洞察在文化及其独特的集体层面上是有具体所指的。各种文化形式可能均无法将其所知表达
125 出来，或者也不知道其所要表达的意涵，但是至少在其实践的逻辑过程中，文化形式的所作所为就是对其意涵的最好注解，且在这个阐释的过程中，无半点欺骗存在。

洞 察

教育和文凭

鉴于本书第三章对有关教学范式洞察的讨论，我们可以了解那些“家伙们”对学校的拒绝和对教师所持的敌对态度。在他们的文化中，无论在何种意义上，知识对于大部分工人阶级子弟而言，都绝不是一个有意义的“等价物”。该文化“看透了”对这一基础教学范式的各种重复性的、操纵性的修饰，而无论它们是否被美其名曰为“社会实用性”或“进步教育”理论。[①]与新型就业指导[②]相比，这一文化对就业市场的真实状况有更

① 教育暨科学部（DES, Department of Education and Science）有关“提高离校年龄”计划第一年执行情况的报告是这样结尾的：“最成功的学校应该是这样的：在这里，有以适当的指导为支持的主观选择系统（进步教育理论，特别是“教育的社会实用性”得到了广泛的应用），能够使学生们感到他们享有‘平等’且‘现实’的机会。”（单引号是我添加的）“平等”与“现实”之间的张力，充分证明了教育中“社会实用性”和“进步教育理论”之间的矛盾，以及否定这一等式的洞察的准确性。

② 与官方和公共机构的叙述相比，自身定位的文化过程可以更清晰地审视工人阶级子弟所面临的处境的真实特性。而且，这一文化过程带来了开拓性尝试，即识别个体，并将人重新引入为工作和职业选择做准备的过程中，但是在职校生和对学习不感兴趣的学生中所实践的就业指导却是由社会上层制定的。事实上，在反学校文化中，存在着先在的文化过程，而这会促使成员完成个体劳动力的准备、工作的进入，以及对很多理想主义的就业指导的洞察。

那些被就业指导所接受的、真实的文化过程，通常是作为良好沟通的“障（转下页）

深刻的“认识”。

因而，反学校文化也在关注着学校中常见的制度混乱。该文化不但有其独特的实践方式，而且还在教育领域内寻找到一些重大的社会交易和矛盾，并予以曝光。上述这些反学校文化的实践活动可以分为三类，这三类都旨在揭开日常生活中的“等价物”的真相。

首先，反学校文化以其特有的方式，对循规和服从的回报进行一种相当微妙的、动态的，也可以说是“机会成本”的评估，而这种循规和服从正是校方试图强加于工人阶级子弟的。另外，反学校文化中还特别包含了一种对于文凭价值的根深蒂固的怀疑态度，即获得这些文凭需要付出巨大的牺牲——最终牺牲掉的不仅仅是时间，还有行动、参与和独立性。文凭的直接报酬不仅仅是即时的，还是一种生活方式，生活在未来十年中将一成不变。做一名听话的“书呆子”，获取那个价值可疑的文凭，可能会使人永远失去那种在任何阶段获得各种直接报酬的能力。

（接上页）碍”而被记录在册的。文化因素则被视为来自家庭或朋友的“误导信息”，或是促使孩子们反抗理性建议和决策程序的固有倾向（请特别参见J. Maizels, *Adolescent Needs and the Transition from School to Work*, Althone Press, 1970; M. P. Carter, *Into Work*, Penguin, 1969）。在一些研究中，这类文化过程甚至被明确地贬斥为“偏见”，并被置于“更好地理解”的对立面上（DES, *Careers Guidance in Schools*, pp.43–44）。

在近期的研究成果中，文化因素作为职业选择的决定因素而得到更系统的认识。但是即便如此，具有复杂性、长期性和理性力量的活跃的文化过程，也只是在关于态度的描述性判断中才出现。工人阶级子弟身处“当下”的“此时此地”，在这个世界里，人们“很少为未来而思考或忧虑”。他们自认为“能力有限”，因此拒绝通常的职业生涯的观念。最终，此类“文化”解释就成了一个巨大的同义反复：它是在一个更广泛的层面上，对同一问题的重述。没有人对这些态度的形成做出解释。此类文化上的解释，可能完全出自一些人尽皆知的、符合惯例的情况和事实：“如果那就是他们想做的工作，而且他们也不反对，那么那一定是他们在某一文化层面上所希望的东西。”我们可以看到，工人阶级子弟大体上并不反抗自己的命运，因为那不是他们要做的事情。参见D. N. Ashton, “The Transition from School to Work: Notes on the Development of Different Frames of Reference among Young Male Workers”, in *Sociological Review*, vol.21, no.1, February 1973; D. N. Ashton, “From School to Work: Some Problems of Adjustment Experienced by Young Male Workers”, in Brannen, 见前引文; D. N. Ashton and D. Field, *Young Workers*, Hutchinson, 1976。

因此，这种牺牲可能非常荒唐，而且牺牲的目的也可能是毫无意义的。文化价值和文化取向表明：文凭所带来的结果并不总是纯粹的幸事。无论如何，文凭还可能贬值，可能对职业选择毫无影响（“当其他学生都不及格时，中学文凭又有什么用呢？”——斯派克），而且在“家伙们”可能获得的工作中，文凭作为一种选择标准，并不像看起来那么重要（“我总能向他们证明，我干得了这份工作。”——乔伊）。不管怎样，学业上的“成功”又有什么意义呢？是不是意味着可以在职业等级中平稳地向上流动呢？这种真实的向上流动的可能，看起来又是如此遥远，以至于毫无意义！对这些“家伙们”而言，学业上的“成功”意味着当学徒或从事文书工作。这类工作似乎向人们索取很多，但回报很少。显然，这种评价是在某种特定的文化模式中做出的。为了获得形式上的、但却不真实的奖赏（文凭），人们可能完全丧失自由的文化参与、社会集体感、街头和车间
126 里的历险，以及精神上的独立。文化的选择应追求公民社会中不确定的冒险经历，对抗循规所带来的有限安全，以及那种相对的、甚至是幻想般的官方进步。

我认为这些文化洞察在某种程度上是真实的。文化洞察的形式为直接的文化活动，且具有即时性，除此之外，它还揭示了比它所掌握的更多的知识。首先，存在着一个常见的教育误区，即教育可以创造机会，向上流动从根本上来说是个人努力的结果，文凭提供了成功的良机。[①]一部分

---

① 举例来说，人们不可能以文凭为依据来界定非技术工人，这是显而易见的。政府最近一份有关无文凭工人和未受培训工人的报告，就在界定工作技术的时候遇到了极大的困难（DES, *Unqualified, Untrained, and Unemployed*, 1974）。报告指出，在学徒中，有相当数量的人实际上并不具备什么文凭。于是，该报告最终对非技术工人做了一个循环定义：非技术工人就是那些“不仅无文凭，而且通常会——但并非一定——寻找几乎不提供任何培训的工作”的人（第2页）。这一报告还表明，雇主最感兴趣的是动机，而不是文凭(第22页)，在那些向工人阶级子弟开放的绝大多数工作中，缺少文凭并不是前进的障碍：“为什么一个没有文凭，但具备良好个人素质的男孩或女孩，不可以渴望在提供学徒训练或文书工作的地方工作呢？这全无道理！”（第22页）显而易见，工人阶级就业的决定性因素是当地职业市场的拉动力量，而非教育这股推力。

对教育持社会民主观念的人甚至认为，由教育的向上推动力所创造出来的所有这些机会的总和，实际上改变了工人阶级所面对的各种可能性，并构成了对阶级结构本身的挑战。

事实上，毫无疑问的是，唯有经济增长才能创造向上流动的机会，而且这种机会只对工人阶级中的少数人开放。西方资本主义制度的全部本质就在于，各阶级已结构化并长期存在，即使是相对较高的个体流动比率，对于工人阶级的存在或地位也毫无影响。工人阶级获得再多的文凭，也不能开创一个无阶级的社会，也不能说服企业家和雇主创造更多的就业岗位，即使他们有能力这样做。

我们可以充分说明（正如在文化层面以特有方式、针对不同的直接目标所进行的洞察那样），工人阶级内部各种文凭的激增，与其说是创造或反映了要求更为苛刻的工作岗位的增长，不如说是掩盖了工作的无意义本质，构筑了虚假的等级制度，并用意识形态将人们束缚于其中。

其次，反学校文化对于可获得的工作的特性做出某种评估。虽然文凭能否保证工人阶级就业有待商榷，但是我们可以想见，文凭向其工人阶级持有者所允诺的，可能也是工人阶级所期望的工作特性，从一开始就是虚幻的。制造业中的绝大多数工作基本上都是无意义的。此外，我们可以从如下几方面了解文化洞察的总体准确性：所有形式的现代劳动的共性、对循规者的道路及工作热情的质疑——正当文化洞察产生于其特有的、直接的文化领域时，这些都使其与另一层面（该层面又反映到生活层面上）保持关联。

绝大多数工作的具体形式从未像今天这样趋于标准化和形式化。这些工作对于在职者的技术和所受培训几乎没有任何要求，也不能为他们的内在满足感提供实现的机会。尽管工作岗位的重组和细化[1]仍在负隅

① 例如，可参见M. Weir ed., *Job Satisfaction*, Fontana, 1976; P. Warr and T. Wall, *Work and Well-Being*, Penguin, 1975; N. A. B. Wilson, *On the Quality of Working Life: A Report Prepared for the Department of Employment*, Manpower Papers, no.7, （转下页）

顽抗，但毋庸置疑的是，越来越多的工作正在趋于去技术化、标准化和高强度化。[①]如果将劳动力市场描绘成向年轻人开放，并受其技术和能力水平影响的话，那么这种描述就是不切实际的。一个人只需提及当前年轻工人空前的失业规模[②]，以及无技术年轻人[③]中令人担忧的结构性失业的趋势，就足以质疑年轻人在职业市场中所拥有的有意义的权力。

127 因而，人们的确有客观依据提出这样的疑问：当文凭的效力和目标备受质疑的时候，将自我及其能力投资于文凭之中是明智之举吗？反学校文化至少在文化层面上提出了这个问题，而学校文化却没有。

布迪厄和帕瑟隆指出，制度化的知识和文凭的重要性并不在于技术或人本主义的进步，而在于社会排斥。借由制度化的知识和文凭，阶级社会得以合法化，并实现了再生产。一种表面上更民主的货币取代了真实资本，成为现代社会中的社会仲裁员。布迪厄和帕瑟隆认为，正是社会中占支配地位的群体所独有的“文化资本”，即在对语言和数字的象征性操纵中的知识和技能，保证了该群体后代的成功，也因此实现了阶级地位和特权的再生产。这是因为，教育进步是由“文化资本”所提供的那些“公平”“严格”的精英测试技术来控制的。[④]

（接上页）HMSO, 1973; *Work in America*（Report of a Special Task Force to the Secretary of Health, Education and Welfare）, MIT Press, 1973; W. I. Paul and K. B. Robertson, *Job Enrichment and Employee Motivation*, Gowan Press, 1970; F. Herzberg, *Work and the Nature of Man*, Staple Press, 1968。

① 参见H. Braveman, *Labour and Monopoly Capital*, Monthly Review Press, 1974; C. Palloix, “The Labour Process: From Fordism to Neo-Fordism”, in *The Labour Process and Class Strategies*, CSE, 1976; Brighton Labour Process Group, “The Capitalist Labour Process”, in *Capital and Class*, no.1, Spring 1977。

② 1976年2月，英格兰和威尔士的失业毕业生约为4万人，大约为1975年同期失业毕业生人数的5倍（《新社会》，1976年2月5日）。根据《卫报》报道，1976年10月，失业毕业生数量达8.2万人（1976年10月27日）。

③ 参见DES, *Unqualified, Untrained and Unemployed*, Report of a Working Party Set Up by the National Employment Council, HMSO, 1974。

④ Bourdieu and Paseron, *La Reproduction*, Minuet, 1970.

如果这是对文凭的作用和重要性所做的准确的评估，那么人们有理由认为，工人阶级子弟寄希望于文凭和证书实非明智之举。正如官方报告所言，文凭和证书并非要提升人们的社会地位，而是为了维护那些早已经居于社会结构顶端的人的优势位置。知识总是带有偏见、充满阶级意涵[①]，因而工人阶级出身的学生必须克服一些不利条件，这些不利条件就嵌在他们错误的阶级文化和教育观念之中。但是，能够做到这点并获得成功的人只是少数，绝不可能是整个阶级。更多的人则只能不断为此而努力，但正是通过这个努力争取的过程，阶级结构被合法化了。中产阶级得以享受特权，并不是因为世袭或出身，而是因为他们被证明具有更出色的才能和品质。因此，从这个意义上来讲，这种暗含在反学校文化之中的对于竞争的拒绝，就是一种激进的行动：拒绝与施加于自身的教育压制合谋。

最后，反学校文化对个体逻辑和群体逻辑之间的差异，及它们在现代教育中意识形态混乱的实质进行了现实的洞察。有关学校的文化洞察是在特定的文化环境中，依其特有的实践和目标，以非自我意识的方式做出的，而且决定了自身具有一种固有的集体视角。该文化洞察的核心就是，阶级或群体利益的逻辑是有别于个体利益的逻辑的。对于每个工人阶级的个体而言，个人在这个社会中的流动或许是有意义的。一些工人阶级的个体确实实现了向上流动，于是任何一个特定的个体可能都希望成为成功者。然而，对于阶级或群体自身而言，这种流动根本就毫无意义。这一层面上唯一真正的流动，可能是整个阶级社会的消亡。

循规或许能为工人阶级的个体提供某种逻辑，但是对整个阶级而言毫无益处——为了无阶级的虚幻理想，人们要放弃所有独立和创造的可能。工人阶级个体可能会被教育的表象说服，相信那些应该在社会中发生的事情，即任何人只要努力就会进步，但是反学校文化比国家及其机

① 英国的教育“新社会学”也持此立场，参见N. Keddie, *Tinker, Tailor, Soldier, Sailor...The Myth of Cultural Deprivation*, Penguin, 1973。

构对于这种期望有更深刻的认识——正是借助于站不住脚的“才能”，
128 精英主义者才实现了对大众的排斥。反学校文化和其他工人阶级文化形式，包含了对当下主导意识形态——个人主义——进行深刻批判的成分。他们在某个层面上，甚至可能在其成员个体仍然以个人主义的或竞争的方式行事和度过个人生活的领域中，展示了其成员属于某一阶级的各种结果、可能、现实和错觉。特别是当它们在学校中发挥作用的时候，反学校文化就会鉴别出主导意识形态所做出的虚假的个人主义承诺。

正是在以此为基本教学范式的学校中，个体成功所需的那些态度被宣扬为普遍必不可少的。然而，并不是每个人都能成功，而且对不成功者而言，追逐成功的诀窍——努力工作、勤勉、循规、把知识作为真正有价值的东西——是毫无意义的。当然，这一悖论从未获得承认。在学校里，个人主义逻辑被概括成群体逻辑，但群体逻辑的不同特性和抽象性并未被承认。

当然，基本教学范式的各种职业形式、某些变体，以及理论发展都相信，成功不能只用文凭或职业地位的高低来衡量，也可以进行水平比较。一份习惯上被视为社会地位很低的工作，如果它与其他同类工作相比，需要、利用并允许表现能力，那么人们就可能在这份工作中获得成功。举例来说，即使是一份毫无意义的工作，人们如果满怀自豪、诚实地完成它，也可以算是取得了一项成就。在道德层面和现实层面，工人阶级子弟实际面临的职业阶级等级被转变成一种差别化的、多维度的结构；这个结构承诺所有人都会变得富有。

关于辛苦工作和循规，存在着一种令人不安的歪曲，即将辛苦工作和循规都看作特定的成功方式或可取的属性。对待学业梯度的态度则具有不确定性，一方面认为有必要提升学业水平，另一方面又绝不愿为此耗尽价值和成就之源。另外，努力的目标也包含矛盾性，即甚至于个体自我发展的潜力和价值滑落出学校的学业测量图谱时，仍然试图将其纳入关于人的所有能力之中。上述所有这些都以某种方式承认了将个体逻辑扩展为阶级逻辑过程中所遭遇的困难。但是，它们又都在试图以更加神秘的形式，重构从个体逻辑向阶级逻辑的扩展。这些也给核心制度造成了极大的不稳定，反学校文化以其特有的方式，很快地察觉出了这一现象。有关教育核心矛盾的文化洞察是启动并强化个体分化的巨大力量。反学校文化作为阶级文化的可见形式之一，表现出了特有的阶级逻辑，并为解释其成员的地位提供了认同，而这种认同并不是通过对占支配地位的学业和职业梯度进行欺骗性调和实现的，而是依赖于某种改变和转化。对于一个阶级的特定层级的人来说，学业和职业上的梯度变化并不能测量能力，而只能衡量其固定不变的受压制状况。无论其成员个体的位置如何改变，工人阶级就是处在这个层级梯度的底部。个体在这一梯度中向上流动的才智，已被其作为工人阶级一员而运动的愚蠢所替代。通过对工人阶级学校的核心矛盾进行洞察，反学校文化帮助成员从循规和传统成就 129
感的桎梏中解放出来，使成员的能力和潜能在其他方面发挥出来。

劳动力：一种独特的商品

反学校文化与现实的学校制度发生了正面对抗，并揭示了学校制度企图进行的不正当交换——特别是以文化为名的其他形式的交换。除此之外，反学校文化还在自身层面上探究了人类劳动力的独特性，指出行动的潜在无限性，尤其向人们证明了劳动力是一个不固定的可变量，而且无论有关劳动力的一般或官方的描述如何，个人都至少可以在某种程度上控制其支出。

在学校里，劳动和循规的义务并未被明确限定，如一段测定的时间和注意力。这种义务意味着以某种不可测量、不可控的方式，使人放弃使用一系列的潜在行为或替代行为。不做笔记，混过考试，不断规避教师的权威，在教室、楼道里打“游击战”，这些都在一定程度上限制了对自我的要求，也是个体实习某种劳动力的重要方式。当“家伙们”到了工厂后，人们不必嘱咐他们“放松”，“别理会”，或“他们［管理层］总是要求不断，如果你让他们为所欲为，你就有的受了”。的确如此，通过这些重要的方式，工人阶级子弟按照自己的兴趣，精力充沛地在外部系统需求条件的制度转向中得到了锻炼。而且，这些孩子在认知、决定和控制自己的行动方面，要比其未来的同伴更熟练。之所以这样，至少在某种程度上是因为最终其劳动力是否被限制在学校中并不重要，相反，那些卷入车间文化的人要在更为严密的控制下从事生产；而且，其努力的目标是至少可以满足旨在延续自身生存的再生产的需要。

教育交换与资本主义的基本交换形式相似。对教育交换的否定采取了文化洞察的形式（其表达不借助于文字或直接说明，而是借助于特定层面上的特定文化实践），即认识到尽管劳动力可以在市场上买卖，但它却不同于其他商品。之所以说它与其他所有商品都不同，是因为劳动力的价值不是固定的。无论是从道德的角度，还是从政治的角度来判断，劳动力都是资本主义制度中唯一一个可变要素，这是永恒的真理。因此，劳动力一定是扩大的资本和利润的来源。从根本上来看，劳动者所创造的价值远远大于其工资所代表的价值。[1]对劳动者的可变能力施以“更好”的管理手段或资本化，即增大劳动强度，可使劳动者创造出更大的价值。[2]
130 劳动力是具有这种可变能力、且可被买卖的唯一自然物。经典马克思主义理论指出，个体劳动者对其所出售的劳动力商品的特殊性的无知，是资本主义意识形态合法化的核心所在，并使剥削过程和利润的来源被隐藏

① 当然，这是一种简单化的表达，但足以阐明观点。在经典的马克思主义理论中，工资是在一定社会和文化条件下，由劳动力再生产所需要的社会必要劳动时间所决定的。工资与劳动力所生产的价值之间的差额就是剩余价值。剩余价值包含并大于利润。劳动力基于价值规律所决定的交换价值而被买卖，在其使用价值的基础上被剥削（参见马克思《资本论》）。

② 严格地讲，此处应解释一下更重要的相对剩余价值。在马克思主义体系中，如果不延长工作时间，即使借助于机器，工人也无法生产出更多的价值。但是，可以通过减少单位成本来降低商品的价值，从而减少商品中劳动者再生产的成本，换言之，也就降低了生产中与剩余劳动时间有关的必要劳动时间（参见马克思《资本论》）。

起来。可是，反学校文化却以其特有的方式对劳动力的特殊性做出了回应。仿佛是出于本能，反学校文化限定了劳动力的特性。依照反学校文化的独特逻辑，这也是成员在感觉上、身体上和精神上参与到反学校文化的实践活动之中的先决条件。

我认为，在我们所生活的社会中，这种文化本能也构成了一种对重要且普遍的意识形态关系和物质关系的洞察。但是，从另一个层面上来讲，这种成功最终反作用于文化，以一种特殊方式推动其发展，并确保其长期重要性和成功。

这正是资本主义制度的理论框架：劳动者在市场上像出卖其他商品那样，公平、自由地出让自己的劳动力，但是不同于其他商品的是，此后劳动力并不表现为固定的量，而是作为劳动者与生俱来的可变能力的充分表现。因此，劳动力所创造的价值远远超过其价格，即工资。劳动力在与资本讨价还价的过程中，表面上与工资建立起了等价关系，这使劳动者相信，在法律面前，所有人都享有自由、独立，即资本主义国家和司法部门宣称的自由与平等。这种体现于个人（劳动者）、国家和法律尊严之间的表面上的等价关系，不仅掩盖了资本主义制度的剥削本质，也掩盖了劳动者与其阶级的共同特点，以及可能形成阶级团结的基础——同样的剥削。从本质上看，有限的资金购买了一种无限的能力，而且由于人们并不反对将这种行为继续下去，劳动力的买卖被社会合法化。正是由于对可变能力的合法获取和合法剥削结合在了一起，才使资本主义的生产失去限制。只是出于对封建制度下庄园主和农奴之间赤裸裸的剥削关系的怨恨和深刻认识，资本主义生产才有所顾忌。资本的生产力，就是劳动力被解放出来的生产力，不是一种数量，而是一种能力。[①]

目前仍很常见的周薪制，就是揭示这一经典意识形态趋向的绝好范例。在中产阶级的职业中，年薪显然是为获得持续的弹性服务所进行的

① 本书为读者呈现了一个修正此观点的个案，当然在这里，经典的理论模型还是为我所用。

一种交换性支付。此处，报酬并不由耗费在工作上的特定时间的总量所决定。雇主当然希望职员在家中加班以省去支付加班费；而这类职员的工资是按照其本身的情况，即能力的使用状况、成为经理或会计等的总体潜能来支付的，其工资形式充分说明了这一点。周薪制的社会含义则完全不同。年薪这一薪金形式所承认的劳动者的总体能力，在这里被强行分割成若干周薪的总和，并固定为一种直接的、定期的回报。正是这种周薪制，而非年薪制，标示着劳动力的付出。工资总额就是对工作所耗费时间的量化。工资的减少表明可测时间的减少；工资的增加则反映了加班的时间。人们的注意力为此所吸引，因而更加容易忽视劳动力所具备的持续的、可变的真实特性，也更加容易忽略这一事实，即依时间标准
131 所支付的丰厚报酬激发了人们的巨大能量，而事实上，这个能量是不可测量的。

周薪制就是那每周拿到手的紧紧密封的棕色信封，就是人们手指轻弹信封口时所显示的货币的支配力，就是装着钱币的沉甸甸的信封底部，就是周四下午招摇的人群。人们对于周薪制那近乎迷恋的情感，打破了周的连贯性，将人们的努力成果量化，并将劳动力的巨大作用和潜能作为一种简单明确、每周给付的“合理”工资的等价物呈现给意识。这种固定的周薪制包含了长期努力的可变潜能与固定的工资回报之间的分离，反之，那看不见的按月汇入银行账户的工资，则可能打破上述两者间的分离。

尽管将所有批评或分析性动机归咎于“家伙们”个体的做法可能是错误的，但显而易见的是，这些“家伙们”的集体文化，不仅是对人类劳动力的独特性的回应，同时也是以自己的方式否定有关劳动力的某种意识形态定义的尝试。我们可以通过民族志中有关文化部分的材料看出，这些“家伙们”将自身的劳动力视为对抗职业领域不合理要求的屏障，而并不认为在劳动力与不合理要求之间存在着特殊的、有特权的联系——这种观点直接助长了对抗性的车间文化。而车间文化的目标，至少在一定

程度上，就是要限制资本主义生产，限制生产可能对个体所施加的贪得无厌的苛求。[1]

必须再次强调，这种文化洞察是与文化的全部本质联结在一起的，远比一个简单的精神类别更加丰富。特别是在文化回应中，文化洞察构成了质量的基础。对于那些从对不受约束的承诺的需求中积极释放出来的能力，确实存在着一种相反的、有目的的利用。这种利用是工人阶级的特质，相对而言，是不受迷信、宗教信条、神秘化影响的，而这些通常被资本主义生产的循规所吸纳。[2]

资本主义虚伪地向所有人承诺的自由，可以片面地、具有讽刺性地被个体的集合所解救，正是这些个体共同认识到，只有靠自身的作用才能免受生产的同化。对这些“家伙们”而言，在商业舞会中、在街头、在斗殴中、在挥霍金钱的时候、在拒绝他人的时候，都存在着一种被扭曲的自由，且这种被扭曲的自由唯有靠资本主义，而不是其他制度，才能得到保证。这不能归咎于工人阶级，恰恰相反，诸如此类的自由是为阶级的文化目的服务的。

工人阶级这种独立的能力造就了对正式的、尖刻的、非具体化语言的世俗的检验，对抗性的团结，以及不以正式的职业地位为基础的幽默

① 这就是为什么我在此处的讨论中避免使用“异化”这一术语的原因之一。“异化”通常是资本主义逐渐摧毁主体性的一种手段，因而也被作为主体性走向毁灭的标志。我认为存在一种更为复杂的评价，这种评价承认，真正的感觉的摧毁是与现代工作联系在一起的，特别是对那些毫不受文化保护的人而言。而且，该评价也可以作为迈向进步的基础。一方面，它在很大程度上将劳动具体地社会化了；另一方面，它又与本书所关涉的问题更为契合，即在主观上和文化上产生一种对“工艺白痴”和自我被工作同化的去神秘化。此外，这种评价也可能在异化程度较低的工作中释放出各种能力与批判性态度。

② 通过此处有关“家伙们”的论述可见，文化洞察不失为一种理解某一阶段的“私有化”工人的“工具主义”方法。这些“家伙们”倾向于去除资本主义的神秘感，而不是成为中产阶级。他们从从属阶级被局限的立场出发，片面地对资本主义确实提供的一些自由加以利用。虽然“私有化”的形式可能是个体的，但其本质是集体的。文化洞察可以看作先进的无产阶级意识的一种形态。洛克伍德的传统工人向我们展示的只是自卫的资本主义工人的迷信和伤感，而对压迫他们的那个制度毫无主观上或文化上的深刻理解。

表现、风格和价值。就具有颠覆性或潜在颠覆性的形式而言，这些都是资本主义时代的产物。尽管不能夸大或浪漫化上述这些工人阶级独立能力的产物，也不能超出最低限度的自由或物质基础来认识它们，但它们仍
132 然产生于对资本主义要求的创造性回应，而不是消极忍受。

一般抽象劳动

我们在民族志部分可以看到，实际上，即使只是在内在层面上，这些“家伙们”也基本无法辨别出他们认为向他们开放的那些具体工作之间的差异。只要最终选择的工作符合社会和文化上的限定，而非技术层面上的限制，他们就会对该工作持有一种近乎漠不关心的态度。有时候，现实选择完全是偶然间做出的。在这个意义上，劳动的共性与职业咨询指导机构所设计的职业类别和多样性形成了鲜明的对比。

在此，我想指出，可以把这种观点（尽管产生于自身特有的文化模式）当作在资本主义生产的现代结构中对劳动作用的一种真实洞察来加以理解。做出此类洞察，是以为文化活动保持空间与活力为基础，但其对现代工作无意义性和共性的假设，在更广阔的背景下仍具有重要意义。毫无疑问，正是这种更广泛的有效性长期强化、维持了文化洞察，并为文化洞察注入了一种独特的共鸣和成功。

实际上，所有周薪制工作的共性要比差异更重要。此类工作的共性就在于，劳动力在生产中为资本所创造的价值要远远高于购买劳动力的费用。毋庸置疑，资本主义制度是为了利润而非用途组织起来的。社会中绝大多数需求并不是直接得到满足的，而是借助于利润的刺激这一中介得到满足。无论如何，有一点是可以肯定的：对于商人或管理者而言，行动的源泉是对于利润的追求，而不是人类的物质需要在发挥作用。只要能够真正获利，生产什么产品并不重要。当“市场条件”发生变化时，劳动者将会被敏捷地从一种商品的生产转移到另一种商品的生产，而无论

其技能和当前的活动如何。事实上，很多企业集团都包含了一些看起来不大可能的联合，如肉类包装和空间探索，这种不断延伸的特性，生动地证明了企业的关键是利润，而不是对人们所需商品的生产。

由此可见，人们对产品的用途毫无兴趣，只关心在商品生产和交换过程中所产生的利润。正如我们已看到的，唯有使用劳动力，才能产生利润。尽管问题的本质在于对劳动力的剥削，但对于资本而言，产品所包含的特定的劳动形式远没有其特性重要——只要产品有利于获利。由于劳动的具体形式无关宏旨，因此我们可以将“抽象劳动”视为所有周薪制劳动的共通之处。[①]

抽象劳动是所有劳动力共有的一种独一无二的特性，即可以创造出比自身作为商品时人们所需支付的费用更多的价值。所有具体形式的劳动都包含了对抽象劳动进行剥削的可能。因此，在这个意义上，它们都可以被标准化——此即为资本主义的内在逻辑。这也将所有不同的生产部门和劳动形式联结起来，并使得劳动的具体形式、产品的特定用途要依 133
其作为抽象劳动的状况这一核心事实而定。[②]

---

① “抽象劳动”是马克思主义学者对资本主义制度进行分析的核心范畴之一。参见马克思《资本论》；L.Colletti, “Bernstein and the Marxism of the Second International”, in *From Rousseau to Lenin*, New Left Books, 1972。

② 我完全引用了科莱蒂的观点，即抽象劳动在分析者的头脑中远远不只是一种精神范畴。抽象劳动是现实社会组织的核心要素，是商品（包括劳动力）交换的真正基础，并在此交换过程中不断重现。抽象劳动作为一种社会力量，也是主观实践过程——如前面章节所讨论的自我与劳动的分离——所需要的。但是，科莱蒂在有关抽象劳动和异化的关系的论述中，过早地拒绝了人所固有的本质，并且否定了在资本主义所极力强调的抽象劳动和具体劳动的分割中可能存在的进步性和矛盾性。我对科莱蒂的理论持异议就在于他步卢卡奇之后尘，将工人阶级的自我意识等同于将抽象劳动作为一种物化力量的作用原理，等同于将工人阶级自身的劳动力当作价值来源。正是这一谬见，使其将仅仅可能正确的政治分析归结为工人阶级意识的产物（同前，第91页）。而这也是他与卢卡奇被指责为经验主义和历史主义之处。我认为，既然这些事物只是被部分洞察，那么诸如此类的认知就最终以一种相反的方式，将工人阶级束缚在资本主义秩序之中。此外，这些认知也有助于工人阶级文化中怀疑态度的形成，这种怀疑态度为资本主义生产所必需的再生产提（转下页）

从资本的观点来看，这种共性是显而易见的；但从劳动的观点来看，这种共性就不甚清晰了。因为正如职业咨询和职业指导[①]所强调的那样，在擦窗户、园艺工作、承办酒席和工厂劳作之间确实存在不同之处。正是服务行业、公共部门的扩张和产业部门的收缩使人常常误以为，从未像今天这样，有如此多的就业机会向年轻人开放。然而，与之相反的是，可以说在所有，有时候甚至完全不同的职业中，资本主义的工业模式占据了支配性地位。当前，政府要复兴制造业并“使之有利可图”的策略，就充分证明了社会民主国家承认工业优于其他就业类型的首要地位。而且，与这种简单的量化方式相比，工业资本主义以一种更为深刻的方式占据着支配性地位。在其外部的企业及活动中，在许多明显不同的具体劳动形式中，工业资本主义都在强化其有效利用抽象劳动的核心逻辑。它为劳动的使用提供了重要范式。鉴于这种重要的支配地位，我们必须对这个新的、范围更广的被支配者的实际含义提出疑问，而不能将其作为多样化的具体证据。

不论所包含的劳动的实际形式如何，“标准分钟”正在以这种或那种形式，逐渐变成所有雇佣部门中各种工作时间记录卡的基本单位。其主要目的就是将各种各样的工作分解，并使之具有可比性。这也使得管理层能够更为直接地控制用于劳动力的支出，如此一来，各种“技术”或惯常的浪费时间的做法被禁止，而实际上，在特定种类的具体劳动中，它们是非常重要的区别要素，人们没有懈怠时间，也不能妨碍管理层对抽象劳动的利用。从这个意义上来说，甚至连社会团体、公共服务或非盈利机构所从事的工作，都完全可与以盈利为目的的产业工作相提并论。

（接上页）供了最低限度条件。

① 我认为，就业指导的优势和部分成果，及其对工作环境的区分，是基于一种调和的、误识的意识，该意识形成于对体力劳动的文化适应过程。劳动的共性在此处既呈现出多样性，又表现出某种程度的重要性。然而，正如就业指导意见通常建议的那样，这些多样化的特征与特定工作的本质属性无关，或者它们就倾向于分离。就业指导将文化个性化，并通过将其转换成一种技术来保持其生命力。

教育和福利事业中的那些合理化建议、成本-收益运营计划均向人们证明，资本主义的工业逻辑正在向数量比制造业更庞大的服务性和公共性职业领域蔓延。我们谈及这些，并非意在讨论服务和公共部门的缩小或扩张，也不是要否定社会需要对有效利用劳动力的决定作用。而是想指出，这些新领域的扩张在根本上仍然受到资本主义准则，特别是通过有效利用抽象劳动的种类来调节需求的准则支配。正如通常所讨论的那样，它并不受尚未成熟的社会主义支配。在削减国家支出的压力下，我们正在见证一个更加迅猛的福利化进程。其中，福利被界定为社会工作者以最小的成本、为最大数量的委托人提供最长时间的服务；而教育则被界定为教职工和学生之间的最大化的“接触时间”——无论在这些单位成本时间里实际发生了什么事。这种管理取向抑制了其他可能采取的方法。教育和福利的开展，可以通过直接承认集体需要，并对那些不可避免地会引起痛苦和“不适”的结构形式与文化形式进行调查来完成。这 134
种方法取决于对人类需求和目的的规划，而不是对“抽象时间”的有效利用。实际上，我们每天在考勤卡上填写“标准分钟”的时候，这一天正在来临。而且，虽然形式不同，但考勤卡就是教师和社会工作者职业生活的最根本体现，这就如同它现在是水暖工、木匠每日工作的体现，如同它一直是资本主义产业工人工作的体现一样。

抽象劳动的计量标准是时间。虽然我们已对分钟这一计量单位做了考察，但是从一般意义上来讲，人们已经普遍注意到，资本主义从封建主义中兴起，是与时间观念的转变联系在一起的。[①]四季轮回的自然规律、太阳在天际中的方位、腹中的饥饿感，或是有待完成的任务，全然被基于时间的时钟逻辑替代。时间不是日、月、四季之往复，也不是再次进行某项活动的信号，而是一种标准的、有限的数量。时间无情地流逝，带走了无数的机会。在资本主义中，时间沿直线运动，而非循环往复。因此，既

① 参见E. P. Thompson, “Time, Work Discipline and Industrial Capitalists”, in *Past and Present*, (38) December 1967。

要利用时间，也要节约时间。正是这种计量标准，使复杂的工作得以同步开展，价值和利润可以被测量与创造。“时间就是金钱”，但真正将此二者联结起来的是抽象劳动。

这种无法阻挡的线性时间的一致化运动，既具有资本主义的时代特征，也具有某种意识形态作用。它表明了一种同质性社会的意涵：正如记述的那样，该社会正处于缓慢发展的进程中。这其中暗含了一个成熟和连续的普遍概念。这使人用一种渐进主义、改良主义的观点来思考统一的社会何以构成。在这个统一的社会中，所有人共享相同的时间坐标，并小心翼翼地试探着前行。而且，统一的社会也显示出了压制人们如下想法的趋向，即不同的社会群体可能拥有不同的时代，或者有些群体没有属于自己的时代，或者其他群体试图粗暴地推动时代前进。

虽然我们不能夸大社会的作用，但是完全可以将反学校文化的诸要素不仅仅视为文化洞察，也视为对这种占优势的时间观念的有限征服。在对其成员时间表极为成功的非正式指导下，在对官方文化的瓦解过程中，反学校文化直接构成了文化活动的自由空间，并拒绝了中产阶级时间的人为秩序和按部就班的模式。从某种意义上来讲，这些“家伙们”的活动与经历被中产阶级时间所掩盖。当然，这也带来了一种影响——即使不是有意直接为之，也进一步强化了文化环境中的文化实践活动。

到目前为止，我们已经考察了抽象劳动的共性。然而，更为显而易见的是，抽象劳动作为现实社会关系中的一条生动准则，每天都在生产着有关自身趋势的明显的经验形式。[①]如前所见，去技术化是一个极其现实的过程。具体劳动正在日趋退化成一种标准的去技术劳动。尽管雇主明

---

① 此处的基本准则是，抽象劳动强调、关联关乎资本的所有形式。我们由此仅仅可以推论出如下趋势，即技术劳动让位于非技术劳动，或者抽象劳动接近具体劳动的实际体现。然而，无论这种趋势的范围如何，这两者之间总是存在着某种区别。具体劳动确实呈现出多样化。譬如，机器维修就与机器操作不同。但是，重要的是，这种抽象准则的趋势在经验上是可见的。为了有效地澄清这些观点，可参见Geoff Kay, “A Note on Abstract Labour”, in *CSE Bulletin*, vol.5, no.1（13）, March 1976。

显倾向于要求雇员具有更多、更高的学历，但在实际工作中，雇员所应用的技术内容却显现出相反的变化趋势。例如，即使是工具制造业中需要高超工艺的工作，其多样化、不可分割的特性也正在让位于专业化、重复性的流水线技术。

现在，工厂中绝大多数的机械化工作都被标准化，一个孩子就足以完成。[①]现实的标准化劳动的生产速度，是由机器或生产线的节奏来决定的，既不需要计划，也不需要技术。个体生病与否，是否具备中等教育文凭，这些根本都无关紧要。只要不使生产线停下来，个体劳动力的具体形式就毫无意义。具体劳动力之所以重要，并非因为它固有的或特殊的贡献，而是因为它消除了潜在的负面因素，即不会中断或终止生产。在现代机器制造和批量生产中，我们可以看到抽象劳动通向具体劳动最表层的方法。 135

就某种重要意义而言，现代组织技术与诸如时间、运动研究之方法的全部要旨，就在于缩小了具体劳动和抽象劳动之间的鸿沟。在此，所有劳动的抽象共性均体现于具体形式之中，并迫使所有劳动转化成一种中庸之道——做某项工作的最佳方式。资本主义想象中的黄金国就是这种最佳方式。特定形式的劳动趋同于某一具体标准是抽象劳动准则的发展趋势，这一趋势在某位学者的著作中或许得到了最佳证明，该学者也因在时间研究中增加了动作分析而享有盛名。吉尔布雷斯明确地将抽象劳动当作改进具体劳动的模型。[②]先前的方法是将现有的完成一项工作的

① 绝大多数体力劳动所需要的智力水平仅为十二岁或更低。请参见G. C. Mathews, "The Post-School Adaption of Educationally Sub-Normal Boys", unpublished MEd thesis, University of Manchester, 1963。

② 参见W. Spriegel and C. Myers eds., *The Writings of F. Gilbreth*, Irwin, 1953。这种方法存在一定的局限性。它是将人类的能力作为一种生产力来使用的根本尝试。但是，人也是社会生产关系的一部分。作为反对无休止剥削的阶级文化力量的基础，非正式群体远离并抵制这些技术。在采用了运营和维护技术之后，"限制生产定额"和"系统性怠工"仍被延续下来。梅奥及其同事通过经验研究发现了人类群体的重要性，此后不久，"人际关系"法便被用来尝试中和这种对立。近来，"新"的人际关系试图以某种方法利（转下页）

捷径细化、标准化。吉氏则对基本动作要素进行分类，而不考虑具体的模型，他将这些要素称为“基本动作单位”。[1]这些“基本动作单位”可测量到千分之十分钟。因而，在用这些建筑砖块完成工程之前，现实的具体工作可能已预先完成。我们透过对完成一项特殊工作的最佳抽象方法所进行的深入分析可知，该方法确实趋向于适度抽象化。资本主义再一次取自身发展之精华。这种方法即使最终未能成功实施，但也明显对资本主义体制内部固有的特定工作的标准化过程产生了最为深远的促进作用。而吉氏的“基本动作单位”，从根本上是要将人转化为机器，即将人类独有的各种具体能力转变成最优的标准劳动。从“基本动作单位”表面看，我们很难推断出现代劳动的多样化！正是在它千分之十分钟的自动化过程中，资本主义显示出它将所有人机器人化的强烈欲望。

这些“家伙们”对自己即将步入的工作岗位的独特形式漠不关心；他们假定工作本身具有一种无意义性，而不管他们应对工作持何种“正确态度”；他们相信自己面对的所有工作都具有普遍的相似性。这些都是“家伙们”作为阶级成员，对他们赖以生存的现实条件进行文化洞察的形式。反学校文化对工作所持的看法确实要优于学校所持的官方观点。在文化上承认劳动力是一种商品形式，承认抽象劳动是各种具体形式劳动的基础并与具体劳动相联系这一基本准则，是在主观上被这些事物同化并产生局限性的至关重要的先决条件，也是“家伙们”为实现自己的目标，依靠自身能力进行文化开发、举行文化仪式的至关重要的先决条件。
136 这种被释放的人类能力和兴趣，为该文化层面的活动提供物质基础。同时，这一文化层面的活动也为维持和发展文化洞察带来了其特有的各种生产形式。文化洞察是对社会中的一些基本社会关系/结构关系所做的

（接上页）用并战胜非正式群体的力量。尽管如此，运营和维护技术作为最有影响力的管理方法，仍然保持着支配性地位，也仍然最佳地表现出了资本主义的根本内在驱动力。

[1] 吉氏将作业动作分解为最小的分析单位，通过定量分析找出最合理的动作，使作业达到高效、省力和标准化。——译注

创造性的、多样化的、具有潜在变革力的理解，而不是苦难的经历。反学校文化与一般抽象劳动之准则相对立，它揭穿了该准则背后的秘密，并做出回应。这使人们在内心深处担忧资本主义体制本身如何才能运转和维持下去。此处不仅仅存在着一种部分洞察或文化洞察的潜能，也存在着一种实现社会总体转型的潜能。什么才能阻止这种潜能的发挥呢？ 137

第五章

局 限

如我们已知的，反学校文化对其成员的生存条件进行了某些文化洞察。此处还有一些材料，我们可以借此对社会和政治行动做透彻的批判性分析，从而另辟蹊径。

从某种意义上讲，这些文化洞察及与之相关的实践之所以缺少具有变革能力的政治活动，原因是缺乏政治组织。没有一个群众政党试图在文化层面上进行解释和动员，显然这并非难事。政治组织本身的缺乏可以看作部分洞察的结果，但反之不必亦然，即部分洞察不必一定缺乏政治组织。[①]显而易见的是，这一文化层面在一定程度上是从内部被打乱的。

民族志的描写一再提醒我们，只存在一种社会结果。矛盾冲突中的

① 这并不是要否定政治行动在自身层面上的可能性、重要性和相对的自主性。依我之见，任何群众性政党，在其能够真正代表工人阶级实现自我表达之前，必须理解并且学习工人阶级的意识和文化。如若不然，政党与意识之间的辩证关系就形同虚设。如果自发论（spontaneism）必遭谴责的话，那么“还魂论”（zombieism）亦当如此——它试图从外部指挥工人阶级的行动，而不考虑其行动中已然存在的文化的、类似文化的和政治的内容，或做出病态的或行将消亡的假设。

本书可能由于缺乏直接的关联性而受到批评，但从根本上看，本书的分析无疑是系统的。无论如何，我将从更普遍的意义上指出，可以说，在对市场位置的关联性做出准确分析之前，我们需要一种关于政治行动的价值规律。

巨大力量可分解成一个现实，而不是一系列让我们研究其决定因素和本身结果的连续的多个现实。文化洞察的纯粹逻辑只普遍存在于那些值得记载的事件之中。实际上，扭曲、限制和神秘化的力量同时将这种纯粹逻辑分解成一种部分的逻辑。反学校文化对当前社会组织的半抵制和文化洞察，通过一种确实有效的方式，开始时总是变成暂时的、不加掩饰的质疑，但是最终还是接受并适应现状。但矛盾的是，甚至在接受了这种从属关系之后，个体仍然在某种程度上对自身的行动、洞察力和主观正确性深信不疑。在当代资本主义关于意识形态迷障的复杂难题中，对这一矛盾最引人注目的证明就是，关于抽象劳动的不成熟的文化理解和那些叛逆的工人阶级子弟中的阶级团结，被转变为一种特殊的主观断言和对体力劳动力的“自由”出让。

分 工

由于存在着深奥的、基本的、使人混乱的分工，文化洞察受到了抑制和破坏，且无法实现其全部潜力或政治表达。两个最重要的分工就是脑力劳动和体力劳动之间的分工，以及性别之间的分工（此处，种族也极为重要，我们将在后文加以讨论）。

拒绝学校，以及对学校中不公正之事的文化洞察，均可被视为对个人主义的摈弃。这同时也是对脑力劳动的普遍拒斥。战胜个人主义的时刻，也是分离出现的时刻。个人主义之所以被击败，原因不在自身，而是由于 145
其在学校中的作用。在学校里，脑力工作是与不合理的权威，以及做出虚假承诺的文凭联系在一起的。因而，对个人主义的洞察是以牺牲人类能力的实际分工，以及屈从于才能的部分发挥为代价的。赢得某种团结，就意味着失去了更深层结构的联合。虽然这些“家伙们”团结在一起，但是他们的团结是基于个人主义的，并与脑力劳动对立。人类世界被划分为“善于动手的”和“善于动脑的”两类人。“所有工作皆相同”这一文化洞察的要旨，大体上转变成了“所有体力劳动皆相同”。体力劳动开始以某种方式，呈现出对有关体力劳动者的社会地位、认同的重要的批判性表达，但是这种社会地位和认同并非体力劳动的特有性质。

此处，我们可以看到，学校制度具有深刻的、非预期的、矛盾的重要性。在学校中，主导意识形态被非正式地击败，但是它却更加无意识地、更加自然地超越了一个更大的结构，历经考验，获得了(代价惨重的)胜利。资本主义能够承担在工人阶级中生产出个人主义，而不是分工。个人主义被反学校文化所洞察，并在现实中造成分工。

使文化洞察陷入混乱的另一个重大分工是男女之间的分工。性别分工，至少在某种程度上，是由性别自身带来的分工。男性反学校文化支持其特有的性别歧视，甚至将性别歧视作为其整体信念的一部分加以称赞。

即使在女性缺席的情况下，这些“家伙们”讲话和动作的独特方式也总是在展示男性气概。敢于挑头，使他人开怀大笑，做意想不到或滑稽的事情，自然主动地取悦自己所欣赏的女性，所有这些能力都是反学校文化的男性特征，也是该文化中“家伙们”永远追求的目标。不仅如此，作为男性反学校文化一员的一个更加具体的特征是：要么拥有性经历，要么至少怀有滥交或伪善的抱负。“家伙们”为了满足自己的性快感，有时候会粗鲁地追求女孩；而女孩一旦献身，就常常会遭抛弃，并被冠以“放荡”之名。人们要求女孩必须性感、吸引人，同时还要纯洁和忠诚：把握欲拒还迎的平衡。反学校文化在强调性别分工的同时，也对个人主义分工的人为性加以洞察。

在性别歧视方面，反学校文化反映了更广泛的工人阶级文化。当然，在一定程度上，这是因为当学校教育范式出现分化的时候，反学校文化会求助于一些更广泛的阶级模式作向导。例如，当其中一个“家伙”对学校不抱幻想时，他会在工人阶级家庭中找到一种最根深蒂固、最持久的性别分工模式。与那些循规的人相比，反学校文化的成员出于需要，更有可能找到工作，也更有可能经历某种性别歧视。这种性别歧视既指向他们个人，又是整体工作环境的一方面。对于这些“家伙们”而言，性别歧视成了其生活经验的一部分，成了工作场所中整个工人阶级文化的优势风格，而这种优势风格正是“家伙们”所赞赏的，他们也正忙于在学校中 146
重建与特定对抗和决定性因素相关的这种优势风格。

尽管在我们的学校中可能存在着一种制度化的性别歧视，但是与非正式的工人阶级男性对抗文化再生产出来的性别歧视相比，学校中的性别歧视并不那般强烈。我们必须对那些在一定程度上保持着自由主义和形式平等的学校给予赞誉。但是，一旦其权威被打破，性别歧视和自然分工就会以更为致命的形式出现。这种结果当然不是学校和我们所期望的。即便如此，性别歧视仍然在阶级社会的再生产中发挥着关键性的、系统性的作用。

劳动力与父权制

如果上述分工只停留在抽象层面上，或是彼此分隔，那么我们所考察的文化洞察在面临由这些分工所引发的混乱和分裂的时候，就完全可能幸免于难。但实际上，在这些分工之间存在着一种更为复杂的融合，这种融合在微观形式上呈现出如下特征，即对资本主义体系的稳定性极为重要的那些意义与分工的各种表现形式结合在一起。下面我们就来剖析这个结合点。

单单脑力劳动与体力劳动之间的差别，就足以为建构人类能力的自然分工提供一个富于创造力的场所。但令人惊讶的是，在构成社会整体的那些人中，包括这些“家伙们”在内的一部分人甘愿承受体力劳动者这一身份带来的限定和物质结果。这之所以令人讶异，是因为在关于脑力劳动和体力劳动差别的资本主义动员中，依照主导意识形态，脑力劳动者一直享有合法权利，以保证他们占有优势的物质和文化地位。脑力工作需要劳动者付出更大的努力，因此理应获得更高的回报。这样一来，为什么人所追求的目标应该符合意识形态的判断标准，并在物质上回报丰厚，也就不难解释了。但事实上，并非所有人都追求脑力劳动所带来的回报和满足感，这才是真正需要我们做出解释的问题。单单资本主义需要一种这样的分裂这一理由不能解释其需求何以被满足。只有在一个完全反思性的经验世界中，需要的形式才能决定其得到满足的必然性。而且，真正在满足该需要的过程中发挥作用的机制全然被掩盖、被神秘化，并为某种观点所遮蔽，这种观点认为，主导意识形态和精英主义观点——例如学校里的英才教育——似乎认定所有人都在为实现大抵相同的目标而努力。

我们所有人都应该追求相同的目标，这种预期表明，那些身处阶级社会底层的人之所以陷入如此状况是因为他们自身缺少实现目标的能力，而且就连他们自己也对这种自我归因的解释深信不疑。可以说，所有人都接受了相同的游戏规则、意义和目标，也接受了同一个输赢准则。当然，事实上，伴随着教育领域人本主义的发展，职业咨询机构也在一定程
147 度上认识到了这一问题，却错误地解释说，该模式绝不可能在现代社会中真正地发挥作用。它假定，工人阶级中地位较低的群体实际上是一个亚群体。与其说他们是资本主义的，不如说他们是封建主义的。尽管经常被误识，但是确保资本主义制度稳定的因素之一，也是资本主义制度的复杂奇迹之一，就是在从属阶级中有相当一部分人并不接受自身能力在持续下降这一既定现实。与此相反，他们将用来测量脑力/体力梯度的价值标准颠倒过来。本书所研究的这些“家伙们”更喜欢（就目前而言）通过体力劳动来证明自身的存在价值。当然，这就为造成阶级差别的社会链条提供了所缺的一环。基于此，所有其他阶级都可以在主导意识形态通用的脑力模式中赞美、证明自身的优越性，并为这种优越性找到一种比较的基础。譬如，当“书呆子”被指责自我取消加入“家伙们”的资格时，他们的表现更加理性化。无论这些“书呆子”实际从事的工作是否存在着极大的差异，他们都可以通过界定工作，界定工作与自己的关系，在相对更趋脑力劳动的模式中界定自己的身份，从而赢得一些优势和社会

认可。

这种与过于学术化的差别完全相反的分化是对主导意识形态的巧妙补充，对社会最底层之上的所有阶级而言，也为主导意识形态提供了在劳动中创造主观认同的宣传机制。就劳动力的特性而言，如果意识形态上的顺序没有在社会最底层发生倒置，那么资本主义体系就不可能稳定。即使创造再多的条件，国家机构也不能为那些身处阶级结构最底层的人提供一个完整的人的身份：强迫或长期斗争，而非自愿的屈从就是这个社会秩序的基础。

然而，这种重要的倒置不会出现在资本主义生产的真正逻辑中，也不会在劳动分工的过程中自然形成，而是产生于两种结构的社会阶级相互关联而形成的有机整体之中。在资本主义制度下，这两种结构只能在抽象层面上被分隔开来，它们的形式则已成为资本主义的一部分。这就是父权制和脑力劳动与体力劳动之间的差别。这种关联的形式，是两组结构中对男/女性别和脑力/体力劳动两对关键词进行交叉评价和联合。可见，这两个结构的两极分化是十字交叉的，即体力劳动与男性的社会优越感相关联，而脑力劳动则与女性的社会自卑感相关联。体力劳动尤其充满了男性特征和气质，毫无疑问，体力劳动在这方面比在工作的内在核心上更富于表现力。

性别差异、脑力劳动与体力劳动之间的区别使这些过时已久的分工被发展成当代具体的文化形式和关系，但是人们所知仅限于此：分工并不总是自动为一部分工人阶级带来劣势，阻碍他们将分工视为压迫。对于这些“家伙们”而言，他们在脑力劳动与体力劳动的分工中本处于劣势，但他们却将自己所偏爱的性别分工覆盖于脑力劳动与体力劳动的分工之上，并使之逐渐成为脑体分工中的一部分，从而最终部分地改变了脑体分工的效价。①

① 与其说这里所讨论的基本交叉评价法与男性工人阶级有关，还不如说是与群体相关。例如，对于工人阶级女性而言，女性特质与脑力劳动之间的联系暗含着一（转下页）

人们常常忽视的是，这两组分工处于相同的空间中，且各自无法单独
148 存在。意识压力和文化在它们各自的位置上对它们特有的材料发挥着作用，并寻求某种统一。此二者不可能分别存在于两个均受到生活空间挤压的思想体系中。而且，此类体系只能在抽象层面上被分离开来。正如民族志所提醒我们的那样，是经验规律，而非理论能力，将各个体系连接起来。劳动和性别这两组分工得以接续在一起，其奥妙——至少在一定程度上——在于两者在资本主义阶级体系的世俗生活中的相互连接，而不在于纯粹的抽象推理。在这个交叉的连接点上，男性气概——在它自己的领域内，就是有关优势地位的正式的或形式主义的规则——成了运动、行动和断言。可以证明，男性气概的本质是超越历史的，资本主义制度下的男性气概则具有一种独特风格和世俗的表达形式。体力劳动——在其自身的领域内，是以自然为对象的、中立的甚至是完全分离出来的体力工作——变成了一种优势和选择形式，并被赋予一种表达性目的。

如果某种形式的父权制鼓励脑力劳动与体力劳动之间的分工，那么这种分工反过来也会巩固各种新型的性别分工和压迫，并有助于性别分工和压迫的再生产。准确地讲，这是由于在学校和工作中存在着各种分工，尽管这些分工客观上导致了部分工人阶级失利，但就父权制而言，这

（接上页）种矛盾，即无论在实际生活中工人阶级妇女的女性特征如何，男性气概都是其阶级文化身份的一个方面。对于中产阶级女性而言，这种联系甚至比她们本阶级的性别定义更加能够表明，她们的社会和文化角色带有一种局限性、消极性和与生俱来的荒谬性。此外，我们已经具备了对女权运动及其阶级根源、工人阶级反对女权运动的形式等问题进行解释的基础。

对于中产阶级男性而言，在阶级与男性气概的文化（父权制）定义之间同样存在着诸多矛盾。在工人阶级文化的重要领域中，父权制的价值观念完成了并巩固着职业梯度的倒置，中产阶级男性绝不可能完全不受该倒置的影响。有关"男权运动"发展的阶级基础和起源，请参见A. Tolson, *The Limits of Masculinity*, Tavistock, 1976。

当然，这并不是说在正文中所呈现的男性工人阶级的个案就不包含矛盾。一方面，种族的复杂性对性别和职业价值交叉评价机制构成了威胁；另一方面，工作阅历的减少使得男性气概体验本身成了一种威胁，甚至指定了意识形态发挥作用的范围。

些分工又是可以被理解和转化的，性别条件本身必须不断地被复制和合法化。如果女性特质大行其道并被重新评价，那么脑力劳动也将随之大行其道并被重新评价。既然妻子、女朋友和母亲被视为受束缚、地位低下且对某些事情无能为力的人，那么反学校文化的成员就唯有相信白领和办公室工作的女性特质了。如我们所知，有充足的证据表明，在这些“家伙们”中间存在着这种信条。他们强加于女朋友身上的意识形态和行为模式，如要守家爱家，要具备家庭生活和从属文化需要的能力并缺乏它们不需要的能力，这些都保证了女性受束缚的角色地位。而这些行为真正的决定因素和根本原因，来源于劳动在意识形态上的分工，并非仅仅来源于守家爱家的观念或父权制的意识形态。[①]就我们的直接目的而言，这种交叉评价的结果就是，持续不断的文化洞察，特别是对于一般

---

① 朱莉·米歇尔的重要著作试图证明父权制在现代资本主义制度中是完全多余的。如恩格斯在其唯物主义分析《家庭、私有制和国家的起源》中所概述的那样，又如米歇尔对弗洛伊德和列维-斯特劳斯的文化分析所做的论述那样，目前看来父权制似乎是多余的。显然，对米歇尔而言，父权制仅作为历史的痕迹存在着，并无任何继续再生产下去的合理性或正当性。不仅如此，米歇尔还将父权制和资本主义作为两个完全不同的存在实体保留下来（第379页），并由此提出了一种站不住脚、不堪一击的二元政治学（第406、414和415页）。她断言，各个系统处于矛盾之中，实际上却未对各个系统之间的斗争或辩证转换加以论述。毫无疑问，我们在此就是要论述最终存在于一个复杂而又特殊的单元中的矛盾——一种现代资本主义的复杂平衡所特有的内在矛盾。确切地讲，这个矛盾就是资本主义生产方式和父权制的间接结合。因此，我们很难在意识层面上将资本主义生产方式与父权制区分开来。正是由于继承了前资本主义的形式，并与某种独特的、决定性的资本主义生产方式建立起世俗的、复杂的决定关系（并部分地构成资本主义生产方式），文化层面上所孕育的各种更加彻底地关注具体资本主义关系的洞察，才得以转变成或反动、或保守、或中立的各种形式。那些真正使有关资本主义阶级体系的抽象推理混乱不堪的因素，也在混淆着工人阶级文化。

更广泛地看，本书强调了女权运动在发展中存在的潜在危险。女权运动正在受到一种极为短期的观念，即父权式的性别歧视观念的破坏，而这种性别歧视也正在资本主义制度以外，以某种方式直接压迫着女性群体。我们需要为一个确定的资本主义父权制——它改变并确定了整个社会总体——提供一个辩证、连贯的概念。毫无疑问，女性承受了最为尖刻且显而易见的压迫，但父权制也显然对男性具有重要含义。参见Juliet Mitchell, *Psychoanalysis and Femininism*, Penguin, 1974。

抽象劳动的正确评价，被转化为一种令人惊讶的对劳动力的肯定。上述结果的形成包含了两个重要过程。首先，不同类型的工作与不同性别之间的联合强化了劳动领域分工的本质。这些“家伙们”的脑力活动之所以被阻止，不仅是因为他们对学校制度的独特体验，还因为脑力活动被视为缺少男性气概的标志。他们自己的许多脑力活动和情感是以文化、时尚与具体的形式来表达和发挥作用的。在这个至关重要的、决定性的经典转变中，在这些“家伙们”看来，所谓的脑力劳动只是“动动笔杆子”，“并不是真正做点事”，最为重要的是，脑力劳动是“女人的差事”，根本不是男人的工作，也不属于男人的行动范畴。如此一来，我们起码知道了为什么那些“书呆子”可能被视为毫无男性气概的、顺从的“娘们儿”，为什么循规的人又被称为“脂粉气十足的男人”、“搞同性恋的男人”或“手淫的男人”。无论这些“书呆子”成绩多好，未来成功的希望多大，他们及他们
149 的行动策略还是遭人轻视，因为他们的成功方式被贬斥为被动的、脑力的，缺乏强悍的男性气概。

其次，男性气概所代表的全部意涵强化了这样一种观念，即有关劳动力和现代工作本质的文化洞察却矛盾地带来了对于体力劳动的肯定，而且为体力劳动注入了一种本不属于其内在特性的含义。

对这些“家伙们”来说，体力劳动充满了男性气概，并被赋予了某种感官上的寓意。[①]在劳动分工的过程中，无论是就体力劳动自身而言，还

① 男性气概是如此深刻地嵌在体力劳动之中，以至于我们竟然会对那些旨在强化和提高劳动效率的方法的“客观性”提出质疑。转换了的父权制的影响已然被资本主义所强化，但其在生产过程中的作用却几乎未被触及。事实上，父权制的各种形式与资本主义制度的紧密纠缠，意味着不存在任何纯粹的方式供我们描述抽象劳动。福特、泰勒和吉尔布雷斯的技术，或许并非如他们所料想的那样正确。甚至对现代组织和方法的整理与简化，特别是当它们被那些通常在本质上属于男性形式的工厂文化所抵制的时候，也无法去除早先那自吹自擂的痕迹、不必要的动作，以及对本质的表现，而这种本质实质上与作为生产的生产无关。我们甚至可以说，这种自吹自擂正以某种非预期的方式被制度化，并被赋予了某种合法性，而这种合法性规避生产定额核算员的注意。当然，我们也可以将其视为一个不可预测的领域，为浪费时间、有组织的怠工、对高强度劳动的抵制提（转下页）

是就体力劳动那本质上毫无英雄气概或显赫地位的资本主义逻辑而言，体力劳动和努力中的吃苦耐劳、笨拙都承载着男性的观点和深奥意涵，并表现出一种超越其自身的意义。可以说，无论这一艰巨工作的具体问题是什么，其本质始终都是男性范畴的问题，需要用男性的能力来解决。我们也可以这样表达：一般抽象劳动的基本原理从内部使工作失去意义之处，正是转换了的父权制从外部为工作注入意义之处。对工作的不满使人们的关注点从政治不满上转移开来，并由于迂回进入象征性的性别领域，而使自身逻辑陷入混乱。

在一定程度上，恶劣的工作环境被重新解释为：为了充满男性气概地对抗工作所进行的英勇演练。人们之所以如此理解艰苦的、不适的或危险的环境，并非因为环境本身如此，而是因为该环境与男性的随时迎战状态和刚毅极为相称。由此可见，人们更多是透过在恶劣环境中挣扎求生所需的坚忍不拔，而不是一开始就不得不面对的强迫性来理解这种环境。

虽然很难通过工作本身达到某种道德境界，但是工作所提供的和完成工作所需的那种牺牲精神与力量，却为自尊提供了物质基础。这种自尊来自目标的达成，但并非所有人——特别是女人——都具备实现目标的能力。工资袋就是自由和独立的提供者，也是在工作中对男性气概的特殊嘉奖。这就是对工资袋崇拜的补充，也是崇拜成为可能的原因所在。人们对一个职业的评判，并不看职业本身的情况，甚至也不怎么关心职业的一般回报率，而是关注该职业为在职者提供有影响力的、充满男性气概的家庭角色的能力。显然，金钱只是其中一部分，可以作为一种测量标

（接上页）供空间和微观策略。

人们甚至可以更加思辨地证明，以这种方式赋予生产独特的物质形式，不仅仅提供了具体形式的细节和与生产的经验联系，也改变了自身的工业化进程。我们知道，当工业化进程即将到来的时候，机械化工业革命所表现出来的异常顽固和有力的形式，在很大程度上仍然无法完全转变为一种更趋控制论的工业进程。这表明，除了更重要的结构因素外，还存在着深刻的文化传动机制，使我们对自然具有一种物质的、可见的、机械的影响。

准，但不是其本质所在，如斯潘克斯的父亲所说的“你可以靠擦皮鞋养活一家人”。男性的工资袋之所以一直起支配作用，并不只是简单地取决于其中容纳金钱的数量，而是因为工资袋标志着男性在与“真实世界交锋的过程中，以一种男性气概的方式取胜，而对于女性而言，这个真实世界则过于残酷”。因此，男性在家庭中所扮演的角色一直是辛苦劳作者、养家糊口的人，而妻子只是承担一些“额外”的工作。当然，女性工资在物质上所具有的重要意义，可能通常要远远大于“额外”的含义；毫无疑问，女性所从事的家务劳动也是整个家庭经济中不可或缺的一部分。工资袋作为一种男性气概的象征，对于男人和女人来说，既支配着家庭的文化和经济，又构成欺压。

从更普遍的意义上讲，在体力劳动所包含的男性气概中，完成工作的
150 决心和真正工作的意愿被假定为一种男性的逻辑，而不是一种剥削的逻辑。乔伊的父亲在谈论其繁重的落锤锻造工作时是这样说的：“一个男人开始工作的时候，就是他的愿望即将实现的时刻。”改造自然的过程和其中所包含的物质力量，它们的真正目的是借助于男性气概与体力劳动的合并，转变成一种男性气概的财富，而不是生产的财富。就其自身来看，男性气概当之无愧是一种力量，但是如果男性气概的直接表达是通过完成另一事物来实现的，那么它又是什么呢？男性气概是人类的一种特性，因此它必须在某处被表现出来。这就是宿命，某种自尊和尊严似乎是自然而生的。工作中的重重困难或许会带来软弱，或是集体反抗或质疑，哪里如此，哪里就会产生一种压倒一切的男性气概——一种被转移了的生产目的论——来抑制疲劳，并对目的进行理性评估。①

---

① 这种男性气概的表达形式，可能会对工作中的斗争和冲突形式产生影响。工会的职员或工厂工人的管理者，必然也会利用独特的工厂文化形式来动员男人们——公开展示或虚张声势，或运用强有力的、好战的语言——其中充满了男性的情感。这确立了一种对愤怒和反抗的真实表达，并可能在短期内极为有效，无疑也是一种有待应对的力量。但是，较为长期的目标可能无法简单地依此方式被概念化，并且在某种程度上，在与草根面对面的层次上是无效的。因此，男性的对抗需要以一种恰当而体面的方式解决：（转下页）

如果工作中男性气概的特性成为目的论的一种类型，那么工作的完成和女性特质就与一种固定的状态联系在一起了。女性的劳动力被视为一种存在的本体状态，而不是一种目的论的形成过程。家务劳动并不是状态的结束，而是状态的持续。做饭、洗衣和清洁工作总是复制着从前的状态。毫无疑问，从某种意义上讲，家务劳动永远不可能完成，而且也不像男性工作那样被视为充满困难或是有生产价值的。女性的家庭工作只是被简单地归类为做“母亲”或“家庭主妇”。“妈妈”总是做这类工作，而且也总是被期待做此类工作。这就是母亲身份定义中的一部分，就像是工资袋和有生产价值的工作就是“爸爸”的身份一样。

父权制及与之相关联的价值观念，完全不是既往社会中未被解释的残留之物，而是资本主义社会中，复杂的、非预期的劳动力预备和社会秩序再生产过程的关键所在。事实上，父权制及其价值观念以其不断被毁坏和重建的、脆弱的、不确定的、非预期的、矛盾的方式，提供着现实的人性和文化条件，使自由民主国家中的人们“自由地”承担起从属者的社会角色。我们掌握了现实经验条件中的一些基本要素，尽管它们最终都是不切实际和颠倒的，但不可否认，它们对于意识得以“自由”发挥作用大有必要，并将最终决定总体形势。在“家伙们”和反学校文化中，有关劳动力出让中的共同特征和工人阶级认同中共有的洞察力，或可能成为洞察力的那些观点，仅仅被拆解为对体力劳动的维护，随后又被曲解为对体力劳动的奇怪肯定。劳动力展现的某一精髓或是特质的方方面面，并

（接上页）明显而直接的让步。然而，如果这就是其价格的话，那么人们就可以按此收买它，摆脱困扰。但是，以此方式，特别是以一种更大的男性工资袋的方式来赢得的明显让步，实际上可能会掩盖在（生产）控制和所有权等不太明显的问题上的长期失败。人们可能通过短期的、明显的、巨大的妥协，满足强烈甚至可怕的需求，而无须对那些暴力可能威胁到的基本安排做出改变。当然，还有许多其他重要的组成部分，以及各种长期的、持续的历史因素，这些必须给予重视。这只是一个猜测：或许从特殊的社会民主和短期经济视角来看——这两者在英国工人运动中表现得很突出，对体力劳动的肯定与男性气概的表达方式之间的独特结合，具有非常重要的作用，尽管这一作用尚未受到检验。

非其本质特征或与资本之关系。具体来说，在某种重要意义上，由于这些“家伙们”熟谙求偶、街头、酒吧和家庭等方面的分界和优越感，所以他们理解并接受学校和工作中的分工，且在最不利的方面求得短期的欢乐，从而获得长期的适应。

但是，我们在处理男性气概这一问题时绝不能过于简单化，因为男性气概是多维度的，具有多面性。一方面，男性气概是一种有些鲁莽、倒退的大男子主义，这就带来了一种自我毁灭式的伤害和攻击，并造成工人阶级内部关系的分裂；另一方面，通过揭示掩藏在表象之下的那些本质，
151 男性气概表现出了某种进步的本能。在男性气概的表现的背后，隐藏着对体力劳动的肯定，而且尽管这种肯定只是一种中介，是被扭曲的，但是其背后仍包含了丰富的意义，如劳动力作为商品的独特性，以及一般抽象劳动联结和统一各种具体劳动的方式。由于自身持有的各种偏见，男性气概蔑视所有的资格限定条件，不过它还是对文凭的分工本质，对脑力劳动和技术主义在意识形态方面主要被用以维持阶级关系，而不是选择最有能力者或提高生产效率，具有某种“洞察力”。

正是透过对男性气概这一矛盾复合体和性别与劳动分工的奇特整合的理解，我们才得以对早先概述的问题做出初步的解答：为什么在传统理解、人为界定和意识形态灌输中，人们毫不期望、最不能使人们产生满足感的工作（体力劳动）却被社会中一个重要群体自愿地，甚至是满怀热情地承担起来——至少，对该群体而言，这将是其青年时代相当长一段时间内永远的陷阱。

该群体是从完全不同的角度来审视体力劳动的。体力劳动的耻辱变成了积极的表现。从事此类工作，并不是要表达工作的目标或资本主义体系中主导意识形态赋予他们的身份，而是要表达某些情况。这些情况本身在原因论上具有“合理性”；尽管这种合理性是错位或颠倒的，但与那些直接将体力劳动界定为低人一等的论述理由相比，它倒可能更为合理。

这种合理性不可能是下层社会自主选择体力劳动的坚实基石。正是在当前反对体力劳动的意识形态潮流中，各种“新阶级”才得以在支配地位的经验关系中群情激昂地向上流动。[①]例如，实际上，本研究中的循

① 从这一角度来看，资本主义制度下新阶级出现的问题，远不如新环境下旧阶级再现的问题来得有趣。较之于正文所论述的部分，我在此处有关脑体分工状况的讨论，包含了更多关于“新阶级”发展的理论意涵。

我认为，下列范畴的划分是非常重要的：技术上的优化与对生产力的控制；脑力/体力的意识形态分工；意识形态的阶级分工；现实的阶级分工。技术优化在资本主义社会中是非常现实的事情。除了在意识形态领域中的含义之外，技术优化还是资本主义制度的一个客观的、必不可少的特征，它进一步抑制了对生产的限制。此外，它还消除了对直接需求和占有的限制，并开辟了可变劳动力，从而使生产达到社会抵抗或技术能力的极限。在资本主义制度下，不断提高技术能力的上限意味着控制和计划的不断优化，以及劳动强度的加剧。

在生产型资本主义中，这一现实趋势为脑力和体力劳动的分工提供了文化与社会的解释框架。我们从中可以看到一个从制度的集体属性到个体差异和特性的经典转变。此处，这种技能优化的机会对于削减社会对生产的制约也是非常必要的。技能优化确立了分工的可能。

对于靠挣工资为生的工人阶级而言，控制和计划优化所造成的客观差异并没有在工人阶级内部带来分工。对于绝大多数蓝领阶层而言，他们工作的实际体验是大致相似的。伴随着去技术化、集中化和合理化，在工具间的一台机器上工作和在生产线上一台同样的机器上工作，这两者之间的区别确实已经微乎其微了。甚至在工作条件的差别化程度增强的同时，体验的一致性也在持续着。与标准分钟和标准化的程序相比，甚至那些明显的差异（如白领与蓝领之间的差异）也变得毫无意义了。对于工人阶级来说，他们所面对的那些客观差异远没有他们在意识形态上做出的回应来得重要。这些回应至少在一定程度上关涉了性别歧视与脑体分工的整合。因而，如同回归到生产一样，脑力劳动与体力劳动分工的形式完全不同于其物质基础，而此物质基础支撑了对脑体分工，特别是父权制和性别歧视之间的关联的解释。资本主义需要，并且能够从意识形态的扭曲变形和此类分工中获利，这并不意味着资本主义就得到了它们的供给。

由此可见，脑力劳动与体力劳动之间的分工是人为造成的，是基于现实建构起来的，而这个现实则与其最初的结构、变形的结构、重新被应用的结构脱节。尽管如此，脑体分工仍然部分地承载着阶级分工的意涵。概括起来，阶级分工可分为如下两类：（a）工人阶级作为一种客观存在，在意识层面上的内部分工，它导致那些从事相同类型工作的人相信，他们在社会地位上是不同的；（b）真实的阶级分工，它仅仅有助于呈现能力方面的差异。最终源于生产力的客观趋势的那个潮流，在一定程度上使中产阶级合法化。技术与控制优化这一真实倾向被用作意识形态层面上的阶级分工的基础，大大超出了生（转下页）

规者和违规者都属于工人阶级，而且在生产过程中，客观上处于相似的地位，从事相似的工作。但是，循规者仍然相信，自己与那些“家伙们”相比，拥有更好的工作，属于完全不同的一类人，特别是有了文凭的武装之后。这种分工一旦在工人阶级中建立起来，无疑会使中产阶级的地位得

（接上页）产力的范畴。社会分工被描述和辩护为社会中的生产性分工，在这个社会中，生产和经济构成了主要的意识形态话语，而这种合法性的转换几乎是无法洞察的。

这其中至关重要的变化就是意识形态上的转变，即从真实的生产倾向到受性别因素影响的脑体分工的转变。这种转变的实现，既不是资本的内在规律作用的结果，也与时间-结构因素的模糊作用无关，而是借助于矛盾的、半理性化的文化和主观过程。

因而，以脑体分工为基础所形成的阶级分工，是一种建诸错误观念的误识。甚至即使脑力劳动与体力劳动的分工已经合法化，它也绝对只出现在工人阶级之中。在人们的错误观念中，劳动的脑力方面是作为具体的脑力劳动被个人化的。通过集中化和提高劳动强度，脑力劳动卷入到扩大资本主义生产中，这无疑有助于扩大，而不是吸纳剩余价值（那就是说，其并非中产阶级）。不合逻辑的是，此类劳动被承袭、简化和重新加以解释——特别是从公开接受那些在别处被视为体力劳动的工作的角度来看，并被用于维护阶级分工，使阶级分工合法化。生产过程中那些客观的技术和控制优化，在成为社会性的脑体分工之前，都是经过漫长的迂回才进入到文化和主体之中的，并被添加进一些新的、独特的意涵（性别歧视和“脑力”劳动与学校的关联）。

然而，如果仅仅因为意识形态的缘故，就认定脑体分工的作用是维护社会生产关系，那就大错特错了。与此类似，如果将维护社会生产关系看作资本主义逻辑的本质，那也是错误的。通过不断对劳动过程进行重组、优化技术和控制、提高劳动强度，扩大生产的逻辑开始发挥作用，与此同时，脑体分工出现（并且不可能摆脱这一条件）。事实上，在脑体分工与扩大生产的逻辑之间存在着一种辩证关系。

这并不意味着我们要否认，那些可以被宽泛地称作“脑力劳动”的东西与中产阶级无关。管理资本、分配剩余（甚至其中一些会返还给工人阶级）和维护社会生产关系的工作当然都涉及脑力活动。但是，人们很难将看上去相似，但在基本社会功能或生产功能上有所区别的活动分辨开来。阶级与阶级内部的派系之间的客观差别这一问题，在上述分析中尚未解决。

既然我们已经知道，脑体分工不仅仅产生于生产过程中，也产生于某些外部过程中，即以真实的生产倾向为基础，并对真实的生产倾向做出异于其本身的理解，那么我们就无须像普兰查斯那样，在洞察意识形态过程时，试图将真实的生产分工抽离。如果至少是在一定程度上，意识形态形成于他处，而我们没有发现生产中的真正区分，那么我们甘当责任。我认为，这应当有助于我们识别阶级内部的各种真实的派别。参见N. Poulantzas, *Classes in Contemporary Capitalism*, NCB, 1975。

到广泛的合法化：不是资本主义，而是中产阶级自己的智力和能力使他们能够保持自己的社会地位。

种族歧视与劳动力

像劳动和性别分工一样，种族分工同样有助于人们形成全面的认识论范畴，建立分工的可能。另外，种族分工也为社会提供了一个显而易见的下层阶级，这个阶级遭受了比白人工人阶级更沉重的剥削，因而它间接地、部分地受到来自工人阶级自身的剥削（这至少减轻了其自身的被剥削感）。种族分工还在意识形态层面上，为感受他者之倒退、自我之优越提供了客体（这样一来，就强化了那些使比较成为可能的主导意识形态话语）。因此，种族歧视从物质和意识形态两个层面上分化了工人阶级。

尽管如此，种族歧视中还有某种意义，正是在这个意义上，种族歧视 152
为部分白人工人阶级，如“家伙们”的劳动力出让“定调子”，而这种“定调子”的方式带来了对特定类型的劳动更加细致入微的肯定。此外，种族歧视标示出了男性气概适用范围的底线，并指出男性气概不是对体力的或不体面事物的粗俗维护，而是一种经过谨慎判断的文化类型。既然从外国移入的族群有可能承担那些最差的、最艰苦的工作，那么他们也就可能比其他群体更辛苦、更具男性气概。如果另一个社会群体承袭了男性自信而武断的衣钵，那么诸如此类的工作就偏离了男性气概的文化标度，被重新归为“脏的”“乱七八糟的”“非社会的”等类型，这种做法是站不住脚的。

因而，一张复杂的职业图就形成了，这张职业图并不是只有一个组织原则。非常轻松的或是脑力的工作被标注上了“娘娘腔”；而最繁重的、最艰苦的工作并不一定是男性化的。由于与移民劳动力联系在一起，繁重的工作可能掉价为脏的、不被承认的工作。对种族歧视的理解，应更多地着眼于资本主义制度下有关劳动力的复杂的社会定义，而不是从什么纯粹的、一成不变的种族敌意出发。

毫无疑问，在种族间的种族关系和社会界定方面也存在着差异。例如，西印度群岛裔的男性似乎是从现实的和可归咎于特定个人原因的生活环境的恶化方面，来保持某种程度的大男子主义（有趣的是，人们会发现，这与其对自身劳动力的判断之间的关联是多么遥远）。不可否认，一些白人工人阶级对年轻的西印度群岛裔所持的敌对态度似乎是基于性方面的嫉妒。自然，正如同西印度群岛裔的工作情况被从充满男性气概贬低为肮脏一样，其性方面与生俱来的勇猛也被贬低为令人作呕。

对亚洲人来说，似乎也存在着明显的基本工作文化标度的反向变化。成功的店主、商人和学者被许多白人工人阶级看作懦弱胆怯、“娘娘腔”的人，与循规的、女人气十足的白人一样被动顺从、缺乏进攻性（参看“对同性恋者的无故攻击”和“殴打移居英国的巴基斯坦人”）。这种恶意的反应，可能可以借助于对此类向上流动（以及独特的歧视倾向）的洞察来加以解释，而这种向上流动关乎某种感受，即亚洲人确实应当属于粗鲁的、肮脏的工人阶级。人们不清楚该使用哪类歧视，而从某种意义上来讲，亚洲人身受两者之害。

劳动以矛盾的文化形式完成自身的准备工作。如果有关这种矛盾的文化形式的基本论题具有任何有效性的话，那么我们就应该对移民群体中的这类准备工作做出解释。[①]

毫无疑问，就年轻的第二代西印度群岛裔而言，其文化反应和文化

---

① 对于工人阶级女孩的劳动力准备过程而言，这也是正确的。这也可以表明，有关性别角色的具体观念——从家庭模式到大众传媒模式，在学校的情境下，都表现在特定类型的实践活动之中。这些实践活动对于文化洞察的转变，以及对于劳动力的某种意涵和定义的主观及集体的发展而言，都蕴含着丰富的含义。譬如，用甜言蜜语哄骗男教师，或是直接以性感逗引男教师或许都促使女孩们认为，女性特有的重要能力并不在于“工作”和“勤劳”，而是在于复杂而矛盾的性操纵、性快感和家庭的建设。

尽管我无法将女孩囊括进本研究的关注焦点，但是此处所概述的研究方法，至少在正式的层面上，同样适用于对在校女生的研究。

过程与那些“家伙们”大同小异。他们在某些方面更为进步，并以某种形式将当前的形势更加清晰地呈现出来。这些孩子多半在英国长大、接受教育，而且从结构的观点来看，他们与学校和左邻右舍的白人同龄人具有许多相同的经历。我们由此可以想见，这将对他们的非正式文化产生影响，并使他们和那些白人男孩一样，对学校和劳动力市场的本质拥有某些直接的“洞见”。但是，他们同样也从西印度群岛人那里继承了一种无 153
工资和贫穷的文化。对他们而言，似乎存在着一种在毫无工资或任何官方、明显援助的情况下生存的可能。因此，这就为年轻的第二代西印度群岛裔准确洞察他们的未来的本质提供了可能——他们的未来得以向前推进，并非由于对某种工作的肯定，而是由于对所有工作的拒绝。

这并不意味着他们的文化和源于自身逻辑的那些行动毫无神秘感，或是最终不会被歪曲，不会以自己独特的方式变得不完全。但是，如果他们由于拒绝工作而过早地关闭了流动的通路，而且这种拒绝没有经过对社会现实环境和各种可能进行彻底的分析与政治联系，那么他们就突显了白人的应对方式的不全面性，而这种应对混合了洞察、理性、歪曲和最终接受。

随着结构性失业逐渐成为社会的长期特征，且一部分白人青年被迫陷入长期失业，一种无工资的白人文化可能就此形成（尽管比对的是当前出现的朋克摇滚文化现象，但很有可能是借用了西印度群岛裔的文化类型）。必需品可能被转变为一种虚幻之物，而且通过文化上的调和，不工作成了一种更为普遍的、“自由”的选择。有关下层阶级的文化再生产问题，如从事体力劳动的工人阶级的再生产问题一样意义丰富。但是，我们在此无法深入探讨了。 154

第六章

意识形态的作用

行文至此，我们已对某些文化洞察进行了探讨，并向读者展示了这些“家伙们”是如何通过内在的“局限”，最终对体力劳动做出了令人惊讶的肯定。

无疑，这已使我们身陷对外部力量、国家制度和主导意识形态对工人阶级子弟所产生的影响强调不够的风险。虽然人们不可能在一次研究中全面地刻画出外部决定因素和结构在文化层面上的复杂性，但是还是有可能推断出文化与意识形态相互影响的某种重要形式。从根本上说就是意识形态作用于文化，并在一定程度上产生于文化。意识形态本身在一定程度上受文化生产的影响，同时它又在文化生产过程中具有一定的形式与功效。

我们已经在民族志部分看到，诸多形式的传统主导意识形态——特别是通过学校调和的——被肢解，被转化，或是完全被反学校文化击败。已经考查过的那些至关重要的分工、扭曲和转变通常并不是来自社会统治群体向下传递的思想和价值观，而是来自内部的文化关系。本书在此要对工人阶级对体力劳动的文化肯定的某些方面进行探讨，无论是从意识形态的角度，还是从物质论的角度来讲，这都极为重要。而且，这种文化肯定有可能向上传递给一个对此极不理解的官方意识形态机构。

所有分工、性别歧视、种族歧视，以及借助于体力劳动力所完成的表达，都更强烈地出现在民间团体，而不是任何国家机构之中。事实上，自由民主与这类事物针锋相对，其代理将之视为需要铲除的邪恶之物，而不是自身生存的条件。无疑，这既没有阻止向上输出的那些意识形态因素被国家所利用，也没有阻止国家以矛盾的、非预期的方式再生产这些观念。更确切地说，在“自由”“平等”的资本主义秩序统治之下，不同机构中的国家代理人所怀有的美好信念，可能就是这些意识形态得以再生产的最重要的条件之一。

但是，我们不能完全颠倒意识形态传递的典型方向，也不能就此推断，主导意识形态、国家机构和制度除了为分工、性别歧视、种族歧视等发挥作用提供有利环境之外，在文化过程中没有发挥任何积极作用。

我在讨论被普遍接受的“意识形态”概念时，特别关注这些更直接的、更“占支配地位”的结果。此类结果对进一步限制文化洞察发挥了重要的作用。它们在一定程度上来源于时代的“统治思想”，即那些包含在具体制度和更为非正式的媒体（如电视、电台、出版物和电影）中的“统治思想”。这两种统治思想可以在一个共同领域里被整合起来，例如学校。两者，特别是后者，均受到来自阶级文化过程的意义（与有差别的扭曲不同）和范畴的影响，并对它们加以利用。 160

基于我们的研究论题可知，在意识形态对反学校文化施加的纵向影响中，最重要的两种就是证实和扰乱。一方面，它们（以某种循环的方式）对文化（生产）过程的某些方面和决定加以证实，而文化（生产）过程则对当前的社会利益集团和生产十分偏袒；另一方面，它们（通过为局部系统注入新事物）使那些仍然对该系统保有某种程度的批判式洞察的文化生产过程陷入混乱。虽然这两种影响方式并不是对劳动力在主观上和文化上的准备过程进行直接干预，但是它们参与、影响并强调现实的经验过程。这里并没有诡计多端、不择手段的意图，意识形态的各种要素只有在与工人阶级文化过程的现实运动结合为一体的时候，才会被人接受。关于这一点，如我们所知，人们很难仅通过上面的论述就彻底理解。尽管意识形态的意义和逻辑可能存在于文化过程之外，但是对于特定文化形式的外在特征和内在逻辑，人们只能在不同时期、以不同方式接受，特别是当意识形态的意义和逻辑与在文化过程内部产生的意义形成对比的时候。

证 实

职业指导和建议是“家伙们”在为工作做准备期间被施加的最明显的意识形态力量。我们之前已经注意到，职业建议和工作所包含的指导性观念遭到了无情的拒绝，并被重新加以解释。尽管如此，一些我们可以称之为暗示性信息的观点确实仍然得以传播，特别是在强化文化中业已形成的有关社会分工、性别歧视，以及从事某类工作的必然性的自然主义方面。职业指导与建议通常并不意在传播这种信息，而意在关注此类事情：工作生活的总体环境；对工序和机器的痴迷；体力劳动者与脑力劳动者之间的分工；工业组织明显的无时间性和必然性；未来工作领域中原子化的竞争本质；产业劳动的艰辛和必然性。这并不意味着职业指导和建议在一定程度上代表了理性职业选择的一般模型，或是作为一般模型的一部分被接受。相反，理性的职业选择来源于大量影片所曝光的工人阶级大众的工作形象；来源于备选工作那令人不知所措的多样性；来源于摄影师不由自主、凭直觉所捕捉的运转着的机器的影像；来源于白领指挥蓝领时那绝对的权威。

或许此处最明显的例子就是职业影片中的两性的角色差异。在这些电影中并不存在明显的性别歧视，而且性别角色的定型化也从不是此类电影评论的主题。要说有什么的话，那就是明确强调两性应更趋平等。但事实上，电影中的视觉形象和隐含假设仍保有性别上的分工，并被具有性别歧视倾向的“家伙们”习得。

在一家蛋糕厂里我们只看到女孩子们在工作。当我们观看一个姑娘给蛋糕裹糖衣的时候，画外音响起，“没错，她干得实在是麻利，这可不 161
是快放镜头”。女性总是做那些精巧细致的活儿，她们与更崇高的职业之间的唯一关联就是为自己的男人担惊受怕。在一部有关拖网捕鱼的电影中，人们看到一位年轻的水手告别自己焦虑不安的母亲，而母亲站在家门口的台阶上不停地挥着手。他的身影消失后，母亲返回屋中，开始忧心忡忡地等待儿子归来。与这种感情形成明显反差的是，拖网渔船上的那个男船长被刻画成了一个淡定、强壮、“不轻易流露感情的”人物。他的注意力完全放在了捕鱼量上，而不是在关怀新船员上。

在另一部关于耕作的电影中，生活的艰辛和残酷一览无余，但是这两者都不是只有在男性主题面前才能被提及的尊严和才干。此时，画外音提示我们，“开拖拉机并不像看上去那么容易”，尽管电影中汤姆觉得很容易，因为“他在战争中开过大型推土机”。我们只能认为结束语中的这段话是讲给男性观众的，“生活是艰苦的，但是对那些全身心投入生活的人来说，生活充满乐趣”。

意识形态最重要的一般性功能之一，就是将各种不确定的、脆弱的文化分析和结果变成一种普遍的自然主义。意识形态向人们提供了众多范例以确定这一功能。来自下层社会的最乏挑战性、却最富神秘感的文化生产已经成形、具体化，并得到支持以形成一种真实而生动的共同特性。这种共同特性使所有阶级达成某种共识，而这个共识又构成了社会地位再生产的基础和展示民主的舞台。事实上，这种共识可能是与某些官方意识形态准则相悖的。这仍然是为稳定付出的微小代价，是一种在意识形态层面上做出让步的形式，这种让步足以和下层社会向劳动与社会民主要求所做出的明显让步相匹敌。对于工人阶级而言，这通常标志着与一种绝对主义、资产阶级意识形态决裂的同时，又回归到另一种更深刻的绝对主义和资产阶级意识形态，即自然的法则和常识的规则。

对于这些“家伙们”而言，常识的支配力时时刻刻包围着他们。常识部分是自我创造的结果，部分是证实性的意识形态信息向下传递的结果。对于“家伙们”周围的人而言，常识是行动的明确根据。常识向人们提供了自然化的社会分工和普遍存在的性别上的沙文主义。或许最为重要的是，常识以一种对劳动力已然被扭曲的意义进行证实式曲解的方式，向人们提供一种无法抵抗的感觉：人情世道即工作之道。工作之道是直接而具体的。甚至在这些“家伙们”离经叛道的行为中，也时常出现对“道”的提醒。当他们手拿一块偷来的蛋糕跑出店铺时，店主在他们身后大喊，“我花了4先令做那块蛋糕”；当他们在学校里弄坏一把椅子时，他们被告知，“你父亲曾为那把椅子出过力”；在家里，家人以无数种方式告诉他们，向他们证明，“如果你不工作，你就没饭吃”。

当世界上的工作必须有人来完成时，就会出现很多种组织常识的方式。被隐藏的文化洞察，而不是对于工作必然性的断言更多地告诉这些
162 “家伙们”真实的社会组织。常识是“家伙们”那最为偏颇、最受限制的文化“洞察力”的具体化。它阻止“家伙们”去探索更平等、更合理的生产组织。[①]

当反学校文化的含义中包含潜在激进因素的时候，在避免“叙述如下”的专断的同时，对蕴含在反学校文化中的有序、连续时间的颠覆，通过完全自然化，被转换成了一种惯性和优势。时间或许不是被建构起来的工业主义的产物，也不是革命性选择的产物。中产阶级的时间并不是（以一种实践的文化形式）与相对主义和可能性，而是与一成不变的自然及其惰性趋势构成对照的。与中产阶级时间观念的决裂，使人们趋于一种更为绝对的时间观念。对于中产阶级时间的“部分洞察”，连同其他各

① 为了避免混乱，我并没有使用“霸权”这个词。但实际上，从很多方面来看，“霸权”在此处可能有助于表明意识形态与特定文化形式之间关系的准确状态。就是在这个意义上，我才借用葛兰西的这个概念。可是，目前“霸权”这个词的准确词义并不确定，因此我尽量避免使用这个词。参见A. Gramsci, *Prison Notebooks*, Penguin, 1973; P. Anderson, “Antinomies in Gramsci’s Thought”, in *NLR*, no.100。

种“洞见”，成为从文化和相对武断到“自然”的转变，而不是以其他新形式表现出来。这是对历史的否定，而不是对历史的承认，无论决裂后的前景如何。

扰乱

正如通过学校和职业工作所表现的那样，意识形态的主要扰乱倾向之一具有独特的非预期性。

如我们所知，主导形式的职业指导和“谋生教育”强调的是就业机会与被指导者全方位（从横向和纵向两方面）满足人类抱负、期望的能力之间的现实分化。由于受到反学校文化的影响，这种直接推动力发生了大规模偏离，其错误逻辑也被反学校文化所洞察。对于本研究所关注的“家伙们”而言，所有的工作从根本上说都是相同的。然而，意识形态的推动力非常强大，并促使文化洞察陷入混乱。

由于支持分化的意识形态力量是如此强大，且无法说服其对象，因而推动力的影响发生了逆转，产生了向心作用——不是使工作多样化，而是使人们漠视导致工作千篇一律的真正原因。工作之所以缺乏多样性，并不是由一个简单的原因（资本主义的生产逻辑）导致的。各种令人眼花缭乱的电影、演说家的轮番说教，以及员工们在“选择”过程中所感到的持续不断的压力，这些都没有表现出世界上工作的多样性，而是超越多样的领域和如此多样化的决定因素与原因，表现出了工作那令人惊讶的千篇一律。

因此，工作如此无聊、令人厌倦，且通常毫无意义，并非一人之错。我们无法为此责备任何人，也不能采取任何行动。每个人遭受的惩罚各不相同。但是，在完全不同的领域中，如耕作、牛奶递送、工厂工作等，都有工头在严密地监视工人，而工人们完成乏味的工作就是为获得那令人着迷的棕色信封——这些似乎都是再正常不过的事情了。这助长了先前所谈及的自然主义，同时又被自然主义所强化。与其说以压迫为中心的世界来自以具体、确定的思想、生产和利益为核心的社会组织，不如说我们拥有一个包含了成千个不受时间影响的理由的自然主义世界。多元决定论
163 带来了苦难，这正是人类的处境。人们可以与单独一个敌手搏斗，但绝不可能与从人类所处的环境中生发出来的一百万个小敌人交战。

非正式群体抑制了文化洞察，并促使其成员逐渐偏离该洞察。有时候，这种更为直接的扰乱是在职业工作中通过明确强调个人主义的方式实现的。在汉默镇学校，来自未来的威胁和工作中的竞争使群体团结产生分化，这是很常见的事情。

> 职业指导老师对五年级学生　我以前告诉过你们，我通常并不提倡自私，但在这种情况下，我必须赞成。忘掉现在坐在你周围的朋友吧，也许你现在正和你的朋友在一起，一起说说笑笑，没关系。但是，当你们找到工作的时候，世界上所有的朋友就都没用了。当你自食其力的时候，你就要完全靠自己完成工作，没有人能帮上忙（……）所以，此时此刻，你就得自私。不要为你的朋友在做什么而困扰，现在就出去，照顾好自己，找到属于自己的工作，不必等你的同伴。

当然，在特定情况下，这是一个很好的建议，特别是对个人而言——很坦率，且充满关心。然而，到最后一年年底，半数的五年级毕业生没找到工作，这对于所有人来说都是极其可怕的前景：学生们还得做出实用主义的个人决定。现在的就业形势较之以往更加严酷了。然而，事实仍然证明，意识形态总是宣扬自身的必要性，并且利用时间的短暂性排斥了其他的前景和可能。

与就业官员对话可能会强化某种力量，从而瓦解群体及其观念，或者更确切地说，会阻止群体出现。这通常并不直接作用于那些“家伙们”，其个人主义的逻辑，有时是精英主义的逻辑，会在社会中播下异议

的种子——尽管会抵消文化的作用——并最终发育成各种形式的个人主义和界线。

当然，临近最后一年年底，当工作遥遥在望的时候，由主导意识形态所激发的个人主义分化，借助于文化上的自相矛盾，已然变得根深蒂固了：

［一次小组讨论］

法兹 我去［参加求职面试］了。是这样的……她极力向我推荐，“你想做铺路工吧”，她说（……）“你想去修理打字机吧”，我根本就没提到过打字机［大笑］。她说：“好吧！我会尽力为你找到一些合适的工作，到时候我会通知你的。”

乔伊 她知道你能干什么。她不可能每周平白无故赚三十英镑。她应该知道你的强项是什么。或许还知道你能做什么（……）

法兹 她确实知道，而且想办法让你得不到那份合适的工作。

弗雷德 你想做什么，而且说你决心已定，她就偏不让你做什么。是呀！ 164
我机械在行，她就不让我做机械工作。（……）她说：“你做不了这项工作，因为你得有物理知识。”就是这么回事。

乔伊 哎，就是如此。这就是她懂的东西。她明白，反正你得不到你想要的工作。

斯派克 因为如果你找那样的工作，那你心里肯定有数，你必须会什么。她会告诉你，你得具备物理知识。那么……这纯粹是浪费时间，除非你还想学习（……）

威尔 她说的是对的。咱不说浪费时间，就说这一年，你接受了培训，然后他们还是把你开除了。知道我的意思吧，如果你对那东西不在行的话。

这些就是职业动力对形成于文化层面的洞察所产生的主要扰乱作

用。自然主义充满并肯定了内在软弱性，而这种内在软弱性与意识形态活动联手作用于文化激进主义，从而广泛造就了工人阶级的固定特征。尽管不平等总是四处可见，剥削被人们承认，不公正和矛盾成了每天的家常便饭，但这些事物没有一样指向相同的方向。他们不具有共因。如果一些人剥削别人，而一些人受剥削，如果一些人是平等的，而一些人并不平等，那么这一切并不与阶级组织化相伴而生。所有人都有机会剥削他人，也都有可能被他人剥削，任何制度都不能，也不希望改变这一切。在任何赌博游戏中，机遇、命运和运气基本上在洗牌的时候就分配好了。对统治制度和剥削的清醒认识，对资本主义制度的文化调和（尽管是扭曲的）和在一定程度上对洞察的实践，是可以与平静地接受这个制度、相信人生中并不存在对个人机遇的制度性压制并存的。压制确实存在，但它只不过是人类处境中随机的一部分。并不是资本主义，而是人类的本性，才是真正的陷阱。意识形态则协助这一切产生——尽管它不仅仅来自其自身的资源，但因为意识形态在一定程度上是由自己创造的，所以人们相信它。

[工作中的一次个人访谈]

约翰［在一家生产汽车配件的小工厂中工作］　总是有更多的东西等着［加工］，不过，我的意思是，甚至我想说，我每月挣十二英镑，而我一天能给他们挣一千英镑。我的意思是，你所做的一切都是为了金钱。

PW　你指的是什么意思？

约翰　我觉得，任何地方的管理层都是养尊处优的……你看哪儿都是如此（……）

PW　不过，你还是认为事情总的来说还是公平的。

约翰　大体上是公平的，但我的意思很明显，总是有不公平的地方，比如管理层。可我觉得人人都有错，人们都太贪婪了。这就是问题所在。我是说，即使是那些最穷的人，如果他们挣了一百万英镑，他们也会开始……他们还是会想挣更多的钱。虽然他们曾亲身经历，知道许多人吃不饱、穿不暖，但是他们也不会把钱施舍给那些穷人。所有人都一样，本性都是贪婪的。不过，我想社会还是比较公平的。 165

［工作中的一次个人访谈］

PW　我的意思是，你是不是曾经觉得（……）你应该挣得像（……）主管的工资或红利那么多？

比尔［一家木材机械厂的实习机械工］　如果每人都这么想，就能实现了。不管怎样，我也这样想。但是，对此你也无能为力。并不是这一家工厂，在任何一家工厂工作，情况都是如此（……）我曾经希望，我能够在那里升职，可是他们不想着我，你知道的……

内部对话者

本书所简述的“意识形态”对于身份地位的重要作用，或许在很大程度上并不在于直接干预（此处只做部分探讨）、制度支持或政治背景，尽管这些作用是重要的，正如意识形态与文化过程相互影响、作用的所有方式。在当代工人阶级文化中，意识形态可以被视为一种非正式补充。

各种文化形式的根本弱点就在于个人经验和可靠性的调和折中性，特别是当文化形式与文化洞察重叠并受其影响的时候。虽然文化洞察是文化相关性和生命力的终极基础，但是它们从未被明确地表达出来。文化洞察不是斗争的直接资源，在我们分析的过程中，它们与直接的政治声明只有一点相似之处，即文化洞察替代不了政策或意识分析层面。在更广泛的社会情境下，非正式文化过程的具体性、密集度、隐含的激进主义、关联性，及其有关个体主张的实质，恰恰是其最大的弱点。作为这个社会中的一种反抗形式，非正式文化的本质就在于，它作为规则的例外而自我保留下来。非正式文化对所有可能推翻规则的其他例外都毫不知晓。它没有意识到自身“规则”的存在。对实际上直接指导其独特文化反应的世界的分析一片沉默，而意识形态自信地跨入这片沉默之地。无论对错与否，无论是否被洞察，它就是那规则，它就有那话语权。对于文化形式的弱点而言，意识形态成了一个内部对话者。不论内容如何，各种强大的意识形态总是具备正式性、公众性和明确声明的天赋。它们可以在舆论和共识之中发挥作用，因为在对立的文化过程中，任何事物都无法取代它们的作用和效力。

在“家伙们”和反学校文化的个案中，在那些拒绝制度和传统道德的叛逆者与反对观点之间，存在着一种令人感到惊奇的张力和矛盾。这种
166 矛盾并非总是显而易见的。但是，正是这一隐一现强化了对文化洞察的抑制——就像文化洞察受到局限一样，促使文化洞察进一步陷入混乱，并使它们的各种意涵投射于不可能实现的目标。

当然，每个“家伙”都以自己特有的方式，怀着不同的感情压力，以不同的解决方法应对某种矛盾。正是文化本身，才能展现出那令人惊讶而持久的含糊不清。违规、拒绝和工具主义的逻辑无疑引发了许多行动、选择和行为。但是，这种逻辑通常容易被人们视为相对于更大社会道德，即所有人都遵行的逻辑的例外。个人经验的力量——知晓事物的真正本质——或许能为了每日之生活，逾越这种一般逻辑。但是，个人经验绝不可能击败一般逻辑。虽然文化对个体说“这对于我来说是正确的”，但是它也可能补充说“尽管一般说来它可能是错误的”。非正式文化对现实行动构成指导，并使之合法化，但是非正式文化最终还是被涵盖在正式文化这个更广泛的框架之中。甚至在某些特定情况下，正式文化被明确拒绝之处，非正式文化的归类能力仍在继续发挥作用。反对和替代性解释被无休止地纳入规则的例外之中。

[临近最后一年年底，学校的一次小组讨论]

斯潘克斯　是那些“软耳朵”构成了我们所生活的这个世界，而不是我们。

法兹　绝大多数人就像那些“软耳朵”，难道不是这样吗？他们使这个世界正常运转。如果把这个世界交给我们(……)一切都会变得乱七八糟的，我们可没法应付。

PW　(……)你想让事情变成那样吗？

法兹　不，你只要想想就明白了，你没能耐拥有什么，一些人已经将所有东西都据为己有了。

斯派克　你这是在中伤自己。

法兹　没有。

乔伊　就是。你说过，如果这个世界交给你，一切都会乱七八糟。

法兹　是这样。

乔伊　但是，你不会让一切都变得乱七八糟的。很显然，真到那时候，你会阻止它发生的。

PW　你的意思是不是你想当一名听话的学生？

乔伊　我不想做什么听话的学生，我就想成为我现在的样子。

(……)

乔伊　你说你不想听[老师的话]，但是有时候你就得听。如果你穿过过道时，地板上他妈的有一个大洞，你可能因此摔倒，还把脖子扭了。你就不听话，走过去了，摔倒了，那你是自找倒霉。

斯潘克斯　[激动地]我不会那样做的，难道我会那样做吗？

乔伊　为什么不会？你说了，你不想听话(……)

PW　既然你这么说(……)说明你够聪明，能明白其中的道理，那你为 167
什么还不聪明地听老师的话，按照老师说的[好好上课呢]？

乔伊　我可没说我聪明。我是说，我们当中没有人聪明到那个程度。

PW　但是，你已经聪明地指出这一点来了(……)那为什么不那样做呢？

乔伊　因为其他人没那么做。如果我不玩耍，不喝酒了，他们就不带我玩了，那么我就不会是这些人中的一员了。我现在就是这个群体中的一部分，我不能离开他们。

威尔　老师们想让我们变成“书呆子”。这就是我们冲突的地方。他们教我们这些东西，可是我们并不想成为“书呆子”。所以，我们觉得，呃……如果我们变成了“书呆子”那样，我们就不喜欢自己了。所以，我们不能变成“书呆子”，就想像现在这样子。

这些“家伙们”的文化最缺乏抱负——支持这一观点的对立规范与主导意识形态针锋相对。在这种内部对话者面前，对抗性的内心活动只是变成了一种回答。此处，核心的问题并不是要说明“家伙们”对待暴力的态度是对还是错——就其残忍性而言，暴力是一种资本主义制度下竞争性个人主义的反映，而是要从内部证明其自身的合理性。虽然各种文化形式和经过调和的具体行动的“合理性”对主导意识形态进行渗透、颠覆，并使之逆转，但是主导意识形态仍在质疑将政治封闭于文化之外的真正形式。

[一次小组讨论]

斯潘克斯　尽管每个人都会赢得胜利，但我要靠自己的力量获胜，他独自一个人被打了一顿，为什么他没叫上其他人一起呢？

乔伊　打架又怎么样？就是你把那个小胖子一把拎起来，一顿猛打。他可能家里有十个孩子，但没有妻子照顾他们。

彼特　是，这么做不对，难道不是吗？

比尔　你没时间考虑，因为当你站在那儿考虑的时候，他就可能已经把你杀死了！

(……)

乔伊 如果他不够勇敢，没有保护好自己，或者如果他不是……

斯潘克斯 或者如果我在人数上胜过他，四对一……

乔伊 或者，如果他跑得不够快……

德瑞克 哎！罗伯茨怎么样了？[一个听话的学生]，他长大以后，有没有再找他的茬？

乔伊 那是他的错，谁让他长得不够强壮，那是他的错。

德瑞克 那不是他的错，那可能是他爸妈……

乔伊 那只能怪他自己……

比尔 我们的爸妈，我和你打赌，我们的爸妈……

乔伊 [激动地]好了，好了，那么……就是他爸妈的错，把他养得像个同性恋。

德瑞克 “就是他爸妈的错！”可你刚才还说那是他的错呢。 168

乔伊 如果是他们的爸妈把他们养得像同性恋，那就是他们的错了。总得有人承担过错，错误也总是可以追溯到某个人的……因为不管我多大岁数，我总是想看到一些十五岁的年轻人袭击我(……)

PW (……)难道你真的那么认为，或者怎么就让你觉得那是对的？

乔伊 事实证明那就是正确的！

PW (……)肯定有什么理由使你觉得那是正确的，为什么会那样？

乔伊 我不知道为什么，你总是想证明它。如果你像……那样做，就会显得有点傻。我没法解释，你就想证明那是合理的，想让它看上去是对的，总有这样做的理由的(……)理由是对我自己说的，不是对警察说的。对警察我就会说“我当时不想那样做”，然后开始哭喊，这都是胡扯，你只是想让自己得到开脱……你知道，我总得有一些理由证明它为什么合理吧。我总觉得，在这段或下段生活中，你总得对你的生活，对你所做的事情有个解释吧。

PW 可是，如果你不相信这种说法，那它还有用吗？

乔伊 还是有一点用的。有些情况，比如你确实能够证明它是合理的，

> 你也就心安理得了。而对其他人（……）你就得想办法证明那样是对的，是合理的，至少在表面上证明它有理。深究的话，可能就站不住脚了。你心里明白，那是错的。只是当有人议论这件事的时候，你会说："啊，有些道理，我不觉得这有什么残酷的。"

正如在主观层面上规定和理解的那样，在这个地方，文化和社会组织的传统原则之一，就是"他们"和"我们"之间的原则。[①] "他们"是在"我们"中得以存续，这一点通常被人们忽略。这种内在划分并不会令人感到惊奇。在一个确实存在阶级分工的和平民主社会中，"他们"和"我们"绝不是界限分明的。这两者之间的基本区别，无论是在最广泛的社会单元层面，还是在单独的个体层面，都必须被熟练掌握、调和、附和。甚至是最为"我们"的群体或个人，也会有一些"他们"的成分在其中。正是这一点使得"我们"彻底出卖了自己。意识形态就是嵌在"我们"之中的"他们"。这并不是自然形成的，而是与政治实践无关的非正式文化和个人合法性的力量使然，文化斗争的力量使然。一旦出现，它就在一定程度上证实了洞察，并使之陷入混乱。它阻止"我们"变成一个集体、坚定而自信的"我们"。意识形态成为虚假的"我们"、虚幻的团结——人们各自保全自身，并以其他人的名义屈服于最高统治权。如果说国家意志是一间布满镜子的大厅，那么这间大厅就需要每一面小镜子。这里，我们只是
169 对其中一面镜子的结构和关联做了考察。

① 例如，参见理查德 · 霍加特的经典著作《识字的用途》（*The Uses of Literacy*, Chatto & Windus, 1957）。

第七章

对文化形式和社会再生产理论的注解

我们在前文中所考察的，虽然仅仅是劳动力再生产的诸多具体形式之一，以及使它得以应用于生产过程的各种态度，但是本研究在某些方面仍有广泛的指导作用，例如发展一种有关文化形式、文化形式在社会再生产中的作用的更普遍的理论，或是更加准确地界定文化形式在资本主义模式中，对于保持持续的物质生产所发挥的作用。

首先，该研究提醒我们要对文化层面上过于简化或粗略的唯物主义观念保持警醒。[①]例如，在任何直接意义上，工业的劳动力需求都决定着劳动力的主观和文化结构，这种观点就是错误的。[②]诸如学校之类的特

---

① 例如，马克思从未解释劳动力如何形成，如何主观地存在，又是如何以某种方式被应用于生产过程之中。在使用失业后备大军这个概念来解释工人的意识形态顺从的时候，总是存在一套骗人的把戏。无论直接的压力和额外的竞争压力如何，我们还是首先需要对导致某种生产力大规模供给的过程加以理解，无论这种劳动力失业与否。

② 尽管我曾指出，生产并不是机械地决定文化层面和那些有助于形成生产所需的劳动力的过程，然而显而易见的是，无论以何种方式造就的工人，在任何特定时刻都必须最大程度地满足生产的全球化需求。这些需求在某种程度上受它们自身被满足的形式的影响，反之亦然。不过，我们仍然需要面对这些需求的较为独立的逻辑表达方式和发展规律。借助于本研究的论据，我们可以在这一复杂领域内做出一些初步的评论。

垄断资本主义的诞生，标志着向劳动过程控制和加强的一次前所未有的迈进。而竞争型资本主义的市场在商品交换中居于更核心的地位，这就对劳动过程控制起（转下页）

（接上页）到了制约作用。如果某种工作变得过于困难，竞争型资本主义就会为个体劳动者提供具体的替代性可能。同时，它也试图对技术升级和革新的速度加以限制，因为这些方面的投资可能会冒资本回报周期过长的风险（如果投资不是用于最佳资本积累，而是用于竞争性的产品升级，那么这种投资甚至是无回报的），而无法获得自由市场中盛行的短期运营收益。正是同样的逻辑，阻止个人资本家采用更短的工作日（参见马克思《资本论》）。相对而言，现代企业免受这些市场压力，而且可以根据自身生产的内在逻辑，推进对其所购买的劳动力的控制、强化管理和使用。劳动过程不断被强化，手工技术被进一步控制和分解，这种趋势是现实存在的（参见Braveman, *Labour and Monopoly Capital*, Monthly Review Press）。控制的最主要发展方向，就是对规模生产进行专业化的、理性化的控制。因而，存在一种普遍需求（即告别小规模的高度技术化——这会将控制传递给这部分人），使低技术劳动力为更大范围的系统化和更快的工作节奏所利用，并具有一定程度的弹性，从而使不断标准化的劳动过程得以相互交替进行。简言之，垄断资本主义要求其劳动力中产生一种加速转变，即劳动者变为技术白痴，以工作为荣，个人与工作活动相融合。

本书所描述的文化和制度过程——作为一个整体——试图造就出一大批与这一类型近似的工人。确切地讲，我们已经探讨过的"部分洞察"，本质上就是要贬低和玷辱传统的工作态度、工作中的控制感和意义。在某些方面，就垄断资本而言，这些发展具有进步性，并且很可能为不断社会化的劳动过程提供所需的工人，这些工人是工具性的，灵活、毫无幻想、"敏锐"，不掌握熟练技术，但却可以很好地参与社会化劳动过程。

当然，无产阶级工人的"先进性"不必走得太远。抛弃旧时技术、职业奥秘和保护性态度，并不必然会拒绝现代工作，或放弃对现代工作无意义性的透彻理解。这种自由、独立和改变工具型工人的愿望，绝不能堕落为朝三暮四和任何的动机不纯。最为关键的是，客观存在于这些先进的无产阶级工人之中的社会互赖——比以往任何时候都更加不具有偏见性、盲目性和局限性——不应该成为意识与政治目的的互赖和团结。

因此，源于现代垄断的各种需求是彼此矛盾的。对于进步（或者缺少技术、受到职业约束的）工人的需求同时也使工人不忠于职守、缺乏动机，且易受大众批判性政治观点感染。

然而，我认为，这种矛盾也有可能在一定程度上被劳动力供给的文化形式所拯救。如果工业对于更为灵活、心无幻想的工人的需求，主要是由一类工人阶级的文化过程（当然与这些需求存在一种调节性关系）所满足，那么这种文化也会（再一次以一种调节性关系）提供能产生各种依附形式、分工和非预期性动机的其他过程，而这些都会以某种形式满足工业恪尽职守和使政治混乱的需要。与那些违规者相比，循规者在劳动力准备过程中的各种文化变体更有可能造就出不顾贫乏的客观物质条件献身于工作、笃信工作的内在价值且具有各种相关资格的工人。而且，这些对立的依附形式的存在，为劳动力分工和等级化奠定了基础。人们借此瓦解了工人阶级内部的团结性，并从意识形态方面（转下页）

（接上页）使现实的阶级分工合法化。事实上，半自主文化层面上产生的这类文化分歧和扭曲使人很难“看透”它们，从而对生产过程中的实际变化做出经验性的判断。另外，这也可能表明，工业需求与劳动力再生产的文化形式此刻似乎正在走向艰难而矛盾的和谐。然而，长期矛盾无法解决。意识形态过程和物质过程朝着根本对立的方向发展。劳动过程本身正变得越发去技术化和无产阶级化，与此同时，劳动过程中所涉及的各种工作显然正变得更加等级化和差异化……特别是在资格方面。由此可见，“当生产过程中的客观技术分工正在进一步缩小的时候，脑力/体力劳动和性别上的基本分工是否还会不断再生产和扩大生产过程中的分工”，这仍然是一个开放的问题。

在那些针对不断变化的劳动力的控制和指导中，最有趣的管理革新之一就是“新型”的人际关系：工作重组、工作满意度和自治性工作小组技术。就工人意识和反抗的形式而言，人们仍然对此类技术的内在逻辑大惑不解。在我看来，有关这类发展的最具启发性的观点，就是将其视为对无产阶级意识先进性（处于矛盾中）的回应。劳动过程的严格分工、高昂的士气和对企业的忠诚，都日益变得难以实现。这是因为工人阶级文化形式和与之关联的行动，正穿过自我强加的脑力/体力障碍，转变为一种对抽象劳动的实践性理解；正穿过自身特有的性别障碍，迈向工作的彻底无意义，并对工作施以更加非正式的控制，从而形成更具对立性的团结——至少是在特定的、非正式的强大领域内。新型人际关系就标志着管理阶层试图利用这一发展中的意识，来获得更大的灵活性和更强的工作意愿。

然而，这类战略性解决方案的最终代价可能是极其高昂的，因为从某种意义上讲，追求效率最大化的生产逻辑（资本主义稳定性的首要信条）已被放弃，而且创造的条件更易于促使在劳动力中发展出更具批判性和挑战性的观点。在短期内，由于中断的情况少有发生，产量因此可能提高；由于劳动力的相对原子化，反抗也可能减少。但是，如果我们将整个变动的特征概括为把工头有序、有条件地纳入非正式文化，否则他的地位将被篡夺和受到挑战，那么我们会看到，人们在以此种方式处理与管理层的对立关系的时候，设置了严格的限制。无论是权威正式的让步与贬值，还是非正式的让步与贬值，都是一种危险的策略，而且所有形式的参与都具有两面性。能否在控制与服从之间达成一个新的稳定划分，能否在长久、缓慢、微小的让步过程中发挥作用，这必定是资本主义的赌注。人们可以期待分工和合法化在意识形态层面的发展，可以说，这就像是逆流而上寻找河流的发源地，从而抑制那种声称要掌握工作场所控制权的过度膨胀的野心。

将管理技术方面的各种变化概念化的另一个方法，就是描述企业管理的焦点正在从生产力向生产关系转移。以前，生产关系只是被简单地看作为生产力的运转提供条件；现在，生产关系已经被理解为具有独特能力的力量。

泰勒制和福特制均旨在促进对生产力的有效、合理使用。这涉及对生产的客观社会化，生产的客观社会化反过来也可能会带来所谓的意识社会化。在意识社会化中，相互依赖受到了广泛承认，并被工人们用来控制生产。在自己的时代，泰勒反对“限制生产定额”和“系统性怠工”，但是他这种技术方法所带来的生产的极端理性化和扩（转下页）

定机构生产着，或者如果在某些方面运行得更好的话就能够生产出无阶级、标准化的劳力组件，这种说法也不正确。在对某类工人的强烈渴望中，生产过程必然延伸到半自主的文化层面，而这个半自主的文化层面只是部分地、在特定条件下由生产决定。所谓特定条件，包括意识、集体联合的创造力、理性、局限性、非预期性和分工。对于体力劳动的形成而言，其独特的贡献就在于对体力劳动所做的某种肯定，对一系列分工（主要是脑/体分工和男/女分工）的洞察和转换。①

从更普遍的意义上讲，我们不能假定，文化形式作为一种自主反映，

（接上页）大化，为进一步非正式地控制劳动过程提供了条件。因此，操纵和控制生产力显然会对社会生产关系产生影响，社会生产关系也会反作用于生产力。

我们知道，人际关系研究的第一次浪潮始于埃尔顿·梅奥的著作，在其著作中，梅奥试图遏制社会生产关系的反生产倾向，并使之失效。第一阶段的人力资源管理技术绝不是因为考虑了社会关系，才有意识地重组生产力。这些技术在群体内部产生影响，也可以说是在上层建筑层面起作用，特别是通过群体领导者的影响来管理、操纵、调节群体过程。

第二次人际关系技术发展的浪潮标明了“理想主义”解决方案的局限性。在非正式群体和工厂文化中，一种更为唯物主义的观念存在并发挥着作用。劳动过程没有试图限制非正式群体活动在固定的劳动过程中的不利影响，它本身被视为非正式群体的决定因素，而且对生产过程的操纵也被作为控制各种文化形式的手段。到目前为止，控制下的试管社会主义微观试验在某些压力点，其成败或许不如资本主义的承认来得重要，但是正是社会生产关系，而不是生产力的不适当发展，从实质上限制了生产。当资本主义将其敏锐的洞察力投射在它那至高无上的地位上时，我们可以在此处看到资本主义无限多样化的资源和弹性。人们甚至可以再次认为，错综复杂的工人阶级激进主义将被自由让步弄得更加混乱，而且还可能在资本主义制度进一步变化的过程中，出现一个新的静态平衡局面。

*例如，可参见Mary Weir ed., *Job Satisfaction*, Fontana, 1976; P. Warr and T. Wall, *Work and Well-Being*, Penguin, 1975; N. A. B. Wilson, *On the Quality of Working Life: A Report Prepared for the Department of Employment*, Manpower Papers, No.7, HMSO, 1973; Report of a Special Task Force to the Secretary of Health, Education and Welfare, *Work in America*, MIT Press, 1973; W. I. Paul and K. B. Robertson, *Job Enrichment and Employee Motivation*, Gower Press, 1970; F. Herzberg, *Work and the Nature of Man*, Staple Press, 1968。

① 生产过程的各要素以某种形式再生产着意识形态的结构，这一结构反过来又作用于生产过程。

在一定程度上是由宏观因素，诸如阶级地位、区域和教育背景等决定的。毫无疑问，这些变量非常重要，不能被忽略。但是，它们又是如何作用于行为、语言和态度的呢？我们需要理解的是，结构是如何在其自身层面上，在文化背景下，成为意义的来源、行为的决定因素的。结构和经济决定因素的存在并不意味着人们必须遵循这些因素。在一些社会中，人们被迫在机器喷枪一端以某种方式工作着；但是，在我们的社会中，这项工作显然是在很自由的环境下完成的。为了得到一个令人满意的解释，我们需要搞清楚的是，在人类和文化的调节性领域中，结构性决定因素的符号权力是什么。正是来自该层面的力量使得人们做出的决定带来了非强迫性结果，而这些结果具有维护社会结构和现状的功能。尽管这种说法简化了我们的意图，而且忽略了一些重要的形式和力量，诸如国家、意识形态和各种制度，但是我们可以认为，宏观决定因素需要通过文化环境才能从根本上实现自我的再生产。 171

以无文凭工人阶级的就业选择为例，我们可以透过阶级背景、地理位置、地方的就业机会结构和教育机会来准确地预测其最终的就业状况。[①]毫无疑问，较之于个人在职业指导咨询时所表达的意愿，这些因素能为我们提供更好的建议。但是，这些变量又是如何决定人们的就业选择的呢？人们做出决定的形式是什么，欣然接受有限机会的依据是什么，关于这些问题，我们仍未做出解释。事实上，引证大量因素并不能从根本上解释上述问题。因为广泛引证无助于确定一串或一组因果关系，因果关系是可以从众多可能性中指明特定结果的。这种方法只能进一步勾画出有待我们做出解释的情况，即年轻人在他们所熟悉且又生活于其间的世界中，为什么、又是怎样以他们自己看来似乎很理性的方式接受那些有限的、通常又毫无意义的工作。为了正确解答这些问题，我们必须对本书已研究过的文化环境做进一步探讨，必须将文化过程看作具有某种自主

① 肯·罗伯茨在对学校中的就业服务和职业指导中心论提出批评的时候就提出了质疑。参见“Where is the Careers Service Heading”, in *Careers Bulletin*, DE, 1976。

性的过程。这会使所有机械论的简单的因果观念失去解释效力，也会赋予社会行动者某种眼界，使他们可以用一种充满人性，而不是理论简化的方式，来审视、呈现和建构他们自己的世界。满足于体力劳动，不是一种由于受到错误文化的影响、愚蠢而又完全不合逻辑的经历；也不是打着意识形态的深深烙印、过时已久的无知经历。它有凡俗平庸的一面，也有不同于他者的意涵。正是基于内在可信性和自我创造性，它才能被人们体验。人们对体力劳动的主观感受就是一种深入探知的过程：它是自身与未来相联系的有机体。

如果我们继而需要对文化的独特层面加以探讨的话，那么我们应当如何详细说明其范围及本质呢？在我看来，使用机械的或结构的术语来说明，是一种带有误导性的做法。文化并不是静态的，也不是由一系列可以在任何社会的相同层面上记录下来的永恒不变的范畴所组成。在资本主义社会中，文化和各种文化形式的精髓就在于它们对各类社会关系的再生产所做出的贡献，而这种社会再生产多是创造性的、不确定的和富于张力的。特别是文化再生产，总是包含着生产替代结果的可能性——在某种意义上，它确实在现实中发挥作用。文化形式辅助再生产的主要关系，就是该文化形式的成员与社会基本阶级群体、生产过程之间的关系。虽然具体情况会大为不同，但是我并非意在暗示，主要阶级文化在该正式层面上具有概念上的异质性。

在这一详细论述的过程中，我们可以简要勾勒出社会文化层面的三个具体特征，从而帮助我们实现论述的主要目标。首先，文化的基本素材由各种符号系统和思想体系所组成。从语言到系统化的身体互动，从独特的态度、回答、行动、仪式化的行为到表现性的艺术品和具体物品，这些都是文化的基本素材。这些形式之间可能存在着差异和矛盾，例如
172 行动可能与言语相抵触，或者嵌在文化实践和仪式中的逻辑可能与直觉意识层面所表达的独特意义截然不同。如果对某一文化的阐述必须要详尽，那么正是这些压力和张力为“底层”民族志（以底层群体为研究对

象）所需的、更加趋向描述性的分析提供了研究主题。

其次，我认为，诸如此类事物至少在一定程度上由现实的文化生产所造就，而这种文化生产是完全可以和物质生产相提并论的。事实上，在诸如新的服装潮流产生、物质环境变迁等领域，生产就是指物质生产。这种生产的基础和原动力，就是非正式社会群体及其特有的集体力量。我的意思是，这些力量是以两种相互关联的形式表现出来的。一种形式是直接的，试图对文化成员所处的社会位置（通常与语言存在一种对立关系）进一步做有意义的阐释和再现，并尝试各种可能，从而从中获得某种激励和转变。另一种形式就是在第一个过程中所做的世俗的调查研究，以及对世界及其基本组织范畴无意识地进行的启示性探索。对于文化世界以及其中（第一个）的各种可能性所做的象征性建构，包括了对各种材料的应用——特别是材料中新奇的、只是被部分利用或是尚未被意识形态整合于其中的部分。这些材料可能带来某些现实的、不可预测的结果。人类出于自身目的，运用能动性对材料施加影响，因此我们可以说，上述结果在很大程度上取决于材料的本质和世界的结构。相对而言，第一种形式带有目的性，尽管它并非以个体为基础。第二种形式则可能大大偏离了特定文化的核心，而且不包含任何目的论，尽管它深深地影响着文化的直接活动，并为特定个体提供长期关联和回应的基础。

最后，我认为，文化形式为主体性的建构和认同的形成提供了素材和直接情境。文化形式对于个体及个体之未来，特别是对于表现个体的生命力，做出了十分可信而极富价值的判断和注解。这好像是在“标记”“厘清”某些事物。我尤其认为，个体身份认同的形成，在很大程度上取决于劳动力文化习得的那些观念意识和主观归属；相反，文化形式本身得以形成、维持和系统化，也在很大程度上得益于世界上该文化形式的成员对劳动力的独特判断，以及集体模式的有效性。

这些只是文化层面上可见的主要形式、功能和独特实践活动中的一部分。然而，我们只有考虑到促使社会群体与其自身、与其他阶层、与生产过程发生重要关联的方式，才能理解文化形式的根本特性和自我的再生产。我们可以认为这个再生产的过程包括两个关键环节。首先，外部结构和基本阶级关系，在具体的文化层面上被理解为象征性的、概念化的关系。我认为，这种形式就是对维护该文化的社会群体的生存条件所进行的文化（即不以个体或意识实践为中心的）洞察。结构性决定因素之所
173 以能够发挥作用，并不是通过直接的、无意识的影响实现，而是借助于文化层面的干预，正是在文化层面上，结构性决定因素特有的关系成为了各种形式的解释所指向的主题。在这一过程的第二个关键环节中早已成为意义、定义、认同之来源的结构，为我们在自由民主的生活中“自由”地做出决定和选择提供了框架和基础，而这些决定和选择是系统化的，总体规模巨大，且有助于社会主要结构和功能的再生产。这就是说，工厂每到周一上午就会工人成群，这些工人向我们展示着体力和脑力之间那必不可少的、明显的等级差异，并在广泛的范围内保持着与维持阶级和生产的现有结构相匹配的态度。我将这些过程称为局限，局限与第一个环节中的洞察相互作用，产生了一个文化场域，人们在这个场域中做出人生之抉择，从而或是再生产，或是接受，或是推翻现存的结构。哪里有洞察倾向于揭露资本主义的不平等和决定关系，建构社会群体所关注的变革性集体行动的可能基础，哪里就有局限去瓦解和扭曲这些倾向，并使之得到完全不同的结局。这些局限在文化层面上是具体的，可以防止对文化形式做任何本质主义的解读，不能产生于生产过程本身，并且包含了文化过程在功能上固有的弱点、相对独立的意义体系的作用，如种族歧视、性别歧视，以及强大的外部意识形态的影响。在我们已经探讨的个案中，对当代资本主义特性的文化洞察变成了一种对劳动力的男性气概的默认赞许。文化洞察险些导致反抗，又差点在接受可获得的工作任务和神秘地利用工作任务——为了某种文化优势和共鸣，尤其与性别歧视和男性的表现欲有关——之间建构出政治性的替代选择。我们不可低估洞察力和理性的力量。因为在那种工作环境中，人们只倾注了最少量的兴趣，在

最低限度上参与其中。至少在官方意识形态方面，在面对日常生活中截然相反的所见所闻和经历的时候，将对于从属地位的自我否认作为平等，是被否定的。

那么，此处的论点是，文化的诸多形式不能被简化，也不能仅仅被视为是基本结构性因素的附带表现。它们不是结构和文化中偶然的或开放的决定变量，而是必不可少的循环中的一部分，在这个循环中，不能对任何一个术语加以单独思考。唯有通过文化层面，社会的真实结构关系才能被转换为概念化的关系，并再次折回原地。文化就是再生产那必不可少的辩证法中的一部分。[①]

这种有关各种文化形式与再生产的看法，既是悲观的，又是乐观的。悲观体现在它揭示了具有讽刺意味的局面，即正是借助于富有创造力的洞察，文化践行着受到自己指责的行为，例如一大批工人阶级子弟一边谴责、抱怨着，一边迈向了从事体力劳动的未来。而乐观则体现在它向人们指出不存在结果的必然性。从属和失败并非无法解答。如果存在文化形式对世界做出真实洞察的时刻，那么无论随之而来的是怎样的扭曲， 174
在这个基础之上，总会存在强化巩固和发挥作用的可能。如果在保守的结果中存在着某种激进的起源，那么其中至少存在某种对抗的能力。我们具备激进的逻辑可能性。结构主义的再生产理论[②]指出了主导意识形态（文化也被划归其中）是无法被洞察的。一切配合得太过巧妙。意识形态总是先在于所有批评，并先发制人。台球在平稳滑动的过程中是不会发出啪啪的撞击声的。所有具体的矛盾和冲突，在意识形态的一般性再

① 在这种批评还原论或附带性解读的尝试中，我并不希望暗示读者，结构或是被完全转换为思想和符号——假定文化形式具有某种历史决定论式的明晰，而这正是我所扬弃的——或是由于意识形态、国家和制度的作用，无法在文化和其他层面上形成有效替代模式。除了各种文化形式之外，还有其他形式的社会再生产，这就是我将这些术语区分开来的缘故。

② 例如，可参见L. Althusser, “Ideology and Ideological State Apparatuses”, in B. R. Cosin ed., *Education: Structure and Society*, Penguin, 1972。

生产功能中消除了。但是，本研究所证明的结论恰恰相反，我更乐观地认为，在社会再生产和文化再生产之间，存在着根深蒂固的裂痕和巨大的张力。社会行动者不是意识形态的被动承载者，而是积极的占有者——通过斗争、争论，对结构进行部分洞察，实现对现存结构的再生产。[①]除去特定社会的结构性特征不谈，正是这种竞争性的解决方式有助于赋予社会独特性。例如，正是劳动力准备的特定形式为社会打上了深深的烙印。

不要对文化形式和再生产持有过于封闭或先入为主的观念——这样的告诫也是为了承认某种必然的不确定性。人们往往假定，资本主义意味着对从属阶级完全有效的支配。事实远非如此，现代自由民主形式下的资本主义，也意味着长期的斗争。工人阶级文化中的调节性也是反抗之所在，这样一来，资本主义制度永远面临危机。资本主义绝不可能成为一个王朝，其稳定性的高低，取决于它在多大程度上甘愿冒不稳定之风险，即怀着收获最少的统治共识的希望，赋予非预期循环以相对自由。因而，在资本主义的核心，存在着一种根深蒂固的不确定性，以及因矛盾逐渐升级而不断变动的平衡。与其他任何制度相比，那充满竞争的文化再生产对于资本主义制度而言更加重要，只不过生存之道也是更迭之道。

---

① 主流社会学过于强调社会化的概念和被动传播的含义，因而忽略了该过程中的张力和不确定性。工人阶级并不总是与中产阶级存在差异（不论出于何种原因），也不会如社会化的必然规律所概括的那样，将劣势永远不可改变地传递给下一代（参见贫困循环理论及其他类似理论）。

文化模式、行动和态度是应急性产物，而且每一代人都会根据自身原因，对它们进行生产或再生产。为了满足工业应用的特定需要，每一代人都必须不断实现和完善劳动力的发展模式，并使之在斗争和竞争中发挥作用。如果这种持续性再生产的某些显著特性和曾经受到罢工影响的解决方式显示出了一定程度的持续性，那么我们就不应该从诸如此类的连续过程中建构社会化的铁律和动力机制。这种持续性的隐秘作用更加复杂、更具不确定性、更加与外部相关联，并且更易于变化，因而无法被囊括于社会化这一概念之中。

资本主义的自由是一种潜在的真实自由。资本主义将自由看作再生产的本质所在，并将自由作为自我谴责的工具。没有下层群体的帮助，统治阶级就无法保障这些自由。如果这些自由此刻并未被充分用于它们颠覆性的、对立的或独立的目的，那么人们就不能怪罪资本主义。资本主义下注于不确定性，其他制度也可以各自下注。

处于制度核心的那个意义深远的——却并非无限的——不确定性，也在告诫人们要警惕阶级文化过程中过于功能主义的观点。例如，毫无疑问，本书所描述的那个矛盾的、非预期的循环，就是在这个意义上，适时地为资本主义服务。任何稳固到值得研究的系统都必然“有效”。因此，人们通常必须在功能的层面上对再生产进行分析。然而，这种必然不能掩盖那些不确定因素所带动的斗争。例如，“家伙们”的文化的许多方面都具有挑战性和颠覆性，并且咄咄逼人。在再生产的文化过程之
中及背后，充满了决裂、滞后、对抗、根深蒂固的斗争和真实的颠覆性逻 175
辑——它们为结果而战，而不是为满足当前的制度。

这种不确定性也告诫我们要对任何有关资本主义发展的简单目的论观点保持警醒。譬如，国家极大提高福利和教育方面的投入，这种做法并不必然是为了获得资本主义的“最大”利益。从某种程度上讲，这是对抗性群体强迫使然；他们利用自身特有的真正的自由寻求自我发展，一如他们所知。当然，国家机构也在不断被利用和改造，以帮助淡化或消除那些由资本主义造成、但又无法解决的问题。但是，这些机构帮助解决问题的时候，却不能完全被资本主义所容忍。它们保留空间与潜在的对立性，使争议常在，并不断刺激人们的神经——那根资本主义宁愿人们忘却的神经。这些机构的工作人员并非是简单意义上的资本主义的奴仆。他们通常只是在短期地解决、混淆或搁置问题，因为他们所致力于的职业目标最终尴尬地独立于资本主义功能需求之外。他们或许在不知不觉中助长了阶级再生产的非预期形式；但是，同样地，他们也可能引起对抗和批判的进一步强化。如果没有这些对抗和批判，统治阶级会更好，这种

对抗和批判的存在，使资本主义面临危机。国家机构和制度通常会采用超乎任何纯粹资本主义想象、更加奇特、更具替代性、更加使人不知所措的形式，使矛盾深化、激化。这台官僚主义的、教育福利的国家机器，具有显著的西方资本主义特征，我们必须部分地将其视为积累性包装的产物，通过这种包装，资本主义设法将国家机器转化为自身优势，而不是作为自己的意志或赤裸裸统治的表现。这台机器具有不确定性，这使它富于变化，并在变化中赋予自我以生命力。

再生产与国家制度

为了对制度在文化和社会再生产中的作用实现概念化，本研究提出了更为准确的建议，这些建议特别关涉系统化误识和非预期结果的重要性。

第一，我们不能期望特定类型的再生产整齐地发生在彼此分离的制度中。就像学校及其正式的课程表与学习、体力劳动之准备等现实过程无关，其他制度也可能处于与现实社会功能对立的尴尬境地。制度与地方非正式文化互动所形成的各种关系和习惯性模式，带来了非预期且通常不可见的结果。与这些结果相比，制度在再生产中的作用范围和特殊含义，可能与其正式的特性及明显的联系关系较小。此外，同一制度可能在不同类型的再生产中发挥截然不同的作用，举例来说，与体力劳动力的准备相比，学校在脑力劳动力的准备过程中发挥了更重要的作用。

第二，本研究表明，制度不能作为简单的个体来研究。制度至少具
176 有三个层面的内涵，我们可以分别描述为官方的层面、实用主义的层面和文化的层面。在官方的层面上，制度可能会对自身的目标做出正式的说明，而这个说明涉及对社会的主要结构和组织特征，以及二者相互关联的方式（或者是可能使二者发生关联的方式）的见解。在一个自由民主的社会，例如我们的社会中，如果我们假定，像学校那样的国家制度，是

为了统治阶级的利益（如私立学校），以某种明显的或有目的的方式运作的话，那就大错特错了。国家制度的核心目标，并不是去推广两种截然不同的意识形态，以满足被人们普遍认可的上层和下层两个阶级的需要。制度中那些受过教育、忧国忧民、诚实自由的工作人员，对此也不会赞同的。此外，与该层面上的机构实践最为密切相关的，就是狭义的政治领域，以及在其中发挥作用的所有决定因素和各种利益。自第二次世界大战以来，一部分主要的社会民主政治压力是通过改革与制度发展，平等分配社会财富和必需品，或者至少实现获得财富和必需品的机会是平等的。趋同，而非趋异，已经成为主流的官方取向。

当然，实际上，同样的标准、意识形态和抱负并不能传递给所有人，这也是对现存社会制度的绝对要求。一般而言，在很多制度中，官方意识形态的成功，或者是与之作用相同的反抗文化再生产的消亡，对于社会再生产来说都是灾难性的。例如，对于那些确实已然接受了在工作中实现自我发展、获得满足感和兴趣等规则的工人阶级子弟来说，从学校向工作的过渡，将会是一场可怕的战斗。大批被“自我概念”武装的孩子们，将为争夺对他们而言为数可怜的有意义的工作而拼杀；而大批的雇主，则将拼命把他们逼入无意义的工作之中。在这种情况下，必然会出现较之于当前所存在的、更大的“职业指导问题”。无论是战时大规模的宣传运动，还是直接有形的高压统治，都被用来将孩子们驱入工厂。既然这并不是必需的，既然不管自由国家及其制度干涉如何，阶级社会的社会再生产大体上仍在持续，那么我们可以推断，制度的某些现实功能是与其所声称的目标相背离的。由此可知，这种误识有助于在特定的制度中发生的文化过程持续下去，而这些制度也促成了社会再生产。在第二个层面，即实用主义的层面上，官方的意识形态和目标被传递给特定制度的代理人和公务员。这些人可能对某些盛行的或未来的“官方”意识形态那更为理论化的基本原则大加欣赏，但是他们也对自己所面临的控制和指导问题，以及在承袭的制度中求得生存的日常压力颇为关心。他们以实用的眼光审视着“官方”意识形态。例如，只有当新的意识形态看起来能够提供真正实用的帮助的时候，他们才会采纳那些新被承认的意识形态，否则纵然他们可以用更加纯粹、被普遍接受的意识形态规则证明改变的合理性，他们也不会接受新的意识形态。正是这种实际的想法，妨碍了制度代理人察觉在他们之下究竟正在发生何事。

177 第三个层面位于上述两个层面之下，是制度委托人改写的种种文化形式。这些文化形式作为制度委托人的外部阶级体验，与制度的迫切需要和过程相互作用，特别是当它们与制度委托人发生碰撞的时候。这其中的重要变量之一，可能成为一种对抗性的非正式文化。实际上，该文化很可能有助于实现更大规模的社会再生产，而官方政策则一直在设法击败或改变这种社会再生产。正如我们在本书中所看到的那样，文化层面上所发生的，对官方神话和错误观念的解构，对世界所做的谨慎评估，都阻止不了制度融入世界。相反，它们还有助于这种融入。如果制度的特性及其意识形态的脆弱性有助于促进某类对抗性的文化和独特的洞察，那么它也有助于通过提供或巩固强有力的局限，使对抗性文化和洞察迷失方向，进入一种调和的状态。另外，它也尤其可能引起分化，特别是在自身所关涉的领域中以及正式与非正式文化之间。例如，虽然学校并不像希望的那样有效，但是它仍然是一个极其重要的场所，而且是绝大多数三、四、五年级工人阶级子弟所经历的对立阶级文化复兴的最近似的原因。这种复兴导致了劳动力主观归属的变化和改进，进而也带来了非常具体的结果。实际上，反学校文化以一种矛盾而又非预期的方式，实现了一项主要的，尽管不被承认的教育目标，即引导大量工人阶级子弟“自愿地”走上技术、半技术和非技术型体力劳动的工作岗位。实际上，反学校文化及其所倡导的过程，对于引发目前的教育“危机”毫无助益，相反倒是有助于防止真正的危机到来。

我认为，我们可以从上述这三个层面来思考制度组织中的重要变迁。以教育为例，学者们将进步教育理论与更广泛的社会民主、政治和制度运动联系起来，并将其进一步发展、理论化为一种官方意识形态，从而增加对工人阶级的教育供给，增加他们的受教育机会。然而，在实用主义层面上，进步教育理论在学校中主要被用作实际问题的实用解决办法，而在有关教育的基本思想体系中则毫无现实的转换。在文化层面上，进步教育理论往往带来某种矛盾和意外效果，从而有助于强化反学校文化过程。对于劳动力的主观准备，对于以一种与教育的进步目的相左的方式接受工人阶级未来的做法，反学校文化过程均负有责任。正是这种涉及学校的、不断被强化的文化再生产，通过限制教育试验的成功范围，保证了教育试验的未来。

这并不是对教育进步理论或其他制度改革的反对或批判。任何教育或其他制度的转变，都会在与阶级文化、外部系统的客观需求的复杂关联中遭遇特有的意外、矛盾和不可知的再生产形式。这就是说，任何制度的目标、任何道德或教育行动，都不会按照其良好的意愿，以牛顿文化机械论的方式向前发展。每前进一步，我们都必须考虑这一步的情境，考 178
虑下层社会（通常以制度和官方的观点而论）和社会阶级关系中的有效循环。

譬如，教育进步理论和“提高离校年龄”计划实际上已经着手解决现实问题，致力于长期保护孩子们免受产业工作的艰辛和不平等之苦，并帮助他们获得——当然是以一种非计划性的、意想不到的方式——某种父母不具备的洞察力和文化进步性。但是，我们不能轻信所谓的进步。相反，我们必须对一系列问题加以思考：以何种形式，为了谁的利益，发展趋向如何，通过何种非预期的循环，通常会对社会制度带来怎样的再生产结果，人们才能取得特定的进步。

毫无疑问，概括和归纳总存在风险。不同的组织和制度具有不同的支配/被支配关系和专业人员/委托人关系，不同的滞后、中断和意识形态逆转，不同的斗争时机和目的，以及与阶级制度、文化再生产模式所发生的各种不同的交叉。然而，这也可能表明，许多制度或许在某些层面上，以某种方式共享着一个自欺欺人的信念，即它们各自所持有的官方意识形态是统一的。可以肯定的是，这种意识形态被不加批判地向下传播，直至底层的人们以某种方式接受它，并习以为常。意识形态的链条对于社会制度的再生产发挥着极为重要的作用，但是在某些时候，这一链条也会中断和逆转。这可能意味着，在许多制度中，正是文化洞察（受局限性所阻碍）所特有的判断力激励成员们采取具体行动，并以非正式权
179 力和控制等帕提亚式的胜利[①]，使社会再生产终成定局。

① 帕提亚式的胜利（Parthian Victor），指的是古代帕提亚帝国骑兵在退却或佯装退却时返身发射回马箭，这种战术因此而得名，现可泛指临走时的敌意姿态。——译注

第八章

周一清晨与千禧年

引导大多数人对当前现实世界进行清晰思考的(……)是一种比哲学天才发现真理更重要、更具独创性的哲学事件，因为真理只是属于知识分子小群体的财富(……)。这不是从零开始、将科学形式的思维植入个体生活的问题，而是要对既有活动加以变革和批判。

——安东尼奥·葛兰西

引自《狱中札记》第325页和第330页

本书序言部分曾设问，工人阶级子弟是如何，又是为什么会自主选择接受工人阶级工作。可以说，在很大程度上，那些叛逆者——相对而言，循规的个案更容易被理解——正是借助于对自身现实状况的部分文化洞察，以及对体力劳动那令人不解的颂扬，才得以保持一种集体、理性，却不完全的逻辑。我曾指出，这可以被理解为文化再生产的一种形式，有助于促成一般性的社会再生产。关于这一观点的理论内涵，我们已在上一章中做出了尝试性的探讨。最后，我想从实践/政治的层面上，特别是在本次研究最为关切的两个领域——对叛逆的工人阶级年轻人的职业指导和教育——来考量本研究的意义所在。

本书探讨的所有层面的文化表述、分析和决定，表明了在文化层面上可能存在着某种普遍有效性。这似乎与我的观点尤其吻合，即再生产的文化过程经历了真实洞察的关键期和潜在的极端团结。各种文化形式何等频繁地挑战着旧有文化（形式），它们也何等频繁地再生产着旧有文化。对这一观点的天真解读就是，在进步和倒退之间，可以做出某种简单的干预，或是直接将两者分隔开来。毫无疑问，这种解释的问题在于，它遗忘了文化在本质上所具有的整体性（此即民族志部分所强调的），忽视了文化独特的内在缺陷极其复杂这一事实，而这些缺陷正是文化本质的一部分，且易受到意识形态的入侵。

此外，文化绝不是不受任何约束的。文化与结构因素之间存在着一种中介关系；文化往往在确切的物质、组织和制度情境中——而这些都是对于独特的关系形式、平衡互补模型的保证。适应和反抗紧紧地铆接
185 在一起，它们的关系牢不可破，不会因我们的期望而动摇。

就教育或咨询工作而言，如果我们假定在文化环境中存在着若干方法，仅仅依靠这些方法就足以产生我们所期望的结果，那么就大错特错了。准确地说，本书第二部分分析的主旨就是，对于文化形式的理解，不能单就其本身或以其自身为基础来谈。为了理解反学校文化，我们必须另辟蹊径，在一定程度上从外部来构建文化：从现代资本主义的劳动本质出发；从一般抽象劳动出发；从性别歧视出发；从意识形态出发。我们不能天真地认为，可以依靠抽象/分离的文化形式和独立的文化自主性，对叛逆的工人阶级进行完整且行之有效的职业指导和教育。干预和改革都将经历从盲目到矛盾、再到文化再生产的循环，而这种循环通常与本书辨析的那些结构性因素有关。

另一方面，从业者面临着“周一清晨”的难题。如果我们说不出周一清晨要做些什么的话，那么一切就会屈服于纯粹的结构主义，停滞在还原主义的同义反复之中：如果社会的基本结构不发生变化，我们不可能有任何作为，但是现有的社会结构又总是阻止我们做出任何变革。要求从业者同时在两个层面上工作并不存在矛盾——为了被救济者的利益竭

尽全力，在此过程中勇于面对困难，与此同时，对上述行为永远抱有赞赏的态度，这些都可能对内部存在问题的结构起到再生产作用。命中注定的是，被救济者必然会将改变和平衡那些不确定性因素的空间与可能性置于从业者身上。置日常的纷繁事务于不顾，就是对社会和文化再生产的活跃、竞争性本质的否定，就是将真实的民众谴责为生性怪癖之人，就是无视未来。因为忌惮于前文述及的结构性局限这双死亡之手而拒绝接受日常之挑战，就是对生活和社会本身所具有的连续性的否定。这既是理论上的失败，也是政治上的失败。它否定了再生产的辩证逻辑。一方面是出于善意、基于对发展和转变规律的思考所采取的短期行动，另一方面是这些短期行动所带来的不可预测的长期结果，两者之间必然存在着张力，这种张力是所有社会代理者人生的共同特征，也是为人父母者每日所经历的。因而，我们有理由向那些从事社会性工作、在两个活动层面之间的张力和讽刺关系下行事的人提出质疑。[①]

本项研究对于文化层面上所存在的某种程度的有效性和某种程度的不一致性（就结构而言）进行了说明。考虑到前文所述，这足以表明，在文化层面上仍有行动的空间，而且毫无疑问仍有余地向该文化的成员更明确地揭示出，他们特有的文化是如何“讲述”他们的结构和社会位置的。至少官方的错误观念和其他意识形态是可以昭示于天下的。既不伤害，也不轻视工人阶级的方式是可实现的，但是这种方式是与结构性因素的重要性——尽管并不是不可避免的封闭——相一致的。这里如若提出一份详细的计划，那就大错特错了。本书所提供的分析，可能在不同领域被其他学者探讨过。但是，我们仍可以在此提出一些普遍原则，并列 186
出本研究所涉两大专业领域中的一些明确观点。

① 正是这些层面之间联系的断裂或弱化，构成了近来社会学对社会工作相关实践所提出的建议的真正基础。例如，请参见S. Cohen, “It’s All Right for You to Talk: Political and Sociological Manifestos for Social Work Action”, in R.Bailey and M.Brake eds., *Radical Social Work*, Arnold, 1975。

* 在相对统一中认识文化，不能因那些最明显、外化，或是个体侮辱性的要素而对文化避而远之；
* 态度和行为是受到严厉谴责的原因之所在，因此应当认识态度和行为背后的潜在与隐含意义；
* 尝试对文化层面所完成的再生产功能做出理解，而不是天真地证明各种文化形式与支配性文化形式同等重要，或是更具优越性；[①]
* 向各种文化形式学习，并努力区别文化形式的洞察和局限——特别是与主导意识形态的影响有关的部分。探索各种洞察是如何扩展到对社会的系统分析的；
* 揭示文化过程，而不是将其神秘化或强化；
* 在文化层面上认识活动的结构性局限，并进行政治组织，以在需要结构性变迁的时候，作为支持者的一员，或是代表支持者采取行动。

目前，职业指导的各个领域，特别是针对无学历或低学历群体的职业指导，都受到了日益严密的检查。[②]从某种意义上讲，职业指导方面似

① “新”教育社会学的主要组成部分，请参见N. Keddie, *Tinker, Taylor: The Myth of Cultural Deprivation*, Penguin, 1973。

② 例如，请参见肯 · 罗伯茨近期对职业服务所做的批判性评论（“Where is the Careers Service Heading”, in *Careers Bulletin,* DE, Spring 1976），以及有关就业准备的政府报告（*Unified Vocational Preparation: A Pilot Approach*, HMSO, 1976）。这份政府报告促使教育和科学部设立继续教育课程审查和发展小组，以便监督和实施具体研究项目和课程实验。迄今为止，该小组所提供的唯一一份原始文件确认，40%的青年工人完全缺乏教育和培训准备，并呼吁制订联合计划，为青年工人提供培训和继续教育。然而，该文件并未涉及年轻人对各种培训和继续教育的态度问题，也没有对那些要求在工作环境中做出“贡献”和进行良好“沟通”的方式的内在矛盾性加以探索，而这些要求从本质上看毫无意义。肯 · 罗伯茨对于职业服务的批评极具挑战性，而且我对于其有关“职业选择”概念的指责颇为赞同，但是这种做法也很容易搬起石头砸自己的脚。为那些在教育（转下页）

乎比教育方面存在更大的行动空间，至少对于职业咨询师来说是这样的，这是因为咨询人员并未受到既有制度，如本研究中学校的物质环境和教学范式的约束。另一方面，职业咨询师所处理的问题，直接与现实世界、不平等就业机会分配过程中文凭和知识的作用相关，而这一切原本就有助于促使教学范式结构化。有趣的是，职业指导咨询师通常具有极其详尽的有关文化层面的隐性知识。从某种意义上讲，文化环境及其调和性就是他们手中的工具。正是以此为基础，职业咨询师才理解了向工作过渡的各种方式。毫无疑问，他们对这类“家伙们”往往比教师更富同情心，而且通常会对学校中的反学校文化成员所做出的评价进行系统性倒置或重新编码。这种与工人阶级文化的对抗性变体相协调的不同形式，就是学校与职业咨询官员之间紧张关系的源头之一。另外，人们也确实在尝试表达根本的文化价值和利益——这些文化价值与利益存在于个体的多样性观念中，存在于超越纸上谈兵的才能之中，也存在于人们在“生活方式”和“娱乐形式”方面所接受的作风中。

问题在于，文化理解的真正形式被一种无所不在的个人主义意识形态所瓦解和扭曲。一些价值被从文化中分离出来，并投射到个体及个体的本质特征之上；文化的其他方面则被去情境化、原子化，并且与特定工作的固有特性联系在一起。于是，利用个体与工作匹配这一基本个人主义范式的行为，显然变得可行，而这实际上只对中产阶级通用。以个体及个 187
体所面对的有意义选择为核心的发展心理学，形成了完整的思想体系和语言。“个人发展”“自我的概念”“职业选择”均获得了普遍性应用，但实际上，这些词汇只是在一种文化层面上，对存在于个体和可获得工作中的虚假差异的同义反复的、个人化的扭曲。

（接上页）方面处于劣势的人提供良好的“职业更换”服务或是“相关服务”，与在特定领域内增加整体就业机会毫无关联，因此在任何一次新的调整中，我们仍然会看到同类问题出现。由于忽视了文化层面，以及这些有限机会的实际经验性反应的范围，故而他无法针对就业指导实际应该做什么的问题提出任何建议——无论就业指导的应用范围如何。

或许对于职业指导实践而言，本研究的重要意义就在于：文化层面可以被视为一种相对独立的实体，该实体对于社会代理者现实处境的洞察具有被扭曲了的独特的逻辑和形式。

可以说，人们所能做出的建议，很多都是短期的、原则性的。为了实现更长期的结构性变化，为了彻底改变工人阶级子弟所面临的工作机会和工作质量，我们有必要将那些代表短期力量的专业机构和其他社团，以一种更为政治化的方式组织起来。

* 运用文化的视角来认识那些可能与文化范畴无关，或是处于交叉过程中的“问题性个案”；
* 鼓励工人阶级子弟接受再教育。对于他们而言，“文化颂扬”不断衰微，并使他们跌入陷阱，而工作则是为了获得更大的承认；
* 我们必须认识到，这些建议只是对特定情况起改良作用，而当前的经济机会只是具有零和多样性，即如果一些工人阶级子弟利用了现有的机会，那么其他的工人阶级子弟将失去那些机会。对于那些被排斥的和叛逆的工人阶级子弟来说，我们必须要认识他们的文化形式的逻辑，而且这种认知模式不应是神秘或虚幻的，而应是诚实和非幻想的。特别应当：

——认识当前由于无价值的文凭泛滥而导致的混乱和无意义性；

——认识绝大多数非技术性和半技术性工作内在固有的单调性和无意义性；

——在精英领导的社会中，大多数人必须失败，但与此同时，所有人又被以某种方式要求共享相同的意识形态，因此我们必须认识精英领导的社会与教育体制具有的矛盾性；

——认识失业的可能性，相对于可获得的真实机会和工作的实际意义——无论是否涉及文化层面的含义，存在着被

迫失业和选择性失业;

——广泛地运用集体实践、小组讨论及各类项目[①],来发现和审视这些工作的文化图景。文化形式所展现的群体逻辑,同样也可能与职业指导实践相关联。

如果对叛逆的工人阶级青年施以原则性教学实践,可能会面临重重困难,因此我们在提出建议的时候必须格外谨慎。本研究旨在提醒人 188
们,鉴于其全部阶级文化经历和阶级位置,叛逆的工人阶级子弟对于教师的个人风格和教育内容的反映,远不如对学校结构和主导教学范式的反映强烈。相对于教学风格和特定类型的教育内容,结构和教学范式中关系的基本类型更难以改变。在学校中,教师们不得不与叛逆的孩子保持着尴尬、令人泄气的课堂接触,而且这种问题仍将持续下去,以至于他们寻求并形成了一种较为长期的看待上述日常接触的视角。无论如何,就课堂教育而言,本书所勾勒的文化视角确有一定意义。

目前,在教育界存在一种"危机"。[②]该危机的焦点是进步教学法的基本标准和适宜性。一直以来,争论持续不断(最值得注意的是,在这场争论中,任课教师和孩子们的看法是完全缺失的),这实际上是一场意识形态之战。在这场战争中,发生于学校的那些真实的阶级冲突过程、劳动力的再生产,以及文化的和一般社会的再生产过程,都只是被部分地、扭曲地呈现出来。但是,这并不意味着这场战争是虚构的,或者不必表明个人立场。阐述和订立针对叛逆的工人阶级子弟的教育目标和形式,必须与意识形态之战无关。例如,我们必须认识到,在进步论技巧中存在着

---

① 学校联合会职业教育和指导项目(材料正在审核中,尚未发表)就集体工作和小组项目的材料提出了诸多有趣的建议。然而,这些建议最终仍然被个人选择,甚至是就业市场中位于机遇之上的个体力量等虚幻观念所束缚。

② 关于廷代尔事件的调查(请参见Bennet's *Teaching Styles and Pupil Progress*),首相在罗斯金学院就父母对"新"式教学法之担忧而发表的演讲(1976年10月11日),以及黑人父母长久以来的压力,都是对进步论、实用性和新型教学法提出的质疑。

一种强烈的理想主义困境，而且这些技巧也被卷入了具有讽刺意义的再生产过程中。相反，我们也必须承认，进步论技巧同时也是工人阶级获得发展的一个条件，即工人阶级子弟在表达和符号操纵中发展出了某些规训技术。[1]

以职业指导为例，社会的基本结构安排首先抛出若干问题，随后教育试图解决这些问题。我认为，尽管教育的功用能够为此类变革提供重要的先决条件，但是这些问题无法仅仅在教育领域就完全获得改变。这种结构性变迁只能源于特定的政治贡献——这些政治贡献可能是由教师们借助其专业的和其他集体的组织做出的——代表着工人阶级的利益。

一种折中且更为明确的教育可能性，就是为达成某种结构变迁，而在教育过程中施以集体政治的影响。即使最终较为重要的结构完全保持原状，这种做法或许仍能促进那些所谓的独立的工人阶级教育机构。哪里的经济关系和社会基本结构最终坚持国家教育原则及其主导的教育范式，哪里的独立工人阶级机构就有可能通过拒绝或减弱支配性交换关系之逻辑的力量，来避开那些无意识和再生产的循环。鼓励工人们参加教育培训，可以使人们对于教师的定义发生改观；而集体劳动的非结构化和抽象化方法，则能够使人们承认工人阶级非正式文化的重
189 要性及其所开创的再生产过程。交换关系的支配性模式，能够为团结和自我理解的关系所替代。“等价物”这一虚幻观念，则可能被合作与承诺所取代——这种合作与承诺的基础不是个体，而是知识的社会力量。在诸如此类的非对抗性机构框架内，特别针对工人阶级的教育实践内容

① 我一直对这些技术的形式持质疑态度。如我所主张的那样，正是在各种文化之中，或是部分地源于文化，工人阶级的孩子们才可能得以发展，从某种意义上说，他们与所接受的支配性语言之间存在着一种张力。然而，随着技术的发展，或许如技术与其文化基础间的关联那样，纪律和精确性仍必须占有一席之地，同样地，有关技术如何才能实际有效地对抗主导表达形式的观念也必须保留。

才可能付诸实践：抛弃特定的主观观念和特殊主义，取而代之的是对工人阶级正式和非正式文化形式的不同逻辑和本质，以及非常重要的一点，即它们在当前文化和社会再生产中所发挥的矛盾作用提出质疑。过去，激进且独立的工人阶级教育形式[①]一直存在；甚至现在，各种机构，包括最为重要的工会，也仍然存在于工人阶级之中。这些机构能够并且已经在为教育活动提供基础。考虑到教育预算的规模（在英国为五十亿英镑）和当前盛行、但被错误概念化的观念——其中与叛逆的工人阶级子弟相关的那部分预算，很多都被浪费了或是毫无效用——我们就会发现，将国家基金的一部分移交给独立的组织机构的主张是极为切实可行的。在某种程度上，人们或许可以利用时下争论的混乱局面，为各种机构和实践提供严密的教学和教育方面的“成本效益”论证；而颇有讽刺意味的是，在更为自由的年代，这可能会被人们视为一种倒退或颠覆。

这些都是极其复杂的问题。为避免离题太远，或者过于天真地专注于某一专门领域，我在此处仅仅力图对文化层面做出分析，提出文化层面的相关性。作为结束语，我们可以针对周一清晨的那些直接而复杂的问题，提出一些原则性的短期建议（这些建议从更长期的观点来看也有一定意义）。最为根本的是，我认为，文化层面本身可以被认知，其独特逻辑可以被勾勒，经验结果可以被理解。教师可以用一种怀疑的、单调乏味的真实目光去审视产业、经济和阶级文化过程。教师们与其对“教室中的混乱和暴力”（具有与保守意识形态相关联的再生产功能）提心吊胆而陷于道德恐慌，不如将反学校文化放置在特有的社会情境中，并为了成员的长远未来思考该文化的内涵——绝不介意反学校文化为了使成员在班级中站住脚而提出的那些难题。基于此，我们可以提出一些更为具体的建议：

---

① 参见R. Johnson, “Really Useful Knowledge”, in *Radical Education 7 and 8*, Winter and Spring, 1976。

* 要对阶级和机构意涵的双重标准性保持敏感，这样一来，教学反应和交流就不会被误认为是对社会阶级和身份的伤害。
* 认识结构性因素和主导教学范式对教学主动性和风格所设置的限制。对于在分化后的关系中所形成的不可避免的恶性循环，应对其影响范围加以限定。这无疑是一个极其重要的教育问题，但是本研究所提出的最佳建议似乎是在与反学校文化的对抗中采取战术撤退，从而避免任何过于简化的怜悯之情，保持一定程度的机构权威。正如我们在本书中所提到的那样，
190 虽然反学校文化带来了所有那些非预期循环，但是它仍然不可避免地在一定程度上维护了学校的权威。这是因为，为了从根本上保证自身在指导课堂活动方面的主动性，为了在公认的有限范围内保证课堂教学内容的有效性，学校目前被物质结构化了。更为激进的教学风格可能被采纳，并被那些有政治觉悟、有组织的学生所理解（参见“全国在校生联盟”[①]），但是显而易见，那些叛逆的学生是最不可能被包含于其中的。例如，“家伙们”按照自己的文化术语，将逃离冲突和传统教学范式解释为“敌方”的失败和耻辱——这种做法带有其自身的标志性的再生产结果。实际上，这种撤退也可以被视为对复杂矛盾责任的放弃。
* 尽可能地运用小班（这无疑暗示着要为额外的资源而战，但这种观点绝不是要去除学校教育）、小组讨论的技巧和集体工作。此类技巧与传统的个人主义教学范式之间存在张力，但是它们至少在向某种组织单位努力——这种组织可能与那些正在被探索的集体过程和形式相类似。
* 不时地将各种文化形式、主要转变、社会态度作为阶级工作的

① 全国在校生联盟（National Union of School Students），成立于1972年，旨在反对强制性校服和体罚。——译注

基本主题。在追求社会自我分析的过程中，努力提高各种技能和接受训练。这并不是某种既有意义上的简单的“相关性”，因为不能假定各种文化形式之间是“等价的”，也不是不加批判地对文化活动全盘接受。这种做法能够对洞察和局限加以区分，并从支配性文化和意识形态两个方面进行研究。在某种意义上，这种做法的核心可能将会失败：工人阶级再生产着他们自身特有的服从性，从而完成了社会的再生产。具体的议题（特别是针对白人男性群体，尽管他们很可能与女性群体及少数族群相类似）可包括如下几方面：

—— 在现代社会中，反学校文化在文凭、工作的意义、劳动力的作用和本质等方面表明了怎样的意涵。

—— 脑力劳动与体力劳动的分工是如何在文化层面上形成的，这又带来了怎样的代价。

—— 人们为什么将体力劳动与男性气概联系在一起，将脑力劳动与女性气质联系在一起。

—— 性别歧视的代价和转向是什么。

—— 打架、偷窃和恐吓意味着或表达着什么。

—— 友谊和非正式伙伴关系的本质是什么。非正式的文化活动和反应具有怎样的效力与代价。还可能存在什么其他类型的友谊。

—— 文化如何解码正式信息，如何接受或拒绝官方的和意识形态的信息。文化以理性还是非理性作为自身的基础。

—— 基于非正式文化所做出的各种决定，积累起来的真正结果是什么。

只有接受所有这些结构性限制，并且牢记各种文化形式之间的关联 191
性，人们才能将这些结论和本书的基本要旨看作对理论与实践这一统一体的某种形式的探索。对文化层面的认同和理解是一种不断接近自我意识、进而更加接近政治意识的行动，也是一种在文化的物质性中认识文化成为某种物质力量的可能性的行动。事实上，这种文化的政治化既是较长期结构变迁的有机要素，也是其先决条件之一。[1]特别是在文化领域及文化领域与意识形态领域的独特关系中，文化层面上和教育模式中才真正可能存在有效性。对于各种文化形式之共性的认知，以及对于文化形式特有过程的理解，已然强化了内在软弱性，已然开始阐明正式文化施于非正式文化之上的影响力，甚至已然启动了某种自我转变。这可能不是千禧年，但可能是周一清晨。周一清晨不必然意味着同样的周一清晨
192 无尽无休。

① 没有任何理由可以将这种观点反驳为历史主义或者从“自在阶级”到“自为阶级”的进步。这种观点仅仅意在使人们注意到：对于工人阶级来说，如果发展型、而非压迫式的变迁即将来临——无论不同层面的相关因素和有效性如何，那么他们中的绝大多数人就有必要在某一阶段进行支持性的激进分析。这种观点还可以提醒人们，工人阶级在反对某些“进步”的过程中，扮演着实用主义检查者的角色，然而他们并非必然发挥积极的作用，也可能发挥一种消极的作用——但这并不妨碍体现其精神。如果文化必须变得更加政治化，那么政治就必须变得更加具有文化性。

补充访谈

在最好的情况下，日常生活如同艺术，是一场变革；在最坏的情况下，它就是一座牢笼。在最坏的情况下，反思就像批判，是一种极端保守；在最好的情况下，它会创造出规避的策略。为了反思而参与复杂又琐碎的生活，可能会使两种最坏的情况同时发生。这种做法使前者失却清白，使后者与罪恶凝结在一起。

由于篇幅所限，我无法就方法论及其与理论和实践的关系等问题展开详尽的讨论。但是，在其他文章中，我已经对处理这一领域问题的一般性研究方法进行了论述。①

我在这里愿意承认，无论发生怎样的改变，参与观察及其所倡导的各种方法，都表现出了自然主义的发展趋势，并因而趋向保守主义。民族志叙述是关于现实生活之不确定性的一种事后追溯的产物。由此，在无意间产生了一种错误的整体，它询问“接下来发生了什么？”“它是怎样结束的？”“怎么来理解它？”这些问题过分纠结于它们自我参照的世界。

① 一般性的讨论，请参见“The Man in the Iron Cage”，in *Working Papers in Cultural Studies,* no.9，以及《世俗文化》的理论附录（Routledge and Kegan Paul, 1978）。此项研究中所遇到的一些问题，已在呈交给社会科学研究委员会的最终报告“The Main Reality”中有所论述。该报告现已发表，如有需要，可向伯明翰大学当代文化研究中心索取。

这种方法也正在屈尊俯就——能够想象在一个阶级社会中，民族志叙述的地位不断上升吗？

研究和调查作为一种活动，我并不否认其存在，也不否认其必不可少的相对独立性，但是应用如此获得的知识，极有可能颠倒参与观察的范式。这种方法的沉默和强制隐匿性，最终导致了政治上的沉默和对某种能力的隐匿。这既是一种拒绝，也是一种赋权。

我们依然无法创造出一种脱胎于时代的形式。首先，我们有必要以这种或那种方式——片面或不片面地、简要或不简要地去接近真实的现在。民族志叙述，就其全部过失而言，是对于极其重要的经验层面的记录，而且正是由于这种偏爱，民族志叙述十分强调人的能动性。一直以来，人的能动性不断被忽视或否定，但是对于社会整体的其他层面来说，其重要性又始终在增大。虽然世界绝不是直接"可知的"，而且无法像民族志叙述有时候所提出的那种方式一样在经验层面上自我呈现，但是它仍然能够在理论中获得具体证明——如果理论从根本上自认存在相关性的话。要根据理论所宣称的对现象的理解，而不是根据理论自身，判定理论是否妥当。本书（特别是第二部分）试图利用定性方法的优势，对社会存在的现实和难题做出描述性的和理论化的回应，同时反对经验主义、自然主义和将主体客观化的倾向。

1977年1月，我们曾在大学中组织了一次小组讨论，下文就是根据录音整理而成。一些来自汉默镇学校的"家伙们"已经阅读了本书的草稿。
194 这次讨论的焦点是：作为一名研究者，我的作用是什么；对于他们而言，这个研究的结果意味着什么。

（……）

比尔　关于我们的那部分，文字很简明。

约翰　书的中间部分讲到我们了。

乔伊　嗯，我是从头开始读这本书的。你知道吗，我本来是想尽我所能多读一些的，但是后来我放弃了，只读了和我们有关的那部分，还有中间的一小部分（……）

斯潘克斯 你写我们的那部分，我读过了。但是，实际描述这本书的部分，我没有读……

（……）

珀克 我想，我们最后会不喜欢你的。

PW 真的。

珀克 老实说，我有点讨厌你。

比尔 当你说“我们”时，你应该说“你”，因为那只代表你自己。

乔伊 不是“我们”。

斯潘克斯 逃课就是让人高兴。

珀克 对！就是，不上课太好了！

斯潘克斯 别光说“我写了”，然后就看着我们，期盼我们说“好”。

乔伊 （……）我认为，你知道，我认为他并不是因为自己的缘故才这样做的。他这样做，你知道的，是因为有人让他这样做。他想知道我们为什么这样做。你知道，去做1987年那件事［**原文如此**］，让你伤透脑筋，而且……（……）实际上，你就是我们祷告的回应，因为你记得，我们过去在学校里，常常心不在焉地写东西，你知道我的意思，我们得写作文……（……）我觉得我们就是学校里的艺术家，因为我们所做的那些事，我肯定有我们自己的艺术形式，特别是那些过去我们常常干的事。而且，我们绝对是学校里的头儿……如果我们都被分开，并被安排在那些“书呆子”中间，凭我们的本事，我们可能早就是头儿了（……）我们本应该做点事的，我的意思是，我们当中不乏天才，可都他妈的浪费了。我是说X那家伙，他就像猪屎那样蠢，真的！但是，如果有人辅导他一下……他现在会很有想象力。我们要是去做他做过的那些事，我的意思是，他做得比我们当中绝大多数人都要好。他实际上肯定不像他装出来的那样蠢。

约翰　我可不知道。

195 [大笑]

比尔　(……) 我想，你知道，我们不得不小心提防着，他会让小组所有人都知道发生了什么，然后我才意识到那不对，但是我很享受逃课的乐趣，喜欢找借口不听课。你知道，我实际上一开始不太喜欢那样做——逃课、抽一小时烟，但是慢慢地，我也逃课而且真的喜欢逃课了。

珀克　我也想找你。

PW　即使你不喜欢我。

珀克　我喜欢与人交谈。但是有时候，我常常想，你知道的，你正在问一些该死的正确的问题。我总想，而且我常常认为你问的都是一些太私人的问题。

PW　你指的是小组讨论，还是个人访谈？

珀克　个人访谈。我想你知道，我确实介意和你谈论我的私事，我想你知道……当你和你的同事在一起时，谈到了很多根本没发生的事情。现在，我觉得好多事情都被你们说中了……

比尔　你的意思是，你觉得好多东西是早就想好的了？

乔伊　好吧，我现在就可以告诉你，他妈的，没有一件事是提前想好的。

克里斯　这本书我读过的部分中，几乎90%……我都记得。

珀克　是啊，我也能记住我所读过的许多东西。

乔伊　(……) 尽管个人行为被夸大了，但观点还是有道理的 (……) 那种感情确实存在于我们心里。

约翰　在书里面，他们显得比实际粗暴得多。

斯潘克斯　这只是我们的看法。

约翰　当你和你的同伴在一起时，每个人都在改变，每个人都在改变，他们做一些大事，每个人看上去都很厉害 (……) 当他们大谈他们做了什么的时候。

PW 真的吗?

约翰 是的,他们说的是真的,但是对我来说,他们看上去并不厉害。

斯潘克斯 因为我们认识书里的每一个人,我从来没去过其他学校。我对纽镇的许多地方都很熟悉,他们已经把我生吃了,这些地方让人印象深刻,好可怕……我曾经在一所学校工作,四个孩子朝我走过来,他们还是小孩,他们凑近我,对我说:“你是新来的?”我说:“不,不。”他们说……他们凑近我时,紧紧地握着拳头,我怎么办?我拿了一些大砖块撑在散热器上,当作武器来保护自己。我一直拿着那些砖。你知道吗……我只在学校待了十五分钟,这些孩子就冲进来找我麻烦了。

(……) 196

比尔 你一开始是老师,后来,我就把你当作我们中的一员了。

乔伊 (……)你就是可以交心的人。你明显和绝大多数老师的年龄差不多,但是没有一个老师……他们代表了……他们和我们的距离太远了。他们常常和我们坐在一张餐桌上吃饭,但是你却不能真正和他们交谈,就是因为他们是老师。

约翰 (……)你能明白他们所说的话和所做的事。所发生的任何事情,你都能明白。如果他们昨天晚上做了错事,你只是倾听、理解,其他老师呢……你知道,他们会说,“那是错的”,然后你会想,“不要再说任何有关这件事的话了”。

比尔 最重要的区别是,你会听我们说,你想知道我们会说什么,可是他们不会,在他们当中,没有人愿意听我们讲。

约翰 他们想了解,也是为了和你保持良好的关系。

珀克 他们所做的,就是在做他们的本职工作,只是这样而已。

斯潘克斯 他们尽力克制自己……他们想要做的就是让我们听话,然后到校长那儿,跟校长说:“我和他们相处得很好,他们在我的课上很听话。”

乔伊　有时候，当你开始问问题的时候，回答中会出现一些违反规则的事情。那些我们做过的错事，我们已经告诉你了，可是我们从来没有发现其他老师对我们有任何激烈的反应。这说明，你没有把我们的事情告诉其他人。

(……)

PW　亲密是什么意思？以詹金斯为例［大笑］，他很想接近别人，而且他确实很在意这个。他和别人有什么不同呢？

乔伊　他的举止，他待人接物的方式……我觉得，亲密感必须以某种纪律来调和。

PW　可是我从来没有对你们施以纪律约束。

乔伊　我想，如果你告诉我们去做某事，如果在我们制造麻烦时对我们发话，我们就会停下来。

珀克　噢，对！

乔伊　因为你和我们很亲近，你是我们自己人，所以我们应该听你的……你知道我的意思。我们需要的是和我们一心、但年龄比我们大一些、更有责任感的人。

斯潘克斯　(……)如果我的伙伴中有人对我说："噢，得了，斯潘克斯，你那样有些过火了。"我会说："对，是太过火了。"从你那儿来的时候，好像他们当中有一个人就是这么对我说的。

PW　你觉得我应该一直这样告诫你？

斯潘克斯　不，我们从没有这样想。这是我们第一次谈论这事，以前没想过这些。

197 (……)

PW　如果"家伙们"的文化阻止你们来这里，那么现在你们还认为它是明智的吗？

斯潘克斯　我绝不会来这里［大学］，我无法忍受坐在书桌旁，我无法忍受写字，我不可能整天坐在桌前写东西，我办不到。

乔伊　这不是明智的[在学校里捣乱]，但这是你唯一能做的事情……而且，这比什么都不做有趣多了(……)他们给了我们责任感，但是我们却什么也不知道，无论多少人告诉我。即使他们给我催眠，我也仍然不会认为我确实需要他们，因为我在书本中读过。我们都认为，没有一百分，我们也能成功。但是，如果有一百分的话，一切就会更容易了。

(……)

PW　如果你们没有机遇，那么这是个人问题，还是和整个工人阶级有关呢？(……)是不是具有政治含义呢？没有人强迫你们进工厂，是你们自己一窝蜂地冲向那里。

乔伊　我们过早地进入了社会，我们被教养成自私的人(……)我们太自私了……不管发生什么，我们都不在乎，你看电视上那么多人都他妈的很富裕。你只是想玩命干，事业有成，挣大钱。你还会考虑其他人吗？哪儿还会想到工人阶级？

(……)

比尔　希望孩子能够得到的东西，都是我曾渴望的东西。

PW　你打算怎样实现它？

比尔　通过正当或不正当手段。

PW　你们是以个人还是以小组的形式？

比尔　我只想为他们实现目标，而且我愿意，或许不是一切。

PW　你还是没有回答问题。你打算怎样实现目标呢？

乔伊　(……)一直以来都是这种方式(……)你得靠自己。有多少次变革真正发挥了作用？而且变革之后，就会有一些人处在社会顶端……并最终成为中产阶级(……)

约翰　我想为我的孩子所做的一切，就是尽你最大的能力。强迫自己做不想做的事，毫无价值。

(……)

PW　或许就是你自己那“成为男子汉”的信念，阻碍了你智力的发挥。

198 乔伊　并不是这样的。脑力工作只是老师要求我们去做他们想做的事。如果老师让我们玩，就会说，“好吧，去吧”，如果他们想要我们按照他们所说的去做，他们会说不让我们做的（……）

珀克　每个人都想在学校里成为强硬的人，每个人都想让别人尊敬他，“他是个硬汉”。

PW　但是，这最终对你，或是对工人阶级有帮助吗？

斯潘克斯　这对于你在街面上混，还是有所帮助的。

比尔　这有助于你度过青春期（……）咱们就看眼下，没有人敢取笑我们。

乔伊　他们不敢占我们的便宜，你知道，这些年来，他们从来没有拿我们寻开心，因为我们都很有男子汉气魄。这就是我的理解。如果我是“书呆子”的话，我身上的所有野性就会慢慢消失。你知道我的意思，那就没什么意思了……然后，那些还照这种方式干的“家伙们”就会占你的便宜，我绝不会容忍的。

PW　这代表了男性的搏斗能力……

乔伊　那是我们上一辈的生活，我们的父辈是工人阶级、体力劳动者。他们的雄健体魄遗传给了我们。

约翰　他们可都是有头脑的人，他们都是未来的老板。而像我们这样的人，将成为工人。

PW　如果乔伊揍他，那是因为他跳舞特别滑稽［乔伊曾说他是如何在上周六的舞会上，因为被某人冒犯而盯上那个人的］，他是不是就赢了？

约翰　是的，在某一方面他是赢了。如果乔伊的老板非常有钱，他在一次舞会上遇到了老板的儿子，并且揍了他，那么对乔伊来说，那就是自我满足。

PW　扯平了，是吗？

约翰　是的，在某方面是这样的。

乔伊　（……）我知道，我必须要粗暴、蛮横，不然的话，我就没法在街上混了。无论我将来会怎样发迹，我在街上还得受欺负，你知道我指的是什么意思（……）

PW　但是，你有可能回去上大学。

乔伊　我不知道。我唯一感兴趣的就是，我要尽可能多搞些女人，如果你真想知道的话。199

“茂宁赛德”版后记

流行已逝，时光倒转，改朝换代，国不相同。距离也许能产生美，但是这种魅力的成本实际上却能把人们分隔开来。然而，这并不是人们阅读社会研究的原因。那些属于20世纪70年代中期的英国男孩的生活和时光，可以为距离他们家乡千里之遥的你们带来些什么呢？

在美国人看来，这本有关英国的著作的确非常受欢迎。但是，即使在这儿，在大不列颠，时代已经改变。失业率已经超过了10%，失业人口不久就要直冲300万。[①]其中最受影响的，是那些年轻、没有技术、刚刚走出校园、低学历的孩子。伴随着经济快速增长过程中的结构转型，许多提供给年轻人的工作可能不复存在。国家经费的削减已经全面降低了工人阶级的生活标准；工人阶级子弟所能享受的福利本来不多，教育经费的削减以及一个更强硬的、右翼的、更加“现实”的教育政策则进一步限制了这种福利。曾几何时，只要他们愿意，本书所谈及的“家伙们”就能获得工作，但是现在已经不是那样了。50%以上的毕业生将直接进入政府主办的“青年职业计划”，这一计划在为他们提供工作经历的同时，也对他们进行“社会与生活技能训练”——这是一种半强制性的学校

① 与当前美国“仅仅”7.5%的全国失业率相比，这一数字很高，但是英国各地的情况很不一样，在东北部的传统制造业区失业率要低得多（*The Guardian*, May 1981）。

教育的延伸，完全服从于工业的“需要”，而不考虑任何自由的或教育的要求。

我希望新写出的最后一章能够向美国读者呈现本书的意义和主题，来为斯坦利·阿罗诺维茨替“茂宁赛德”版所做的前言做一点补充。

本书的功用，并不在于提供那些与北美情况相似的细节，或者详细说明两者之间任何精确的相关性。尽管书中所记述的时代和地域与今日和美国相去不远，但本书的“魅力”绝不在于细枝末节。当然，特定的距离的确对理解某些关联有所助益：有时候，那些人类行为的重要特质正是因为相似而被轻视。我补写本篇后记的目的，就是要勾勒出两个层面的内容——对于我来说，尽管时代变迁，社会背景也与从前大不相同，但在这两个层面上，本书依然具有意义：首先，强调和展现特定的广阔主题，对我来说，这些主题必须始终是任何严肃认真的社会分析的一部分；其次，至少对一项教育争论的当前状况，它可以做出更加有针对性的贡献。针对大规模失业这一社会转向，我将对本书论点的某些意义加以说明和讨论，对学界针对本书的批评做出某些回应，并以此为依据，就理论与实践之间的关系做进一步的评论。

文化的相对自主性

关于上述两个主要层面中的前者，也就是我所主张的必须成为任何社会思想之一部分的宽广主题，下面的论述不可能是严格意义上的对社会理论的陈述。一部分原因是篇幅，一部分原因是个人好恶——我本人并不钟情于“粗暴”而“薄弱”的抽象，还有一部分原因是，我所处理的“理论”要素本身指向的是某种特定社会机制和体验中不可化约和不可预测的内容。或许读者应该将随后的讨论看作一种一般性的诉求，也看作阅读这本书的有益的切入点——它提供了一种阅读复杂文本的方法，强调了本书中我最希望持续下去并发挥影响的各要素。有必要在本文开始之处指出的是，即便是在针对本国的读者时，本书也从未将目标定位于提供一种特定经济、政策和政治背景下的并发分析（conjunctural analysis）[①]。民族志方法的使用是为了提出并展示，在官方政策与话语之外，也就是在《英国议会议事录》[②]的政治与财政条款和社区的公共生活之外，特定的工人阶级主题和文化是如何获得世俗性的存在和节拍的。本书的目的是对那些过程、意义、生产和创造做出有机分析（organic analysis），而非并发分析，这些过程、意义、生产和创造均具有相对的稳定性，有独特的逻辑，与“来回反复”的政策和政党无关，而是与无产者自身状况的基本特征相关：在本研究中，则是与阶级社会中的义务教育和雇佣劳工的状况有关。正式的公共生活（和我们社会上的很多分析）看不见这些过程中的某些内容，或者即使能够看见，也将它们分割和标记为“非社会性的”或“可忽略的”的东西；尽管如此，这些过程仍然为公共生活以当下形式存在提供了某些深层次的文化上和结构上的框架与支持，为精英和统治者维持当前这样的压迫提供了某些深层次的条件，而这些精英和统治者相信，他们真的在以某种方式设计和经营着他们掌控的这个体系。

从某种意义上来说，通过这一角度和利益所展现出来的特定社会环境，的确是永恒的和确定的——至少对于那些参与其中的人来说是这样。这正是日常生活的社会环境，共同的关切、活动和斗争在这里交织。这一环境也是符号的意义、目标、产物和体系存在的领域，而这些又都有助于构成和生产这些事物中的某些意义。将这些符号的意义、目标、产物和体系汇聚到一起的，是社会行动者的“经历”，以及将他们生存所必需的结构和矛盾体密切地联系在一起的方式。我将这些社会存在的一般层面命名为“文化”。这本书所展现的文化民族志，涉及的就是这一层面上

① “并发分析”和下面的“有机分析”都是意大利理论家葛兰西提出的分析方法。——译注

② 已发表的英国议会议事过程的记录。

的一个特定的工人阶级“文化形式”：男性反学校文化[①]。从根本上来说，我将“男性反学校文化”视为更宽泛的工人阶级文化内部的一个变体，而工人阶级文化本身只不过是“文化形式”的一种宽松的构成方式，这种“文化形式”共享了社会中工人阶级的结构位置的一些共同特征。

不过，本文的要点并不是试图为“文化形式”建立一个精确的类型学，或者对“文化”进行严格的理论界定。我在本书中最想强调的一点是，符号和物质领域这种活生生的关系，应该以它们自己的具体形态、在它们自身的层面上来呈现，而不是一直将它们机械性地简化为基本的决定性结构。社会再生产和矛盾不应该被刻画为抽象的实体，它们是动态地嵌在真实人物的真实生活之中，不仅仅是僵化的、具有某种“更深层”结构的“对应”或者“反映”。这并不是说要放弃所有这些结构性决定因素所带来的感觉。无论对自己还是对他人，我们所面对的文化形式都不是完整、均匀和半透明的，不会只是遵从自己的规则或者所牵涉的行动者的明确意图。相反，总是有一些结构、局限和决定因素阻止它们随心所欲地发展。行动者的意图并不是自己就能开花结果的，而是要与一种复杂的过程连接在一起，在这个过程中，结构通过“文化形式”占据了一席之地。不过，文化和能动性确实也有自己真实的范围和创造力，而且永远不会提前被确定下来。人们必须凝神去发现它们，不仅仅理解它们是如何“运转”的，更要理解某种被称作“结构”的东西是如何运转的。“层面”及它们之间的关系的问题，并不是一个像挥杆进球那样直接就可以决定的问题，而是一个令人惊奇的、出乎意料的、反讽性的问题：一套规则和目标——本身具有生活的丰富性——会影响另一套。这些事物的关系不应该被视为实证主义“规则”的领地，也不应该被视为唯意志论的自留地，而应该被视为仅仅由“趋势”构成的一个矛盾的领域。

在我看来，“文化形式”活生生的创造力和最终的“结构性决定因

① 我的另一本书《世俗文化》展现了20世纪60年代末英国青年中流行的两种“文化形式”：嬉皮士和摩托骑士。

素”是同时出现的，而最为关键和富有戏剧性的是，它们出现的时间也正是人们在生命中面临“选择”和根本性转变的时刻，在这个时刻，特定的结构性先决条件——比如为资本主义经济提供不同水平的劳动力——必须得以实现（但是在一个自由民主的政体中，这是通过行动者的“自由”来实现的）。在这里，集体性的“文化层面”就变得至关重要了：如果像大多数解释所说的那样，一边是结构和要求，一边是个人，那么就很难解释结构性的要求实际上是如何实现的——除非是国家机构代表资本来完全强制性地实施，或者利用意识形态的迷雾和幻觉让行动者完全丧失自己的选择和自由。[①]

但是，本书所展现的是那种集体、共享意义上的文化，有着它自己的独特性，以及永远活跃可变的特性（而不是作为外部分类装置的文化）；这种文化用自己的复杂方式告诉我们，“结构”所刻意要求的东西有可能会遭到一些限制、挫败和对它们的“洞察”——一句话，会遭到抵制。本书展现了选择、自由，以及权力和传统地位倒置的个体意义，还展现了为经济体的某种基本“处境”提供最终的基本解决方案的可能性。但是，人们必须记住的是，这种解决“处境”的方式深刻改变了此前的要求。在面对“结构性决定因素”时，那些单向思维的人就不会想到这一点。如果忽视了文化及其相对的独立地位，人们就会退回到压制或神秘化、强力或者神迹那里。

本书还坚持认为，活跃而有改造能力的文化以及社会能动者（他们不仅仅像理论家一样思考，而且像活动家一样行动）的集体能力是社会过程必备和基础的组成部分。生活体验、个人和群体规划、道听途说和非正式的知识、个人的恐惧和幻想、不敬的联合所产生的具有威胁性的无政府主义力量，以及这些事物的肮脏的物质产物，都不仅仅是有意思的

① 比方说，阿尔都塞的理论模式就是这样主张的。参见L. Althusser, “Ideology and Ideological State Apparatuses”, in B. Cosin, ed., *Education: Structure and Society*, Penguin, 1972。

附属之物（亦即"结构位置"的开放性后果），甚至也不是米尔斯所说的"个人困扰"意义上的对结构因素的个体认知。这些东西都是由其他事物所决定的，但是也能决定其他事物。它们注定要在我们的分析中，以特有的方式，占据一个关键性的理论和政治转变阶段。民族志的作用，就是展现这些被压迫者的文化观、他们"隐藏"的知识和抵制，以及那些让他们陷入其中的"决策"依据——这些决策在某种意义上好像是自由做出的，但是却助长了"结构"的形成。这本书的一部分内容就是展现工人阶级形成集体和文化形式的知识的能力——虽然这种形式还很模糊、复杂，常常也是反讽性的，而且也不能化约为资产阶级的文化形式——本书还要展现这种能力为政治变迁提供基础的潜能。

关于再生产的各种理论

最近，在欧洲和美国，以广义的"再生产理论"为名，一些非常有影响力的著作对战后大多数西方发达国家里自由和社会民主的教育"共识"中的矛盾与欺骗之处进行了嘲讽。[①]比如说，在美国和英国，这一共识认为战后资本主义经济急剧扩张基本上是一个好现象。它使得大多数人过上了富足的和中产阶级的生活。不幸的是，仍然有问题存在，仍然有很多贫困、不平等和失败的问题摆在那里。凯恩斯主义之前那种赤裸裸和原始的资本主义体制的残余仍然存在，但是这种无政府主义可以在基本不挑战资本主义性质的情况下被消灭。通过更高的税收，一个扩大的政府是值得信赖的，它有能力纠正这些错误。国家教育是为这些改革而

① 参见S. Bowles and H. Gintis, *Schooling in Capitalist America*, Basic Books, 1976; L. Althusser, 同前引文; P. Bourdieu and J. Passerron, *Reproduction*, Sage, 1977; C. Jencks *et al.*, *Inequality*, Basic Books, 1972。对英国经验的回顾和详细的历史分析，参见CCCS Education Group, *Unpopular Education: Schooling and Social Democracy Since 1944*, Hutchinson, 1981。

设计的利器；即便那些潜在的反对群体，比如劳工运动中的那些人，也认为非分离性的、非国家主义的行动是必需的。

教育貌似提供了一种个人主义和人本主义的发展前景，也就是不可剥夺的追求幸福的权利，而这又是与一种更大的社会公平的承诺联系在一起的（也就是说，每一个人都被纳入一种发展的可能性中）。恰巧，所有这些幸福——个人发展和社会公平——又都是彼此兼容的，因为不管怎么样，它们都有可能使经济体系更加有效：在这个扩张的和高科技的社会中，更多的技术工人正是社会之所需。赋予人们更多公平的机遇，就是要在那些之前没有技能的人们中间"发掘各种各样的技能"。这将释放出更多的能量和技能，而这正是一个扩张的和技术更发达的经济体所需要的。这些目标的兼容和成功，还有助于教育实现另一个主要目的：促进社会整合。社会民主制度的"公平"将是有目共睹的。

这些目标的内部一致性看上去简直是太出色了，以至于任何一项教育失败[①]看上去都像是那些参与者人为造成的错误。由于教育本身基本上没有什么错（实际上教育本身就是与失败做斗争的、披着耀眼盔甲的骑士），这些失败必然是教育的接受者，以及他们的背景、童年经历或者周围环境的错。美国的辅助教育、对"文化剥夺"的兴趣、对贫困宣战，所有的这些都旨在强化那些更贫苦的孩子的能力和技能，这样这些"弱势群体"可以在人生的竞赛中与其他人站在同一条起跑线上。[②]在政策制定者的手中，教育社会学越挖越深，甚至挖到了家庭、童年、个人心理以及隔离的文化效应，从而鉴别出"失败"的病根。阶级（以及阶级分析）

① 关于英国的"教育失败"，请参见一份触目惊心的报告，见第93页注释①。关于美国的情况，可以参考S. Webster, *The Disadvantaged Learner*, Chandler, 1966; F. Riessman, *The Culturally Deprived Child*, Harper and Row, 1962。

② 我不想否认这些项目中的一些内容确实有价值，尤其是它们对教育者和地方社区所产生的激进影响，我也不想质疑参与者的动机。只是，这些项目的目标都太庞大了。奥黛丽·戈德芬奇在1980年夏天于多伦多举办的一次研讨会上向我强力地指出了所有这些问题。

真的只是在做一种无谓的同义反复：工人阶级承受着教育和文化弱势的痛苦；那些承受教育和文化弱势痛苦的人是工人阶级。对这些事情，它们不提供解释，或者对不平等的阶级关系和资本主义生产如何与它们产生这种密切联系不做出任何说明。大体上来说，生产仅仅是提供“产品”——这是一种中立的角色，等待着有人来“公平地”扮演。

当然，经济危机、经济中实际出现的“去技能化”、机遇的消失等现象都对教育中上述自由主义希望和平台提出了严重的质疑。此外，不需要怎么多想，人们就会发现，在一个不平等的阶级社会中，个人发展和公正之间不会有什么并存的希望，因为很明显，对某些人来说，所谓“个人发展”其实什么都不是，而对另外一些人来说，这也不会让他们成为人上人，与此同时，还总是有人不需要“个人发展”却照样能够呼风唤雨，而这只是因为他们有一对好父母。此外，生活中真实的平等和仅仅机会平等之间其实也存在着一道鸿沟。所谓机会平等，至多只是承诺，你有机会成为品尝人生竞赛“胜利果实”的少数人。一旦竞赛开始，对大多数人来说，“平等”意味着什么呢？在那个时候，他们在乎自己的起跑线在哪里吗？

“再生产”理论家已经有力地指出了上述这些问题。但是，为了承认教育中自由主义目标的内部矛盾和失败——主流教育社会学总是在一定程度上接受自由主义目标，但总是因为“补偿”和“下次做得更好”的希望而变得迟钝——“再生产”理论家特意增加了一个爆炸性的说法，即自由主义教育之所以失败，并不是因为执行者有什么做得不够的地方，而是因为这套体系*就是要让*工人阶级子弟失败。教育的目的不是为了公平，而是为了不公平！这些理论家[①]与政策制定者的关系更远，他们主张系统地颠覆教育中的自由主义目标。要想实现教育的主要目的，也就是阶级社

① 由于篇幅所限，我在这里不能一一指出阿尔都塞、布迪厄以及鲍尔斯和金蒂斯这些人在这一领域各自做出的不同贡献。相关分析可参见我的文章“Cultural Production Is Different from Cultural Reproduction Is Different from Social Reproduction Is Different from Reproduction”, in *Interchange*（Toronto）, 1981, II: 4。

会的社会整合，只有让大多数孩子对一个不公正的未来做好准备，确保他们个人的不发展得以实现。主流观点认为，教育的积极作用就是用教育产品来“公正地”填补经济体中的空缺；“再生产”理论却颠覆了这个观点，认为资本主义生产及其角色要求制造这样特定的教育后果。残酷地说，是生产及其角色决定教育，而不是相反。“更广阔的社会”以及生产并不是只在那里中立地提供机会，而是在限制和裁定教育在一开始就要产生什么样的后果。

《学做工》在“再生产”理论的发展中已经发挥了自己的作用，而且在我看来，它甚至对“再生产”理论做出了重要的矫正。它在“再生产理论”的发展中所发挥的作用是增加了一个性质维度，曝光了教育中的自由主义和社会民主主义程式。统计数据显示，不同阶级所享受的福利和承担的教育后果是非常不平衡的；但是，正如我们已经看到的那样，对该数据所做的解释可能并未撼动人们最初的解释逻辑和方法：这是工人阶级子弟及他们的家庭的错。《学做工》补充了两样东西。首先，这群孩子是改良主义和自由主义教育方法的目标，而如果教育想扮演自己的角色的话，这些人是最需要被吸纳进新机遇的，可是这些人也正是那些最为积极地抵制学校教育的人。其次，《学做工》还有助于指出，这样的文化反应绝对不是“无知的”“落伍的”“病态的”，或是需要被消灭的，相反，在某些重要的方面，这些文化反应可能要先于自由主义结构的理解。例如，“家伙们”的文化就涉及，在一个阶级社会中，就其最好的机会以及如何在一份体力工作中以最好的方式接触一个苍白的未来，押下自己现实的赌注。与此同时，这些人的老师们也尽力投入到人本主义和发展问题上，而这些几乎和他们从事劳动的实际未来没有什么关系。这恰恰显示了自由主义、人本主义以及普遍的“左翼”幻觉到底离那些被压迫者的实际情况和他们有可能面对的真实可能性有多远。《学做工》有助于阻挡“文化剥夺”这个逃生舱，并对教育的自由主义目标重新进行评估。

但是，我觉得这本书真正和最为持久的重要性在于，它对“再生产”

理论接下来的一个重要论断做出了重要的限制：教育如何实际参与生产“自由主义期望”的反面，也就是说，教育是如何生产不平等的。对教育领域中自由主义的主张提出质疑也许是合理的，但是“再生产理论”过快地走向了一个过于简单的反面。很明显，通过把工人阶级塞进一个不平等的未来，教育确实无可否认地执行了资本主义经济的命令。这是教育的主要和持续的目的。我们回到了前一部分讨论过的教育中特定领域的危险。学生的体验和能动性成了对结构的反映。人类的认知、文化和能力实际上是丰富多彩、复杂和具有创造性的，却被简化成了对结构性决定因素的干巴巴的抽象。资本要求这么做，学校于是就这么做！人成了傀儡、僵尸和受愚弄的对象。他们内在的情感被肆意吸干了。学校甚至是这幅巨大图景中的主要场所；对于这是如何实际发生的，说法很多，学校也有可能是一个“黑箱”。[①]这不是理论性的，而且肯定不是政治性的。悲观主义极其盛行，这是预定的世俗关系的最壮观一幕。

虽然《学做工》部分地与“再生产”的视角有所关联，而且讨论的全部都是实际教育结果的重要性，但是这本书实际上更为核心的作用是讨论了文化生产的问题。[②]我所关注的“再生产”效应，只不过部分地来源于“家伙们”在他们自己的文化中的自我活动。我们被引向的是之前讨论过的“文化”层面。这本书处理的是这些孩子的一个重要人生转折点，也就是步入工作这一阶段，这也是“结构”和“能动性”关键性相遇，而不是“结构”战胜“能动性”的一个经典“选择点”。本书民族志章节的目的，并不仅仅是让读者为一个魔术般的“再生产”做好准备，而是证明和重新创造一种文化的细密纹理和创造性——文化虽然远远不是由结构位置

① 这是迈克尔·阿普尔在对《学做工》的一篇内容异常丰富的评论中提出的有力观点，参见“What Correspondence Theories of the Hidden Curriculum Miss”，in *The Review of Education*（Boston），Spring，1979。

② 对此的一个综合和扩展，可参见我的文章“Cultural Production Is Different from Cultural Reproduction Is Different from Social Reproduction Is Different from Reproduction”，同前引文。

直接决定的，但却是彻底地嵌在结构位置中的。这些章节还旨在展现某些特殊的东西，正是通过它们，某些普遍性的主题和话语得以发展成“文化形式”的某种特殊形态。正是物质安排、社会组织和学校的教育范式帮助形成了“反学校文化”的动力和结构——就像我们也许会说的那样，学校组织的一些非常重要的方面，并不是受资本的抽象需要影响，而是受那些抑制、控制和规范这一文化的非常真实的问题影响。

我希望，在这一脉络下对“文化层面”的关注会强化我的总体论点，该论点涉及的是在物质和社会生活的自我生产当中，集体和个人认同形成的复杂性和动态机制。它还针对“再生产”理论提出了相当尖锐的观点。工人阶级男性反学校文化的一个主要特征，当然是对抗。毫无疑问的是，肯定存在具有同样特征的其他性别、种族甚至阶级的变种，但是一个例子已经足以说明，学校的支配和精神灌输肯定不是自动的和直接的。如果意识形态的决定性因素应该通过信息发挥作用，而这些信息又被孩子们拒斥了的话，那么这些决定性因素又该如何发挥作用呢？事实是，那些接受反学校文化的孩子们确实比较愿意去做雇佣工人，而这正是我接受的最终的“再生产”效应。这一事实说明，学校是通过其他社会场所的矛盾和差异来发挥作用的，而不是通过反映、对应、相似性或者其他什么东西。

《学做工》还指出了某些在“再生产”理论中只能被描绘成学校教育“黑箱”的东西。一方面，对我一直强调的“文化层面”，我们知道它所具备的一些一般性特征：能动性的程度、“洞察”、生活转变的体验——这种体验是令人开阔眼界、获得自由的——以及“选择”的熟练领域。另一方面，具有反讽性的是，这是通过某些限制性的话语、过程和意识形态来发挥作用的，而它们促使人们做出了足够多的“自缚式”抉择，从而满足了“结构”的要求并再生产了“结构”——即便再生产的方式与资本“理想”的抽象要求相去甚远。

这本书所描绘的某些更为令人惊讶的事情是：学校与其文化之间惊人的纠结，伴随着体力和脑力劳动之间的分工；一种深刻的“反意志主义”的文化产物，而它却不是这种“反意志主义”“正式引导”出来的——事实上，这种文化产物是阶级社会的一块基石，但却并不总是因直接的压迫而产生；智力上的“落后”以复杂和惊人的方式与世俗的早熟联系在一起，把人们投入一种成人的剥削关系当中（这显示了工人阶级文化卷入阶级社会再生产中的方式是多么出人意料和复杂）。这本书还展示了，男性气概的主题是如何以一种不显眼却很深入的方式占据了劳动力及其体力表达的体验形式的。这显示的不是分离的“再生产”，而是在一个社会中，压迫的形式以及与这些形式相关的意义和感觉的话语的内在不可分离性。这些都不在“再生产”理论的视野之内。我一直在说的一个主要后果是，从自由主义的角度看，被压迫者的社会和文化形式是一种需要被消灭或者补偿的“问题”，而从“再生产”的视角来看，在大多数情况下，它们被忽略，或者仅仅被看作是意识形态。而（我所采取的）文化视角既试图将它们理解为关键性的理论现象，从它们当中学习，从生活中学习，又试图以某种方式，以一种开放和具有挑战性的态度，对它们做出正面和批判性的评估。这正是《学做工》与结构闭合的悲观主义划清界限的地方，后者认为，当一个孤立无援的个体反对压倒性的社会决定因素时，结构闭合是无法避免的。

我希望，我所主张的这些论点的要旨，能够或多或少地有助于读者免除对我的一项（并非不公正的）指责：在《学做工》这本书里，我忽视了而且基本上只是被动地展示了其他重要的社会群体——“书呆子”（循规生）以及女孩们。

由于我在《学做工》中的主要关注对象是“家伙们”的文化，因此“书呆子”就必然成为“家伙们”主动性和创造性的突出陪衬。而且，可以肯定的是，学校里循规生的文化多多少少接近于那些理想的“模范”学生的文化。尽管如此，我讨论的主要情况是，所有的社会能动者都通过不同方式亲手集体塑造了他们自己的命运，而他们做这些事情的方式并不仅仅由外在因素决定，而具有“文化形式”迷宫一般的复杂性。但是，要想一次就把这些都说清楚是不可能的！如果民族志给予某一特定“文化形式”“生命”的行为看上去像是剥夺了其他文化形式的活力，使得其他文化形式看上去贫瘠不堪，那么不应该认为这意味着“社会理论”只对前者有效。在一个案例中被强调的东西不应该在另一个案例中被遗忘。这本书不是在煽动忽视或者边缘化学校里的循规生，而是在鼓励从类似的视角出发，对他们进行具体研究，以揭露他们的社会存在的复杂性和前景。《学做工》里面绝对不存在这样一些说法，即“文化层面”对他们来说没那么重要，或者简单的机械的意识形态观点有可能对他们更管用。他们的文化或许与意识形态有一种不同的关系，而且也许可能对自由民主和教育的“前景”更为敏感，对这样一个“精英统治”的社会所能提供的东西，他们有可能有着自身更为工具性的“洞察”。当某种特定的希望被证明是错误的时，受这些东西影响的人有可能会以一种非常痛苦的方式体会到一种彻底的幻灭感。

女性主义学者对这本书的批评则走得更远一些。这种批评很明确地指出，一个群体，也就是女孩子们，在这项研究中被遗漏了（对这项指责，我的回应将和上面的一样）。不过，这种批评还补充了一点，认为本书展现男性反学校文化的方式，不加批判地接受并且实际上再生产了“家伙们”的父权主义支配和压迫，而且未能恰当地定位反学校文化在家庭里的根源。一位评论家认为这本书“满是（对女性）最为粗鲁的言语”，并进而抱怨说我没有直面“这些幻象底下的暴力”。[1]这篇民族志也许确实没有足够清晰地表明针对女性的文化压迫效应——虽然本书有一个章节的标题是“性别歧视”，试图考察和解释而不是忽略女性的体验，而且我确实指出了“家伙们”的支配以及他们“明显的工具性和剥削性的态度”。可以肯定的是，家庭问题只是在涉及工人阶级主题在男性反学校文化的再生时才被触及，毕竟反学校文化才是本书所关注的东西。然而，

① 参见Angela McRobbie, “Settling Accounts with Subcultures: A Feminist Critique”, in *Screen Education* 34, Spring, 1980。

如果女性主义学者在阅读某些我如实记录下来的态度和语言时感到被冒犯，那么抗议无助于解决问题。在写下这些转述的文字时，我并没有预见到有可能会让人感到不快；而且，很有可能的是，我之所以能够做这样的田野工作，能够试图将“家伙们”的创造性和生活作为一种明确的理论和政治策略带到这本书里来，靠的是一种无意识，也就是与“家伙们”共享男性气概的结构，而这对女性来说大体上是压制性的。即便对富有同情心的男性来说，他们也意识不到十分普遍的、在深层次发挥作用的父权的结构。我们现在几乎很少直面和反对它。

我的回应的要点并不是回避责任，而是试图发现它与其他责任和议题之间的关系。民族志中包含一个关于父权结构的假设可能是极为容易的，而将父权结构假设与其他结构假设（如种族主义和阶级主义）分割开来，将会为本书提供一些其他东西。如果一个人想避免压迫性的结构和意识形态的有意或无意的再生产，那么一个包罗万象的自然主义的民族志是否有可能做到呢？此外，本书之所以要展现工人阶级反学校文化中的性别歧视，在一定程度上是要展示它在“家伙们”的生活和物质文化的集体自我再生产中所占据的动态位置。这么做的目的是为了展示在一个物质生活的生产模式中，男性是如何自己陷入一种特定类型的性别建构中的。对我来说，这既是当时，也是现在我所持的女性主义观点。

用民族志的方式来展现这一“文化层面”还使我提出了一个理论观点，这也正是我在该书的理论章节试图论述的内容，而这在压迫的生活系统中并不是单独存在的。它们以一种惊人的、复杂的方式共存并纠结在一起，有时候相互支持，有时候则相互抵触。像我这样的中产阶级白人男性并不受到这些结构性因素中的任何一个的直接压迫，而且客观地说，还从其中的某些压迫中获益；于是，针对这些东西趾高气昂地发表意见也许是太容易了，有时甚至显得不真诚，但是可以肯定的是，存在一种一般性的情境，可以让人做出一种超然的分析，对话语、符号系统以及权力和权威的秩序做出通俗清晰的表述。人们遵从某些结构也许会导致他们抵制其他一些结构，并在抵制中再生产原先的结构，或者另一些结构。只有理解不同群体中这些紧张的文化组合，我们才能恰当地分析不同部门和利益拥有什么样的共同点以及如何拥有这些共同点，它们是怎样在共同的战线和联盟的基础上被动员起来的。《学做工》试图针对一个社会群体分析，男性气概的结构是如何通过劳动分工和体力/智力的分割而得以表达的，以及它们又是如何被用来抵制其他类型的制度和阶级压迫的。这恰恰就是在改变“父权制”的本性，从历史的角度出发来展示“父权制”物质存在的类型，以及它在一个领域内持续不断地进行相关的和经转化的再生产时所采取的形式。在这里，我看不到任何反女性主义的东西，即便这本书未能明确地承认和谴责这一经过转化的和经过再生产的父权制针对女性而产生的直接压迫性后果。我们需要对父权制在“文化形式”中的复杂表现做进一步揭示。

至于学校中的女性文化这一特定的个案（虽然也必然存在着阶级和种族差异），沿用本书的分析框架，我们可以假定，学校中的女孩子们在“文化层面”所采取的方式包括针对“校方”的性别范例与成年教职员工自身所采取的对抗和集体认同的建构，这些行动对于女孩子们而言产生了“反讽性”的和在某种程度上预期之外的后果[①]，即使女孩子们陷入她们所属阶级和性别的命运。也许，最为关键的一点是，分析有关女孩子们的反抗问题必须比处理男孩子们的反抗问题更加小心谨慎，因为对男性支配的反抗以及对精神和阶级压迫的反抗是有可能的，而她们所接受的“女性气质”因素则使得她们很难以暴力的方式来表达她们的反抗。

① 这一部分涉及的讨论来自伯明翰大学当代文化研究中心的女性主义者们以及安吉拉·麦克卢比发表的著述。参见Angela McRobbie, “Working Class Girls and the Culture of Femininity”, in Women’s Studies Group, *Women Take Issue*, Hutchinson, 1978; “Jackie, and Ideology of Adolescent Femininity”, CCCS Stencilled Paper, No. 53; 以及即将发表的“Young Women and Leisure: How Working Class Girls Get Working Class Husbands”。还可参见Chris Griffin, “Report to the SSRC on the Transition from School to Work of Working Class Girls Project”, 该文献可从伯明翰大学当代文化研究中心获得。

女性气质看上去要比男性气概更加复杂，因此她们也许会采用这样一种方式来实现某些目的（仍然是在对期望她们做的事情进行反抗），即操纵“女孩子们应该做的事情”中那些顺从性的方面；而其他一些目的，比如说让人大跌眼镜的事情，她们则会采取一种更加“强硬”的风格（要么就是“厚脸皮地”借用男性的表达方式，要么就是“撒娇地”夸张地使用公认的女性特点）去实现。无论哪种情况，与公开宣称的女学生这一身份相比，“闺蜜”文化、浪漫以及特定的女性气质似乎确为许多工人阶级的女孩子们提供了一套更实用的文化机遇和满足。

当然，学校对待女孩子的这些问题时也许往往不像对待男孩子的类似问题时那么单纯和激进，对于男孩子们来说，学历、流动和“人的发展”等概念仍然很重要。而女孩子们往往需要为她们的未来角色做好更加世俗、直接的“相应”准备：做家庭主妇或者秘书，打打字、烧烧饭、做做“家务”。[1]在女性“文化形式”的形成发展方面，学校可能更多地扮演的是“共谋”而不是“反对”的角色。不管是哪种方式，我们都不应低估女性气质和罗曼蒂克这样的创造性文化在女孩子们的生活中的角色，它们可能会引导她们走向未来所扮演的家庭主妇和贤妻良母的角色，同时也让她们承受双重角色压迫的剥削：一方面，从事着技术含量不高、很辛苦却工资很低的工作；另一方面，永无止境的“照顾家庭”的家务负担。

失业和“文化形式”

除了日本之外，似乎所有的发达国家都已进入失业高峰期，而年轻工人和毕业生受到的影响最大。[2]此外，传统的劳动密集型产业需要的

① 这个观点是最近我在伯明翰与简·加斯克尔讨论的时候，她向我简明提出的。

② 在1981年1月的英国登记失业人口中，大约40%不到二十五岁。如果不考虑“特殊项目”，主要是为最近几年的毕业生设计的“青年机会项目”，那么登记失业人（转下页）

劳工数量下降，而新兴的服务业和高科技产业能补充的劳动力需求只能缓解部分问题。这些都意味着，我们已经不可逆转地进入了高失业率阶段，而就业的类型也已经改变。这是不是一个走向所谓“有闲社会”的基础呢？这对本书中分析和展现的基本过程有着什么样的影响呢？我们有可能看到一个新的、与这些“结构性”变化有关的大众“文化形式”出现吗？而与此同时，比方说，与体力劳动有关的男性气概会不会丧失其作为一种重要文化主题的基础，而家庭中的性别关系是不是也会发生变化？

就这些议题而言，在我看来，我们可能冒着一个风险，即在变革发生之前，就是在第一声预响之时就宣布它已经到来！我们现在处于一个全球性的衰退和经济危机之中。这也许会让我们夸大一些趋势的深刻程度，这些趋势也许会在经济好转之时失去一些现有特征。实际上，现在的官方失业数据令人震惊且不可原谅（实际失业率一定更高），这些数据表明社会的性质已经发生了质变。失业率往往高度集中在那些衰落的行业聚集的传统地区和衰败的老城区，所以与其说是性质的变化，不如说是平衡关系的改变。此外，当前英国的官方总体失业数据显示，只有大约15%的失业是长期失业。这一数据只是代表了那些登记在册的失业人口，却不包含那些在找到第一份工作之前苦苦等待了很久的人，也不包括那些在找到下一份工作前长期无业的人——有人估计，在过去的十五年里，从丢掉一份工作到找到另一份工作之间的平均等待期已经从两个星期延长到了三到四个月。[①]对那些无论何时都登记为失业人口的人来说，他们的实际情况也是处在两份工作之间的漫长等待期或者正经历摩擦性失业，而不是失业。

至于从蓝领就业到白领就业的普遍变动，虽然我们可以看出其中的

（接上页）数将会达到37万以上。参见*Employment Gazette*, 1981, 89:4, S5 and 31。

① 参见W. W. Daniel, “Why Is High Unemployment Still Somehow Acceptable?”, in *New Society* 55: 957, March 1981。

趋势，但它也有可能被夸大或者误判。需要记住的是，大多数工人阶级劳动力仍然从事着体力劳动。作为先声的"信息革命"，可能对制造业中的蓝领工作，但更可能对信息处理领域的白领工作，即书记员、会计、保险管理部门等，产生深刻的影响；对制造业中的蓝领们来说，主要压力有可能仍然是老式的——劳动过程的"加速"和加强，而不是消失。[①]人们也可能不会注意到，许多新"服务"行业至今仍然主要是对主体或事物提供物质性的服务而不是金融和信息，这些行业看重的可能还是密集型劳动和体力劳动。作为文化生活主要特征的、与体力劳动有关的工人阶级"文化形式"目前尚不太可能消失。[②]

不过，面对可获得工作总量的相对较少以及青年失业的大规模出现，变化确实正在发生，也许尤其是就《学做工》这本书的目的而言，这种变化尤其重要。这会从根本上改变我们曾经讨论过的某些过程吗？关于这个问题，读者们也许会比我回答得更好，因为在北美，人们早就经历了这些在欧洲还相对较新的现象。我的回答是"会有改变"，但是并不会发生根本性的改变。在我看来，确定的事情是，年轻人的高失业率并不会带来一个新"有闲社会"的共同的一致性文化体验，而是会促成一个更加不均衡和矛盾的两极社会。

失业会对工人阶级的"反学校文化"及该文化与带薪工作的关系产生什么样的影响？这本书里的"家伙们"开始只能勉强接受带薪工作。对于带薪工作的无聊，他们会抱持一种高度现实主义的态度；放松的方式之一就是不时地逃工。学校里的"家伙们"期望时断时续的失业，而这也恰恰是他们的经历。总之，在假定的劳动市场要求和学校教育的文化过

① 就在人们对英国的制造业衰落感到忧心忡忡的时候，人们也许忽视了服务业其实也在衰落。1980年，服务业就失去了25万份工作岗位。参见*Employment Gazette*, 1981, 89:4, S6。

② 这个论点并不是要贬低从女性主义、生态、城市等角度出发的论点的重要性，而只是在反对这样一种观点：可以从这些运动推断出事态已经发生了根本性改变。而且，政治本身也是相对自主的。

程之间，并不存在“紧密”的适应。只要尚未成为永久性失业，失业的增加就可能只表明一种变化了的比率，而不是文化过程在基础层面上的新现象。我们也许会看到像工具一样的、灵活的工人被不断生产出来，但他们已经不再抱有什么幻想，而是情愿接受更长时间的失业。工作可能被去技术化，以至于工作的角色不再带有那种“使命”或“事业”的主观投入，而丢掉工作，至少在某种意义上，仅仅是工作向终极发展的自身过程的一个阶段：失业成为去技术化的最终阶段！我们对工作吸引力的处理，跟处理失业“无聊”没什么不同。对工人们来说，两种情况下他们都会感到无聊。不同的是，就业时有钱拿，失业时没钱拿。

总之，我们也许面对的是一种过程的扩展，而不是它的转变，对于学校里的类似过程以及面对工作减少时的消极态度也是如此。随着“工作经历”，或许我们应该说是随着“工作/非工作经历”（这种表达更准确地反映了“底层无产阶级”一直经历的实际体验，他们时刻准备着应征做工，却并不能总是如愿）的总体质量，以及满意度下降，并且随着假冒文凭等情况的增加，本书所讨论的某些基础文化过程的动力会有所增加。这不会导致“文化形式”的转变，而是会放大我们的“文化形式”，甚至夸大某些文化特征。具有讽刺意味的是，反意志主义、对学校的不满以及对体力劳动的矛盾定位，也许会增加。例如，尽管体力活动可能仍是男性气概的关键支点，但其在工作中的应用范围会越来越小，学校中智力教育的矛盾越来越多，这些都可能会导致学校和其他场所中暴力和反社会表达的增加。

此外，我们在评估时不能忽略国家这个因素。教育与涉及劳动力规划的政府机构并不是瞎子。有可能发生的是，年轻人对工作的态度会“恶化”，而学生毕业之后长期“瞎混”也许会消解他们对工作的投入（一种由各种地下的秘密文化过程所制造的投入）。这两种可能性已经导致在工作和学校、拓展的教育形式、工作体验项目、“弱势群体”的“机遇”项目或者相关的志愿或慈善项目之间建立起了各种各样的“联系”，试图防止新一代成为“失落的一代”。[①] 这些项目如果能保持一定的连续性，并对与本书的描述相类似的过程给予支持和扩展的话，那么即使是采用了某种矛盾的方式，甚至常常以“错误”的理由为出发点，它们仍然有可能取得某些成功。

尽管有了这些考虑和论证，很清楚的一点是，在未来为年轻人提供的非技术性和半技术性工作将越来越少。这本书有没有指出谁有可能获得这些工作？与这一类型有关的、更为普遍的文化变迁——不管是在校内还是校外——有可能是什么？更加严酷的市场环境可能会加剧雇员间的竞争和对失业的恐惧，这最终会提高对非技术和半技术体力劳动者的雇佣条件——要求更高的“文凭”、更好的“态度和才能”（实际上意味着更严格的劳动纪律）。这有可能使更加循规的学生获益，并因此强化学校中和本书所描绘的教育范式里的各种循规者文化。但是，与此同时，那些要求具有更强烈工作动机的职业可能会引发完全相反的感觉，尤其是以集体文化的模式。[②]从长远来看，大多数体力工作将无法承受这些更多的人力投资所带来的压力。尽管恐惧得到抵消，但最终仍有可能出现更频繁的职业变动，或者明显的社会和政治动荡。因此，我希望雇主们能以文化“现实主义”缓和自己雇佣“素质更高的”劳工的宏大抱负，并关

① 值得注意的是人力服务委员会的崛起。在英国，这个部门通过“青年机遇项目”负责劳动力，尤其是青年工人的安置和培训工作。该部门的目标有，比方说，“让受训者适应正常的工作环境，保持警醒的工作态度，比如守时、守纪，与其他受训者和主管保持良好的关系”（引自*Unpopular Education*，同前引文，第235页）。很明显，人们害怕工作本身的总体方向会消失。在不知道这样的方向起初是如何产生的，并且留心学校“降低标准”和“缺乏纪律”这样的批评的情况下，总体性的解决方案似乎就是提供某种制度扩展，至少试图更加服从于“产业需要”。尽管这些课程有着技术和组织的形式和名称，但是实际上，它们却是一种文化上的防守措施，目的在于维持体力工作的节奏、使人们接受劳动、支持“反意志主义”，以及加强工作纪律。“青年机遇项目”的课程越来越多，而且在英国，它是唯一躲过经费缩减的政府项目。1981年3月，实际上又有200万英镑的预算被追加给了人力服务委员会。

② 参见第217页注释②就这些展开的长篇讨论。

注新员工对自身满足感的低抱负和低期望。大致来说，雇主也许会更喜欢一个守纪律和胆战心惊的“家伙”，而不是一个试图发挥全部才能的、热情的循规者。这在那些“短暂性”成为薪资交易的一部分的行业里尤其如此：季节性的、零散的或者临时性的工作有可能随着“服务经济”的增长而增加。此外，一些非技术性和半技术性男性工作机会可能会保留下来，代价是类似女性工人的失业——至少在英国，这些女性是当前失业率上升最快的群体。即便面对平等机会的立法，女性的处境也经历着相应变化，而在媒体和政治辩论中，人们越来越强调女性应该扮演的家庭角色和女性的使命（结婚和相夫教子），这绝对不是什么巧合。

总而言之，那些并不完全循规、注重文凭和才能发展的男孩子，在毕业离开学校后找到工作的机会并不会完全消失。因此，与这条道路有关的“文化形式”也不可能彻底改变。可能改变的是“文化形式”的内部张力和矛盾的特性。

那些走出校门的“家伙们”，不管是步入工作岗位，还是参加各种过渡性质的培训项目，都仍然可能对很多工作表示出摇摆而易变的态度。只要还能找到工作——不管是合法的、半合法的、官方的、非官方的、正式的还是非正式的——他们也许就不会感受到有限的机会严重地限制了他们的自由。[①]即便意志主义和学校教育可能被拒斥，学校和工作之间的那些教育拓展、联系、桥梁——尽管处于一种半制度性的状态——仍然可能被这些人勉强接受，他们将这些当作最现实的就业途径，通常给他们一份比救济金稍高的薪水。至少在英国，许多类似的项目，尤其是有关“工作体验”的项目，确实成为雇主们雇佣廉价劳动力和筛选员工的一个渠道。工人阶级文化的形式，比如“反学校文化”，为“家伙们”提供了某些文化上的延续性和技巧，使得他们既能够抓住这些机遇，也能够被

① 至少这些活动中的一部分有可能是“非正式”或者“黑色”经济，也就是那些没有在税务部门登记的生产和经营活动。1980年在英国，国内税务局的常务秘书对此的官方估计是，这些经济活动占到了国民生产总值的7%（*The Guardian*, 7 May 1981）。

看作“适应社会”的人，从而“成功地”为雇主扮演“成年工人角色”并满足他们的“期望”。

在某些方面，循规者可能在“新”处境下反而过得更糟。他们对工作的选择更加慎重，他们与官方规定的关系模式也不同，因此他们会更加严肃地对待那些继续教育项目（以及虚假的文凭和过渡项目），认为它们真的有助于个人发展、扩展知识，但实际上它们并不能做到这些。当然，到目前为止，那些提供非技术性和半技术性工作的雇主们希望将自己的产业“升级”，而且愿意把文凭（如果没有其他东西可以参考的话）当作检测应聘者的劳动纪律和忠诚的指标，这些都使得循规者在应聘中处境更有利。如此一来，循规者也许会发现，他们最终的职业“体验”非常令人不满，而且对某些人来说，他们也许会有一种非常强烈的“幻灭感”，“家伙们”却不会有这样的感觉。情况很复杂，而且在很大程度上取决于当地劳动力市场的状况，但是大体上说，这些过程与本书中所描述的那些相似过程之间的相互作用很可能会继续下去，变得更加极端和激烈，而“底层的无产者”的状况也会进一步恶化。《学做工》中所分析的一些深层次的过程很难被打破；年轻人可能在失业很长时间后仍深陷这些过程中。许多年轻人仍然会被认为是不愿意工作，而那些基本的男性气概特征仍然会是他们文化风格中的主旋律，我认为，这种文化风格的形成是集体性的，而且一部分是在学校里形成的。失业也许会让这种男性气概面临危机或陷入停滞，让“家伙们”感到耻辱、压抑或者愤怒，但是强调男性气概这一点不会被取代，也不会与觉得自己已经准备好了去工作这样带有矛盾情绪的意识相分离。事实上，我认为，雇佣劳工和剩余劳动力大军之间文化上的连续性会继续存在下去。[①]这两者之间平衡关系的改变，并不需要对它们之间的连续性做出什么深刻的颠覆。

---

① 这种延续性至少存在于马克思所说的“剩余劳动力大军”的“漂浮”层和工薪族之间。他将这与“潜伏层”（那些有可能被招募进劳动力大军中的人）和“停滞层”（那些就业状况非常不稳定的人）区别开来。参见马克思《资本论》。

反响和实践意义

本书于1977年在英国出版时收到了广泛而热情的评论。我还与教师群体、成人教育班、社区团体和社工、职业教育教师、激进教育团体以及社会学研讨会和社会学学生社团进行过讨论。我们已经对这些讨论引发的一些实质性批评进行了考察。对在美国已经出现或将要出现的某些更加详细的批评进行探讨是值得的。最后，我将对这本书可能具有的实践意义做进一步的评论。

有人批评这本书缺乏对方法论的讨论，而数据的"可靠性"也遭到质疑。在一次讨论中，有人指责说，整个故事都是我编造的，"因为一个'家伙'在附录中是这么说的"[①]。一位抱有同情的评论者挖苦地给我的方法起了个绰号——"炸鱼薯条"民族志，就像电影导演塞尔吉奥·莱昂内所拍摄的"意大利式西部片"一样。[②]他批评说，我对小群体、对话和细枝末节（或者，这比较琐屑？）的特别关注，使得我未能对更多和更广泛的正式制度进行严格考察。许多人都声称，要从我的发现中推导出普遍性的结论，或者重复我所做的研究，都是非常困难的，而且往往也没有足够的背景知识进入田野，等等。我曾无数次地与人争辩：反学校文化涉及范围如何广大，占学生人数的百分比是多少，甚至我在书中所描写的某

---

① 这个人所指的段落是：

乔伊　嗯，我现在可以直接告诉你，这里没有一个是捏造的。
克里斯　我在那里读到的90%……我其实能想起来。

在克里斯说"90%……"之后，其实有一个停顿，而评论指的其实是后面的话。他当时不知道该选什么具体词来表达他实际上经历过这些事情，而不是在指之前乔伊所说的"捏造"。这就是对文本进行解读时确实会遇到的危险！

② Gord West, "Cries from the School Corridors of North York, Birmingham and Tyneside", in *This Magazine* (Toronto), October 1980.

些群体或个人到底是否属于反学校文化。实践者则抱怨这本书被分成两个部分，还说末尾的某些描述有些机械。有些人觉得这本书的整个分析对老师来说都太悲观和苛刻。还有人觉得我的分析过于“集体主义”，应该更多地对个人情况做出回应。一个更加右翼和令人担心的回应是，提供什么都没有意义，因为总是会被反对，而既然文化过程归根到底是要让孩子们对社会结果做好准备（当然是他们功能主义或者右翼视角下的社会结果），那么就应该放手让他们自己去经历这些，或者更愤世嫉俗的一种说法是，经历“加油”的过程，以更好地实现目标。例如，职业教育应该关注“文化形式”所抛出的“非官方”标准，而且应该将“自感”的过程简化为“雇佣角色”。工人阶级子弟想要工人阶级的工作！我们有什么好担心的？帮他们一把！

至于最后一点，总是有一种危险，那就是把“进步的”知识和洞见变成了娱乐性的目的。知识是一把双刃剑。我们这个社会中存在着阶级威胁，而在资产阶级霸权的情况下，哪些东西“可以说”其实是有很多严格限制的；在我看来，在解决这些问题的长期斗争中，这把双刃剑确实会带来风险。总而言之，这本书所展示的全部分析，对于对此接受了一半的那些人来说就是定时炸弹。他们已经忘记了本书后记中所强调的反抗和“文化形式”的动态运动所能发挥的关键作用。盲目地发挥反学校文化中的某些方面也会导致这样的后果。此外，即便对本书所展现的最糟糕的阐释和行动，即“加油”范式来说，愤世嫉俗地承认这些实际的文化，也比试图将它们作为“病态”来铲除，或者荒诞地把它们描述成妖魔文化更为可取。以这些误解为基础而提出的“解决方案”有可能是非常冷酷无情的，因为这些方案的对象从来没有被看作是真正的人。

当然，我反对任何与“加油”有关的主张。此外，我的分析绝对不是在“反对或者削弱学校教育”。教育在某种程度上能促进社会流动，这一点必须得到加强，方法则包括提供更好的教育条件、教育改革、对中产阶级的特权进行积极消解，以及对有助于使中产阶级教育道路更平顺的文化转变提供制度上的和其他形式的支持。[1]即便对那些违规者来说，学校也是一个比工作场所更好和更安全的地方。我们也不应该落入这样一种陷阱中，即为“非学术”教育设立专门的课程。这种做法实际上会使“非学术”教育变成一种二等教育。在我看来，所有的社会群体都应该至少部分地接受一种文化和社会课程，并借此接触到结构性、历史性和政治性问题，这就像那些违规者应该始终可以获得财政上的支持去参加学术课程一样，也许当他们有可能再次接受教育的时候，这可以作为一种继续生活的选项。

所有这些，都没有直接回答这样一个问题：对于班级里的那些违规生，我们该“怎么做”？这些孩子，即使面对那些我们应该争取的机会，也会无动于衷。给美国的教师们提出具体的建议，这会显得我尤其自负；我的目的基本上是做出一个有效的分析，相关的人士可以从他们自己的条件出发，综合考虑他们自己的分析，采用和改写、检验和修正我的分析。这一领域的实践永远都是多种多样的、试验性的和灵活的，永远与学校实际师生构成的复杂情况以及每个学校不同的人事和政治状况有所关联。不过，在我看来，所有的这一切都与某些总体性原则有关。我的评论不应该被看作是一套僵化的指南，而应该被看作是一种鼓励，让人们去感知一种关于知识的“文化政治”。[2]从某种意义上来说，这就要求我们不再将教育看作是一种国家提供的、中立的工具，用来砍伐、清理那些落伍的、“愚昧的”文化灌木丛，正是这些文化使居民陷入歪曲与误解中。这么做的目的，是切除和破坏那些“坏的东西”，但实际上它们往往是学生们走向真正未来的最好指南，与未来以及未来实际上将如何展开联系紧密。若想对教育进行更广泛的考察，使它与当前“学校教育”的做法有

① 我在《文化生产是……》一文中对此做过更加系统性的陈述。参见前引文。

② 这部分与我如何看待研究者对研究对象的一般性责任有关。虽然我已经试图承担直接的责任，对本书进行了反思，与个人和群体讨论了它的实践意义（参见“补充访谈”），但是研究能够在更广泛的政治和教育平台上获得积极运用，才是主要的收获和回报。

所不同，就必须承认和重新评价这些文化。[①]

但是，鼓励人们去感知这种文化，并不是说许多孩子都属于本书所描述的这种文化，对美国的读者来说，更不是那样。当我们采取实际行动的时候，重点应该是灵活性和流动性，也许会与确立基本“文化形式”所必需的严格要点产生某种程度的紧张。“结论”部分现在读起来有点像是过于机械的“实践”，对美国读者来说，有点像是一种过于僵化和“理想”的男性反学校文化。对于你们的大多数学生来说，也许有许多其他的因素会产生影响，包括普遍意识形态过程、工具主义、个人主义、文凭蔓延的意识形态力量（它几乎是成为劳动力的必备条件）、大众文化的入侵，以及对失业的恐惧。也许，对北美的人们来说，记住这些尤其重要，因为在北美，排忧解难的政府、志愿性的“过渡”项目以及学历的泛滥，都有着长久得多的历史。此外，在北美，人们在面对“社会问题”时，似乎更强调个人因素和某种心理因素，这必然会打破、遮蔽或者撕裂本书描述的某些过程。我在加州大学和多伦多大学进行访问教学的时候，就已经被告知：反抗的文化“并不存在”，文化现象已经被压抑或者被完全从个人角度考察。比方说，我常常被告知，班级里“傻瓜”已经多到了非常严重的地步，而常对“捣蛋鬼”做出的处罚就是把他们“轰出教室”，在一间小黑屋里关上“很长一段时间”！据报道，一个“内向”的女孩在学校里受人嘲笑，她的父母不得不搬家。由此可见，对女孩子们与性有关的行为进行控制是一个广泛存在的“问题”（更别提她们本来必须遵照的社会群体规范和女性文化），所以校长们常常要女孩子们回家换下那些“过于暴露”的吊带衫才能回学校。“文化形式”并不需要被一一点明。我们在处理的是某些一般性共同文化过程的趋势，有时候还有那些看上去“没有联系”的日常事件之间的关联的趋势。当然，压制确实管用！如果“捣蛋鬼”被锁到了小黑屋里，那么某些本来有助于形成反学校文化的

① 还请参见我在《世俗文化》一书最后一章里对“解码”“文化形式”的评论。参见前引文。

文化和社会过程也就被禁闭了起来（但没有被摧毁）。一旦个人和某些心理范畴占据了上风——也许某一天，每一个叛逆的孩子都会配备一位心理咨询师——那么普遍性的社会过程很快就会被转化成个人“失败”。所有这些无一是在诋毁“文化形式”的意义，而是在更紧急地敦促人们在学校里的所有人都“接受心理调查”之前，承认文化形式的多样性和彼此之间的联系。

此外，虽然有一些孩子受到某种“文化形式”，比如本书中所描述的“家伙们”和反学校文化的影响明显而深入，但还是有许多孩子只是部分地受到这一文化的影响，而同时受到其他“文化形式”的影响，所以他们也许有时候会表现得叛逆，有时候却不会。虽然反学校文化的形式只影响一小部分人，但是它也许应该被看作是一种其他群体可以在特定时间里运用的资源，而不是一种人们必须遵守的严格制度。在任何一种具体情况下，以下几点都非常重要：分析各种力量之间的平衡，调查哪些沟通有可能在哪些情况下发挥作用，还有考察学校里丰富多彩的“文化形式”之间的共同特征——循规和违规的男孩与女孩的文化，以及不同种族或阶级的孩子在反抗时的各种形式——从而以和而不同的体验为基础，发展出一套既给人自由又灵活的教学方法。[①]这可以用来判断在这些文化中哪些东西被“洞察”了，同时批判和曝光其中的破坏性和限制性因素，探索不同类型的“实践陷阱”或“体验诱饵”的性质。总体来说，这有助于我们弄清学生和学生之间、学生和老师之间的各种关系，从而有可能为学校里的积极的目标或斗争做出贡献。这本书只是为一组文化原则和社会动态机制提供了方向，而社会现实也许要复杂得多。

这就在一定程度上回到了我之前说过的主题，即文化“层面”的相

① 要想了解更多有关这些建议的信息，可参见P. Willis and P. Corrigan, “Cultural Forms and Class Mediations”, in *Media, Culture and Society*（London）, II: 3, 1980; P. Willis and P. Corrigan, “Orders of Experience: The Difference of Working Class Culture”, in *Social Text* 4, 1981。

对自主性，而且我还要指出，文化也许不仅在结构和结构性决定因素方面是相对自主的，而且有时候针对具体的个人也是如此。即便如此，它们还是从学校里的反抗文化中吸收新人，例如本书里所说的"家伙们"不会一辈子都在胸口贴块牌子，上面写着"违规者"。实际情况是，他们中的一些人常常在经历过当地职业市场的磨砺之后，在工作中变得非常听话，他们看上去已经找到了"事业"的终点，而这些工作也确实许诺给他们美好前景。至少，本书中的一个"书呆子"在经历了工作中的挫折之后，现在已经成了一个非常叛逆和"难办"的人。本书的焦点正是一种"文化形式"，而不是十二个互不关联的人。你在学校里认识或一起工作的某些特定个人或者群体也许并不会明显地携带、表现和创造我所描述的"文化形式"，但这并不意味着你自己对那些也许表现形式不同的"文化形式"所做的分析没有意义。

这也回答了某些我所提出的方法论上的问题。在从事研究和写作这本书期间，我的目的是展示一种文化的符号性和建构性形式，这种文化由群体中的个体创造，并通过活生生的方式传递，但是这并不是它们独有的，而有可能在类似的环境里大规模地重现，并且可以从某种普遍目标出发来进行分析：不仅有它们与雇佣劳动的关系、体力和脑力劳动的分工，还有它们在将劳工们引入劳动过程中所发挥的作用。这本书的目的，并不是要对这十二个人的一生做一个全面的人类学意义上的解释——虽然确实应该在别的地方这么做，包括分析他们的体力和心理发展、与性有关的行为、家庭体验、他们在整个社区里和本地生活中的具体经历。我关注的是一种相对独立的"文化形式"中的某种特定的文化和符号过程，也就是说，主要关注的是学校以及从学校到工作的过渡期，但并不做中立的类型学的描述。也许，为了与人类学的方法区别开来，我们应该称之为"文化民族志"。

我还相信，"文化形式"和行动只能通过直接的田野工作，以一种有效的方式进行研究。作为实现"代表性"之有效性的唯一令人满意的方式，“普遍性”（也就是问卷调查）并没有足够的深度来报道和展现文化的创造性生命。问题并不在于定量的证据或者精确性（虽然我并不否认它们的功用），而在于涉及文化或者生活的方式是否得到了正确报道，以及是否以一种真的再现原本状态的方式呈现。一个人的反应和体验，哪怕是说话的方式，也许会比一整套关于“态度”的科学问卷能揭示更多关于“文化形式”的内容。而这是真是假，部分地取决于它在回应中如何触及其他人的体验。

因此，这本书向你展示的，并不是一项关于美国反学校文化的详细的科学指南，也不是一份用来确定你是否有一个好的“标本”的态度清单，更不是一份关于如何对付叛逆的孩子的蓝图。这本书是灵活的和开放的文化分析的一个例子。从实践的角度来看，它只是指出了某些一般性的指导原则和有意义的出发点。它试图将真实文化世界里的某些世俗之风引入到社会分析中来，并指出教育就其最广泛的意义以及作为某种不仅仅局限于学校教育的制度，必须倾听这些声音并与之对话。

就当是叨唠一场，或者自己给自己壮胆吧。

保罗·威利斯

1981年6月于英国伯明翰

中心与边缘：保罗·威利斯访谈[1]

1969年到1981年，保罗·威利斯是伯明翰大学当代文化研究中心的学者和研究人员。在那里，他于1978年发表了自己的博士论文《世俗文化》，研究的是嬉皮士和摩托骑士的亚文化。他最有名的著作是1977年出版的《学做工》，这是一项具有突破性的民族志研究，讨论的是英国一间教室里的工人阶级男性气概的形塑。他还在青年政策领域集中发表了大量著述。他最近的著作是2000年出版的《民族志的想象力》。他还是《民族志》杂志的创始人兼高级编辑。

作为人类学的学者，我们做这次访谈的动力主要是一种非学科性的好奇心。英国人类学曾对“它”的方法论在同源学科内表现出一种刻意的忽视，但是后来转向了一种政治化的运用。是什么导致了这种转变？为什么一系列起始于伯明翰大学文科大楼外面一座灰皮活动小屋[2]的辩论，至今仍被当作传奇而为人津津乐道？这个访谈有助于我们回答这两个问题。更重要的是，它为我们提供了一种历史感，让我们知道伯明翰大

① 本文是戴维·米尔斯和罗伯特·吉布对威利斯的一个采访，对理解《学做工》的写作背景乃至威利斯本人的思想很有帮助。原文发表于《文化人类学》杂志2001年第16卷第3期。——译注

② 这是一种可移动的建筑，用来做临时性的办公室或房间。

学当代文化研究中心（以下简称“中心”）在研究出版工作之外的日常行政和学术活动。人们很少承认的是，“中心”内进行的教学活动，比如研究生[①]主导的、相互协助的工作环境，实际上构成了日后理论创新的前导。只要教室里的权力关系和学习的政治依旧被当作学术生活中习以为常的东西，这种情况就不太可能改变，即有一些工作就是不太容易获得承认。

我们于2000年5月在保罗·威利斯的家乡伍尔弗汉普顿市与他交谈了一整天。那个地方被称为“黑郡”，作为工业革命的摇篮，它继承了“黑乎乎”的传统，故得此名。你现在看到的这份合力完成的文稿，正是来自我们那天范围广泛的谈话。那些话题既有（通过对形塑地方政府政策的可能性的乐观讨论而展开的）对他自己生活故事的个人反思，也有对人类学和学术界当代趋势的一些尖锐评论。我们按照三个大主题对这次谈话的内容进行了编辑和归类：“童年和教育”“教学和研究”“民族志和理论”。保罗最近经常将自己描绘成一个“知识上的破坏者”，而在这次对话中，我们也能不时感受到他自己打破偶像的气魄。不过，这种打破偶像的行动在他那里是一以贯之的。不管知识界的时尚如何变幻，他始终坚持一种人文创造力的模式，同时承诺要将理论与政策和实践联系在一起——他为充实的学术生涯树立了一个勇敢的典范。

第一部分　童年和教育

在学校的日子

顺着《学做工》这个例子，我们能不能从你自己的童年和学校经历开

① 在英国，研究生指的是获得本科学位后继续从事学习的学生，比如文科硕士、理科硕士和博士。

始（我们的谈话）？这段经历在多大程度上塑造了你后来的职业和知识生涯？

我于1945年出生在伍尔弗汉普顿市，也就是我现在住的这个地方。这是英国中部的一个工业城市，离伯明翰不远。我猜我的文化背景应该是工人阶级的，也许有一点点布尔乔亚。我的父亲是一个木匠，后来成了一个"总工头"，也就是建筑检查员，为地方当局工作。再后来，他创办了自己的小房地产生意。

我非常小的时候，九岁，我的母亲就去世了。我的父亲就像是一台令人难以置信的发动机，他有能力、干劲和责任：一个单身父亲照顾两个孩子，也就是我和我的哥哥（他比我大四岁）；而且还在生活中获得了经济上的成功。除了不是核心家庭这个缺憾，我们的关系非常亲近，是一种非常有男性气概的氛围和关系。对他的家庭，我的父亲雄心勃勃（"我做的都是为威利斯家好"）；而且他对那种经典的"底层现代主义"持乐观态度，也就是说，"通过科学和劳动的力量，什么事情都会越变越好"，他用这样的理性思想来看待生活。虽然希望孩子在学业上有出息，但是这并不影响他在母亲去世后不久就强迫我们跟他一起到建筑工地上劳动。"强迫"这个词不对，事实上，那只是一种期望。家里的气氛反映了那个时代的典型情绪：期望值在升高，那种控制自然、控制世界、控制你自己的未来的感觉与日俱增——对我们这些人来说，就是一种非常强调男性气概的感觉。在学校也是这样，运用理性和实际就是一切……换句话说就是，我们的活动全部都是实际的和科学的，在任何事情上我们都被鼓励去努力奋斗，不仅仅是在学校。

我上的是一所男女同校的"文法学校"。那个时候实行的是"11+考试"，也就是从所有十一岁的孩子里选拔15%左右的人去上精英性的文法学校。我的父亲对我选择文法学校和相对精英的教育很支持。他觉得这都在计划之中[笑]，事情进展得很完美。所以，我的背景是什么呢？一种很特殊版本的上进心：一个典型的霍加特[①]式的“助学金男孩”的故事，即通过文法学校体系被选拔去接受好的精英教育。事实上，我是我所在的文法学校里唯一一个后来到剑桥念书的学生。

这段经历有没有让你——用《学做工》中那帮“家伙们”的话来说就是——成为一个“书呆子”？

回过头来看，很清楚的是，我必须在一种逆境中发奋图强。那所学校非常强调成绩和操行，但是与此同时，那所学校的绝大多数学生都是工人阶级子弟。那里的文化是粗犷的，极少数学习努力的孩子和不那么刻苦的孩子之间泾渭分明。我在学校常常感到害怕。当法语老师点我的名，强迫我用法语说话的时候，我觉得很尴尬，我就觉得我不能这么做，不然就会受到老师和其他同学的嘲笑。这让我一生都没学到多种语言。我常常哆哆嗦嗦地躲在课桌后面，心想下一个会不会点到我啊？

后来我喜欢上了学校，或者说至少我觉得自己能搞定。这一部分是因为体育，尤其是英式橄榄球赛。学校那个时候已经由英式足球转向了英式橄榄球，试图提升它的形象，看上去就像是一个高贵的“公学”（英国对私立学校的称呼）。我长得人高马大，是运动型的，总之是强壮的那种，于是在只有十五岁的时候就被选入了第一梯队。当时这还不太寻常，与一帮十八岁的男生一起比赛，在年龄上差距还很大。感觉那就是一个重大的突破，尤其是我们严厉、专横和令人生畏的体育老师，琼斯先生，突然以昵称“威尔”喊我的时候。但是，对其他老师来说，你只是“威利斯”。但是突然间，很显然由于我出奇地被选拔到了第一梯队，在同学面前，在女孩子和女士们面前，人们就开始对我说：“威尔，周六见哦！”我成了同龄男孩子中的男子汉。我想，体育尤其是需要身体接触的体育运

① 理查德·霍加特在英国伯明翰大学创立了当代文化研究中心。——译注

动，过去是、现在仍然是一个非常重要的舞台，在那里，你能获得“亚文化”上的名声和学业上的名声。老师们买这个账。调皮捣蛋会被容忍，甚至会被看作是可以接受的具有男性气概的表现，这样的话，循规或者过于守规矩，都会被看作女人气。在我的早期生涯中，英式橄榄球是一个非常重要的载体，用来表达某种独立、健壮，（表明我）不是一个“书呆子”；但是这种方式又不会让我把学习成绩搞垮。

你当时决定专攻理科，要得高分？

在我整个学生生涯中，我的理科都学得很好，在O-level考试[①]之后，我还得了一个学校的物理奖。很诡异的是，学校选择奥玛珈音的《鲁拜集》作为给我的奖品。我觉得从某种意义上来说，科学家也是橄榄球运动员，文科是女孩子学的。对诗歌和戏剧感兴趣绝对是娘娘腔。我记得很偶然，我的一位老姑妈去世了，我得到了一本拜伦的诗集，是一本很古老的维多利亚时期的装订本；她将这本书遗赠给我了，或者至少是传给我了。有一天晚上，父亲把书带了回来。那个时候我大概是十六岁左右，我就在睡觉前开始读。我记得我被浪漫的诗句彻底感动了，我在高中第一年[②]度过一半的时候遇到了一个重大的危机，那个时候我在主攻物理、数学和化学。我物理学得很好，而且我觉得现在我仍然有一点点物理学家的影子；我喜欢那种精致、有效和清晰的推理过程。只是我没有那么感兴趣。与此同时，我真的被那些浪漫的诗句所触动，那些诗句就像是在跟我对话，触及我青春期的那些迷茫，以及我对自己身份的挣扎：我是

① O-level考试的全称是普通水平教育综合考试（General Certification of Education Ordinary Level），是每年在英国和世界大约一百个国家和地区为中等学校学生举办的毕业会考。——译注

② 英国义务教育到中学五年级，即十六岁时结束，然后是中学高等教育两年，这相当于我国的高中教育，完成后才能读大学。那些读中学高等教育一年级的预科学生，又被称作六年级学生。——译注

一个肌肉发达的、玩橄榄球的科学家呢，还是一个在周末被父亲拉到建筑工地上干活儿的头角峥嵘的包工头呢？

或者是一个诗人？

嗯，是的，我当时试着去写诗。我必须夸赞一下我父亲：我向他解释了我的两难处境，他很开放，没有强迫我。他觉得这很诡异，他不知道我会成为什么样的人，学校也不太喜欢（我这样）。不管怎么说，在向周围的人咨询了一圈并经历了某种家庭危机之后，我转到了文科：文学、历史和地理。这是一个很脆弱的决定：我本来可能很容易地就会想“我很蠢”，然后继续盯着物理和化学不放。你知道，我至少可以有一个不同的生命历程。但是，突然间，我看上去适应得不错。在18个月之后，我的英语课就得了A；20个月之后，我就坐到剑桥的课堂里开始学习文学了。

剑 桥

那是我父亲的错！在我得了A之后，他说：“你知道你会得到这些A，那么你为什么不去牛津或者剑桥呢？”但是我的学校没有去牛津、剑桥的传统，到今天这也要走一个非常特殊的路子，所以在1963年的夏天，我给牛津和剑桥所有的学院都写了信，包括女子学院——因为我不知道哪个是哪个。我问那些学院，有没有机会在最后挤进来？牛津的圣彼得学院和剑桥的彼得豪斯学院在还剩四到五周的时间里录取了我。我选择了彼得豪斯。

剑桥令你感到震撼吗？

是的，我想是这样。它完全是突然的，那是我在剑桥的实际体验，在知识层面上，我完全并且几乎立刻就让人感到失望。我很快意识到，我其实根本不知道发生了什么。我不理解那些讲座，牛剑著名的导师体制对我不起作用。我很快就形成了一种印象，那就是导师们觉得我是一个从“黑郡”来的工人阶级的“野小子”，由于某些错误——也许是某种为失业者提供培训的项目或者类似的什么机会——才能来到这个地方瞎混。几周之内，低年级交谊厅的指南上出现了一则从一所老牛剑“公学”转来的笑话：“交谊厅这学期的情况显著恶化，因为来了一些看上去不能说纯正英语的人。”我很确信，这其实指的是我。到现在，我都不是特别清楚我怎么惹毛了彼得豪斯，那里一直是老派右翼保守党和辉格党历史学家的堡垒。到底是因为什么？我不知道。我也从来没问，我从不问这个。我很天真，不懂事地在一个老派的、充满特权思想的堡垒里徘徊，不仅仅是校园生活，而且很古怪，在课业上也这样，一个学期不到我就迷失了。

因为它的经院主义？

是的，然而那时我把这些归因为自己能力不足。我只是觉得没有能力。有了那个想法之后，我几乎是不可思议地发现，我再一次地站在了边缘。小组讨论和精读课把我曝光，对我来说完全是痛苦的来源。我们会找以前没见过的一首诗或一篇文学作品，然后你要对它做出评价，试着把它放到某个脉络中。那些“公学”的孩子们拥有的对文学深层次的历史理解、口语表达上的信心和优雅，让人感到害怕。事实上我只知道莎士比亚和浪漫主义诗歌。我甚至不能悠然地告诉你英语文学的时期、大致的阶段、流派、分类。这些完全超出了我的能力，更糟糕的是，我不敢开口。而且，我无法搞清楚这套讲座体系运转的节奏或原因。我就是无法把这些讲座与我每周要写的作业论文以及要上的精读课联系起来。我们再一次可以回到某种社会科学上的范畴以解释这种情况：我现在把当时遇到的所有困难，看作我文化资本相对缺乏的表现。我曾经是一个到那里求学的前途光明的工人阶级子弟，期望取得什么成功，但是基本上，我被语文弄得没精打采。如果说当初我还觉得自己有一点点文学气质和小聪明的话，现在我开始觉得，自己基本上就是一个笨蛋。

我在第一学年得了个三流的排名，这很令我尴尬，因为我曾觉得自己应该在这里有一个灿烂的前程。暑假结束之后，我不想再回学校。我与老家的朋友们待在一起的时候感到更快乐。不过，我也跟文学死扛上了。这部分是因为我觉得，这是一项试图发展他人已有的知识的工作。慢慢地，我的情况开始好转，最终我的学位是“下二等”[①]：我努力地跳出他们的包围，但是并不是特别清楚这些包围到底是什么。

正像以前一样，在社交活动中，橄榄球再一次拯救了我。我参加了学院的球队，成了“小圈子里的头头”，甚至在校部也有影响，我家乡的地方媒体还做了报道，中学母校的演讲日上，这还被当作光荣事迹做了介绍。我当时还是倾向于回到伍尔弗汉普顿。我想念这里的喧闹、双层大巴和那种不自负高傲的氛围。我想念迪斯科。我想念在这里的各式各样的朋友，以及我的女朋友瓦尔——她后来成了我的第一任妻子。

你的朋友们在你从剑桥毕业后改变了对你的态度吗？

我不这么觉得，因为我最亲密的朋友也拿了助学金去读大学。我的密友们是典型的工人阶级的、从文法学校里挑选出来的、带有向上流动抱负的孩子，我今天还是会和他们中的许多人联系。同时，我留在这个地方的原因之一是我认识这里形形色色的人：通过我父亲认识的街坊邻居、抱负不是很大的中学朋友，等等。在这些群体里面，人们觉得我变了，

① 在英国，学士学位的分类有四个主要的等级：一等学位，对应于学位水平平均70%或75%或以上，各校有所不同；二等学位，写作“2∶1”，对应的是60%~69%或65%~74%；下二等学位，写作“2∶2”，对应的是50%~59%或55%~64%；最后的是三等学位，对应的是40%~49%或50%~54%。剩下的分类是“不及格”。

甚至到现在，还有人说我的口音变了，变得优雅起来，虽然我用的仍然是一种很明显的中部地区的语调。我从没有刻意去改变我的口音，但是我现在对此坦然接受，它就是自然而然发生的。

伯明翰

你是怎么去的伯明翰大学当代文化研究中心？是什么促使你又去读研究生的？

我当时已经确定自己不是那种学术人才，于是有了走我父亲道路的想法：从工人阶级做到一名小商人。于是我申请了曼彻斯特商学院，得了一大笔奖学金。我在那里学会计学、运筹学和商业计划，还学工业社会学和工业社会心理学。我记得汤姆 · 勒普顿和一名心理学家给我留下了深刻印象。突然间，我成了聪明学生，又一次在班上名列前茅，感觉很棒。

我开始想，我要在社会科学里找一项专长。我在曼彻斯特得到一份奖学金去继续攻读博士学位。但是由于我家乡的女朋友当时在伦敦读完了本科，我便申请读伦敦政治经济学院并获得了一份理学硕士的奖学金，专业是产业关系。我变得有点嬉皮，长发及肩，对“风云激荡的革命”感兴趣，我也对社会科学感兴趣，但是基本上把它看作一种操纵的工具，用来告诉老板怎么控制工人——用一种更成熟和更聪明的方法。我开始对宽泛意义上的“文化”感兴趣，不仅仅是因为我身边那些在发酵的因素，而是在想是否可以为我重新被唤醒的学术能力找到符合我真实兴趣的调门。我不太清楚我是怎么找到伯明翰，还有那个新成立的致力于当代文化的当代文化研究中心的。实际上那个时候它有一个非常时髦的形象，嗯，反正对我来说是这样。也许是通过伦敦政治经济学院的员工，或者是通过在曼彻斯特的讲座吧。

所以当你开始在伯明翰的学业时，你是第一批学生？

是的。也许是第二批学生吧，总之是非常早的一批，一个刚具雏形的班。我没机会得奖学金。但是我还是去了，是斯图亚特·霍尔面试并接受了我。我成了一名自费的在职学生。我想做关于文化变迁、文化发展、针对旧式工作的文化反抗的严肃研究。虽然我很高兴又回到了伍尔弗汉普顿，但是我也很高兴地看到"中心"为我提供了一种跳出之前在伍尔弗汉普顿的阶级、文化限制和经历的方式，或者说，找到了一种与它们之间的新关系。在任何一本自传里都会有那种扮演积极角色的、扭转人生的事件，你在什么时间听到了什么。偶然事件能解释很多东西。消极的"躲避因素"也是这样。我只是不想找一份"合适的工作"。

我也被霍尔和他所强调的多学科深深吸引。"我对你是一名社会学家或者英国人或者管他什么身份不感兴趣，保罗。我真正感兴趣的是，你想研究青年文化和音乐，你想了解现在青年人怎么生活。"与之前我在好几所机构（包括剑桥）非常受限的经历相比，这就像是一种解放。

"中心"里的学生和教职工的工作文化是什么样子的呢？你的同学和你的导师哪个更重要？

第一年，也就是1968年到1969年，我实际上是理查德·霍加特的学生。然后他去了联合国教科文组织。他是一个非常忙的人，我们的第一次正式交谈是在午饭时间。我记得他说——我想是在打饭的队伍里——"保罗，把你自己沉浸在无为的因素里很重要，不要急着很快地投入到什么事情中。除非你觉得非常困惑了，否则你不可能组装出什么新东西。所以我不会问你到底打算做什么，或者你的理论是什么。"这很好。济慈称之为"消极能力"，也就是能够生活在不确定中，但是仍然有方向感。我觉得在一份好的研究计划中，你知道，能够容忍混乱同时愿意追求连贯，保持那种状态是一件非常重要的事情。如果你明确知道你想要什么或者你打算去证明什么，那就去田野中寻找例证，把你总是知道的那些东西写下来。但是如果你愿意去承受迷惑和不解，你会感到没有方向、很困惑，但这也不一定是坏事，克服了就会得到真正的珍宝。当然，要是你一直感到困惑［笑］，那就糟了。但是到了某个阶段抓住一个新的话题，这才是关键。所以，对一个当时只有二十三岁的人来说，第一印象是："把你自己沉浸在无为的因素中，保罗。不要定型……"

你当时必须论证你的方法或主题或工作风格的正当性吗？

不，一开始不需要。不对，我确实这么做了。一个非常重要的原因当然是我是自费生，半工半读，要把辛辛苦苦挣来的钱在缴税之后分出来交学费。所以，与在剑桥、曼彻斯特、伦敦非常悠闲的、有奖学金保障的生活相比，我到"中心"的时候必须在四个不同的地方教书来支持我的学业。那个时候你能轻松地找到兼职的教学工作：我在阿斯顿大学教"传播学"、在伯明翰商业学院教"商务英语"、在汉兹沃斯科技学院教"二外英语"、在伍尔弗汉普顿学院教"通识教育"。我在复活节、暑假和周末的时候，还在冰激凌货车上卖冰激凌。我真的非常努力工作，不像那些全日制的学生一样整天在"中心"悠哉游哉。我在"中心"跟别人不一样，因为我是一个当地的男生。我要开车从14英里之外的伍尔弗汉普顿到学校，而且考虑到我的生活情况和每天的社会交往类型，我并没有感到非常精英或特别。在"中心"的第二年，我结婚了，而且有了一个刚出生的孩子。所有的压力都来了。我并没有觉得自己像一个精英。我在剑桥做得不好，后来我成了一个有点像流浪汉、提着毛毡旅行袋的全日制学生。我必须非常有效地组织所有那些不同的教学工作，而且在自己的领域里要组织得非常实用。我并没有把全部的时间都放在"中心"。我只有在想去的时候才去，直接从别人尤其是斯图亚特·霍尔那里受益；或者当我不得不去的时候才去，比如在召开所谓的“理论研讨会”的时候。

第二部分　教学和研究

1968年和伯明翰大学当代文化研究中心

你参与了伯明翰的学生暴动吗？

我并没有直接参与1967年到1968年间伦敦政治经济学院的暴动。我在1968年夏天离开了伦敦政治经济学院。大伯明翰地区的静坐活动发生在1968年秋天，这个我参与了。我曾有一种感觉，有点像一开始时对济慈和拜伦的那种感觉，但是现在社会化了，就是空气中弥漫的那种东西，那种在日常文化和社会交往中产生的东西。事情再也不会一样了。我参加了对（伯明翰）大学大礼堂的占领，并在计划好的集会上静坐，我喜欢那种氛围。“中心”的学生是静坐活动的先锋，尤其是杰克·海沃德和拉里·格罗斯伯格，他们都是美国人，当时在“中心”求学。我记得，拉里穿着一件粗斜纹布衣服，马尾辫搭在背上，他是主要的煽动者。我对事情的真实情况的记忆已经模糊了。我当时在各地奔忙：教书挣钱、卖冰激凌、赶回伍尔弗汉普顿，所以在革命学生中，我也不是全心投入，我有时候突然参与进去，然后又突然退出来去教我的书，还要维持我自己的个人生活。斯图亚特，他和我完全相反，是学校的一名全职教师。他是静坐中的重要人物，他在学生和激动的盟友组成的人群前发表演说，是一个令人难忘的重要演讲者。“中心”和那一批刚刚入学的学生卷入得很深。课程取消了，“中心”的全部活动暂停了，所有的时间和能量都献给了对策略的辩论和政治讨论，比如（运动的）要求是什么，应该是什么，或者可以是什么。那是一个非常令人激动的时期。理查德告诉我要不怕困惑，现在这个世界真的被搞了个底朝天。不过，我想理查德·霍加特十分尴尬，他总是脚踏实地、彬彬有礼，而他的孩子，也就是“中心”，却已经成为学生革命的智库。

在学校内，有多少（由此带来的）变化持续了下来？从中心的立场来看，在某种程度上来说，一切（运动的成果）难道不是都消散了吗？

嗯，我不知道，我现在已经忘记某些诉求是什么了。但是肯定有学生的意愿得到了表达。学生评议会成立了，许多学生投入到课程发展上，虽然这种改进延续了多长时间是有争议的。从“中心”的角度来说，这些结果“消散了”？绝对没有！至少，在我们的思想中，我们是扩展了的静坐的永久革命委员会。斯图亚特非常勇敢——也有某种程度的偏执——曾有一段非常长的时间，他觉得自己是在一个敌对的机构安营扎寨，他要摆平这种感觉。但是从那时起，尤其是在理查德离开之后，“中心”就非常明确地成为各种教学关系中的先锋。我最清楚不过的是，斯图亚特觉得他是在保护我们不受制度的欺负，“中心”就像是某种实验，然而我们都觉得这是一个可以扩大并征服全世界的实验。不知怎么的，我既处在中心，同时又处在边缘。我现在想要收回我刚才说的感觉到“正常”、没有优越感，你可以说，与其他学生一样，我也分享了某种因为处于事件的中心而产生的重要感。作为一个失败的“助学金男孩”，我现在被吸收进了革命活动中，做好准备为以一种激进的姿态回归的东西而斗争。虽然之前我曾觉得，自己正在加入既得利益者的队伍，但是后来这件事情发生了，通过历史上的突发事件，个人的惰性与其他种未来做斗争，我转到了一个激进的立场上。我觉得在那些年里，我确实是某种重要运动的一部分，而斯图亚特就是那个富有魅力的领袖，拿自己的事业做赌注，试图为我们这个小小的机构注入学生运动中产生的许多情绪和原则，尤其是在学科领域保持开放，以及让学生的兴趣——与外部相联系的兴趣——引导机构的发展。

斯图亚特·霍尔在多大程度上界定了“中心”的关注点？

也许是某种远程控制吧，但是当然也控制和维护了基本的参数与政治氛围。这并不是什么实质性的控制。从集体意义上来说，我们确实控制了大多数的行政管理流程，包括工作、阅读和研究领域。毫无疑问，这是一种集体控制的过程。我们当时绝对是那么认为的。虽然现在回过头来看，我们做的事情也许正是斯图亚特当时的心愿。这种安排绝对不能让校方知道：如果校方的管理层知道了，就会引发可悲的后果，比如将“中心”关闭，尤其是在理查德·霍加特已经离开的情况下。第一年是一段非常奇怪的“更迭”时期。在1968年的静坐之后，理查德离开了。我没有证据，但是我怀疑他的离开与那场静坐有关。他会觉得他是在一个激进分子的老巢里，而他永远不会知道从此以后这个老巢里的人还会做什么。从某一方面来说，他一定感到心满意足，因为他的雄心壮志实现了：建立这样一个“中心”来引导文化研究的成型，而《识字的用途》曾经是，现在仍然是这个领域内非常重要的一本著作。但是我觉得，当“中心”以某种不同的方式成为新左派斗争的延续阵地之后，他也一定感到忧心。

在理查德之后，斯图亚特扮演了一种新的领导角色。与理查德的那种相当职业化的学者形象不同，斯图亚特试图自下而上地“发酵”一场学术革命。每周一都会开会，斯图亚特在那里摊开书，说最近又发生了什么，学校又对他做了什么。所有的关键议题以及录取流程都是集体决策的。录取标准尽可能用理性的方式讨论：政治标准、学科领域、学术标准。学生小组对申请人进行面试。学生们对课程了然在心，他们集体选择研究领域、课题和教科书——虽然这些都在斯图亚特的指导之下。我记得他曾警告说，选读马克思主义书籍的时候要小心，因为一旦你读了，就不那么容易走出来或者欣然接受一种折中的框架。我还记得他无数次地说过，质量才是最重要的，理解的深度和论证的严谨程度是说服别人的武器，而不是政治上的宣示。

后来人们对那段时期的偶像化让你感到吃惊吗？它被神秘化成那样子，你感到吃惊吗？

我不知道。真正学到的东西也许已经被完全遗忘了。我觉得对教育方法以及如何组织学术机构来说，我们仍然可以从中学到很多。这是一种真正的集体操作的长时段的学术试验。有点诡异的是，从一场跌跌撞撞但仍然在持续的试验中，从失败者的体验中学到的最多。

“理论研讨会”是怎么回事？

我们一开始是想对“文化”做出界定，去寻找相关的学科和方法，这些活动后来就发展成了我们所说的“理论研讨会”。在这种研讨会上，我们以一种比较系统化的方式对相关的知识传统进行梳理。在受到那场学生静坐的刺激之后，我们试图把一些集体工作的原则带到研讨会上。我记得不是特别清楚了，但是我想，我们是从文学理论、结构主义开始的，然后是社会学。我记得伯格和卢克曼，他们最终成了马克思主义者。但是这种努力基本上失败了。试图通过一种一致的立场来讨论什么是文化以及确定一种方法，并将它们应用到实际的项目中——这种想法被证明不可能实现。人们无法达成共识，而且根本就没有什么一致的看法。作为一种折中，我们从所谓的“紧密的集体合作”转到“松散的集体合作”。我们分成了不同的“工作小组”。于是，那些对文学和人文学科感兴趣的人去了文学小组；重量级的理论家去了意识形态小组，还有女性主义小组、“种族”小组，等等。我们只是无法在所有问题上都达成一致。

有政治上的分歧或者理论上的分歧吗？

我现在回忆起来，最主要的问题是，我们无法就一个核心的理论内核达成共识；不过你可以想象的是，理论分歧是和政治分歧，在某些情况下还是非常偏执的政治立场，联系在一起的。那个时候氛围是很紧张的，或者说，我所感受到的是这样。这些小组常常在没有一名教师参加的情况下自己聚会长达一年，而且必然是自我指导的。但是仍然有一些“紧密的集体合作”保留了下来。你必须每年暑假在所谓的“中心陈述会”上告诉大家你到底在搞什么。这个地方，你知道，仍然有那种抱负，那种要做大事情的感觉。你会在“中心陈述会”上被人品头论足，所以你会全力以赴，甚至开夜车来做准备。人们往往会对做陈述感到很恐惧，因为你要在那里展示自己做了什么——他们当然做到了——而且也许更重要的是，通过某种方式来证明自己所做的事情是规划的一个部分。现在回过头来看，许多来自工作小组的陈述——这些陈述也许只是少数几个学生合作弄出来的——后来都成了专著或者《文化研究工作论文》的议题，这真的是很了不起的事情。所以我觉得，我们是无意间发现了一个有效工作的神奇方式：总体的指导和承诺、实质性的自主、观念和批评的集中处理，以及个人慌张地在截止日期前赶写陈述。这是边缘与中心的又一次怪异组合。一个稳定的集体主义和蔓延的个人主义的不稳定性。

《学做工》

你自己的作品——不管是关于嬉皮士的还是关于“家伙们”的——在“中心”的工作小组中反响如何？

我自始至终都觉得，我的田野工作被他们看作是非科学的、人文的和相当主观的。我感到的一个明显的——有时候是私人性的——批评来自马克思主义者对能动性和主体性的攻击，后者基本上是一个非常正统的主张，讲的是人文主义立场的不充分性。我觉得我必须证明自己的合理性，必须严肃地对待这个问题。在其他地方，你也许可以沿着人文的轨迹按照自己的想法走下去。但是在“中心”，通过夏季学期里的全体大会，你会感到人们试图把事情带回到某种一致的、集中的、批判性的文化研究的路数上去。不过我仍然觉得自己不属于那个阵营。

尽管如此，就我自己的工作来说，很重要的一点是，我所在的“中心”有一些集中的集体目标，但同时也给自主性的工作提供了空间。虽然“中心”里并没有一个真正强大的民族志传统，但这种自主性和（集体）目标的混合使我得以坚持下来。“中心”的陈述会上，人们向我提出了一个又一个的问题，问题很尖锐，我无法回避。我处在边缘，要非常严肃地对待中心。

在这些批评四起的时候，你有没有为自己的项目做辩护？你有没有觉得你必须不停地为自己“化圆为方”的方式做辩护？

这么说吧，有人指责我以一种陈腐的或者没有经过理论化的主体性和能动性做研究，而且我有点像是在没有陈述主要困惑的情况下就假设了答案。通过假设一种主体性和能动性，我是在大脑短路，故意忽视或者干脆就是不顾阿尔都塞关于询唤的观点。我的工作起步于这样一个假设，即“家伙们”是具有创造性的，而不是试图解释他们感觉到自己与所有相反的证据都格格不入这个难题。我觉得，把握住“创造性”才是我的主要关注，而且我现在仍然是这么认为的，虽然论证的术语毫无疑问已经改变了。我不知道我为自己做的辩护是否跟我对自己的立场的小声坚持有一拼。不过我记得，在对我参加的那场工作小组陈述会做出评论时，斯图尔特说：“保罗所说的创造性，就是我说的生存。”

你关于创造性的思想，在你的作品中有着非常强烈的连续性。

我觉得那是我的故事。我一开始对个体性的艺术活动感兴趣，觉得那是事物的中心；但是我未能对这些活动中单调的、审美的、精细的文本版本进行思考。于是这成为我的动力，持续地去日常生活中寻找同样的东西：也许是某种可以将中心与边缘聚到一起的东西。而要想在日常的普通经历中看见创造性、抱负或者审美动机所激发的火花，就需要更长时间。这并不是连续和可见的，而往往是迷失、扭曲或者异化的，或者被转换成具体化的形式，在不同场景、机构和情景内根据环境的不同，以奇怪的被压抑的形式展现出来。关键是这些东西永远不会彻底消散，它们总是会恢复过来。我觉得在每一部知识作品中，人们都在试图保存这种内核，也就是一种去知晓、陈述或者争辩的潜意识流或动力。

我从"中心"得到的教训是，关于"人的创造性"的人文主张不得不受到"中心"内部关于再生产和阶级连续性的正统马克思主义观点的限制。而且，在"中心"里肯定有人从女性主义的角度出发对我进行批评：我怎么能忽视父权制的分工，把它们都简化成阶级分化呢？尤其是我对家庭的重要性多少估计不足：正如工厂是资本冲突的场所，家庭也可能是性别冲突的场所；而我的方法几乎都跟工作和学校有关，而没有对家庭内部关系给予足够的关注。在"中心"的陈述会上，有人对《学做工》这本"自然主义的民族志"提出了批评，甚至是强烈谴责，因为他们觉得这本书是在不加批判地重复而不是指责和解构男性至上的习俗、形式和偏见。

事实上，在《学做工》里，我当时确实觉得自己已经考虑到了父权制的范畴和女性主义的批评。这是另一个我感到自己在与之斗争的压力，我并不是在拒绝，而是在做创造性的内部扩展、创造和转移。我仍然觉得，女性主义者没有认真地对待我努力想表达的某些论点。我想表达的是，性别分工在资本主义内部是如何特别地与体力-脑力分工交叠在一起的。我并不是在说，某种工人阶级的男性气概永远与体力劳动和男性气概联系在一起；男-女和体力-脑力，它们是两组不同的二元体系，有着自己的脉络；在其他的情境下，你也许会发现性别、父权制和资本主义范畴的不同表现。就性别体系和资本体系或者资本关系通过对方得到呈现这一点来说，确实有一种不稳定性在里面。

现在，学徒模式正在经历一场大崩溃，自工业革命以来长时间所形成的社会再生产模式被重塑。而且，我们正在目睹一场危机或者说重新构型的过程：与性别、阶级和位置有关的思想的重要二元体系如何重新汇聚到一起。我想说的是，民族志的、理论性的马克思主义的某些观点仍然是有意义的，这意义不在于对特定的工人阶级男性气概给予最佳的描述，而在于释放出分析的术语，这样不同的呈现和组合就成了可能。所以说，也许会产生一种更温和的工人阶级男性气概，或者也许会有一种与父权主义无关的男性气概。在我的头脑中，我之前就已经考虑到了女性主义者关于父权体系的观点。至于我是否在方法论上恰当地顺应了他们的观点，或者他们所提倡的方法是什么，我并不知道。

这对你来说一定是非常艰难的——你必须鼓起勇气一遍又一遍地界定你的立场？

是的，虽然你不必在我如何为自己辩护上想得太过于英雄主义。在那段时间里，我住在伍尔弗汉普顿，我开车去伯明翰：在这段时期的早期，我在四个不同的机构打工，还卖冰激凌；在第二阶段，当我成为一名研究人员开始从事《学做工》的相关研究时，我要么是在外面做田野调查，要么是在伍尔弗汉普顿过着非常正常的生活。所有的这些都是对另一种主体性的支持——我不需要在“中心”里维护这种主体性或为它做斗争。总是有某种生活重心或者基础，它与别的身份联系在一起。而且你也可以说，这让我在田野实践中保持了某种人道主义和某种乐趣。我并不是一个积极的斗士，在话语上和知识上全副武装起来，和“中心”里的每一个马克思主义者、女性主义者和反种族主义革命者做斗争。我理解所有围绕询唤、性别、“种族”这些东西的论点的主体性的意义。这些我都能搞懂。但是，这么说有点不好意思，就是我还有一种“常识”，也就是说，我知道你的身份总是超出阶级、性别或种族，牵涉到你所有的生活方式的组合，你如何适应生活，你认识哪些人，你的私人和家庭关系如何——所有的这些东西，都与那些说明明显的二元分工的理论是不同的。如果你想在田野中理解一间酒馆或者一家工厂运作的方式，那就要理解无数其他的东西：幽默、语言、性格类型、玩笑戏谑，而你就是不够聪明，无法弄懂所有的那些二元对立，还有所有的那些生产其他术语或者其他二元对立的二元对立。一个好的田野工作者知道某种东西的重要性，不会说：“这是一个阶级范本。这是一个性别范本。这是一个‘种族’范本。”

你如何看待《学做工》后来收到的反响？

从许多方面来说，《学做工》是一本奇怪的书。我当时并不觉得自己可以走多远。我当时觉得这“只不过”是一本我终于出版的专著而已。我与出版商签了一份不怎么乐观的合同，但是它后来获得了成功，卖出去了很多本，这很让我吃惊。这其实有点意外；也许它正好碰到了学术史的某一特定时期，马克思主义、文化研究、教育社会学的某一特定时期，教育政治的某一特定时期——政府承诺提供全面的学校教育，但是人们对此的失望和怯魅却在涌现。这本书现在已经有了很多的版本和译本。它在日本、德国和美国肯定卖得更多。我最近去了趟韩国，在那里发现有一个盗版也卖得不错。我将这本书的销售情况看作一种在不曾预料到的地方所发生的有关创造性和社会后果的民族志。它仍然在引发各种各样的辩论、议题和兴趣，超出了文化研究这一领域。也许它在本质上属于人类学，这既奇怪又让人感到欣慰。

在人类学家中间，你是否觉得《学做工》在美国的影响更大，因为美国的人类学传统与英国相比更加宽广和具有包容性？

我不知道，我无法就人类学下什么权威性的论断。当然，在美国，这本书最早是被归入人类学的。好几所美国大学的人类学系都曾给我提供过教职或发过邀请，而直到最近才有英国的人类学系这么做。就英国现在的情况来说，这部分是偏执，部分是对文化研究蓬勃发展的合理反应。也许他们向我敞开大门，是想保护他们不受其他来源的威胁。也许我的作品在文化研究内部被当作一匹颠覆性的特洛伊木马，表明敌人中的精英一直在做同样的事情！

政策、政治和大学

你能不能和我们说说，你是如何开始为伍尔弗汉普顿市议会工作的，以及1988年的《青年评论》是如何出炉的？

在撒切尔政府于20世纪80年代初缩减经费之后，我丢掉了自己在伯明翰文化研究中心的研究员工作，有大约一年的时间处于失业状态。我参与了工党在伍尔弗汉普顿的活动，他们要我做一项关于青少年失业问题的评估报告。他们的想法是试图形成和执行有效的政策来应对席卷全市的经济危机。当时我们正深陷大规模失业的旋涡之中：自1979年以来，该市已经流失了一半的制造业工作。撒切尔的策略是使用货币主义、强势英镑和国际资本来包抄和教训工人与工会。英国钢铁厂和其他工厂的关闭重创了这个市。青少年失业尤其引人注目。我利用这一机会，试图就失业对当地的影响做一番全面的解释；我使用了一整套的研究方法，对包括年轻男性、年轻女性、加勒比海黑人、亚裔在内的社会群体做了抽样问卷和民族志的考察。我还有三名助手，他们都由市议会拨付报酬，而研究也越做越大。我还对当地主要的政府机构进行了调查——我想应该有十个，目的是搞清楚我所说的年轻人所面对的“新的社会情况”。我想，这是当地第一次对后工业时期大规模失业的地方影响做如此全面的评估。

与通常的政府内部评估不同，我们试图从年轻人自己的观点出发来展示这场危机，然后转而讨论地方政府部门应该如何采取措施来应对新的情况和年轻人的新需求。可不要忘记，“黑郡”曾经是工业革命的“硅谷”。你可以说，在1979年和20世纪80年代初，它目睹了后工业革命的开始，此后的真空仍然有待填补。（世界上的）其他地方则经历了新工业革命。这是一场我们今天绝对仍然在应对的危机。这个地区和这里的人口在过去两百多年的时间里已经适应了工业时代的节奏、剥削、纪律和权力。突然间，这里失去了方向。相对定型的社会和文化再生产模式遭遇了一场危机。看上去几乎就像是撒切尔夫人想要把这样的地区推到边缘。

你对参与政策制定的体验是什么？你有没有试图去制定一份日程，或者主张政策工作应该给你所说的“给人以美感的创造性”留下空间？

我不能说我（在报告里）提到过“给人以美感的创造性”，但是那是我工作的源泉和希望释放的东西。政治从某种程度上来说是肮脏的。从让地方层面做出改变以及也许会为全国层面提供点什么东西这一角度来看，我觉得给地方政客们提供丰富的证据是非常重要的。《青年评论》是一份非常“厚实”的文件，包含了软硬两类数据。我强调了用年轻人自己的视角来看待问题的重要性，而不是只采用政府部门和职业人士的视角和标准；我还强调了建立年轻人的系统性表达机制的重要性。从让变革发生的角度来说，政治操作、寻求联盟、开放政治影响的新渠道是非常重要的。我帮助他们成立了一个青年评议会。除了分配文化事务的经费之外，它还派人参加一个叫作青年事务委员会的新的政治机构。这个政治委员会所感兴趣的东西，并不仅仅是通常排在教育委员会日程最后的内容，比如青年俱乐部、青年休闲和体育活动，还就住房、治安、社会服务、教育等事务发表报告。青年事务委员会和青年评议会今天仍然存在。《青年评论》的基本精神就是为地方政府重新引导方向，引向年轻人的需要和问题上来，而不是像当时的流行做法那样，利用政府将年轻人转变成国际化的资本主义劳工市场上更为有用和廉价的劳动力。

我试图向志愿部门以及政府建议的是，政策应该根据年轻人的实际生存状况，而不是根据掌权者关于该如何改变或塑造年轻人的想法而制定。认为有一条金光大道将民族志和政策连接在一起的想法是错误的。我觉得民族志可以扮演一个重要的角色，但是政治的问题——只要你在做田野，就会涉及政治——确实是一个牵涉非常广泛的前沿。我们使用了各种各样的方法。其中之一当然就是采用抽样问卷，这样你就可以用大量数字来展示到底发生了什么。这种方法又与定性工作联系在一起，这样你就能够开始尝试发展出一套年轻人所需要的议程。你不能仅仅在研讨会上拿起手机，打电话去问他们想要什么；事实上，处在他们的结构性情境中，当需要汇聚成共同立场的时候，他们也感到迷茫和没有方向。尽管如此，你可以利用民族志的技术来探求他们的生活方式，而且在某种程度上替他们说话。教育培训、文化娱乐、住房等方面仍然有一大堆问题需要解决，但对许多年轻的工人来说，主要的问题则是工资过低。比方说，不管他们是有一份低薪的工作还是没有工作，他们都会发现，要想进入日益私有化的萧条市场是不可能的。政府到底为什么不处理这样的议题呢？

你怎样看待在这种新环境下运用民族志？

我并不是在声称我取得了了不起的成功，但是我主张要就年轻人的真实需要做直接的沟通。比方说，从青年事务的视角出发，政府已经将住房需要确定为年轻人问题的中心，而且至少通过一些特殊开发项目，满足了年轻人关于住房的某些需求。

更集中点说，在我看来，《青年评论》所做的工作几乎就是那些制造了大量人类学民族志的殖民遭遇的反面。现在，不要忘记的是，我偶然撞入了人类学方法的怀抱这件事情让我感到宽慰，在我的眼里，殖民地式的民族志几乎充满欺骗和罪恶。另一方面，它加给我一个人文主义的推动力，这个推动力也许就是一名白人工人阶级或者小资产阶级分子对“人的创造性”的自我理解。殖民地式的民族志带着一种怀旧的情绪，试图用一种割断历史的或者精英主义的方式，来延续自己受到威胁的或者也许是想象出来的过去。但是，我所做的与此大为不同。我觉得我在做的是帮助那些正在挣扎的“人们”表达他们的立场，从而在面对一系列新的社会关系时，满足他们的要求。我是权力圈内部的一个反对力量，而不是在趋炎附势。

当然我知道，事情很复杂。你可以说，我关心一种正在消失的生活方式，却从一个殖民主义的政府那里领取报酬——不过，工党真的是这样一种组织吗？但另一个事实是，1981年的骚乱之后，在全国范围内确实出现了一种恐慌的氛围，人们对青年暴动感到担心。对政府官员们来说，如何聪明地进行社会控制确实是一个问题。

但是在工党内部，确实有人真的认为，我们在地方服务、青年救济和教育上花很多钱，确实对“我们的孩子”有很大的意义。人们有一种感觉，就是整个这个地区是在跟更大的权力对着干。如果你真的考虑了底层的感觉，哪怕是从改良主义的项目中获得这种感觉，你也肯定会觉得让组织、救济和服务更符合真实的和新出现的情况是值得的。

现在回过头来看，你觉得你改变了什么呢？当然，这个问题的答案部分取决于你自己的观点，取决于你看待事情的方式。在你的新书里，你曾在一处将自己描述成一个“知识上的破坏者”。在另一处，你说大项目已经不存在了，只剩下文化上的园艺工作。回过头来看你所做过的各种项目，你会说某一个比另一个更有影响吗？《学做工》是不是比《青年评论》更有影响？

对我来说，很难用某种特定的方式将自己标榜得很成功。当初在“中心”的时候，我们这些理想主义的人自我标榜为有机知识分子，我们要改变这个世界！但是事实上，我们只是在一个非常小的知识分子圈子里相互影响，也许最终我们也影响了其他一些知识分子，但是我们并没有影响整个世界。如果什么事情不是我在直接的背景和环境中完成的，我会不太好意思说这些事情取得了什么可见的效果。当然，你在心里完全可以对这些事情的长远结果有这样或那样的看法，但是很显然，这绝不等于事情就会这样得到解决。在知识实践中存在挣扎，但这是值得的；而在我们自己的实践中，我们如何看待这个世界也有各自的结果。

我所做的工作，一直是试图用一种民族志的方式，通过别人的行为来展现当前的结构性情境以及被改变了的结构位置，捕捉它对生活的意义。现在很多孩子已经找不到固定的工作了。他们有时候参加培训项目，有时候从事收入极低的临时工作，有时候还要求助于父母，然后再参加另一个政府项目。对国家来说，这是一个全新的角色，或者说是对常规的政府角色做了很大的拓展。政府部门要对整个事态全程负责，而不是一个过渡部分，也不是一个早期阶段，而是持续的全过程。布莱尔也曾经说过，要让50%的十八岁的青少年进入高等学府。学生的构成主体正在发生全新的变化。也许令人惊讶的是，在这个国家，由于现在学生必须自己承担费用，除了职业教育、计算机培训等之外，对社会学、媒体研究以及文化研究的需求还将继续下去。学习社会科学最后很难找到饭碗，但是（学生）需求还是很明显的。具有社会意义的民族志，包括我的工作在内，能够为这些新空间提供非常有用的课程和项目素材，使学生能够认识、美化和分析他们自己的个人体验和文化实践。民族志能够帮助学习者建立某种自我反思，不是说对自己完全了解，但是可以了解自我的各种可能性所处的情况，了解作为一个历史性和现实性建构的自我。我保存了许多工人和其他人写给我的信，这些人在不同的情况下读过《学做工》，有的是以前在课堂上读过，有的是碰巧在监狱的图书馆里读过，他们对自己过去十几年甚至更长时间里的经历有了新的理解，在精神意义上和社会意义上变得更加调和。我们确实不能低估知识产品的扩散性：文字确实有它自己的生命。民族志里有一种特别尖锐的东西，涉及那些被反复提及、可以再次获得新生或者用不同的方式再次点燃的经历，那些在读者自己的体验内部、在阅读过程中产生的体验。对于自我和它们被调整过的生存状况之间的关系而言，这是一种将这种关系挖掘出来的手段；这也是一种对生活在变化了的生存状态中的可能意义进行思考的手段。这是一种方式，可以识别出什么东西可以控制，同时识别出“文化错代”的持续力量，即便我们不知道“同时性”是什么。

你觉得这种作品在现在的英国，一个布莱尔主义者执政、口号响亮、提倡焦点小组[①]的国家仍然有可能吗？

从结构意义上来说，总体政策框架已经转到了左派的反面，转到了那种试图从底层系统性地理解这些议题的激进政策的反面。工党曾经是将底层的影响和利益连接起来的主要指望，但是如今（这个党）已经与工人阶级脱节了。从许多方面来说，它仍然在推行撒切尔主义的项目，通过宣传手段与群众建立联系。但是布莱尔主义、焦点小组主义以及政治宣

① 在布莱尔执政早期，其治下的政府声称自己将会倚重“焦点小组”来收集民意。所谓焦点小组，指的是一种由“普通群众”组成的受到监控的议政小组。但是广大的“下层阶级”并不受焦点小组的欢迎：文盲、长期失业者、社会边缘人都被排斥在这种小组之外。有学者认为，这反映了布莱尔主义者并未将这些人看作“人民”的一部分。——译注

传并没有吸干政治和政策领域。不管从哪方面来说，政治都在并将继续参与到对全民的管理中，不仅对这样或那样的政府机构，而且对每个人来说，都有许多重大的议题需要解决：如何在智识、文化、个人、政治方面解决这些问题。面对爆炸式增长的新技术、通信手段、潮水般的廉价或无成本信息、新制造业、指数级发展的电脑技术和人工智能、对基因构成的微观控制，政府应该在管理中扮演什么样的角色？商业利益与人类福祉的商品化和这些东西交织在一起，政府不可避免地会牵涉其中，又该如何处理？但是更重要的是，在管理这个新世界新涌现的趋势所造就的社会关系中，政府该发挥什么样的作用——尤其是，如何管理在经济上和文化上被遗漏但仍然有可能在其他议题上使执政党毁灭的那些人？就底层感觉的实践维度成为权力运作的一部分而言，会出现一种新治理模式的解放维度，而且可以从这里挖掘、蔓延和增长。不过在新工党统治下，我们很难察觉我们如何不仅仅只是跨国资本的一个分支，政府努力培训工人，以吸引国际资本，但它并不完全清楚自己在做什么。不过，事情是有很多维度的。不要忘记，政府部门仍然很庞大——在这个国家，每一英镑开销中就有45便士是由政府花费的，大多数是由地方政府或通过地方政府支出的。与地方层面的政治和治理有关的问题——比如在当前这样的情况下，人口是如何被征召的——事实上仍然是极其重要的，尤其是在文化和主观体验的重要性上升的今天。有一种观点是，你必须考虑到人民的意见。即便你最终操纵了民意，你也不能用那种老式的自上而下的手段，尤其是在面对面服务时和在公共机构中。关于人权的新话语出现了，而从某种意义上来说，这正反映了人们确实已经改变。人们已经不再愿意接受被赋予的身份，比如我是一个工人，她是一个什么。每个人都以彼此不一致的方式，努力按自己的办法行动。这些文化趋势如何与那些技术和经济趋势发生交集呢？经济失权与一种奇怪的文化赋权并列在一起。这也正是批判性民族志可以发挥重要作用的地方，即产生更多经过深思熟虑的、整合一致的政策观点，尤其是针对地方政府的政策观点。这些观点既考虑到文化上的推动力，也保持对生计问题的关注。

你刚才说到让50%的十八岁青少年去读大学这种政策的影响，以及终身为政府服务的那些人。在你看来，对大学的未来而言，这些变化的潜力和风险在哪里呢？

在大不列颠王国，许多关于教育和培训的话语都是非常实用主义的，目的是吸引对英国的投资，比如增加我们的“人力资本”“竞争优势”等。全球的（新）状况已经改变了游戏的标尺：在官方话语中，这是一场永不停息的游戏，他们的目的明显是要增加劳动力的价值以吸引跨国资本。与此同时，在地方层面，上大学的人更加多元化。见到中年的工人阶级女性来选修社会学和文化研究，我至今仍然感到很惊奇，因为与计算机或者人力资源管理相比，前者的就业前景要小得多，而后者的技术也许能为她们提供20年的收入和物质保证。她们之所以这么做，是为了个人发展，是为了理解她们过去的个人和文化历史，用我过去使用的具有人文色彩的术语来说，是为了寻找她们自己生活中的某种创造性，以及寻找并不是仅仅与劳动市场的结果联系在一起的可能未来。我觉得这整个领域可以为社会学研究、文化研究和人类学提供巨大的机遇，利用批判性民族志作为活生生的研究项目，在文化实践和体验的逻辑内来理解这些新的转型、归宿、“马赛克”以及可能性是什么，所以读大学是一件非常有意思的事情，并与正在出现和发展的新意识有关，而无须依靠那些过时的“种族、阶级和性别”等陈词滥调。如果文化研究一开始是以另一种方式发展，在早期阶段让文化研究民族志成为主流，而不是分裂成好几个意识形态阵营，那么今天文化研究可能早已经成为成人教育的形式了。

总而言之，当前的教育陷入了一种不同观点之间不平等的斗争之中，这些观点涉及如何看待劳动力，你也许可以把它称为工具主义的劳动力与表达性的劳动力之间的斗争，而前者一直占据优势。不过有时候，尤其是在地方层面，人们的体验和动力也许会与表达性的劳动力有更多的关联；而如果你足够聪明的话，你也许能够把两种劳动力联系在一起，因为对许多雇主来说，成熟的表达性劳动力可以是一种非常有价值的资源。

未来会怎么发展？我不知道。对制度性位置进行界定、对主观位置进行界定、试图论证表达性劳动力是一种经济资源——所有这些都有可能发生。毫无疑问的是，"精英"与"新"大学之间的分裂会继续，而"网络大学"则会兴起。我们会走向一种更像美国的状态。但是以我对地方性大学的经验来看，它们应该成为真正的大学，而不应该被粉饰为继续教育学院，只是被授权传授别人做过的研究。不管从什么标准来看，有一部分地方相关性事务都必须成为高质量工作的对象，政策和民族志的兴趣可以在那里会合。

第三部分　民族志和理论

"在那里"：录音机和民族志的"数据"

我觉得我当时抓住了民族志工作的第一波技术浪潮。那时我的时间很紧张（那是1968年，我的生活中发生了很多其他的事情），而我特别渴望走出去，去看看这个世界到底发生了什么。那是典型的、第一次的、平淡的民族志式的不期而遇。在伯明翰嬉皮士们活动的中心地带，有一个酒吧，我去问那里的酒保，谁是这里最有名的嬉皮士。他告诉了我，向我引荐了其中的一些人，告诉他们我正在写博士论文，讲的是音乐和嬉皮士文化，需要收集一些信息。我之前没修过任何的方法论课程，我也没有把自己看作人类学家，我只知道我必须收集素材。于是我说，你们介不介意我录音啊？他们那个时候根本没有便携式的录音机和磁带，不过反正我当时也不知道这个。"中心"刚刚花了一点钱，买了一个质量不错的盘式磁带录音机，看上去就像是一个手提箱，我就提着这个沉重的箱子到这些嬉皮士的住所，把它放到桌子上，打开一盘盘磁带，插上电源（开始录音）。这就是不加干扰的方法！我当时就觉得，"看在上帝的分上，搞出一点什么吧，搞出一些材料来吧！"我当时时间很紧，就想着赶快开工，不管用什么形式，我要搞到一些素材来用。

你不觉得你只能做笔记吗？你有没有觉得你必须做一些录音？

是的。搞到素材会让我树立一种信心，觉得我已经拿到了一些东西，有了那种开始做田野和尽快用素材填补研究的感觉。一堆素材，有点像是一笔钱，与进行理论构思时是不一样的。你可以日后再考虑怎么利用这些素材，虽然你当时并不知道怎么用，但是在以后的日子里你会掌握一大堆数据。要未雨绸缪。我也做笔记，尤其是在一开始做理论解释的时候。不过我记得，虽然我从田野，也就是嬉皮士那里带回了一堆笔记，我还是在想："天呐，我的笔记还不够！我怎么办啊？"你们在做田野的时候有没有过这种感觉？我当时真的有一种不安，觉得我收集的素材还不够，弄到那些日后可以用的素材对我来说是至关重要的。我觉得非常有意思的一件事情就是去搞清楚录音是什么时候开始被采用的，它们是不是改变了田野实践，是不是让人变懒了？我觉得，我要对文化研究中过于依赖口头回应的现象负部分责任，对一种文化研究概念，即建立在东拉西扯基础之上的快速、卑鄙的突然袭击负责任。首先你求助于录音机，而当你做完一个小时的访谈之后，你就搞定了一个项目。然后，如果你只是使用其中的几个词，为什么当初不干脆就把那个人在酒吧里告诉你的那点事情拿笔记下来呢？［笑］所以你们可以想象严肃的田野工作开始受到侵蚀。

不过与此同时，我觉得这也是一个很好的例子，说明科技是可以发挥非常出色的作用的。我们现在在利用现代科技方面做得很糟：影像、移动画面、视频，等等。有时候“墙上苍蝇式的观察纪录片”“肥皂剧式的纪录片”①，以及许多通俗文化都会采用影像手段来表达日常体验，然而在“专业人士”看来，如果你不用自己的笔和本子，你就仍然不是一个真正的人类学家。

但现在这里的问题是，录音记录成了民族志本身。这就有点像是用录音代表了田野工作。

是的，我觉得这不是一件好事，以某种方式复制了肥皂剧式纪录片的缺陷。虽然如果你误用了田野笔记或者误解了意思，你也会栽跟头。所有这一切的“解毒剂”就在于，用灵活和开放的态度使用理论。在所有关于理论如何与民族志建立联系的问题中，我觉得民族志的关键点就在于灵活性。也就是说，当你进入田野之后，你能够几乎是不知不觉地对理论和假设进行检测。不过有时候，这也许在你后来对自己的素材进行分析的时候才会发生，所以要仔细地听录音，以发现是否会有什么重要的概念从你的录音里发展出来，它们又是如何与你现在的想法联系在一起的——这是一种培养思路、走上正轨的方法。如果你能够回到田野进行改进，这自然很好，但即便是在这些素材内部也存在着类似的辩证关系；如果你无法再回到田野，你还是可以回到素材的其他部分，或者翻阅田野笔记，带着一种新的敏感去发现当初你记下这些素材时不曾意识到的议题。素材永远不应该成为瘫痪的路障，不应该只像水泥板一样等着我们去把它推向读者。

这再一次告诉我们，为什么在做田野的时候要用开放的心态记下你

① 观察纪录片出现于20世纪60年代，技术基础在于便携型摄像机和磁带摄像机的出现。这种纪录片放弃解说，放弃扮演，纪录片导演成了“墙壁上的苍蝇”，观众和摄像机只是被动观察者。经过剪辑，它也会有类似肥皂剧的情节，因此也被叫作肥皂剧式的纪录片。——译注

觉得相关的东西，用开放的心态记下你觉得有意思的和重要的理论观点，即便当时你没有办法讲清楚为什么要这么做。也许在后来的阶段，在处理和分析数据的时候，你会知道为什么当初你有一种直觉，觉得这些素材很重要，尽管你当时并没有理论上的恰当理由。

关于“多点民族志”

你的民族志在人类学内部被接受的部分原因是，这个学科内部当时有一种观点：我们还没有考察过阶级。这就联系上了另一个问题，那就是什么东西会被说成是“多点民族志”，你如何去做与更大的系统——资本主义或者全球化——有关的民族志，而这个问题在今天似乎比过去更加紧迫。

我对“多点民族志”以及一些美国式的人类学有一点担心。通过我们新创办的杂志《民族志》，我得以了解一些这个学科内部的当代趋势。许多人类学家通过采纳一种当代的历史观，来对后现代的转向做出回应。你对整个国家进行观察的时候，带有一点政治经济学的色彩，你搞一点制度历史学，然后你得到一张快照：某个人坐在走廊里，与某个来自经济发展署[①]的人在一起。这是一种超级成熟的新闻处理手法。那种明确的人类学的眼光，变成了对当代史进行纵览的眼光。我理解为什么会出现这样的现象，而且这确实有作用。但是，我只是不想丢掉对情境化的人类创造力的关注，对“厚实”的民族志的关注。面对许多现代人类学，你并不是特别明白，为什么它们要告诉你这些东西。它很有趣，它是个好故事，但这又怎么样呢？作者所要讲的是什么样的问题或困惑，他的制高点又是什么呢？调查的模式有什么特别之处呢？对地方性和叙事的担忧不应该让我们抛弃厚实、彻底、细致、细节丰富、给人以

① 英国政府于1999年设立了九个地区发展署，目的是为当地受到经济挑战的商业与社区寻找、建立相应的解决方法。——译注

美感的民族志，不应该试图以一个单一的描述框架囊括所有层次的决定因素。

除了叙事这一条途径之外，还有其他的途径来理解地方性是如何与全球性联系在一起的。在全球资本主义的支配地位和某些复杂的内部体验之间，也许存在着什么快速通道。把主体性或者体验上的亲密感的集中细节记录下来是非常重要的，不管对它们进行呈现和保持它们的原貌有多么困难。和其他手段一道，这么做的目的是用一种理论性反思的方式、一种紧迫和微妙的方式、一种可以产生恍然大悟的效果的方式去把握一个机会，将它们与具有广度和深度的因素联系在一起，从而揭示结构性的决定因素、变迁和连续性是如何被理解与被展现的。我们现在的生活方式既是由构型力量和逐渐强化的权力所塑造的，也是由内部体验和非常地方化的实践带来的明显的生存能力所塑造的。在我看来，多点民族志和纵览性民族志的危险在于，内部的决定因素、影响和生活力量被假设成某种“全球之水的蓄水池”。水就像瀑布一样顺着许多层级倾泻下来，一开始是一种全球历史，而你把它当作一个层级，然后它流向全国性的舞台，接着一股股地流到政策和制度层级；有一点水溅到了地方经济上，还有一点溅到工会和特定的地方，最后等到需要呈现和解释创造性的群体与个人的时候，你已经无“水”可用了。回流是肯定不会发生的。处理这一问题的方式之一，就是努力理解前面所说的“快速通道”，比方说，努力去理解我们周围这种商品化的物质和沟通环境中的商品拜物教，去理解这对主体性而言意味着什么。对我来说，这是一种可以在主体的层面上进行界定的结构性“力量”，并在这个层面上做出交互性的分析，而不是通过无数的中介因素来进行追踪。非常诡异的是，虽然万事俱备，但是没有什么是地方性的，我从未如此重视亲密性。先是从全球资本主义开始写起，然后转向全国资本主义，接着转向布莱尔的政策……这样的做法不会让你理解那种亲密性。

就像存在一种简化了的和无聊的“全能”政治经济学一样，有一种无聊的“话语主义”依然流行。如果你只是关注叙事和话语，那么你对意识和主体性的理解就会停留在一个非常造作和自欺欺人的水平上，让你自己没有可能去记录和理解给人以美感的活动与过程，无法理解其中包含的深度和广度，以及混沌微妙之处。人们会因为他们无法解释的热情而受到感动。人们接触音乐、科技、情境这些东西，它们会帮助人们保持和发展一种对自我的感觉，这种感觉可以表现和感受出来，也许常常会与他们在话语上的“立场”相抵触。与（经济的和符号的）结构性决定因素的一点点渗滴不同，人们会努力以创造性的方式来弄懂个人和私密性的体验周围的中介要素，在这样的特定历史阶段，会有某种东西围绕着文化、意识和主体性而展开。如今，第三世界正经历着一个快速压缩的历史时期，不仅仅经历着（经济上的）工业化，而且意识也在工业化；在那里，主观变化对这一中介层次的决定作用也许和更大的结构性变迁的作用一样大。当然，我相信和支持“全球民族志”。它又是如何起步的呢？我们现在不能将“全球化”留给资本家和抽象的理论家。但是我们需要努力去界定我们所说的东西的意思是什么。

如果对经验主义的批判所导致的结果，是放松对具体的地方性经验及其处理世界变迁的方式的关注的话，那么我们其实已经走错路了。我们需要切实维持一种辩证性的开放姿态来面对那些中层制度，它们既受着文化和主观变迁也受着宏观变迁的影响。尤其是，它们必须适应努力控制和包容“来自底层”的压力、阻力和抵抗。在绘制总体图景方面，新闻记者、历史学家和经济学家可以做得一样出色，但是我们在这里所说的人类学和民族志的贡献应该是对体验给予持续的关注。多点研究及方法论当然对我们理解更宏观的现象非常重要，但是它们不应该是一种没有深度、空洞的多重区别，覆盖在二手的政治经济学晾衣架上。它们应该展示，随着权力、地点和利益的不同，同样的或类似的趋势是如何以不同的方式在体验和地方实践中辩证性地展开的。

理论、民族志和伦理

你觉得谁对你的理论立场影响最大？

目前我已经发展出了一套连贯的理论立场，这既来源于我自己的兴趣、经验上的兴趣、政治上的兴趣，也来源于我想保护自己的人文主义立场不受其他理论立场的侵害，或者让它获得相对于其他理论立场的正当性。我最近的著作《民族志的想象力》从某种意义上来说，是我第一次试图系统化地表达某种理论立场。《世俗文化》是早期文化研究的一种人文主义范式的产物，试图理解摩托骑士的文化。《民族志的想象力》则试图理解民族志的特殊之处，一种相对于被语言学范式和后结构主义接管的文化研究与社会科学的独特性（这虽说是对文化研究和社会科学的一种简化的归纳，但是却有合理的成分在里面）。该书还试图反思我在《世俗文化》中的幼稚做法，比方说在随后的讨论中得到了启发，从我自己的角度出发审视进行田野工作的可能性。

对刚刚开始研究生涯的研究生和人们来说，“大理论”构成了一个主要的悖论。你知道，人们会问：“我是一个马克思主义者吗？”“我现在是一个布迪厄主义者，还是一个符号互动论主义者？”“一个现象学家？”“一个记号学家？”这些框框我都搞不清楚。我自己的观点是，民族志学者应该有一种健康的独立性。我事实上并不是反对任何理论。我已经从“中心”了解了所有的理论革命，而我现在则从布迪厄范围广泛的著作中获益良多。不过，如果我之前不曾从人文主义的创造性或者我自己的田野经历中获得我自己的根基——不管是多么有限——那么现在我很难不陷入理论中不能自拔。很有趣的是，我想布迪厄也会对他在阿尔及利亚早期的田野工作发表非常类似的感悟。问题是，如果你在田野工作之前仅仅是布迪厄的一个信徒，那么去做创造性的田野工作甚至会更难；你会用到一套布迪厄的体系，寻找例证和范例。在这一点上，我们再次回到了霍加特所说的“沉浸到无为的因素中”。

所以，我反对加入什么学派。研究生往往会觉得他们需要属于某个学派，然而这样他们就很难不卷进去，找到一个理论上的，有时则是现实中的“守护神”。在我看来，这有点危险。民族志学者应该专注于自己的议题以及政治选项。在原则上应该是折中的，而不是把所有的鸡蛋放到一个篮子里。物以类聚，理论家以群分，他们说的东西往往差不多。他们陶醉于自己的重要性，让自己的“独特的诱人命题”变得更完善，他们非常非常善于进一步制造相关的概念，用一小片一小片的理论来反对自己的论敌。你最终会感到更加心烦意乱，想搞清理论家说的是什么，而不是文化的意义是什么。只有当理论能阐释事实、让事物变得更加清晰、帮助你更完整地展示现象本身的时候，你才应该使用理论。太多的民族志受到了理论膜拜的束缚，而不是得到了释放。如果没有什么清晰的概念可用，不要羞于提出或者采用你自己的、与世界相关的概念——世界显然走在我们的前面，发展出各种各样的无法用之前的范畴来归类的形式、二元对立、美感和文化形式。对理论和理论家的过分依赖是一个大问题。

你如何指导自己的博士生面对理论，而不被理论压倒？

我会问他们，为什么对这个课题感兴趣，然后用霍加特给我的建议来提醒他们。我会告诉他们，对于那些引起他们兴趣的议题，我希望得到一些解释。我会鼓励他们进行广泛的阅读和勇于尝试。这也是“知识上的破坏者”诞生的地方。试着使用不同的理论，不过要以一种简单的形式；不要向布迪厄、马克思、阿尔都塞、巴巴或者斯皮瓦克低头屈服。不要做一个“书呆子”！努力去搞懂他们所说的东西在实践中的实质是什么，搞清楚哪些形式有用，把你感兴趣的概念挑出来，看是不是管用。如果它很有启发性、很有趣，很好，那接着对这个概念进行改造，少做一些破坏。如果不适用，那就试一下其他概念。

你在创作那些已经完成的知识作品的时候是否感到孤单？对你来说，坚持自己的立场，坚持你的折中主义是否很困难？

好问题。如果你问我，我是不是一名知识分子，我会说我不是。我会说，我是一个人，住在伍尔弗汉普顿，有时候会从事一些知识工作。这个工作不是我的中心。我在学术机构里挣一些钱。我有某种并非由学术机构来界定的存在或者身份的中心感——与我所知道的那个不同，我当然肯定不愿意给它贴金。如果我是一个更多地由学术机构来界定的人，那么有可能不仅感到孤单，而且不可能从事自己的工作。但这是另一种孤单，很诡异地带来了它自己的团结感，使得我与学术偏执症绝缘，让我不再较真地对待那些无休止的争论。我不太清楚，难道所有的民族志学者不都在一定程度上面对一个问题吗？入世或者出世。确信田野工作的必要性；不可避免地怀疑人类契约的真诚性。不管他们是否加入某个理论流派，他们都知道民族志际遇中剥削关系所蕴含的巨大矛盾。作为一个民族志学者，你是一个"窥视狂"，你努力四处打探以确保没有遗漏信息。你还在某种程度上对你的交谈对象遮遮掩掩，做出你的解释。你正在做一种不平等的交换，其本质是资本主义的，因为它看上去是平等的，但实际上却非常不平等。你从这种貌似信任和互惠的关系中得到了一些东西，然后单方面地在学术机构里把它"市场化"成一种公共的、可交换的资源：从本地的使用价值中剥离出特定类型的交换价值。你把它拿走，然后在学术机构里换成钱，就像《学做工》成了一本书一样，在以后的20年里卖了10万本。上述的所有"罪过"，我都犯了。虽然现在我更多从事理论而非实践工作，但是我仍然愿意巩固这种互动，因为那是试图理解创造性、感性、特殊性的唯一途径，即便这一做法以其次级动机损伤了这一目的。

这些多重的常态的社会氛围的压力——只有田野工作者能感受得到——有时候让我觉得，我们的方法是一艘象征性的坦克或潜水艇。田野角色有点像是坦克或潜水艇，这些都是接近陌生人或危险地域的有用工具。你永远不会知道它们能快速成为一个死亡陷阱，直到你自己试一试。你是研究工具。这才是关键。但是，这么做的话，你也让自己成了一个可以被毁坏的围栏。

你不常提起另一面，也就是民族志在伦理上不可能做到的事情。那不正是民族志的想象力的另一个角度吗？

也许那就是想象力所要还清的债。不过我在这里特别指出，我已经感到自己与民族志学者们是同一条战线上的人，不管他们的倾向是什么，因为我觉得我们是在一个秘密会社里，入会的仪式和会员费就包含了处理那些不能明说的愧疚。也许这就是恶魔墨菲斯特。[①]会费越高，成就越大。我能够感受到这种折中，以及它带来的那种张力，但是在文本中这却是无法看见的；我也能感受到一部分对体验进行描述的方式的重要性；我还能感受到真正作为被牵涉其中的目击者的体验；以及一部分无法卸下的罪过，它转化成一种无休止地折腾人的政治。

我并不在乎他们是被称为人类学家、马克思主义者、现象学家还是语言学家。不管是谁，只要他试图去做下面这件非常奇怪的事情，我就立刻对他产生认同感；这件事情就是，出于完全只属于我们这个小俱乐部并极有可能受到社会能动者怀疑的理由，而参与到某种社会情境中，而这一理由就是：我们作为一个社会群体的边缘地位是其他一些事情的中心。然而看到你四处打探之时人们如此开放和坦诚，我还是感到吃惊。你并不是有意识地像资本家剥削剩余价值那样想做什么肮脏的交易，但是

① 墨菲斯特是《浮士德》里恶魔的名字，浮士德以自己的灵魂与其立赌约。——译注

正如我之前说过的那样，你已经有了这些感觉，就是要“弄一些数据”。如果说我已经建立了一个学术之家的话，那也是和那些意识到这种道德两难的人一同建立的。你几乎可以说，与那相比，理论流派是非常不重要的。而且，我厌恶某些纯粹的理论家。我想逼迫他们走出来，面对那些道德两难。揪住他们的后衣领对他们说：“这就是你所说的东西。”你知道，我说的不是那些学术上的事情，我不会说：“给我展示一些经验数据。”我要说的是：“你是否真的努力从你所谈论的人那里获取过与你所说的理论有关的数据？”对那些与你不同的人尤其要这么做——那些人安安稳稳地坐在研讨会小组里；或者对那些你想提出一些批评意见或者说一些让他们感到不舒服的话的人，也应该这么做。一方面，在没有与我们讨论的对象交谈，或者没有授予我们讨论的对象平等的互动式人性的情况下，我们是否有可能从事社会科学研究？另一方面，我们如何能够在不对他们进行某种程度的剥削的情况下做到这一点？你们知道，在现存的社会关系下，坦诚迫使我们变得不坦诚。这导致了关于承诺、回报和政治的讨论：为什么我们要将自己置于道德困境中才能起步。在这一设定框架和辩解的过程背后，有一个妥协的但并非错误的独特能量，使得我们与社会科学的“外套”分离开来。而正是这种关于道德困境之能量的共识，使得我与这个陌生的群体产生了共鸣。

参考文献

Hoggart, Richard

1957 *The Uses of Literacy*. London: Chatto and Windus.

Willis, Paul

1977 *Learning to Labour: How Working Class Kids Get Working Class Jobs*. Farnborough: Saxon House.

1978 *Profane Culture. London*: Routledge and Kegan Paul.

1986 Youth and Community Education. The Future Role and Organisation of Local Government. Education Working Paper 2.4. Institute of Local Government Studies: University of Birmingham.

2000 *The Ethnographic Imagination*. Oxford: Polity Press.

Willis, Paul, Andy Bekenn, Tony Ellis, and Denise Whitt

1988 *The Youth Review: Social Conditions of Young People in Wolverhampton*. Aldershot: Avebury.

Willis, Paul, Simon Jones, Joyce Canaan, and Geoff Hurd

1990 *Common Culture*. Buckingham: OUP.

25年过往：老书，新时代

——写于《学做工》出版25周年[1]

我非常感谢纳丁·多尔比和格雷格·季米特里亚季斯，他们在几年前就注意到《学做工》即将迎来出版25周年这一富有纪念意义的时间点，并投入了大量的工作、努力和善意来组织、编写、编辑和出版这本优秀的书。[2]谢谢你们！我并未注意到这一里程碑[3]的临近，直到纳丁给我发了一封电子邮件，论及成立美国教育研究协会专题讨论小组（AERA panels）的可能性。我当时的第一反应是："天啊，我们也在以同样的速度变老，都25年了……这让我变成了什么样的古怪老家伙？"纳丁的提议非常棒。这些讨论小组带给我很多深刻思考。我很高兴这本收录了众多精彩文章的书出版面市，我对这些文章的作者仰慕已久，也很高兴向他们学习。

专注于为《新时代的学做工》写一篇综述文章，并试图像审视某种

① 本文选自《新时代的学做工》（*Learning to Labour in New Times*, Nadine Dolby and Greg Dimitriadis with Paul Willis eds., Taylor & Francis Books, 2004）第10章，经作者授权收入本书。本文与"2013年中文版前言"在内容上有部分重合之处，收录时有所删节，详见文中编注。——编注

② 指《新时代的学做工》。——编注

③ 此处还应提及一场精彩的学术活动，该活动由荷兰国际劳工组织的维尔·韦格勒尔发起，于2002年10月在荷兰举行，即"《学做工》25周年学术研讨会"。虽然会议成果尚未正式发表，但同样启发了我在此的思考。

意义上的“智力发展”一样审视自己25年来的混乱生活，是一种有益的经历，也是一种荣幸。在某种程度上，这本书使我走向了奇怪的、常常是反复无常的公共生活，以各种方式从自己的私人“游荡”中分离出来，其中有很长一段时间是远离有关实际政策参与的学术生活的。在过去的25年里，人们对这本书的评论五花八门、令人眼花缭乱，我该如何回应这些评论？回应的目的是什么？事实上，我并没有试图回应具体的个人观点或章节，没有试图开展细致深入的学术调查，也没有试图对自己的生活和时代进行不合情理的“发展”分期。我探索了一条非常个人化的路径，试图改造、发展和应用《学做工》中的主题和重点。在我看来，就理解当前的局面而言，这才是最有效的。[①]

这些评论文章令我感触良多。我在向各位评论者学习的同时，也发现了建设性的分歧。很多时候，特别是在有分歧的时候，这提醒着我去思考，自己真正想要传达给新一代学者的是什么。一般来说，我也不会放弃回应批评者的机会，不是为了解决概念名称、篇章词句等问题，而是本着更充分地发展立场的精神来回应，我希望这对未来的民族志学者是有用的。我把我的评论分成两个基本部分：第一部分是对民族志重要观点的理论澄清，第二部分致力于解决新形势下的复杂问题，因为从我开展《学做工》研究的“黄金年代”以来，很多方面都发生了深刻的变化。

我没有专辟一节来讨论构成民族志实践的一系列方法，但是，整篇文章都在以不同的方式，来展示民族志对于理解新的危机和时代变化的各个方面的不可替代的重要性，这些新的危机和时代变化不仅影响着学校教育，而且影响着整个社会。我非常希望能鼓励研究者，尤其是来自不同学科的博士研究生，去尝试承担这项使人胆怯的任务：用民族志唤起他人的经验和文化，从而继承和发扬这一非常重要的传统。我希望可以给予他们勇气，指明关注焦点。

---

① 作者没有仅从某一特定学科进行概述，参见“2013年中文版前言”，第9页，第2段。——编注

民族志理论的敏感性

文化和阶级：一个三阶段模型

首先，在概述理论模型的复杂性之前，我希望所有民族志学者能重新从心底认识“文化”这一备受争议的术语和概念的重要性。它越是受到批评，我们就越需要它。我们为什么需要这个概念？因为它指定了人类在情境中创造意义的物质象征模式和相关实践，而这不能简化为其他东西——个人心理、“话语”或经济——的反射。这是它自己的事情。在某种程度上，我是一个简单的经验主义者：写下发生了什么，记录下人们的所作所为和所说的话，他们如何使用物品、工艺品和象征形式。不要过于担心关于民族志权威无休止的争论，以及从抽象的后结构主义来理解话语意义的损耗。告诉我一些事情——我了解所有的方法问题——告诉我，告诉你的读者，一些关于这个世界的事情。我们创办《民族志》杂志，部分原因是应对一种老派的民族志观念，民族志文章要包含一些经验数据，而不是展开无休止的方法论讨论。因为在这种讨论中，我们所学的一切都是关于作家神圣的资产阶级形态，而关于对象的世俗形态却一无所知。我似乎听到了研究对象在页边空白处默默地叫喊：“但我们到底是怎么了？”

自从我写了《学做工》一书以来，文化的重要性，正如刚才所概述的，变得更加重要了。任何社会学、人类学、教育或文化研究项目，任何政策倡议，如果不以某种形式提出疑问，就都是无意义的。这些疑问包括但不限于以下问题：“与我们打交道的人的文化是什么？”“这有什么意义？”“他们怎么看待这个世界？”“他们又如何看待我们观察他们这件事？”因此，文化本身是值得记录的，跟随我明显的经验主义，享受更多的所得之物，因为它也是一个理论的场所。如果你的问题是理解结构和能动性的关系；如果你的问题是理解社会秩序的新形式；如果你想了解学校教育的全新社会功能；如果你是在考虑再生产、阶级是如何随着时间的推移更替的；如果你着眼于劳动力的形成，个体的主观能力是如何形成并应用到生产过程中的——所有这些问题都需要一个文化契机来分析。民族志的敏感性，意味着对文化重要性和人类事务中的人类经验的理论敏感性。

《学做工》关切的核心问题在当下正迅速被重新提上议程，这也是我想在此特别强调的文化与社会阶层的复杂理论关系。前面的所有问题都隐藏了与阶级相关的问题：那些没有权力的人是如何进入那些权力可以施加于其身的位置中的？社会能动者如何“看到”并具象化权力的结构化世界，既以复杂的方式来反抗它，又以复杂的方式去再生产它？对我而言，这些都是通过文化的根本不可预见性来实现的，这也给了政治一个选择和改变现状的希望，至少下一次会有所不同，因为事物不是一成不变的。所以对我来说，文化问题、阶级问题和政治问题是密不可分地交织在一起的。

这说明了很多问题。让我们稍作停顿，深吸一口气，然后后退一步，在某种程度上解开这个复杂的谜团。

更确切地说，我说的阶级是什么意思？它与文化有什么关系？这些问题很复杂，这里我们有必要玩一个小游戏，这个游戏将在我们的思维过程中分三个阶段进行建构。这个过程并不是为了更准确地描绘世界，而是为了比其他人更好地解释世界的运转。耐心是必须要有的，建构的早期阶段是用来思考的工具，而不是我们建构更好的模型的强大基础。只有当所有阶段最终统一起来、相互联系，并且不断相互依赖、自我调整运作时，整个建构过程才有希望发挥有益的作用。

第一阶段。对于最初的理论建构这一分析性目标而言，重要的是能够定位某些“基本”的阶级要素，也可以说是“前文化的”——必须再次强调的是，它不是作为对“事物真实存在”方式的假定反映，而是作为一种思考的临时分析手段。我们如何能构想一个“前文化的”世界呢？让我们暂时发挥我们的想象力，按下想象中的按钮来冻结这个世界，这样它复杂而辩证的各部分关系——通常处于不停的相对运动中——就会在我们的思想中停止。让我们开始通过放大图中的元素来解开这些复杂的关系。这里面与阶级相关的要素有哪些？让我们暂时忽略所有个体参与者的“玫瑰色”（color de rose）：他们日常实践和文化中的颜色、气味和激情。在这个灰色的经济世界里，阶级为我指明了能动者在群体中的位置，及其在系统群体中的相互关系。

区分这些群体的依据是他们对权力和/或资本的占有情况。工人阶级主体处于从属地位：他们没有权力，也没有资本。他们与那些拥有权力的人之间是一种通过行使这种权力的支配关系：粗略地说，就是被告知要做什么——最明显也最重要的是在生产中（将劳动力纳入由所有者或管理者监督的资本主义劳动过程），但也包括在广泛的机构，尤其是教育机构中。在这些机构中，某种形式的“必然性”（方向）占据主导地位。这种“经济主义的”或“前文化”层面的分析是必要的，尽管实际上从其自身来看是相当有限的（人类事务的大部分“动态”画面都被冻结了），以防止一切都被消解在文化的概念及其横向差异中。要让“文化”作为一种有效概念，要让它“发扬光大”，并展示它所完成的社会工作，就必须有一些东西是“非文化”的；这实际上恰恰展示了文化的自主性，也就是文化对于其他事物的自主性的方式。当然，我知道“现实中”的文化不仅制约着经济关系，而且实际上是动态地和变革性地体现它们，以带来一个完全的人类生活系统——当我们按下按钮，重新开始一切活动时，会发生什么。但是，除非在我们的分析中有一个时刻将更大的力量和关系分开，否则我们将陷入呈现一种无深度的世界观的危险之中，而这种世界观无法通过在修辞上唤起释放和解放的文化描述中添加激进情绪来挽救。

第二阶段。然而，经济主义层面的分析价值有限。因此，让我们再次按下想象中的按钮，在第二阶段使工人阶级能动者运转起来，让画面的其余部分保持静止。让我们将生动的色彩和不可简化的人性归还给从属群体与支配群体，并专注于我们展开图中文化要素的具体内容。这里我想要强调的是文化的特殊性，这是社会能动者“创造意义”的积极过程，也是他们的“理解”过程。但是为了什么呢？很多事情都有可能，在此我要特别讨论他们的经济地位和关系。[①]至少在一定程度上，文化实践关乎为了人类尊严和发展而形成的可行身份与战略，并通过其生存条件与之建立联系，从而在其自身层面上理解经济地位和关系[②]（因此更新它们，改变它们，使它们始终处于就绪状态）。但这些实践不是抽象的，也不是凭空想象出来的。它们需要象征性的材料。在文化层面上有一种生产过程，即一种文化生产。[③]

在试图真正专注于我们第二阶段的文化生产，理解它与仍然僵化的结构要素之间的关系时，我发现再次运用洞察的概念是有用的。经过这

---

① 我并没有低估结构力量对于地位、关系以及如何理解它们所具有的诸多方面的直接制约和决定权力。我的主要观点是，我并不认为结构与文化的关系只是一种直接决定的关系，可以说，在相反的方向上，结构也是需要解释和发现的。地位或关系是否应该在阶级分析中占主导地位，如何根据生产（马克思主义的观点）或更广泛的市场、社会和地位等因素（韦伯的方法）来定义与测量它们，经济阶级统一体在多大程度上决定或关联着文化、选举和态度的“结果”，关于上述这些问题，都存在着大量令人费解且不确定的争论。我的看法是，这场争论的许多困难和死胡同都是在试图科学地将对我来说只是概念上的“前文化”元素定位为在现实存在的过程中出现的。我认为，文化关系和文化产品所接纳、表现、改变和再生产（实际上从未存在的）“前文化”形式的不可预测的方法和措施本身就是决定因素，而不是简单的因变量或“结果”，因而赋予机器一种“精神”，这总是会与“机器数学”（machine mathematics）混淆。有关阶级分析争论的全面回顾，参见：Mike Savage, *Class Analysis and Social Transformation*, Open University Press, 2000。

② 为了解释清楚，我在这里重点关注从属群体和被支配群体的文化实践（简称工人阶级文化）。当然，中产阶级或强势群体在他们自己的文化生产中“行动”，并通过制度权力使他们自己的地位、关系和文化合法化。因此，我们必须记住，从属群体不但“理解”经济地位和关系，而且也理解各种文化和意识形态方式，正是以此方式，上述这些以及他者的文化得以被充实、合法化并被表现出来。

③ 关于文化生产，参见“2013年中文版前言”，第10页，第4段。——编注

么多年，它容易引发男性主义联想的这一点[①]仍然很麻烦，但由于没有其他选择，我在这里再次使用了这个概念。尤其是在抛开其性别歧视内涵的困难方面，我对马德琳·阿诺特在她的文章中对这个词的明确阐述和处理表示感谢。这个术语试图在某一个分析的时刻，捕捉到揭示文化所依赖的结构要素的动力及其存在的条件。这些都是嵌入在民间知识和常识的“洞见”中的，我有时称之为“扎根美学”。洛伊丝·韦斯在她的文章中称之为“批判的关键时刻”，迈克尔·阿普尔称之为“良好的判断力”。文化生产工作的结果是永远无法预知的。[②]

第三阶段。让我们进入第三阶段，也是最后一个阶段，即“脑力”建构阶段。我们按下按钮，使结构和文化再次处于动态与相互联系的运动中。对我来说，关于文化层面的另一个关键点是，结构位置的“理解”过程不仅“揭示”了它们的方方面面，而且在提供维持和复制它们（根据权力构建的地位和关系）的鲜活的、动人的、形象的形式时，也起到了再生产的作用。[③]

尽管权力的“前文化”关系可能会因其文化体现而被深刻改变，但它们仍以某种形式、在维持必要的基本地位和关系而设定的基本限度内继续存在。它们通过再次生活来构建下一轮的人类“意义创造”，这反过来又有助于结构关系和地位的再生产，诸如此类。[④]正是在这种对旧事物

---

① 洞察（penetration）一词在英文中另有“插入”的含义。——译注

② 关于文化生产过程，参见“2013年中文版前言”，第10—12页。——编注

③ 此处可以“家伙们”为例，参见“2013年中文版前言”，第12—13页。——编注

④ 这是本书的重点，然而经常有人批评《公众文化》（P. Willis *et al.*, *Common Culture*, Open University, 1990），指责它是“文化的民粹主义”：颂扬公众文化的创造性，而不受结构性力量和制约因素的限制。的确，这本书或多或少地把自己局限在“选择的场所”而不是“必要的场所”中来思考非正式文化，这确实将分析放在了一个水平面上，限制了它展示此处所呈现的循环的能力。这在很大程度上是由古尔本基安基金会提供的（针对政策委托的）资金所决定的。不同类别的实地研究和旨在介入有关青年创造力的政策讨论［这在其姊妹篇《动人心弦的文化》（P. Willis, *Moving Culture*, Gulbenkian Foundation, London, 1990）中体现得更为明显］，都是为了扩大青年群体研究的人文学科资助（转下页）

不断更新和变革的辩证关系中（所有这些都在变化，一切都是一样的），社会结构应该从民族志的角度来理解，它远远落后于我们开始时的静态“经济主义”阶段。[①]

后学科世界中的理论完整性

与其他方法相比，民族志最重要的是从后学科视角出发。广义而言，民族志资料需要与理论有一种辩证关系，才能在紧迫问题和本质问题上发挥其力量。在考虑所有理论可能的相关性时，我们应该兼收并蓄。但是，即使在一个后学科的世界里，也不是所有理论在民族志的任务和困境方面都是相同的。当心那些从未遇到过不喜欢的理论的民族志学者！我想说的是，洞察和文化不是普世性的，也不是无限可塑的。在我看来，有些立场并不符合民族志的观点，即文化是自下而上的意义创造。我经常觉得，《学做工》和我的作品总是被过分地“差来遣去”，人们不考虑它的语境和目的，不公平地批评它没有做什么，有时还奇怪地称赞它做了什么不能做和未曾尝试的事情。

这和要求学科一致性是两码事。完全不同的学科常常以相似或有益的互补方式来处理相同的问题和困难；同一学科中的观点往往是相互矛盾的。也许民族志的实践将引导人们形成新的知识实践，而不是学术流派，这种实践侧重于方法、解释和对象的一致性。

（接上页）机会，使其超越传统上对已被接受的、正统的人文学科的关注。这本书对文化的自主性进行了过度解读，但是，与批评家们的观点相反，我认为，这与分析生存的社会经济条件的文化探究及其讽刺性再生产的可能性毫不矛盾。它当然显示了文化形式的多样性、复杂性和不可简化性，我们必须通过这些文化形式来理解这一点。

① 这就是为什么那些对《学做工》的批评（抱怨我使用“现成的”马克思主义）是完全错误的。当然必须要有一个临时的起点，在这个起点，观点是“借用的”（没有分析是完全从分析者的头脑或经验世界中形成的），但是这些观点随后被修正或提炼，并通过田野调查的实践、它的“意外发现”以及理论与证据之间相互辩证影响，而被放置于更好的工作秩序之中。

我的观点是，一般而言，民族志需要生成性的（generative）而不是外在的解释性理论。所谓民粹主义者与政治经济学家之间的“文化主义者”与“结构主义者”之间的无趣争论，焦点不在于前者是否没有理论，而在于他们在理论类型上的差异，无论是含蓄的还是明确的。尽管我认为，按照刚才概述的思路，将结构性因素包括在内是很重要的；但对于民族志的观点来说，仍然存在着一种极端的不确定性。在不断缩小的圈子里，结构主义和结构主义理论社会科学家们费尽周折，试图找到一连串的决定链来解释各个层次的关系，但他们常常把所有可能的创造力都剔除在“最低”层次的模型之外。在这样做的过程中，他们有意无意地做出了“客观主义”和“外在”的描述，因为他们对不确定的主观因素——包括各种能动性选择要素——的任何承认，除了作为一种幻觉来“解释”之外，都会破坏预测和解释的目的。由此，民族志和定性工作就变成了对已经被决定应该存在的事物的简单搜证，毫无“意外发现”可言。在我看来，对一些简单的、开放式的生成机制（创造力、洞察、再生产）的某种理论理解，不是植入到分析者的头脑中，而是植入到“现实”的世界中，在不同群体中反复演绎，其结果尽管是非模式化的，但各不相同，足以包含无数可观察到的结果。这些结果使客观主义者更加疯狂地进行进一步的理论内卷，却让民族志学者对这一领域感到“惊讶”。

我所说的是对一些马克思主义意识形态观念的严格限定，这些观念认为意义是来自外部的，是对其主体性的“质疑”。我的立场几乎颠覆了这种马克思主义的某些方面。如果你愿意，意识形态也可以流向另一个方向——屈从者和从属地位通过其文化形式，利用认识论资源，去寻找意识形态中的矛盾，或者从从属的兴趣和角度，以略有不同的方式复述它的故事。

当然，后结构主义的王牌是它对本质主义的批判。人文主义立场，也许尤其是民族志著作，被视为以这样或那样的方式假定自我的意义和感觉、自我认同，在以人为中心的“表达”中自动产生。虽然我接受对本质主义的严格限制，但我并不认为民族志方法必然会自动成为它们的牺牲品。事实上，与后结构主义相反的是，他们可以反过来成为话语本质主义的牺牲品，在这种本质主义中，意义被简化为符号系统的内部操作和损耗，充其量是默默地"运转"，而不是从他们对情境和实践的表达中产生，往往完全改变了他们内部代码的输入。话语方法试图以象征形式定位信息的"基因"，但它们和遗传生物学一样，与产生或理解人类生命流动和活生生的人相去甚远，因为它们将单调的遗传信息托付给了世俗的、活生生的、真实的物质生命的感官集合和融合。

我的立场很简单，我们不需要为了混淆前社会科学本质主义而去研究话语的任意能指的内在联系。有关洞察的文化形式的争论，并不是说它们完全来自成形的预先存在的统一主体，使个体认知直接旨在揭示他们的生存条件。洞察几乎是随机地出现在世俗的、物质的和不可预知的文化形式的运作中，因为他们以一种事实上的方式勘察这片土地，为了以他们自己的方式追求自身最充分的发展，为了自己的潜能和目标而掠夺这片土地。"认同"的诞生并不先于此，而是在实践中形成和再形成的。[①]

至于后结构主义和后现代主义在方法论和"反身性"（reflexility）上的立场，还有一个更为反普世性的观点。我现在给出的构想和对策需要分析者承担一些责任，即承担解释阶段的责任，而田野调查关系中涉及的所有关系方都没有为此做好同样的准备。我认为田野调查中的关系必然是不对称的，对此负责任的、道德的、理性的承认和回应不应是一种虚假的平均主义，而应该是一种基于分析师带来的优势、培训和更广泛的视角的可靠工作。对我来说，这一责任需要在某种程度上暂时采用认识论的现实主义来研究文化在物质方面是如何被对待的（即第一阶段）。文化赖以存在并试图洞察的生存条件是什么？哪些外部意识形态正在被洞察？如果你完全沿着自反性道路走下去，如果你沿着彻底的对话相对

① 关于洞察，参见"2013年中文版前言"，第16页，第1段。——编注

主义方法论走下去——每个人的叙述都是平等的——你就无法生成这样的文化情境叙述。每一种形式都将是平等的，每一种文本都将是平等的。你将无法指出哪些是洞察，哪些是再生产，你也无法确定特定领域中存在的哪些支配条件对这些洞察和再生产是重要的。

这并不是反对把反身性作为一种理论和政治自觉。我们必须始终在自己的“观点”上加入“观点”，意识到收集的数据和相关的理论进展是我们研究问题和开启理论方向的具体结果。不同的研究问题和不同的理论取向会产生不同的分析和发现。这便是反身性，它不是作为个人的坦白，而是对我们研究问题和理论资源的生产力的认识。然而，这是“丰富的”民族志文本的一种独特品质，它们提供并包含了包容性，反映了其文化主题的不确定性。它们呈现了生命的形式、“不必要的”细节和情境，超越了与它们相关的任何特定理论，因此允许其他甚至是相互矛盾的理论利用它们的数据。这进一步提醒我们，我们不是在直接观察世界，而是在一个特定的关注领域中。研究者和他们观察到的能动者一样，都处于情境之中。

性别

性别关系以及相关的象征意义和实践对于充分理解任何文化形式都至关重要。就象征系统的表达而言，民族志和后结构主义共同关切的可能是两个最重要的系统，种族/族裔紧随其后，需要探索其相互关系的具体方式是性别和阶级。性别关系，即男性/女性的划分，如何映射到其他类型的划分上，这是《学做工》讨论的核心所在。25年前，我确实认为这也许是这本书的主要“科学”发现之一。[①]

本书遭到了一些女性主义者的批评，令我感到有点惊讶和失望，这在

① 关于性别关系，参见“2013年中文版前言”，第16—17页。——编注

过去如此，现在亦如此。当然，他们抨击了他们所认为的对“家伙们”的侮辱性用语和行为的不加批判的再生产，也抨击了我所谓的本质主义。我承认我本可以在书中表现出更多关于性别歧视行为的反思，但我的观点是：总体而言，我的分析是非常性别化的，特别是对于社会关系的阶级基础的处理。的确，我在不知不觉中再生产了性别歧视的术语，我通过民族志的方式“发现”（对此感到“惊讶”）了一个性别分化的阶级，试图更全面、更具人文主义地理解资本主义关系的残酷性，我想这可能是正确的。我的目标是试图了解资本主义是如何在人的层面上运作的，在当时盛行的经济条件和社会关系下，男性劳动力是如何具体地融入工厂生产的。但在此过程中，为了对数据做出回应，为了得到更有力的分析，我认真研究了有关性别关系的象征性表达的全部问题。这本书预见到了这些方面，这也许在某种程度上有助于开创学术领域中的男性气概研究。对此我表示欢迎。我在《学做工》一书中的分析重点是强调性别形式与其他形式的联系，尤其是与阶级、脑体分工以及学校制度的联系。在我看来，纯粹为了男性气概而审视男性气概，可能会走进一条死胡同。虽然男性气概被带入了一个独立的学术领域，但它并非处于真空之中。它总是在某种制度、阶级和权力情境中形成，并与其他话语和象征性资源相联系。所以，如果你愿意的话，性别维度需要回到结构化的语境中，回到它与其他类型的象征关系的表达中，这样才能真正取得进展。尤其重要的是，正如我们看到的对阶级分析的兴趣的重新高涨，对于一个完整的民族志的理解和呈现来说，有一点是至关重要的，即看到阶级类别总是与性别不可分割地交织在一起，并受到性别的制约，而性别反过来又受到阶级的深刻影响。

21世纪的文化与学校教育：新时代

《学做工》出版二十多年来，英国、美国和全世界的情况都发生了变化。在所谓的“核心”国家内部，它们的经济状况已经严重恶化。我完全有可能是在某种真正的（尽管总是处于从属地位）英国工人阶级的权力和庆典的最后时刻抓住了“家伙们”这一概念；几乎从这本书出版的那一刻起，情况就开始变得更糟了。20世纪70年代末和80年代初，英国成为第一个经历了体力工作大量减少的工业化国家，而这些体力工作本来是工人阶级以前可以得到的。这一趋势现在已经在旧的工业化世界牢固确立。在英国，20世纪70年代存在的制造业工作岗位有一半以上已被摧毁，工会会员人数也大幅减少。与此同时，人们可获得的工作几乎经历了一次划时代的重组。总的来说，新的客户服务呼叫中心、酒店和餐饮业现在雇用的工人数量是旧的“烟囱”行业（汽车、造船、钢铁、工程、煤矿）的两倍多。

由于可获得工作的质量和数量降低，整个工人阶级，特别是年轻人、老年人和少数族裔，都受到了严重的影响。也许在美国尤其如此。在美国的一些大城市中，少数族裔构成了工人阶级的大多数，种族刻板印象和偏见增加了黑人和拉丁裔群体被经济排斥的可能性，也为失业状况增加了额外的耻辱。从工人阶级的视角来看，从所有年龄和种族选区的角度来看，工作机会已经从相对丰富、报酬合理的熟练或半熟练工业工作，转向报酬低得多的服务业和遥不可及的白领工作。由于文化和性格的原因（《学做工》对此有深入分析），新的高科技工作以及为填补这些岗位而设计的更高水平的培训和教育计划，与大多数被取代的和将要被取代的体力劳动者无关。一个新的发展特征是，国家也对劳动力市场的运作进行了更大规模的干预，并对正在崩溃的从学校到工作的传统转变进行了管制改革。对于许多工人阶级青年来说，现在的选择是获得工作福利，被迫从事低薪劳动，或者在街头谋生，还有的可能结局就是坐牢。这是一种国家强制要求的尝试，旨在全面规范和改革工人阶级的劳动力，试图在工作消失之时，使“无所事事”成为不可能。

通过体力劳动获得可靠和体面工资的客观可能性已经彻底降低了，因此，对于工人阶级中的相当一部分人来说，失业的威胁已经成为永久处境。我认为，旧的期望往往会以某种形式延续下去，但已经陷入了永久性危机。仍然有很多男性工人阶级的孩子，比如“家伙们”，他们可能比以往任何时候都更愿意以传统的男性气概和反脑力劳动的方式从事被剥削的体力劳动，但因为没有足够的工作可供分配，许多人在各种各样的国家计划和迈入死胡同的培训项目中处于停滞不前的状态。许多人就这样从社会的雷达屏幕上消失了。这些戏剧性的变化破坏或极大削弱了工人阶级从学校到工作的道路，动摇了传统工人阶级文化形式的物质基础。

从许多方面来说，我们现在正在进入一个划时代的、也可能是灾难性的社会空白。[①]在当前的“后工业革命”中，我们看到了一种（特别是对男性产业工人的）冲击，其规模与第一次工业革命对农业劳动者的冲击类似。英国是第一个经历工业革命的国家，这种巨变伴随着国内从乡村向城市的大规模人口迁移。尽管经历了苦难、大规模的混乱和无数的个人悲剧，但这最终成了摆脱“空白”的方式，而这种空白是当时无数流离失所者所面对的。流离失所的“无地劳动者”搬到了新城市，通过斗争和寻找可能性，建造了新的精神、文化、制度和物质家园，形成了新的城市关系和文化。但是，当你被迫离开城市的时候，你会去哪里？这些以男性为主的新“无业工人”要去哪些城市？如果你刚刚来到这里，卸下散乱的行李，你会去哪里？去那天空之城，还是废弃的死城，那徘徊着被异化的灵魂的衰败的城市中心？这些地方都曾备受欢迎。抑或是掉进它的裂缝中，创造出新的人行道城市？刑罚机构大规模扩张的城市？成为失业者“国家福利库”（state warehouses）的签约“培训中心”城市？正如我们所知，学校教育是为第一次工业革命中不断扩张的城市而发展起来的；现在，对于后工业革命的“新鬼城”而言，学校教育又意味着

① 感谢马茨·特朗德曼在我们关于当前危机的漫长讨论中向我介绍了这一术语。

什么？

这些意义深远的物质变化影响着工作世界，与此同时，工人阶级社区和对各种截然不同（或正在消失）的工作的“劳动力供给”也发生了深刻的社会重组。各个阶层的女性都达到了更高的教育水平和劳动参与率，这在某种程度上反映了对男性体力劳动需求的下降。在政治和经济的双重驱动下，持续不断的移民浪潮流入大都市的中心，不断改变并最终使大都市的种族/民族构成发生变化，扩大劳动力供给，即使“正式工作”已所剩无几。英国现在也有相当多的第三代移民，主要是亚裔英国人和非裔加勒比英国人，即使现在面临着更加严峻的劳动力市场，除非能完全胜任，否则这些年轻人也不再愿意接受祖辈曾经默默忍受的条件，他们每天都在质疑那些关于自身“局外人”和所谓同质性种族身份的无知预设与侮辱性刻板印象。他们怀着新的民族自信，以新的方式，利用全球流散网络电子化释放出来的资源，以商品传播的后殖民混合和融合形式，来适应和探索他们的现状，尤其是以新颖的、创造性的方式占领并生存于思想和制度的新城市。

在某些方面，全球人口大范围流动的规模和直接影响往往被夸大了。超过97%的人在他们出生的国家生活和工作。[①]但对大多数人来说，即使他们是静止不动的，象征的边界也会越过他们。这不仅为白人工人阶级，也为像《学做工》中的“家伙们”重新绘制了文化地图。他们不得不常常不情愿地或满怀怨恨地承认自己是一个近来“引人注目”的族群，因为他们失去了殖民主义、第一次工业革命、继承（白人）无产阶级产业工人体面的工资所赋予的优势，他们也不再自动地认为获得这些优势是理所当然的。经济水平的提高，尤其是非白人种族信心的恢复，带来了一系列明显的比较性关联问题：他性和差异、相似和团结的文化问题，因为身份不再依赖于他们无意识地认为的类别、历史和经济优势。现在，他

① “Humanity on the Move: The Myths and Realities of International Migration”, in *Financial Times*, July 7, 2003, p. 9.

们被揭示出同样受制于更大的从属关系，这种从属关系总是困住那些他们最近看不起的人。这里有可能出现新形式的白人反种族主义，有可能出现种族团结，有可能出现不同形式的白人的种族文化借用，也有可能出现怨恨的深渊，从而助长更有意识的、更恶毒的种族主义，取代旧的、无意识的、被认为理所当然的优越感。

伴随着这些物质和社会的变化，使其自身内在动力进一步复杂化的，是在特定文化层面上不断加速的划时代变化，由此产生的象征性资源被商品化，其交流和实用的潜质被盲目迷恋。当然，商业化的文化形式引起了《学做工》的“家伙们”的极大兴趣，这不是一个新的发展。但是，商业供应的绝对体量、广播电视频道的大量增加、公共服务的衰退，或者至少是其伦理道德的动摇，这些因素的累积使得量变转变为质变。物品、人工制品和文化服务的商品化已经成为常态。新的全球电子通信形式正在排挤旧的感性共同体（sensuous communities）——与认识的人面对面互动——现在，我们通过数字化就可以轻而易举地获得数百个电视频道。商业化休闲形式的巨大增长进一步推动了这一趋势。后现代文化时代的特征正是这种商品关系的质的扩张，从物质需求（食物、温暖和住所）的满足，到精神、情感、表达、精神需求和抱负的满足与激发。你可以说，当今资本主义掠夺性的生产力不仅在自然界，而且在人类本性上，在全球范围内被释放出来。

在文化层面上，年轻人越来越少地被邻里和阶级所定义，而更多地被这些商品和电子文化中的新关系所定义。即使他们生存的经济状况动荡不安，英国大多数年轻的工人阶级现在也不会感谢你把他们描述为工人阶级。与传统的以阶级为基础的文化形式相比，他们通过听MTV音乐、戴棒球帽、穿名牌运动鞋和名牌衬衫、在快餐店社交等方式，找到了更多的激情和可接受的自我认同。

你可能会说，文化的商品化和电气化产生了一种双重的“空白”危机：不仅工人阶级的物质状况发生了深刻的变化，而且人们理解和应对这一危机的文化资源与文化形式也遭到了侵蚀和贬值。拜物教让“鬼城”变得更加诡异。尽管现在被夸大了，有时是被神话化了，但是，英国工人阶级文化的传统形式中的种族主义和性别歧视太容易被原谅了，例如，这些文化形式至少给了人们一种关乎更大群体的有形的、嵌入式的自我意识，以及理解这个更大群体与其他群体——尤其是占主导地位的群体——之间关系的逻辑。就在这种控制急剧加深、物质状况深刻恶化的同时，看清和理解自我的方式也陷入了危机。当然，可以想象的是，如果旧的文化形式及其制度延伸和表达保持不变，那么现在席卷工人阶级的多重危机就会遭到更强硬的抵制，或者在内部达成更好的集体解决方案。事实上，市场主导的个体化进程有助于促成结构性变革，并将压制明显地发展成仅仅是个人的不幸。

理解新时代

因此，我们面临着一个充满矛盾影响的令人困惑的新世界，一个新旧交替的深刻危机。随着后现代时间、地点和文化的分离，核心国家的工业雇佣关系的溃败仍在继续。日常生活和物质的商品化审美化伴随着全球人民的群体运动。新的后殖民流散社会关系和“核心”经济体中“新种族”的发展，伴随着经济状况的严重恶化，所有这些人，无论是黑人还是白人，他们只能出售自己的体力劳动。我意识到所有这些趋势，并仍然认为以《学做工》为范例的民族志实践和作为某种指南的《民族志的想象力》提供了极为有价值的记录方式。如果你觉得这样说不太谦虚，那么请原谅我。

不出所料，鉴于多样性和复杂性，人们以支离破碎的方式思考着新形势的不同侧面，同时，不同的学科突出了不同的片段。文化研究已经发展到强调消费的创造性和后殖民身份的新的可能性。“枯燥的”社会学关注的是破碎的转型，以及遭到破坏的工人阶级和工人阶级文化的传承。

我们需要的是将社会学和文化研究，包括人类学重新结合起来，尽管从跨学科的角度来看，后者在某些方面总是表现得更好。尽管文化研究赞美了选择领域的自由，并指出了在创造新的种族认同方面的流动性和可能性，但这些认同及其形成在很大程度上，在那些仍然由必要性决定的领域（特别是学校、工作和/或国家计划），并没有就其表达和生产力持有合理与现实态度。我的问题是：在新的条件下，必要性如何与自愿性相联系？

民族志显示了这种联合可能发生的基础。至少，作为先决条件，它强调能动性，并始终坚持从属群体生产自身文化和理解的作用。粗略地说，民族志学者总是会问，从底层民众的视角来看，意义生产是什么？托尼·布莱尔在听到最近一家工厂关闭的消息时愚蠢地说："这很可悲，但这就是我们所生活的现代世界的本质，不是吗？"那里没有什么能动力量，但它正在发生。在我的家乡伍尔弗汉普顿，"遗迹化"（relicization）是我最近听到的一个词，用来描述我们的工业传统正在发生什么——这座城市的整个地区都成了工业遗迹，空旷的荒地，显然只是因为另一个可恶的"某某化"正在蔓延。这些都是自上而下的观点。迫切地，紧要地，我们需要从底下看世界。工人阶级被"遗迹化"是什么感觉？那些徘徊在"遗迹化"边缘的人，暂时留在了旧的但现在已经提速、全球化和日本化的工厂里，对于他们而言，他们对于车间的主观理解是什么呢？

民族志进一步提醒我们，真正的能动者同时生活在同一个生活空间中，"空白"的错位、社会的重组和社会交往关系的商品化交织在一起。民族志的工作必须包括对这些总是分离的世界的相互洞察，因为它们构成了能动者生活和行动的实践领域。如何通过新的社会表征和身份，通过商品交流的世界来理解"遗迹化"？这些商品交流的材料对于新的失业者来说是遥不可及的，对于大批新"穷忙族"来说，他们也是刚刚勉强够到，就像是勉强将头保持在象征性海洋的水面之上。

在这种悲观情绪下，文化理论家——也是我的角色——强调在新的商品关系及其对传统文化形式的侵蚀中，出现了新的可能性和各种新兴形式，这是非常正确的。尽管到目前为止，新兴形式给制度发展带来的希望远不如旧的团结形式，但我们必须审视它们的社会可能性，因为这是社会转变的线索。这其中包括出现了一个"表达主体"，尽管它是极端个体化的。这涉及个人在格格不入的、世俗的商品基础上为自己争取只有精英才能享有的作为其神圣特权的一部分。这种特权需要形成一种敏感性，将自己在文化上标记为某一类人——而不是简单地作为阶级、种族和性别的传统标记的无意识载体——或者以变革性的、独特的、中规中矩的、庆祝的或自觉的方式"选择"属于这些类别。这是在相对自主的表达基础上参与自我形成，而不是在自动归属的基础上从外部形成。"给定的自我"与不同的外部象征形式的联系反映了这样一种愿望，即不仅希望以一种由他人支配的方式占据社会或物质空间，还希望在文化上有所作为。当然，随着市场研究人员在街上搜寻下一种卖给内城的时尚，这些文化产品还将会受到未来几轮商品化的影响。但是这里有一个不可避免的意义创造时刻，即通过将求变的商品进行独特的混杂，来促进改变、杂合和融合的过程。种族和性别构成的变化，特别是以前"看不见的"或"有代表性的固定"群体的新的自信与信念，对社会差异的所有表现形式以及族裔、性别和阶级"异装"（cross-dressing）的多重机会等产生了复杂的改变，而这些对于社会能动者来说都是平常干预自身社会世界象征性秩序的可能性。

但对我来说，紧迫感依然存在。象征体验的新秩序是如何与当代体验的结构特征，与日益加深的压迫性地位和关系联系起来的？这种压迫似乎已经反常地被新的社会和文化形式的表面多样性所掩盖。正如本文第一部分所探讨的那样，我认为这里应使用的不可或缺的工具是阶级分析。

问题不在于阶级的"客观"消失，而在于曾经相对清晰的联系的消失，例如在《学做工》中所显示的阶级地位、阶级文化和阶级认同之间的联系。即使曾经有过，现在也不存在什么累加的代表系统了。可以说，在工人阶级中有更多的群体，他们的经济前景天差地别，这主要取决于运气（也取决于劳动力市场对他们的看法）。在不同的群体中，有很多更具话语性、象征性和社会象征性的资源被注入他们的文化产品中。但后者的一个重要特征仍然是他们探索和利用自身生存条件的有效性。我们所需要的，在《学做工》中被统一起来的，是把阶级的视角和对文化的关注结合在一起——尽管现在没有那么集中，而是更加多样化。

多样性和创造性往往因其本身和其表面上自由浮动的本体论而备受推崇。他们只是通过形式和潜在的相似性方面的松散联系而水平地、抽象地联系在一起。我的论点是，在不同的形式中，我们需要问：他们的洞察和再生产是什么？在这些不同的表面形式之下，有哪些地位和关系可能共享着关于他们的趋同的洞察？他们是如何在一个两极分化的结构的社会再生产中不断趋于相同目标的？这种两极分化的结构压抑了所有从属群体的前景。在特定情境中，洞察和再生产之间鼓舞人心的错配和参差不齐的边缘是什么？

在本文的第一部分，我认为旧的工人阶级文化形式根本不像他们现在所认为的那样团结、同质、目标明确或富于阶级表现力——这只是《学做工》以神话的形式描绘出来的。《学做工》即使被超越了，有时也会被视为怀旧和感伤的象征，从而压制了当前的理论和政治信息。对此，我再说一遍，“家伙们”的洞察不是本质主义的，也不是直接的“阶级表达”。他们间接地、反常地对其文化的直接目的和显著流动发挥着作用。因此，现在的文化形式并没有直接宣称自己是“工人阶级文化”，而是在谈论和揭示与阶级相关的从属语境，这一点也就不足为奇了。因此，以我分析“家伙们”的反学校文化的方式来分析他们也就不算什么大的进步了。

当然，阶级过程、冲动和反应可以用其他方式来表达和编码。例如，尤其是在美国，种族主义增加了结构性压迫的重压和形式，但种族和少数族裔的财产与传统也为黑人和拉丁美洲群体的生存与表达提供了引人注目的形式和象征性资源，其中也包括了抵抗性的形式和资源。这些以及其他对立的主题被商品化，并以大众文化为中介[1]进入资本主义循环，积累并传播思想和符号，这其中许多是颠覆性的，从而为更广泛群体的文化生产提供了素材。因此，年轻人和所有社会能动者的文化生产肯定有更多有用之处，但问题仍然是一样的：在他们的结构处境和关系方面，什么是被表达、洞察和再生产的？这些被质疑的文化是否以某种方式被社会标记？如果是的话，他们发挥的社会作用是什么？

这是一个广泛的民族志文化研究议程，在这个议程中，我们应该对我们的发现可能产生的贡献抱有信心。人们是如何看待和理解地位与关系的？如何满足经济和国家体系的要求？需要什么样的劳动力或淘汰什么样的劳动力？新的剥削关系是什么？它们实际上是如何体现在一个个活生生的个体身上的？从文化意义方面来看，福利机构发生了什么？工作实习和培训计划发生了什么？麦当劳发生了什么？那些仍然存在且加速的福特主义工厂又发生了什么？

学 校

从理解社会变迁到教学兴趣的一般观点来看，学校是进行民族志调查的重要场所。与工作场所和国家规定的劳动力市场监管场所一起，它们构成了一个非常重要且持续存在的必要领域，在这里，不同的文化形式和各种身份被强行聚集在一起，以面对在一个具体场所中构建的不可避免的紧迫问题。学校教育继续提供其自身的一套力量和矛盾，即以学校为基础的文化必须生存下来并发挥作用，从而进一步深刻地影响其中的身份。学生们被迫进入一个必要的领域，他们对自身存在或参与的条

① 参见《民族志的想象力》。

件几乎没有控制权，但在如何表达和理解学校的可能性和局限性方面，他们比以往任何时候都有更多的“选择”。事实上，从《学做工》时代开始，个人主义和精英政治之间的矛盾便以更深层的方式延续下来。商品文化想象世界的“新”流动性资源、不断变化的性别关系和身份、流散的文化网络、后殖民文化地貌，所有这些融合和混合组合，都位于非常固定的“旧”情境中。现在，除了学校的复杂性之外，还有一层需要理解的困难和矛盾，这些困难和矛盾是由于体力劳动的消失而产生的。学校是为了工作，为了领取失业救济金，还是为了无休止的国家计划而进行培训？从某个学生的角度来看，这些培训又有什么意义？新旧文化反应的冲动——因循守旧者借助于工具、分离和抵抗——很可能与以往的文化形式形成某种连续性，但也可能以某种新的方式呈现和表达，伴随着特定形式的洞察和再生产。

民族志研究的激情迫使你即使在理论上不是完全普世性的，也要在经验层面上是开阔的。在追求以学校为基础的文化民族志的呈现和理解的过程中，我肯定会添加更多的象征性资源，论述新的和旧的由民众运动带来的象征性关系，以及阶级形式、性别和种族之间可能的表达范围的扩大，尤其是那些现在通过主导商品关系来进行谈判的部分。但理解复杂性的研究项目有相似之处：重复一遍，在特定情境中的文化生产是什么，洞察了什么，再生产了什么，参差不齐的边缘是什么？

在新的背景下，拟订积极的学校教育方案和改善从属群体的教育战略比以往任何时候都更加困难。与维多利亚时代的旧式学校只有一座建筑、一种用途相比，现在的学校覆盖了抵达和启程的多种轨迹。学校不断受到内部和外部变化的冲击，不断为应对不同风暴而削减航程。学校不得不变得更加“市场化”，专注于高地位测试（high-status testing），为新的“失重经济”（weightless economy）中的工作准备劳动力。但是，在工人阶级社区和城市中心区，他们也不得不努力应对那些被排除在这些机会之外的人的各种文化反应，并试图应对失业带来的社区混乱、贫困、苦难等病态表现，尽管这些越发无法通过福利的作用来解决。夹在这些目标之间，人们比以往任何时候都更难将学校教育——以一种早期现代主义的自由主义方式——视为解放整个工人阶级的统一力量。学校是为了培养工人阶级的学生，让他们为了日益减少的“正当工作”而更加激烈地竞争吗？是为了让他们做好准备，还是让他们中的一些人（哪些人？）在没有工作的生活中应对敌对状态？他们是否准备好接受合同规定的一系列培训计划？剩下的人就准备坐牢吗？

本书中有许多关于学校教育的新功能和新形式的有趣指南，形成了对于工业劳动力准备的传统功能的暗淡补充。在传统功能中，学校也为监狱和永久失业提供了素材。我们需要更多研究来展示学校教育的文化复杂性，特别是文化消费在学校中的新角色。①

那么教育学怎么样？现在星期一早上要做什么呢？人们常常认为我过于悲观，过于关注那些富于反抗性的学生，或者是以这样或那样的方式把注意力集中在逾矩的学生身上。当然，我的信念是：我们不应低估学校对所有学生的持续的重要意义和潜在力量，我们应该继续保护学校的自由和必要性，使之至少在一定程度上远离工作世界和现在失业的更深层次的必然性、剥削和排斥。尽管我们决不能低估学校如何发挥不同作用，为谁、为何目的而发挥作用等方面的复杂性，但学校仍然是劳动力市场所需技能的主要获取来源和学生获得“适当工作”机会的主要途径。在所有的矛盾和反对力量中，学校必须继续为所有工人阶级的学生提供最好的个人机会和对教育进步的最高期望，同时无视一切挑衅和拒绝。学校应该最大限度地调动资源——学校越困难，预算就越高——来支持教师完成繁重的任务，让他们有尽可能多的时间走出课堂，加入有社会学知识支持的团体，以保持一种对社会和教育的专业精神，从而增强其看穿自身所受侮辱的能力。

① “Popular Culture and Education”, in *Harvard Educational Review*, 73(3), Fall 2003.

在任何一个特定的学生身上，都可能存在着同一阶层文化的影响和个人抱负之间的冲突。为了摆脱研讨会讨论中的模糊性，在课堂上，教师必须设法提供安全、富于激励性的适当环境，以鼓励学生采取并坚持个人主义路线和他们所提供的路线，这不仅是为了向上流动，而且是为了找到一份体面的长期工作，那种循规蹈矩的态度便可证明这一点。事实上，许多来自工人阶级背景的学生仍然本能地寄望于学校，特别是在其早年，他们甚至不惜以一些地方性文化的窘迫、排斥、缺乏归属感或复杂的“双重能动者”行为为代价，来追求学校的个人主义承诺。对于那些走上这条时而崎岖不平的道路的人来说，必须有保障、保护和支持。对于那些反抗或心怀不满的人来说，那些可能探索和揭露——以同情的，而不是谴责的、沮丧的、预测的方式——未来再生产的传统的、实验性的尝试，会让一些学生重新回到个人主义的道路上。在种族和性别新表达的流动性和动态张力中，从属文化形成中的断裂（例如，白人“家伙们”在种族上的不满，也许来自反抗性的白人文化）可能会产生一些群体，对这些群体来说，精英制度的发展既有现实的主观意义，又有客观可能性，而缺乏团结一致的文化阻碍了前进的道路。他们应该得到认同和支持，因为上学可能是他们唯一的希望。

需要澄清的是，我从来没有反对学校教育、反对学习或反对个人智识的发展。永远不要忘记，学校里知识和脑力活动的问题，并不是知识和脑力活动本身有什么“问题”，也不是来自从属背景的学生对它们不感兴趣——他们以自己的方式、通过自己的实践参与到知识和精神活动之中，他们显然是感兴趣的。“沉默”在任何地方都不受欢迎。问题是，目前的社会和制度环境以及知识传播和脑力技能的安排造成了反对它们的社会对抗场。“受过教育的自我”的“理想”产物是基于存活于日常从属关系的一般经验而形成的主观目标，而不是各种模型。尽管脑力劳动经常被赋予重要意义，但对许多人来说，从事脑力劳动仍受到困扰，因为它与义务教育中的个人主义和精英主义紧密相连，与等级化的劳动力市场和压迫性的资本主义劳动过程串通一气。但是，一旦学生们找到了跨越制度和文化风险的桥梁，他们就能找到一个知识、心智发展和表达的世界，并以自主的方式加以利用和欣赏。我们必须时刻牢记这些目标，所有的桥梁都应保持开启，并不断更新和扩建。因为这些桥梁不仅是展示的十字路口，它们还会带来全新的风景。

我知道，此时此地，我和一些读者甚至一些合著者将会陷入困境。到目前为止，我对教育学的讨论只涉及个人主义的知识形式，而没有以相似方式去触及那些从社会或集体知识出发并指导许多学生的文化表达形式。这种持续不断的错配的确是一个具有讽刺意味的新条件，保障了那些不墨守成规的文化。但是，我们的社会，尤其是英国和美国的社会，比以往任何时候都更加远离保护集体利益、保障所有人的安全与发展的公共与经济政策。教育机构绝对不会与这种集体视野联系在一起。他们目前彻底地、不可避免地陷入了市场经济与资本主义劳动力市场的资本主义关系之中。现在从精英统治的学术阶梯上跌落，实际上是冒着跌落很长一段路的风险，这可能会令人掉进后工业革命时期悲惨城市的幽暗裂缝中。无论是我还是你，这本书可能的专业读者，都不会打算把这种可能性作为我们自己生活中的替代性选择，也不会接受它成为我们自己孩子的未来。我们还欠别人的孩子什么吗？当学生站在唯一可能拯救他们的文化阶梯的最底层时，教师的工作绝不是袖手旁观。我们必须把我们的重任和步履放在最下面的梯级上，帮助他们站起来，使阶梯稳定下来。

与此同时，面对种种困难，我们要尊重学生处理矛盾的能力，正如我们所做的那样。我们要认识到学校不仅仅是一个教育工具，更是一个文化生产的领域。我强烈主张，在尽最大努力让学生保持个性化发展的同时，还应该开设各种课程和课外活动——探索集体逻辑，讨论社会公正，尤其是揭示学校教育在资本主义社会不断加深的阶级分化的再生产中的作用。这可能会为他们的精神生活开辟一片广阔的天地，但讽刺的是，这也有利于个人主义的发展。但是，他们的目的是探索社会进步的遥远前景——通向解放，通向一个摆脱了限制所有人的自由表达和文化发展的种种不平等地位与关系的世界。鉴于本文讨论的所有原因，考虑到学校面临的所有冲击，这似乎是一种乌托邦式的设想。即使在被允许的情况下，在那些真正需要的人当中，正式、系统地教授成体系的批判观点，可能也不会比主流课程更好。我绝对赞成在主要课程中增加关于激进倾向的要求，但我也会要求——这可能与之相关，或是作为其分支——补充一些非正式文化。有什么方法可以在这里找到出路，不是通过在文化“障碍物”上架起桥梁，而是通过穿越它们、利用它们，通过他们对精神生活的洞察？我在本文前半部分提出的阶级分析的一个重要特征是，洞察永远不会被社会再生产完全同化。这就是我自始至终所说的“参差不齐的边缘”，确切地说，这是一种精神内容，需要通过实验挖掘和恢复，然后与系统的批判性思维联系起来。工人阶级对精英统治的不信任，以及对体力劳动不抱幻想的占有仍在继续。在某种程度上，新的族群构成适应了他们新位置的条件和可能性。他们的文化和身份政治对现代资本主义的意识形态结构、立场和关系有何看法？他们的社会“标记”的本质是什么？与《学做工》时代相比，如今的再生产通常是以如此残酷、强制和公开的方式进行，那么，要揭开文化再生产的“秘密”还会如此困难吗？要建立起联系有那么难吗？

我没有任何神奇的“社会教育学”弹药可以提供。但是，我将以两条审慎的建议作为结尾。通常所说的“大众文化”领域提供了许多可能性。因为个性化和盲目迷恋的倾向，商品流通和表达形式反映了年轻人文化世界的重要特征，包括对立的主题，虽然有时只能勉强感觉得到。它们还为那些公认的社会表征的现实而富有创造性的再表达注入了新的混合和族群资源，尤其是在学校这样的地方。《哈佛教育评论》最近一期特刊致力于探索大众文化的教育潜力，其中包含许多有益的想法和可行的方法。文化商品形式及其在情境中的使用是大多数年轻人非常感兴趣的地方，无论是文本还是其用途，都为富有想象力的教学实践提供了场域，使其与现实的洞察和更广泛的批判性视角与分析相联系。此外，非正式教育场所可以用年轻人可控制的条件来提供获得文化商品的机会，在承认非正式的文化生产，以及试图将其与更正式的表达方式（说、写、唱、录、拍）联系起来的方面，它们与私人消费场所保持着重要区别。

其次，我建议在学校环境中开始或进一步使用批判性民族志文本或文本片段，或与文本相关的表演。向他们展示相似的（尽管不是同时出现的）文化形式，由此激发学生的兴趣（甚至反抗），并显示不同文化的共性，从而将文化成员凝聚在一起，使他们意识到更广泛的社会成员关系，表明共同的兴趣。在更正式的情境中阅读或聆听文化文本可以产生一种他者化和距离感，使大众文化实践在日常生活中获得彰显和释放，从而有助于对文化生产进行更系统的分析，展示其批判性冲动，以建立更广泛的批判性视角。

为民族志摇旗呐喊，本文开篇于此，也结束于此。我知道我给自己设定的任务充满困难且尚未完成，所以我把接力棒传给了别人，就像我在本文开始时所做的那样，再次强调民族志的广泛影响和重要性。这就是我希望《学做工》留给后人的东西。批判性民族志应该在记录和分析我们正在经历的深刻变化方面发挥更大的作用，并为“新时代”的社会和文化理解与解放提供有用的工具。

保罗·威利斯

永恒的文化生产

——写于《学做工》出版40周年[①]

阅读这期特刊令人倍感愉快。我非常感谢所有作者，特别是编辑马茨·特朗德曼和安娜·隆德，感谢他们的慷慨大度、创新精神和辛勤劳动，使这一切成为可能。尤其是看到“文化自主性”（cultural autonomy）以这样或那样的方式在这个专题中被赋予如此重要的地位，这让我深感满足。特刊将《学做工》从“反抗范式”的桎梏中解放出来。终于！特刊最后以一种极具繁殖性、富有成效地应用于当地情境的方式传播。这是定位、观察和理解《学做工》在全世界各类群体和环境中的适用性的真正途径。这为我在如何回应和评论这一系列优秀文章方面提供了清晰的连续性。所有这些文章都涉及不同国家背景下有趣且重要的发现和争论，而将它们彼此联系起来的是一种理论方法论，对此，我将尝试在下文中进行系统化分析。通常来说，《学做工》在多数情况下被视为平淡无奇的（即使本应是丰富多彩的）经验研究，被用作检验当地学生在校行为经验主义相似性的比较工具，而它在激发人们对偶尔出现的公开反抗背后各种初露端倪的实践和意义产生兴趣方面所蕴藏的巨大潜能则被忽略了。在此，我必须强调并预告一下我的评论主旨：我命中注定要作为

① 本文原载于《民族志》杂志“纪念《学做工》出版40周年特刊”（2018年），经作者授权收入本书。——编注

“R&R（反抗与再生产）先生”受到理论界欢迎，但我更喜欢“CP（文化生产）先生”这个称谓，无论这种表述是否规范！

如果将本刊中的所有文稿与《学做工》联系起来，它们有何共通之处？《学做工》为未来的民族志和定性研究者绘制的简单模型又是什么？我特别感兴趣的是，鼓励年轻研究者优先记录和分析普通人在日常实践中制造意义的能力，并将人的能动性永远视为富于创造性的生产力，即使在关键方面必定受到限制，当然也会受到意外后果的影响——这是我们在社会科学中共享的少数几个普遍“定律”之一。一方面，能动者受到了来自宏大理论的极大轻视；另一方面，有感情的人类众生被令人沮丧地放置在了占据支配地位的美国主流量化分析家那毫无生命力的社会类别和过程之中。面对如此境况，民族志学者如何找到理论依据和尊重，来探究能动者是如何寻求想象自我、对抗各种支配类别的替代性方式的？在这种国际背景下，抽象模式化的风险是存在的，因为它试图在一个标题下涵盖各种各样的案例、历史和情况。

我提出了一个简单的“算法”（algorithm）来理解《学做工》复杂线程和悦耳动听的民族志配乐背后潜在的、可提取的逻辑。这个“算法”简洁明了，也许可以帮助传播和记忆！

文化自主性+情境A（矛盾）+情境B（资源）=文化生产

一般来说，这个算法链中只有一部分被记录下来，或者更确切地说，只是作为结果表达的一个可能项被记录了下来。经常被忽略的是这个算法的起点：文化自主性，但令我非常开心的是，它在这期特刊中获得了如此之重视。接下来我会仔细分析这个算法链，但首先我要谈一个有关文化生产（CP）——通常是决定性的术语　　的基本观点。它的实际内容和社会影响非常多样，取决于社会情境（见下文）、执政的地方矛盾和地方解释。“反抗”只是整个变化区间中的一种可能结果，这个变化区间包括从对工具主义暗中不满一直到循规蹈矩的各种相近形式。所有人都有其塑造未来、个人命运和更大的社会结构的不同方式。

回到起点，那就是常常被忽视的文化自主性。这包括人类理解自身生存条件的一般能力，这种能力不是完全由外部意识形态、话语和“社会力量”决定的（这是理论家所钟爱的）。因为经常被忽视，所以我们有必要重申：就像理论家们一样，普通的社会能动者也有其特有的创造性思维能力。当然，还有很多附加说明和限制条件需要明确，但这是在国际背景下把握我的书的持续可行性和相关性的基本要素。在这种“理解”下的创造性能力有许多特点和关注的对象。我们应该小心，不要把它在本质上说得太低、太个人化、太狭隘，因为这种“文化自主性”远远超出了对食物和住所的关注，包含了美学特征，以及产生于人类特有的经常性集体活动之中的内在满足。这里存在着不可预测的结果，特别是人类的“出现”，无法从对基本生存条件的枯燥叙述中获得解释。有一些东西是与正式的艺术作品相通的。当然，我们应该像文学评论家分析小说与诗歌的寓言、象征和人物那样，尽可能地对生活文化的象征复杂性和层叠性予以关注。它们是由相同的材料制成的，尽管分级和校准存在差异。做好准备并接受这一点，是民族志和质性研究方法的工作、职责与责任感的一部分。宏大的理论和占主导地位的大规模定量研究，似乎以各自不同的方式，向有助于构成活生生的人类经验的不可预测、嘶嘶作响的有机化合物中投下了一颗社会的中子弹——在战术上毁灭人类、保留结构。文化自主性是“生活文化”产生的一个重要来源和地下源泉，也是理解“文化”——象征的一般实践——的重要作用的关键手段，而不仅仅是被动接受资本主义关系下的平面符号系统或对“品位”的统计。

然而必须强调的是，这种自主性和意义创造必须结合情境来理解，而情境应被理解为存在于控制生存条件、定位结构力量和独特的个体制度位置的过程之中。这就是我所说的情境A。当然，结构情境提供了“决定”，但不是全部决定性存在。至少一些外部决定的力量到达了地方，其中感性体验部分是民族志关注的焦点，作为有待解决的公开矛盾，如果不能解决，其中就会充满各种不可预测的地方调试和意味深长的实践。一些矛盾是由更大的秩序及其阶级、性别、性别取向和种族对立规定和编码的，但更为重要的是特定的制度环境及其对秩序和权力的接收与组织。实际上，我的基本模型适用于任何制度环境，但《学做工》主要探讨学校教育。也许学生们要处理的首要矛盾——个人的和集体的，以文化为媒介的——是两种对立的推动力，一方面是迈向个人成就、解放和精英制度的进步或希望，另一方面是走向包括严重的不平等在内的社会秩序再生产。当然，随着时间的推移，无论是在个别学校还是在不同的社会中，这些推动力之间的平衡都有很大的差异，例如在英国，在第二次世界大战后一段明显倾向于前者的漫长时期之后，逐渐普遍倾向于后者。发展中经济体有其特殊的复杂性和平衡性，对社会秩序和教育在其中的作用的看法更是富于流动性和多变性。

“情境”不仅包括结构位置和制度位置，还包括行为者在经历矛盾的意义构建过程中可利用的各种文化资源、话语、材料和象征意义。这就是我所说的情境B。《学做工》研究的是特定阶级和性别，较少涉及种族资源和意义，以及在一个英国制造业城市的特定环境中的流行文化。最终正如它所证明的，在第二次世界大战后很长一段时间内解决了工业扩张和相对稳定的（男性）工业工资问题。具体情况和情境当然会大规模改变，本期特刊就很好地证明了这一点。我将很快回到我的算法链，以强调和发展我特别希望在未来的研究中继续推进的基本要素，但首先我想谈及一些更广泛的方法，正是这些方法使我从阅读这些文章中获得了鼓舞。

对我而言，本期特刊也标志着、象征着并希望加强另一种更广泛的解放。也许我在这里做了一点推测，但是，那些被认为是真实的定义在其结果中也是真实的——这是我们可以信任的为数不多的普遍规律中的另一个！这是一种解放，我们可以在当年《学做工》出版后不久出现的理论主义者的普遍学术转向中感受到，这种转向进一步威胁要将我的书限制在描述性历史脚注的非理论流派。这在很大程度上得益于大约同时出现的撒切尔主义、新自由主义和西方后工业主义的毁灭性破坏的历史性到来。尽管学院派被撤除、取代并相信自己的隶属关系和起源叙述，但它仍然鬼鬼祟祟地与主导力量和意识形态保持步调一致。后结构主义的学术抽象概念和语言转向（全世界的历史篇章）的理想主义者，以自己的方式与残酷的市场抽象概念和新自由主义的分裂相匹敌。整个工人阶级及其文化形式、能力和对自我表达的控制，都被谴责为与历史、经济和学术无关的事情——把我的书带到对过时现象的过时经验研究的象冢[①]。

也许我们又一次被现实拖到学术潮流的另一个转向，从唯心主义转向对物质/文化和存在/意识的分歧与联系的更加唯物、联系和辩证的理解。社会压抑——对苦难、压迫和排斥的大众体验和自我理解——如梦魇一般以脱欧主义和特朗普主义崛起的形式重现。在每一次准法西斯主义和威权主义的民粹主义者的叛乱中，都埋下了社会革命和戏剧性社会变革与觉醒的早期种子。如果我们能更好地解读这些符号，或者有更好的工具来解读这些符文，那么现在可能会有不同的结果。事实上，西方大部分人现在都将后工业化的苦难和后全球化的不满与困苦视为右翼和仇外反应的理由，这些反应似乎在人们古老、朴素的"常识"中有其根源和理由。我们必须做得更好，并且要在下次理解大众和新兴事物时做得更好；理论学识和批判性民族志绝对提供了一条前进的道路。本期特刊无疑代表了一种非常受欢迎的关于如何理解《学做工》的潮流集合，我们希望这标志着社会科学正在迎来一场更广泛的、潮水般的转向，转向对现实中的人们如何生活、劳动和思考进行接地气的、情境化的研究，而不是把他们看作高级理论的火柴木偶，或者是汇集在生命流逝和人类感知的疏离调查中的统计数字。

---

① 象冢是埋葬一个种群的大象的地方。传说大象是一种很有灵性的动物，除非横遭不幸暴毙荒野，它们都能准确地预感到自己的死期。每一头预感到生命即将结束的大象，都会离开象群，告别同伴，独自走到遥远而神秘的象冢里去。——译注

事实上，我从来就不是唯物主义者，也不是理想主义者为我冠名的工人阶级文化“黄金时代”英雄主义的见证者。如果说有什么的话，我是在根据制度和环境探索工人阶级文化的脆弱性与易变性，宣布英国经典的工人阶级文化衰落的到来，把它看作由自身的文化矛盾——反映了构成它的物质矛盾——造成的内在压力，并使它在面对根本改变的物质的、经济的环境和条件时，在个人和集体层面上都容易变得无关紧要。我在书中处理了一些微不足道的、个别的模糊性和局限性问题，但是，我的天啊，普遍的集体性巨变来得太快了。如果没有自己的保障、适当的资源和专门的制度，一旦全球和经济状况发生根本性变化，失败、混乱和侵蚀就不可避免。我的研究正好出现于这个特殊的时间点，这一历史偶然不知何故让我被视为工人阶级文化“黄金时代”的最后一位见证者。如果这种文化繁荣起来，我很可能会被视为它的第一个背叛者。

在《学做工》中，我确实在民族志肖像中展示了每一代相关文化形式的自主性、不可预测性和不断变化性。这包括描绘一个符号世界，以及阶级、性别和脑力/体力象征系统及其组织之间的交叉性。在其他情况下，我甚至可能被看作一个早期的应用后结构主义者，当然也是“交叉主义者”（intersectionalist）！但与随后的理想主义的不同之处在于，我坚持不懈地追求文化自主性与物质秩序和社会关系之间的不可分割的联系、连接和对立。如果幸运的话，至少在学术领域或者学术领域的某些部分，我们可以把这两件事重新组合在一起，而不是让文化被自己的话语规则所支配。理论和经验必须始终铭记彼此，并最终使它们紧密结合在一起，即使有时候它们需要独立发挥作用。正如本期特刊收录的评论文章所显示的那样，《学做工》继续为树立正确方式提供了一个模型。从根本上说，我用经验发现影响和概括了一种理论分析视角，这些经验发现既涉及趋势性问题（英国20世纪70年代中期的学校教育），也涉及长期根本性问题（工人阶级文化的生产和再生产）。我没有预见到不断变化的形势需要怎样的分解，以获得适当的理解。尽管本书分为两部分，但

“长”的理论观点实际上与“短”的经验发现交织在一起。如果我像吉登斯那样，撰写一份独立的文稿来阐述我“长篇大论的”理论论证和理论方法，我可能会做得更好。当然，我从未预料到这本书会传播得如此之广，其所需的学术动力、深度和清晰度可能远远超出了我的能力，但一本独立的理论著作可能会以较少束缚、目标明确的方式传播。

我很感谢本期特刊的各位作者，是他们的努力使《学做工》获得了新的解读和再利用。在这里，我想通过提炼和扩展《学做工》中关于文化生产视角下的关键点，来进一步推动我所希望的《学做工》的阅读方式。我希望能够使《学做工》的理论方法论起锚，将其从白人工人阶级反抗范式的明显束缚中解放出来，这样它就可以更容易地应用到对世界各地不同群体的理解之中。在这里，我并不是简单地把文化生产视角作为一种看待非正式群体的社会学方式，或者是作为类似于“小群体社会学”的东西，沿着许多其他微观专业领域发展，而不触及该领域的主要结构性问题。我建议把它作为一种寻找社会学所有问题——既包括大问题，也包括小问题——的文化方式。对于所有这些问题，我的兴趣在于身处其中的社会能动者如何创造性地、积极地理解他们的生存环境和可能性，以及这一切又如何改变整体。

情境很重要。文化经验的自主性不能被简化为社会、结构或制度位置的结构性力量。我们必须把它理解为一种特殊的人类能力、一种普通的活动，它包含了真正的创造力和不可预测性的元素，正如我所说的那样，它们以某种方式与更正式的“艺术”作品共享一些东西。当然，定量研究和调查研究都有其重要作用，常常可以与更加人文主义的方法结合起来使用。但是，民族志也有其非常独特的作用，不应该被看作其他方法的附属品，或者仅仅被用来为其他方法添色。我们尤其不应该落败成一种沉闷的准实证主义（quasi-positivism），这种准实证主义试图把我们的发现计算成某种量化记录。这种方式必然使我们错失记录文化自主性的才能，而文化自主性是其他任何方法或理论取向都无法获得或在某些情况下可以明确否认的。

因此，强调人类的创造力是一个既定的起点，但这种强调可能会带来唯心主义者圈子的脱节。“情境”常常被视为一种对仍然封闭的人类图画的消极框架，一种单调但必要的用于制度的社会学展示的构建工作。但这种“框架”的一笔一画都会侵入画面内部！我们所关注的人类能力必须被视为总是完全被境遇和象征性/话语性材料所传输。人类发现了自身，且并未让自己在自己的圈子里打转，而是在生活领域、物质领域和象征领域里循路而行。文化生产的兴起源于与这个生产意义的“地带”相遇，意义的生产有助于塑造个人和集体的位置与身份，而这些位置与身份肯定至少部分是自我构成的，也是在外部权力关系的网络中形成和维持的。它们依照意义生产的情势变化辩证地组织起来并向前推进，不仅要适应所谓的意义生产“地势”——这有时候令人厌烦，还要适应未来和特定生命历程、轨迹中的不同境况。文化生产首先出现在制度中，对于如何以持续辩证的方式作用于制度的先在目的、预设、矛盾和张力，文化生产发挥了回溯和影响的功能。民族志可以富有同情心地记录“当下”的快乐和惊喜，但也必须对此前的历史和此后的发展及后果保持一种历时性的审视，这种审视是理论上的，而不一定总是经验上的。

在“情境”的标题下同样重要的是，要看到文化自主性并不是自由创造的。就像物质生产过程一样，它需要自己的“原材料”投入，而这些“原材料”既能使之成为可能，也能产生约束作用。文化生产的“投入”可以来自阶级、种族、性别等各种形式，传统的、继承的民间和克里奥尔（creole）[①]文化，以及独特的现代主义文化、文化商品、新媒体和流行文化——所有这些都可以选择性地使用和强调。这些形式都有其特有的历史、约束和提供的，甚至首选的意义与居所。然而在整个过程中，意义的重新定义、曲解和再歪曲、错配或再附着总是有可能的，甚至是很可能

① 指首批定居在西印度群岛或南美的欧洲人的后裔，或定居在美国南部诸州的法国人和西班牙人的后裔。——译注

的。我们应该在田野工作的实践和对于描述作用的理解中更加自觉，而描述不仅存在于我们所写的内容中，也存在于我们所记述的剖析立场、“观点”和议程中——这些都通过我们所研究的象征方式发挥作用。被公认的社会分类总是有影响力的，其连续性也不容忽视，但文化生产可能会拒绝、改组和重塑传统的、继承的身份类别。所有这些都是部分地通过象征形式和描述来实现的。文化生产对各类别进行考察，测试它们的规模、重新调整、交叉比较、变装，并在行动中激发它们，看看它们可能引发的其他人的反应，或是带来的对自己的自我满足感。按照我的理论观点，阶级、种族和性别/性取向分类当然被理解为定位人类主体的外部力量，但也被理解为象征意义和可能性的交叉来源，可以在几个交叉和变装组合中重新排列，而这些组合富于表现力地指向“外部”。与此同时，它们仍然背负着内部的重担。

文化生产的洞察

我正在拓展文化生产的应用和理解范围。不同类型的文化生产在阶级和权力方面有不同的位置，对于未来也有不同的发展轨迹，但文化与结构关系的内在联系问题是和所有群体都相关的。

“文化自主性”需要谨慎地就社会背景、结构和制度提问。这种关系常常被描述为一种“相对”自治性，但这就引出了“相对”本质的问题——哪种文化形态、在多大程度上受到哪种物质力量的影响，以及如何受到这种物质力量的影响。“相对”的程度必须以另一种方式来理解。“结构”提供了某些明显的“限制情况”和“条件”。这些都是在其他理论方法的合理范围内被承认的。显然，由此产生的特权和约束必然会深深地塑造文化生产的范围、限度和形式。但就文化生产本身而言，民族志提出了另一种根本的可能性。与其用决定性方式来审视结构中的“上升”，不如用什么在实践中“下降”了——无论它多么有限——来“看透”结构、制度控制和意识形态，看看它们是如何制约或试图制约人类主体和可能性的。以这种方式生产的“知识”为持续的和未来的社会行动提供了基础。这就是我在《学做工》中所说的“洞察”。我们可能都是被制约的人，但这并不排除这些被制约的人理解自身条件作用的可能性，即使它决定了他们的命运，对很多人来说，具有讽刺意味的是，恰好往往是他们自主性的一部分为自己盖上了宿命的封印。在文化生产的“洞察”中所使用的象征性材料和资源也有其自身的优先级、局限性和影响，但结合在一起，它们就能产生一种超出其能力的启示力量。

这种“看透”作为具体文化实践的一部分，没有“直升机”似的视野，往往是集体的而非个人主义的，而且是借助于仪式、幽默、哄笑等感官手段和符号、人工制品的特殊意义属性——既受其限制，又被其激活——来实现的，而非凭借认知思维或抽象的手段。意义不是抽象的，而是一种富有经验和创造性的生活产出，与其中特定的现实条件和位置有关，但又常常在其作用范围内明显对此毫无兴趣或漠不关心。感性的力量表明了自我创造自主性和独立的可能。各种外部的和规定的定义，当它们被使用时，都是以感性判断的，并根据情况片面地或局部地暴露，从而易于限制或封闭更广泛的潜能。感性意义尤其与意识形态意义和“官方”语言分类不相称。它们可以超越语言殖民保持身份和独立，既为感知难以言喻之物，也为特定文化世界中的共享的感性意义获得非语言的主体间性承认提供了依据——在实践中揭示了意识形态意义和表征的片面和偏见，或许为某些同样的占用方式提供了依据，尤其是为占有远远达不到“角色认同”的制度和其他工具优势提供了依据。这不是抽象概念在能指差异方面的体现，而是一种直接的、感性的人类塑造。与此同时，这些潜在力量在客观结构限制和条件的可能性中探索关系结构，正是在这种条件下，它们可以较少地或不受意识形态限制地发挥作用。它们自身的存续和再生产，直接目的和乐趣，反过来取决于它们如何充分地阐明这些条件。因此，根植于文化实践的感性意义必须被理解为“充满意识”的，这不仅是直接关系，而且还与社会结构形式和位置有关，提供对其可能性的生活评估。当然，这需要阐释并承担起“翻译”的责任，但民族志学者的目标不应仅仅是记录日常活动和生活文化的结构，还应考察它们所承载的社会重任以及产生何种后果。

文化生产的隐蔽性

意义创造是一种世俗活动，毫无疑问，它还没有被充分说明或完全理解。它存在于日常实践所特有的阈限空间中。问题是，我们仍然只有一个笨拙的“社会科学”词语，来描述和定位日常经验的创造性和复杂性。这里最大的问题之一是文化生产的相对隐蔽性，尤其是对它的实践者来说的美学要素。文化生产所具有的“隐蔽的”美学，无疑被社会精英、现有机构和大多数学术分析有意或无意地忽略了。承认和说明非正式实践的可能性进一步被语言的支配地位所抹杀，因为语言谈论的是被高度重视的象征形式，语言被动员用来控制或试图控制对“艺术”以及所有过于明显地自我标榜的美学价值的理解，而美学价值是由不朽的美学史和19世纪的阿诺德学院把控的——他们控制着奖金、准入和影响等领域。

这种隐蔽性又因许多参与到文化生产工作的文化产品所具有的拜物教性质而进一步复杂化。文化生产中出现的满足感和意义似乎奇妙地产生于拜物教对象本身，而不仅仅是与之相关。情感、意义和希望这些文化生产的固有部分，似乎在珍视之物中获得了自身的生命，而这些珍视之物又以某种神圣的、永恒的方式包含着它们。自我和群体产生的满足感和快乐被慢慢倒入了拜物教的商品中。消费者为他们自己的劳动产品付出了大量的金钱！有人可能会说，劳动在每一个转折点上都被盲目崇拜。它不仅在销售中被迷恋，应用于资本主义的劳动过程和产品中，并被完全吸收其中；它在“消费”过程中，也像被施了魔法一样，被吸进了拜物教的文化商品中。

所以就我而言，我要在《学做工》中补充的观点是：文化生产通常是不可见的，且缺乏自我认识。在一定程度上，我们的工作必须是发展对生活经验敏感的概念范畴，并有可能将无形的或未被承认的过程转化为更正式的知识、意识和行动的工具。当然，这也存在着随之而来的巨大危险。即使是最敏感、理论上最协调的民族志试图承认日常生活的美学意义，也伴随着这样一种矛盾和讽刺，即用文本化来制作文本，而文本化以前常常是隐含的，也许是对所处的和所表现的感性意义施加某种暴力，并且必然以不同方式将它们带给更广泛的读者。在目的、效果和责任方面都产生了尖锐的问题。在这些问题上，不同的民族志方法和学校都将有其各自的态度，但通过文化生产制定框架可以有助于聚焦和关注困难地带。

然而，在重要的方面，这已不再是一场学术辩论。现实驱使我们前进。我们无法选择重回旧时安全之所和老式剧本。就在我们眼前，民粹主义者对先前未说过的和非公开的意义进行大规模收割，特别是引导和交叉编码产生的倒退性信息和政治，显然最终违背了大众利益，并且常常困住了那些拥有良好的古老“常识”的大众阶层，而他们对目空一切的精英和深受特朗普喜爱的“教育程度不高的”愚蠢教授的（正当合理的？）仇恨，则被用作其来源和理由。在一个可怕的交叉战线上，社交媒体，尤其是脸书，提供了社会政策所没有提供的东西。“如果数字服务不花你一分钱，那么你自己就是产品”，这句名言在最近的丑闻中突然变得格外重要。而这个对“数据资本主义”（data capitalism）和“监视资本主义”（surveillance capitalism）的新型单一组织和垄断而言具有巨大货币价值的“产品”，只不过是来自普通人的文化生产！脸书已经开发出了一个学术界从未涉足的领域：满足人类寻找我们的生活见证者的深层需求。当然，这位“见证者”会被重新呈现和过滤，但这确实会以其自身的方式，对文化生产的某些方面带来一种疏离的可见性，以及常常不可预见的风险和声誉受损的危险。与此同时，脸书引领了晚期嬉皮士加利福尼亚数字资本主义最终走向理想中的黄金国之路——将所有人类活动，特别是创造性的个人活动，以尽可能低的成本，最好是毫无花费地纳入商品循环，从而获得超越贪婪梦想的无限盈余。现在，人类在工作和休闲中都提供了易于利用的资产，而且似乎大多是无意识的。最近有关数据泄露、仇恨言论信息和政治操纵的丑闻都深刻地表明，在民粹主义和社会媒体如何以专门的方式联系、利用和瞄准当地文化生产的无数不同小世界方面，存在着极其危险和隐秘的关联。通过巧妙的算法和对社交媒体以及用户上传"内容"平台的监控，FAANGs[①]收获了个人"数据"和个人创造性成果，在整个领域获得了总量惊人的垄断利润。这是一个产业的、全球的"大数据"，这个规模使我们自己的民族志成果看起来就像是在一小块土地上的一日劳作。

在宏观层面上，目前由欧盟新的《通用数据保护法案》（*General Data Protection Act*）主导的政策，必将形成处理个人数据"资产"的保障措施，与金融机构持有的金融"资产"和信息的监管措施相匹配。但是，在文化斗争的前方，我们还有一段很长的路要走，这是目前难以想象的。垄断数字资本引发了一系列新的形式、病状和影响"出现"，而人工智能的进一步应用将使人们更加困惑。人们只是部分地理解了人工智能，立法者也没有完全理解人工智能。不同地方的战略和斗争将有所不同，其中一些还尚待发现或发展，这可能包括创造性的合作选择和从中学到的东西（比如"我也是"运动），以及对FAANGs支配地位的反抗和替代。文化生产视角有助于平衡辩论中压倒性的技术术语和商业利益的非凡力量——尤其是在这样的洞见之中，即（似乎是中立的）"数据"的挖掘常

① FAANGs指的是美国市场上五大最受欢迎和表现最佳的科技股，该缩写取这些公司名称的首字母，并把它们组合在一起，构成了这个类似于英文单词的形式。它们分别是：社交网络巨头Facebook（脸书）、Apple（苹果）、在线零售巨头Amazon（亚马逊）、流媒体视频服务巨头Netflix（奈飞），以及Google（谷歌）。——译注

常是与文化生产的挖掘重叠或相同的，操纵（比如出售或吹狗哨[①]）“消费者”就是向当地人和所在地的文化生产的直接输入。关于阐释总是存在争议，我们开放自己接受实证主义的批评，但这场前所未有的交锋，加入到了迄今为止对复杂的数字时代使用、滥用和利用普通人的文化生产的可悲的学术理解之中。具有自己有限洞见的独立微观学科，从来没有将各自的通道联合起来，以便对技术-结构-社会的辩证关系进行全面的、以民族志为基础的适当整体评估。社交媒体引导和塑造了很多非正式交流和微观地方层面上的文化生产，但这一私人领域的大部分内容正以一种前所未有的方式被公之于众。其内部格局和外部共享需要我们即刻关注！

是否可以开发和试验新的倡议、合作和准制度形式，以鼓励对文化生产的自我认识和自我监控，或者更好的是，对上传或共享的内容进行自我引导？当然，那些隐含的、分裂的文本化和形式化也同样存在大量危险。但游戏还在继续，已经加入战斗！不容忽视的是，脸书也是一个机构，每天每时每刻都有大量“数据”免费提供给它！如何才能帮助文化生产巩固自己，保护自己一方面免受商业掠夺，另一方面规避被专制利用的不满？文化生产的社会意义及其对矛盾的反应需要从自身的基础上加以阐释和扩展。作为理论上知情的民族志学家，我们又该如何发展自己的“文化生产”，理解这些帮助揭示文化生产及其自身潜力的任务？通过何种形式和途径，文化生产才能关乎政治表达，或是成为政治表达的一部分？正如我之前所说，民族志工作者应该在我们的实践中更加自觉，但这也必须包括在现在更具政治自觉性和目的性。对这些问题保持沉默也是一种政治声明。我们不但应该释放象征的创造力，也应该打开连接文

① 狗哨是牧羊人呼唤牧羊犬时使用的一种高频口哨，其声音人听不到，只有牧羊犬能够听到。后来，吹狗哨成为一种政治修辞形式，指政客们使用编码语言，以确保信息到达目标受众，而不让公众知道信息的具体内容，尤其是为了掩盖一个容易引起争议的信息。——译注

化生产和政治/制度表达的中介——偏袒、限制、非自愿的代码转换，以便提供更多的、专门的途径，来释放与社会和地位的实际利益相一致的潜能。

在《学做工》出版40周年之际进行回顾和展望，我很抱歉以令人胆怯的任务和令人忧虑的问题（而不是庆祝）作结。我们将庆祝寄望于未来，也许是在下一个40年。

索　引

（条目后的页码为原书页码，见本书边码）

译后记

翻阅《学做工》，实属情理之中。两位译者都曾从事社会再生产相关研究，而该书作为研究再生产的经典之作，自然不容错过。自1977年出版以来，该书已经被翻译为多个版本，销量达10万册以上，成为社会学、人类学和教育学在20世纪读者最多的经典著作之一。

翻译《学做工》，却纯属机缘巧合。如果没有2008年5月耶鲁大学社会学系组织的民族志国际研讨会，如果没有当时正在耶鲁访学的吕鹏兄与出席研讨会的作者保罗·威利斯的积极沟通，两位译者就不可能承担这项艰巨但有意义的翻译任务，而《学做工》这本经典著作也就可能失去用简体中文在大陆出版的机会。

正如“茂宁赛德”版前言所说，《学做工》不仅是一部关于英国20世纪70年代青少年状况、揭示社会再生产机制方面的民族志，而且是一部对理解当代中国乃至世界范围内的劳工运动和青少年问题都有重要引导作用的理论著作。更重要的是，这本书的意义并没有随着时代的变迁而减弱，反而变得更为重大。从全球角度来说，大规模的青少年失业问题已经愈演愈烈，甚至在法国和英国等后工业社会引发了大规模的骚乱；改革开放三十年后的中国也出现了一支日渐庞大的、由青少年组成的“新失业群体”，包括被喻为“蚁族”的低收入大学毕业生。许多研究都试图从结构和制度的角度来理解与分析这些现象；而保罗·威利斯在《学做工》及后续著作中另辟蹊径，更加关注“主体性和能动性”，也就是更加关注年轻人在文化生产和社会再生产过程中的自我体验与自我阐释。由此，《学做工》更有助于读者从一个比较历史的角度和“以人为本”的视角出发，理解全球化背景下包括中国在内的各国青少年教育和失业问题。

在此，两位译者要特别感谢“人文与社会译丛”的编委成员以及吕鹏兄为促成简体中文版出版而付出的诸多努力。感谢一直支持我们工作的同仁和亲友。

该译作是分工合作的产物，除中文版前言为两位译者合作完成外，其他各部分具体的分工如下：

凌旻华：“茂宁赛德”版前言，目录，前言，致谢，第一、二、三、四章；秘舒：第五、六、七、八章，补充访谈，“茂宁赛德”版后记，中心与边缘：保罗·威利斯访谈。

原著语言艰涩，作为本书译者，虽一路小心推敲、谨慎求证，仔细互校全文，以求保证译文质量，但翻译中难免仍有不妥之处，敬请谅解。两位译者也恳请各方专业人士、广大热心读者不吝批评指正，以便在将来有机会对这个译本做进一步修订完善。

秘舒　凌旻华

2010年10月1日

*　　*　　*

1977年，《学做工》英文版出版；2013年，《学做工》中文版出版。近半个世纪以来，《学做工》在世界范围内引发了热烈反响，影响遍及社会学、教育学、人类学、文化研究等诸多学科和领域。在我国，《学做工》中的“反学校文化”“洞察”“文化生产”等关键概念，已成为学者们面对急剧社会变迁和人口流动中的学校教育、社会流动等问题时的分析利器。随着研究的深入，各国学者也在广泛开展与保罗·威利斯的理论对话，以应对各国在产业结构、就业机会、民族文化等方面的独异性。

2022年，译林出版社推出《学做工》“45周年纪念版”。本版新收录保罗·威利斯分别于《学做工》出版25周年、40周年撰写的评论文章，以及他为本版特别撰写的新前言（均由秘舒翻译）。保罗·威利斯在文章中分享了近年来的新思考，并对一些学术评论做出了回应。值得一提的是，他在北京师范大学的授课经历，使其增加了对中国现实问题的关照。他的理论回应和方法论思考，特别是对中国问题的经验观察和分析，必将为读者带来新的启发。

感谢作者保罗·威利斯的帮助和支持，他热切盼望看到中文读者（特别是新读者）对本书的评论；感谢一如既往支持本书编辑、出版工作的中国社会科学院吕鹏老师；感谢北京师范大学康永久、程猛两位学者对本书部分译文的修订提出了指导意见；感谢近年来对本书（及译文）提出赞扬和批评的各位师友和热心读者。正如保罗·威利斯所说，我们期待在一个不断发展变化的新时代，继续阅读《学做工》。

2021年12月